东南学术文库
SOUTHEAST UNIVERSITY ACADEMIC LIBRARY

共享发展理念下的精准扶贫机制创新研究

Study on the Innovation of Targeted Poverty Alleviation Mechanism under the Sharing Development Concept

孙迎联 贾海刚 · 著

东南大学出版社
· 南京 ·

图书在版编目(CIP)数据

共享发展理念下的精准扶贫机制创新研究/孙迎联,贾海刚著.—南京:东南大学出版社,2023.12
ISBN 978-7-5766-1072-7

Ⅰ.①共…　Ⅱ.①孙…②贾…　Ⅲ.①扶贫—研究—中国　Ⅳ.①F126

中国国家版本馆 CIP 数据核字(2023)第 250471 号

● 本书受国家社科基金项目资助(项目号:16BKS061)

共享发展理念下的精准扶贫机制创新研究
Gongxiang Fazhan Linian Xia de Jingzhun Fupin Jizhi Chuangxin Yanjiu

著　　者:	孙迎联　贾海刚
出版发行:	东南大学出版社
社　　址:	南京市四牌楼 2 号　邮编:210096　电话:025-83793330
网　　址:	http://www.seupress.com
出 版 人:	白云飞
经　　销:	全国各地新华书店
排　　版:	南京星光测绘科技有限公司
印　　刷:	广东虎彩云印刷有限公司
开　　本:	700 mm×1000 mm　1/16
印　　张:	21
字　　数:	400 千字
版　　次:	2023 年 12 月第 1 版
印　　次:	2023 年 12 月第 1 次印刷
书　　号:	ISBN 978-7-5766-1072-7
定　　价:	108.00 元

本社图书若有印装质量问题,请直接与营销部联系。电话:025-83791830
责任编辑:刘庆楚　责任校对:韩小亮　责任印制:周荣虎　封面设计:企图书装

编委会名单

主 任 委 员：郭广银
副主任委员：周佑勇　樊和平
委　　　员：（排名不分先后）
　　　　　　　王廷信　王　珏　王禄生　龙迪勇
　　　　　　　白云飞　仲伟俊　刘艳红　刘　魁
　　　　　　　李霄翔　汪小洋　邱　斌　陈志斌
　　　　　　　陈美华　欧阳本祺　徐子方　徐康宁
　　　　　　　徐　嘉　董　群
秘　书　长：白云飞
编务人员：甘　锋　刘庆楚

身处南雍　心接学衡
——《东南学术文库》序

每到三月梧桐萌芽,东南大学四牌楼校区都会雾起一层新绿。若是有停放在路边的车辆,不消多久就和路面一起着上了颜色。从校园穿行而过,鬓后鬓前也免不了会沾上这些细密嫩屑。掸下细看,是五瓣的青芽。一直走出南门,植物的清香才淡下来。回首望去,质朴白石门内掩映的大礼堂,正衬着初春的朦胧图景。

细数其史,张之洞初建三江师范学堂,始启教习传统。后定名中央,蔚为亚洲之冠,一时英杰荟萃。可惜书生处所,终难避时运。待旧邦新造,工学院声名鹊起,恢复旧称东南,终成就今日学府。但凡游人来宁,此处都是值得一赏的好风景。短短数百米,却是大学魅力的极致诠释。治学处环境静谧,草木楼阁无言,但又似轻缓倾吐方寸之地上的往事。驻足回味,南雍余韵未散,学衡旧音绕梁。大学之道,大师之道矣。高等学府的底蕴,不在对楼堂物件继受,更要仰赖学养文脉传承。昔日柳诒徵、梅光迪、吴宓、胡先骕、韩忠谟、钱端升、梅仲协、史尚宽诸先贤大儒的所思所虑、求真求是的人文社科精气神,时至今日依然是东南大学的宝贵财富,给予后人滋养,勉励吾辈精进。

由于历史原因,东南大学一度以工科见长。但人文之脉未断,问道之志不泯。时值国家大力建设世界一流高校的宝贵契机,东南大学作为国内顶尖学府之一,自然不会缺席。学校现已建成人文学院、马克思主义学院、艺术学院、经济管理学院、法学院、外国语学院、体育系等成建制人文社科院系,共涉及6大学科门类,5个一级博士点学科,19个一级硕士点学科。人文社科专任教师800余人,其中教授近百位,"长江学者"、国家"高级人才计划"哲学社会科学领军人才、全国文化名家、"马克思主义理论研究和建设工程"首席专家等人文社科领域内顶尖人才济济一堂。院系建设、人才储备以及研究平台等方面多年来的铢积锱累，为东南大学人文社科的进一步发展奠定了坚实基础。

在深厚人文社科历史积淀传承基础上，立足国际一流科研型综合性大学之定位，东南大学力筹"强精优"、蕴含"东大气质"的一流精品文科，鼎力推动人文社科科研工作，成果喜人。近年来，承担了近三百项国家级、省部级人文社科项目课题研究工作，涌现出一大批高质量的优秀成果，获得省部级以上科研奖励近百项。人文社科科研发展之迅猛，不仅在理工科优势高校中名列前茅，更大有赶超传统人文社科优势院校之势。

东南学人深知治学路艰，人文社科建设需戒骄戒躁，忌好大喜功，宜勤勉耕耘。不积跬步，无以至千里；不积小流，无以成江海。唯有以辞藻文章的点滴推敲，方可成就百世流芳的绝句。适时出版东南大学人文社科研究成果，既是积极服务社会公众之举，也是提升东南大学的知名度和影响力，为东南大学建设国际知名高水平一流大学贡献心力的表现。而通观当今图书出版之态势，全国每年出版新书逾四十万种，零散单册发行极易淹埋于茫茫书海中，因此更需积聚力量、整体策划、持之以恒，通过出版系列学术丛书之形式，集中向社会展示、宣传东南大学和东南大学人文社科的形象与实力。秉持记录、分享、反思、共进的人文社科学科建设理念，我们郑重推出这套《东南学术文库》，将近年来东南大学人文社科诸君的研究和思考，付之梨枣，以飨读者。

是为序。

《东南学术文库》编委会
2016 年 1 月

本书作者

孙迎联,1967年生,东南大学马克思主义学院教授,哲学博士,博士生导师,中国人权研究会第五届理事会理事,江苏省科学社会主义学会第十届理事会理事,江苏省"毛泽东思想和中国特色社会主义理论体系概论"教学指导委员会委员,江苏省习近平新时代中国特色社会主义思想研究中心东南大学基地研究员,东南大学中国特色社会主义发展研究院研究员。长期致力于马克思主义视阈下的反贫困与共同富裕理论实践研究,是"摆脱贫困人权实践"的践行者,亦是中国特色社会主义共同富裕理论的创新开拓者、忠诚传播者。主持国家社科基金2项及教育部人文社科规划、江苏省社科基金等各级各类课题10余项,参与完成国家级和省部级课题多项,出版学术专著《财富分配正义——当代社会财富分配伦理研究》《社会主义核心价值观研究:爱国篇》等4部,在《马克思主义研究》《中国特色社会主义研究》《道德与文明》等学术期刊发表论文50余篇,多篇被中国人民大学报刊复印资料全文转载。研究成果获评江苏省第九届高校哲学社会科学优秀成果奖三等奖,研究报告屡获省部级领导批示。

贾海刚,1986年生,南京林业大学马克思主义学院讲师,法学博士,硕士生导师,江苏省法学会教育法研究会理事,江苏省习近平新时代中国特色社会主义思想研究中心南京林业大学基地研究员,成都大学统筹城乡协调发展研究中心特聘研究员。长期致力于反贫困与共同富裕理论实践、土地制度等问题研究,主持国家社科基金1项及中国高等教育学会、江苏省农委、江苏省教育厅、江苏省社科联等各级各类课题10余项,在《甘肃社会科学》《经济体制改革》等学术期刊发表论文20余篇,研究成果获评江苏省乡村振兴软科学课题研究成果一等奖。

前　言

消除贫困是全人类梦寐以求的理想,在过去五千年的人类记事史中,没有哪个国家或民族敢于宣告已整体消除贫困。2021年2月25日,在世界东方中心——北京人民大会堂,中华人民共和国主席习近平同志庄严向全世界宣告:"在迎来中国共产党成立一百周年的重要时刻,我国脱贫攻坚战取得了全面胜利,现行标准下9 899万农村贫困人口全部脱贫,832个贫困县全部摘帽,12.8万个贫困村全部出列,区域性整体贫困得到解决,完成了消除绝对贫困的艰巨任务,创造了又一个彪炳史册的人间奇迹!"中国之所以能够取得如此突破人类社会发展瓶颈的反贫困成就,离不开精准扶贫方法论和共享发展世界观的理论支撑,二者可追溯至并彰显出马克思主义理论的科学实质。其一,精准扶贫方法论是对马克思主义理论精髓的时代回应,是对"解放思想、实事求是、与时俱进、求真务实"的实践拓展。精准扶贫方法论是把握新时代我国贫困变化规律、扶贫工作新形势而不断实践探索的产物。以习近平同志为核心的党中央深刻把握决胜全面建成小康社会的战略要求,把精准扶贫上升至治国理政的重中之重位置,成功地探索出一条具有中国特色的精准治贫之路。其二,共享发展世界观是对马克思主义唯物史观的时代践履,是对"人民是历史的创造者,人民是真正的英雄""以人民为中心"等社会主义本质特征的生动阐释。共享发展世界观是一个结构完整、逻辑严谨的理念框架,其对马克思主义发展观的弘扬与创新不仅在于它以人民利益为中心确立人类社会发展的价值目标,更在于它把在人类社会发展进程中增进人民利益上升至世界观和方法论的高度,其核心在于始终坚持"发展为了人民、发展依靠人民、发展成果由人民共享"的基本准则,其范畴在于始终彰显"全民共享、全面共享、共建共享、渐进共享"的内容涵养。综上而言,共享发展理念既强调了人民群众在发展中的主体作用,又强调了社会发展的客体目标是为了让人民群众共享改革发展成果;精准扶贫方法论既强调了对少数困难群体的人道主义帮扶,又强调了对绝大多数人的利益共同体共享。从这个角度来讲,精准扶贫方法论作为实现共同富裕的重要载体手段,在未来一段时间内将深受共享发展世界观的影响,二者将在耦合催化中共同推进中国特色社会主义事业迈入新发展阶段。

自20世纪80年代中期起,我国政府开始设立专门的减贫工作机构,国内理论界亦开始持续深入关注扶贫问题,形成了较好的研究基础。党的十八大以来,精准扶贫方法论被习近平总书记在湘西十八洞村现场考察时提出,并日益成长为扶贫领域的理论热点。主要表现在:第一,对党中央和习近平总书记提出的精准扶贫思想进行梳理与解读。习近平同志2013年11月首次作出精准扶贫重要指示,2015年6月将精准扶贫方略阐发为扶持对象精准、项目安排精准、资金使用精准、措施到户精准、因村派人精准和脱贫成效精准等六个方面的精准。在此意义上说,精准扶贫重要论述作为新时代我国反贫困的重要方法论,是以习近平同志为核心的党中央治国理政方略面对扶贫实践新挑战与新要求的积极应对和正确引导。精准扶贫的核心内涵是精准脱贫,即以分类分批的精细化扶贫实践推进贫困对象精神和物质两个层面的脱贫。另外,精准扶贫重在解决以往扶贫中难以解决的突出问题,比如解决形式主义扶贫、盆景式扶贫、扶假贫、假脱贫等问题。第二,对精准扶贫方法论的内涵及其作用做延伸性拓展。精准扶贫的减贫治贫方法包括精准识别、类别化管理、协同帮扶、动态性评估以及组合施策等,这些方法的形成是为了回应我国扶贫开发中的难点和痛点,在既总结我国扶贫开发经验又借鉴国外经典减贫理论的基础上进行理论创新。在实践中,精准扶贫采取因地制宜、因人制宜的方法,针对贫困地区和贫困农户的不同情况,进行靶向帮扶和精准管理。在这一过程中注重将对扶贫对象的实时监测纳入成效考核,强调脱贫人口及时退出,让所有需要帮助的贫困人口皆能进入扶助群组,如通过建立全方位、立体化的精准工作机制,使扶贫工作从"大水漫灌"向"精准滴灌"转变。第三,对精准扶贫实践中存在的问题以及面临的挑战进行深入探讨。新时期精准扶贫的困难主要体现在精准识别、精准治贫和精准管理等方面如何体现共享发展理念,这是由于在以往消除绝对贫困的实践中过于注重区域精准和个体精准而忽视了整体共享和人人共享,最终导致在反贫困实践中形成规模排斥、区域排斥、恶意排斥以及过失排斥等异象。第四，对大数据智能化赋能精准扶贫进行研究。推行大数据扶贫管理模式，就是在综合利用GIS（地理信息系统）、NET、AR（增强现实）、VR（虚拟现实）等数字技术的基础上，精准识别出贫困对象的致贫原因和实际需求，并给予具有针对性、有效性的帮扶，提高扶贫工作的精细化和科学化。如大数据、区块链等新技术在扶贫领域的运用，可以在确保基层扶贫干部采集数据有效性的基础上，纵向和横向多维分析减贫实践的内在工作规律，并遵从规律重塑主客体角色关系，以实现扶贫资源与扶贫对象之间的有效匹配，精准直达减贫理想效果。

国外学者也很早就把贫困问题纳入理论研究领域。二战后，国外学者开始把研究目标聚焦在经济发展问题之上，反贫困问题也日益形成高潮。20世纪80年代起，国外学者和机构对反贫困问题的研究开始转向瞄准型减贫战略，即我国扶贫话语体系中的精准式扶贫，其主要体现在两个方面：第一，对瞄准型减贫存在问题的研究。随着反贫困覆盖面的增加，扶贫资金渗漏现象也在增加。诸如Riskin、N.G.Wing fai进行了大量实证研究，其研究结果表明，以县为单位的瞄准不仅加大了扶贫资金被挪用的风险，而且瞄准范围不能覆盖众多的贫困人口，直接降低了扶贫资金惠及贫困人口的比例和效率。Copestake再次通过实证研究验证了信贷扶贫难以直接瞄准贫困户，"锄弱扶强"逻辑使得绝对贫困的穷人的获益远不及较富裕的穷人。第二，对瞄准型减贫路径与对策的研究。Brian Nolan、Dean Karlan等学者研究了爱尔兰、秘鲁和洪都拉斯等国家或地区实施的瞄准型反贫困战略。在他们看来，这些国家的瞄准模式在识别方法和识别机制方面有一定的创新，应成为减贫反贫的重要模式，并证明其与"贫困排序"和"家庭状况验证调查"两步法相结合可以精确锁定最穷和最富的农户。Alatas、福特基金会以及Ahmed等对印度尼西亚村庄建设、孟加拉国CFPR（面向极端贫困的减贫挑战）等减贫项目进行实地调研，得出定位社区贫困人口的方法，即在适当考虑当地知识风俗的条件下，以收入为标准对村庄中的扶贫对象进行贫富排序来务实确定社区最贫穷的家庭，并以贫困瞄准、储蓄、扶持消费、培训技能、资产转化五个方面为基础，尝试构建减贫模型。

从现有国内外研究现状来看，学界在精准扶贫领域的研究已经形成较好的理论积累。我国在消除绝对贫困实践中已逐步建立起精准扶贫方法论体系，在当前及未来一段时间内解决相对贫困问题还将需要持续推进精准扶贫方法论的深入研究。尤其是当前学界对精准扶贫理论与实践承担的学术支撑和学理性建构的创新还相对薄弱,主要表现在:第一,大量的研究成果主要是对精准扶贫理论的解释和阐述,深入的理论研究相对较少,从而使大量生动的实践创新成为经验的罗列,缺少学理的提升,影响了理论的指导力;第二,现有成果对如何精准解决相对贫困问题的理论研究与实践创新存在"两张皮"现象,尤其是对如何以共享理念为引导用精准扶贫机制创新解决相对贫困问题尚处于起步阶段,这与我国通过延续脱贫攻坚政策来巩固拓展脱贫攻坚成果的战略不相称。上述均说明研究该选题意义重大。

基于此,本书以共享发展理念为视角,以精准扶贫为研究对象,以我国当前及未来一段时间内的反贫困形势为切入点,并在对前期精准扶贫实践进行深入总结和反思的基础上,探讨共享发展理念引领下我国精准扶贫的创新性机制,以期为我国今后建立解决相对贫困问题的长效机制提供有益的借鉴。本书紧紧围绕如何在共享理念引领下进行精准扶贫机制创新这一中心命题展开。总体框架可以概括为:立足一个现状——共享发展理念下我国反贫困形势与精准扶贫实践经验的总结;构建四个机制——贫困对象的精准识别机制、靶向脱贫机制、返贫防控机制、扶贫资源监管机制;采取两大策略——制度创新策略和技术支持策略;实现一个目的——在共享理念引领下以精准扶贫机制创新来提升贫困治理效能。主要内容为以下四个部分:第一,共享发展理念下的我国反贫困形势分析。首先,从具体表现(物质、精神、社会权益)、程度测算、形成原因三方面深入剖析贫困的状况,并从疾病、教育费用、灾害、基础设施建设、公共服务水平、外部机遇等方面提取关键指标,研究贫困发展变化的关键影响因素。其次,在上述研究的基础上,采用经济社会发展质量损失评估法从物质性共享、精神性共享和社会性共享三方面论证贫困是当前我国践行共享发展理念过程中迫切需要解决的短板。最后,基于上述研究结论,分析我国相对贫困治理的艰巨性与挑战性,论证共享发展理念下精准扶贫机制创新的必要性与紧迫性。第二,共享发展理念下的精准扶贫机制创新的理论分析。首先,在现有研究的基础上,从贫困识别技术、脱贫效果、扶贫措施的针对性、资源监管四方面分析当前精准扶贫实施的难点问题及成因,从贫困刚性化与返贫高发性两方面揭示当前扶贫实践中的共享难题,并揭示践行共享发展理念与精准扶贫机制设计之间的关系。其次,结合当前阶段我国发展成果共享的新形势、新要求和新特征,提出共享发展理念下的精准扶贫机制创新的方向:建立贫困对象精准识别机制、靶向治贫机制、返贫防控机制、严管资金机制的"四位一体"精准扶贫机制体系。最后,针对上述四个机制，详细阐述其运行机理。其中，贫困对象精准识别机制从申报、核查、贫困群体分类、民主评议、审批等方面展开机理分析；靶向治贫机制从产业定位、教育培训、公共服务增进、到村到户等方面展开机理分析；返贫防控机制从提高贫困人口素质、强化医疗服务体系、推进教育公平、完善急难救济制度等方面展开运行机理分析；严管资金机制从政府监督、扶贫机构监管、扶贫对象监督、新闻媒体监督、社会公众监督五方面展开运行机理分析。第三，共享发展理念下的精准扶贫机制的"精准"治理效应分析。结合第二部分关于精准扶贫机制的运行机理分析，引入格兰杰因果检验模型和脉冲响应模型，依次检验靶向治贫机制中各措施对贫困治理的作用路径，依次检验返贫防控机制中各措施对返贫防控的作用路径，运用博弈理论对扶贫资源的监管进行博弈分析，探讨制约严管资金的关键影响因素，研究促成扶贫资源监管的最优合作条件。第四，共享发展理念下的精准扶贫机制创新的策略研究。本部分立足于全面建成小康社会决胜阶段落实共享发展理念对扶贫工作提出的新要求，首先，以《关于创新机制扎实推进农村扶贫开发工作的意见》（中办发〔2013〕25号）、《关于印发〈建立精准扶贫工作机制实施方案〉的通知》（国开办发〔2014〕32号）、《中共中央 国务院关于打赢脱贫攻坚战的决定》（中发〔2015〕34号）、《关于支持深度贫困地区脱贫攻坚的实施意见》（厅字〔2017〕41号）、《中共中央 国务院关于实现巩固拓展脱贫攻坚成果同乡村振兴有效衔接的意见》（中发〔2020〕30号）以及部分省市建立解决相对贫困长效机制试点政策等文件为指导，明确精准扶贫机制创新策略的重点方向。其次，借鉴国内外精准扶贫的成功经验，并结合我国精准扶贫取得的成果和不足，得到有益于我国精准扶贫机制创新的启示。最后，基于上述研究，并结合第二、三部分的研究结论，从制度创新和技术支持两个方面提出针对性、系统性、可行性的精准扶贫机制创新策略。其中，制度创新包括完善政府职能、改革扶贫制度、金融创新、培育社会组织、确立法律法规等；技术支持包括建设高质量扶贫大数据信息库、重视数据分析人才资源的引进与培养等。

为了更好地达成上述研究意义和目标，本书立足当前我国相对贫困的治理形势和精准扶贫的实践经验，力图以共享发展理念拓展精准扶贫机制创新研究的视野，挖掘共享发展理念下的精准扶贫机制创新的深层次问题，具体谋篇布局按章节分为六章。第一章"历史回溯：共享发展理念下的精准扶贫机制确立"，深刻剖析共享发展理念的科学内涵及其彰显的反贫困价值，并在此基础上考察共享发展理念下扶贫机制的新变化和形成。第二章"现实研判：共享发展理念下的精准扶贫机制审视"，总结以往我国精准扶贫机制实施中已取得的成效经验，并反思共享发展理念下精准扶贫机制创新的共享取向与具体要求。第三章至第六章，分别围绕精准识别、靶向治贫、严管资金、返贫防控四大机制并解析其运行机理，相应推进共享发展理念下精准扶贫机制的基础创新、实施创新、管理创新和效能创新。具体来讲，在四个机制创新的一般理论分析的基础上，落实共享发展理念对精准扶贫的新要求，借鉴国内外精准扶贫的成功经验，分别考察精准扶贫机制运行中的多维共享困境。同时结合我国精准扶贫的成果和不足，提出共享发展理念下以精准识别创新精准扶贫机制基础、实施、管理和效能的路径选择，提出针对性、操作性强的精准扶贫机制创新策略。最后，通过数据聚类分析模型，探讨精准识别贫困对象的最优标准；运用格兰杰因果检验模型和脉冲响应模型检验靶向治贫机制和返贫防控机制的作用路径；运用博弈分析法研究促成扶贫资源监管的最优合作条件。

与此同时，本书采取的研究方法是定性与定量方法相结合：（1）定性研究方法：① 文献研究法。归纳总结发展成果共享、贫困和精准扶贫等相关基础理论，以此为基础形成本书研究的理论框架和方法。② 案例分析法。选取精准扶贫的典型案例进行深度研究，分析当前精准扶贫实践中的难点问题及其成因。③ 比较借鉴法。比较国内外精准扶贫的理论和实践，借鉴其成功经验，为本书提供策略研究依据。④ 制度认知法。在定量分析和定性研究的基础上，探讨共享发展理念下精准扶贫机制创新的策略，并进一步展开政策分析。⑤ 专家意见法。听取和汇总专家意见，分析并掌握精准扶贫机制运行机理的不同层面。（2）定量研究方法：① 调查研究法。以结构化和半结构化的形式在不同层次、地区进行调查，获取关于我国贫困问题的第一手资料。② 经济社会发展质量损失评估法。分析当前我国贫困问题对物质性共享、精神性共享和社会性共享三个方面造成的危害损失。③ 格兰杰因果检验分析和脉冲响应分析法。运用格兰杰因果检验模型和脉冲响应模型检验靶向脱贫机制和返贫防控机制的作用路径。④ 博弈分析法。运用博弈分析法探讨制约资金等资源监管的关键影响因素，研究促成严管资金的最优合作条件。

在上述研究的基础上，本书在学术思想、学术观点、研究方法等方面形成如下特色与创新：第一，视角的创新。能否促进共享是评价精准扶贫机制的重要维度，但国内外学界对这一重要问题未给予足够的直接性关注。本书赋予共享发展理念双重功能。一方面它是研究视角和切入点,由共享发展理念出发考察当前我国贫困的危害,论证扶贫机制创新的必要性与紧迫性;另一方面它还是研究范式,为精准扶贫机制创新提供解释分析的框架。第二,理论的创新。现有精准扶贫理论强调贫困对象精准识别的程序,但忽视对贫困对象精准识别标准的研究,对精准脱贫的方法路径、扶贫资源的有效监管以及如何解决我国目前扶贫实践中存在的返贫现象频发的问题也没有给予足够的关注。本书试图从物质性共享、精神性共享和社会性共享三个方面把握贫困对象的特征,并试图建立一个包含贫困对象识别、靶向脱贫、返贫防控和资源监管的精准扶贫机制创新的分析框架,这将是对精准扶贫理论文献的一个重要扩展。第三,方法的创新。本书运用数据聚类分析法分析贫困对象特征,可以在大样本操作中将数据按照相关性和相似性进行分类比较,合理筛选出贫困对象的特征;在精准扶贫机制效应研究中,采用格兰杰因果检验分析法、脉冲响应分析法和仿真分析法,可以预测、分析和评估精准扶贫机制,发现不足及时改进,可以弥补该领域现有研究未能很好处理定性和定量研究结合的不足。这些体现了研究方法的创新。

综上所述,本书立足于中国特色社会主义进入新时代的伟大背景,立足于实现"两个一百年"奋斗目标的历史交集点,在脱贫攻坚战胜利收官并进入巩固拓展期、过渡期的新历史阶段,积极探索基于共享发展理念的精准扶贫创新机制,以期建言献策建立解决相对贫困长效机制。此时,全面系统地总结精准扶贫机制实施以来的成功经验,全方位深入凝练精准扶贫机制彰显出来的全球价值,正确有效地分析精准扶贫机制实施过程中所遇到的问题,对提升巩固脱贫攻坚质量、深入解决相对贫困问题具有重要的理论价值和现实意义。诚然,构建共享发展理念下的精准扶贫创新机制是一项长期复杂的系统性工程,尤其是像我国这样的发展中国家,面对规模空前、动态烦琐的相对贫困问题,仍旧面临些许理论难点和实践困局,还亟须在中国特色社会主义反贫困实践中一一解决。由于笔者研究精力和能力所限,尚无法在反贫困理论研究中做到面面俱到、处处精雕,难免在成果中呈现出一定的研究局限性,恳请反贫困领域的专家学者、实践工作者等读者不吝指正。

目 录

第一章 历史回溯：共享发展理念下的精准扶贫机制确立 …………… (1)

 第一节 共享发展理念的科学内涵 ………………………………… (2)
  一、共享发展理念的理论溯源 …………………………………… (2)
  二、共享发展理念的核心范畴 …………………………………… (7)
  三、共享发展理念的精神实质 …………………………………… (9)

 第二节 共享发展理念凸显反贫困价值 …………………………… (12)
  一、共享发展理念孕育反贫困的伦理意蕴 ……………………… (12)
  二、共享发展理念回应消除贫困的现实诉求 …………………… (16)
  三、共享发展理念坚守贫困群体的公平正义 …………………… (21)

 第三节 共享发展理念下扶贫机制的新变化 ……………………… (24)
  一、扶贫目标共享化：从解决温饱、实现全面小康到满足美好生活
   需要 ……………………………………………………………… (25)
  二、扶贫模式共享化：从外部"输血式"转向主体"造血式"再到资源
   "共享式" …………………………………………………………… (26)
  三、扶贫内容共享化：从单一线性扶贫拓展至整体多维扶贫 …… (27)
  四、扶贫路径共享化：从区域开发漫灌式扶贫转型为精准滴灌式
   扶贫 ……………………………………………………………… (29)

 第四节 共享发展理念下精准扶贫机制的形成 …………………… (30)
  一、共享发展理念下精准扶贫思想的形成机遇 ………………… (31)
  二、共享发展理念下精准扶贫战略的形成过程 ………………… (39)

三、共享发展理念下精准扶贫机制的架构体系 …………………… (42)

第二章 现实研判：共享发展理念下的精准扶贫机制审视 ………… (48)
第一节 精准扶贫机制实施成效及经验总结 ……………………… (48)
一、精准扶贫机制运行的减贫成效 ………………………………… (49)
二、精准扶贫机制实施的经验总结 ………………………………… (53)
三、精准扶贫机制创新的共享取向 ………………………………… (61)
第二节 共享发展理念下精准扶贫机制创新的问题反思 ………… (62)
一、理论有待创新：共享发展理念亟待融入 ……………………… (62)
二、主体思想束缚：扶贫主体亟须自我唤醒 ……………………… (64)
三、巩固拓展成果面临挑战：精准机制尚需创新突破 …………… (67)
第三节 共享发展理念对精准扶贫机制创新的具体要求 ………… (72)
一、共享发展理念要求精准扶贫机制更具有精准性 ……………… (72)
二、共享发展理念要求精准扶贫机制更具有靶向性 ……………… (76)
三、共享发展理念要求精准扶贫机制更具有持续性 ……………… (79)

第三章 精准识别：共享发展理念下精准扶贫机制的基础创新 ……… (83)
第一节 一般理论分析 ……………………………………………… (84)
一、贫困的定义探寻与测定标准 …………………………………… (84)
二、精准识别及其核心要素 ………………………………………… (97)
三、共享发展理念下精准扶贫机制基础创新根在精准识别 …… (101)
第二节 贫困对象识别偏误给精准扶贫促进共享带来的障碍 … (108)
一、精准识别的实践考察——基于河南省固始县的实地调研
……………………………………………………………… (108)
二、精准识别的实践问题 ………………………………………… (115)
三、贫困对象识别不精准所产生的共享问题 …………………… (121)
第三节 共享发展理念下以精准识别创新精准扶贫机制基础的路径
选择 ………………………………………………………… (127)
一、以精准识别创新精准扶贫机制基础的理论支撑 …………… (127)
二、国内外贫困对象精准识别探索 ……………………………… (129)
三、共享发展理念下以精准识别创新精准扶贫机制基础的具体路径
……………………………………………………………… (133)

第四节　以精准识别创新精准扶贫机制基础的实证分析 …………(137)
　　一、模型选择 ……………………………………………………(140)
　　二、数据来源及精准识别多指标维度描述 ……………………(140)
　　三、单维贫困精准识别测算结果及其分析——Atkinson 单维贫困
　　　　测度 …………………………………………………………(142)
　　四、多维贫困精准识别测算结果及其分析——Alkire-Foster 多维
　　　　贫困测度 ……………………………………………………(144)
　　五、小结 …………………………………………………………(151)

第四章　靶向治贫：共享发展理念下精准扶贫机制的实施创新 ……(155)
第一节　一般理论分析 ……………………………………………(156)
　　一、靶向治贫及其基本要求 ……………………………………(156)
　　二、靶向治贫与贫困对象脱贫的辩证统一性 …………………(158)
　　三、共享发展理念下精准扶贫机制实施创新重在靶向治贫 …(160)
第二节　治贫粗放脱靶给精准扶贫促进共享带来的困境 ………(162)
　　一、项目分配的偏离：精准扶贫的共享亲贫性下降……………(163)
　　二、项目规划设计的错位：精准扶贫共享益贫性下降…………(165)
　　三、项目利益分配的政策缺位：精准扶贫共享减贫性下降……(167)
第三节　共享发展理念下以靶向治贫创新精准扶贫机制实施的路径
　　　　选择 …………………………………………………………(170)
　　一、以靶向治贫创新精准扶贫机制实施的理论依据 …………(170)
　　二、国内外靶向治贫的典型案例及经验启示 …………………(173)
　　三、共享发展理念下以靶向治贫创新精准扶贫机制实施的基本路径
　　　　 ………………………………………………………………(179)
第四节　以靶向治贫创新精准扶贫机制实施的实证分析 ………(182)
　　一、模型选择 ……………………………………………………(183)
　　二、指标界定和数据收集 ………………………………………(183)
　　三、单位根检验（ADF） …………………………………………(185)
　　四、构建 VAR 模型 ………………………………………………(186)
　　五、AR 根检验和格兰杰因果检验 ………………………………(186)
　　六、格兰杰因果分析 ……………………………………………(188)
　　七、脉冲响应函数 ………………………………………………(189)

八、易地搬迁专项资金投入和贫困发生率的回归分析 ……… (192)

第五章　严管资金：共享发展理念下精准扶贫机制的管理创新
……… (194)

第一节　一般理论分析 ……… (194)
一、扶贫资金的概念界定 ……… (195)
二、严管扶贫资金的原则 ……… (197)
三、共享发展理念下精准扶贫机制管理创新贵在严管资金 …… (198)

第二节　扶贫资金管理偏误给精准扶贫促进共享带来的负效应
……… (204)
一、扶贫资金预算与分配不合理造成共享发展的"门槛效应"
……… (204)
二、扶贫资金支出与下达的偏差造成共享发展的"瓶颈效应"
……… (208)
三、扶贫资金管理与监督失灵造成共享发展的"公地悲剧" …… (210)

第三节　共享发展理念下以严管资金创新精准扶贫机制管理的路径选择 ……… (214)
一、严管扶贫资金的博弈关系分析 ……… (214)
二、中外扶贫资金管理的经验启示 ……… (219)
三、共享发展理念下以严管资金创新精准扶贫机制管理的基本路径
……… (226)

第六章　返贫防控：共享发展理念下精准扶贫机制的效能创新 ……… (239)

第一节　一般理论分析 ……… (239)
一、返贫的概念、特征和类型 ……… (240)
二、返贫防控及其对共享发展的积极影响 ……… (245)
三、共享发展理念下精准扶贫机制效能创新胜在返贫防控 …… (248)

第二节　返贫潜在风险给精准扶贫促进共享发展带来的压力 …… (251)
一、脱贫主体能力弱质性影响精准扶贫共享效果的可持续性
……… (252)
二、脱贫供体帮扶的低水平影响精准扶贫共享措施的延续性
……… (254)

三、脱贫环体支撑的脆弱性影响精准扶贫共享基础的稳固性
.... (257)

第三节 共享发展理念下以返贫防控创新精准扶贫机制效能的路径
选择 .... (259)
 一、以返贫防控创新精准扶贫机制效能的理论基础 .... (259)
 二、中外返贫防控的经验启示 .... (263)
 三、共享发展理念下以返贫防控创新精准扶贫机制效能的基本路径
.... (266)

第四节 以返贫防控创新精准扶贫机制效能的实证分析 .... (279)
 一、模型选择 .... (279)
 二、指标界定和数据收集 .... (279)
 三、单位根检验（ADF） .... (281)
 四、构建 VAR 模型 .... (282)
 五、AR 根检验和 Lag Length Criteria 检验 .... (282)
 六、格兰杰因果分析 .... (284)
 七、脉冲响应函数 .... (285)
 八、政府财政教育支出、中央专项退耕还林还草工程补助和贫困
   人口的回归分析 .... (287)
 九、小结 .... (288)

后记 .... (289)

参考文献 .... (292)

附录 1：调研问卷 .... (299)

附录 2：访谈提纲 .... (306)

第一章

历史回溯：共享发展理念下的精准扶贫机制确立

在新时代的历史方位中，中国特色社会主义的发展道路是一条以消除相对贫困、实现共同富裕为奋斗目标的现代文明发展之路。为顺应新时代的要求，着力解决我国社会发展进程中存在的片面追求经济高度增长、忽视改革发展成果同步分享的问题，以习近平同志为核心的党中央站在增进人民福祉的战略高地上，坚持运用马克思主义的立场、观点和方法，在继承和弘扬优秀民族传统文化的基础上，深刻总结我国革命、建设和改革的经验并根据我国国情、社情和民情的发展变化，以共享发展的全新理念深刻揭示中国特色社会主义的本质要求，即以共同建设为基础，在渐进共享中不断增进全体人民的全面共享，使人民群众在经济社会进步和发展中获得更多的参与感、获得感和荣誉感。共享发展理念虽然内涵深广，但其主要指向是共同富裕，即让全部地区和所有人口都富裕起来。贫困地区和贫困人口是推进共同富裕最大的短板和弱项，也是实现共享发展的重中之重。共享发展把贫困地区、贫困人口摆脱贫困并实现可持续发展的目标要求纳入发展体系与框架之中，明确了共享发展的反贫困意蕴和导向，对新时代我国的脱贫攻坚起到了关键性的引领作用。只有解决长期以来扶贫实践中存在的贫困情况掌握不清、扶贫项目针对性不强、扶贫资金指向不准确的突出问题，才能实现真脱贫、脱真贫，保障贫困人口在内的全体人民共享改革发展成果。精准扶贫机制正是在这样的大背景下应运而生。精准扶贫既是破解脱贫攻坚难题的着力点,也是新时代创新扶贫机制、巩固和拓展脱贫攻坚成果的出发点。在共享发展理念下,精准扶贫机制的扶持对象、帮扶内容、资金管理以及运行成效需接受全体性、全面性、共建性等多方面的检验和评价,以精准化地解决"扶持谁、怎么扶、效果怎么样"等问题。

第一节 共享发展理念的科学内涵

共享发展是全体人民按照社会主义公平正义的原则对社会发展成果进行共同分享,进而不断消灭贫困、逐步走向共同富裕的一个发展过程。作为新时代中国特色社会主义发展的目标指引,共享发展理念是社会主义优越性和人民群众利益诉求的高度统一,其生成和发展呈现出中国特色社会主义发展正义思想的演进逻辑,涉及理论、历史和实践三个维度。共享发展理念是马克思主义发展观的时代体现和创新推进,具有深厚的历史底蕴和中华优秀传统文化根基,蕴含着中国革命、建设、改革的经验积累和智慧沉淀。共享发展理念聚焦改革发展进程中的各种不平衡和不充分问题精准发力,回应人民群众对美好生活的期待。因此,深刻研究共享发展理念的丰富内涵,不仅是正确理解和执行党的扶贫工作方针政策的需要,也是充分把握新时代我国反贫困规律的需要,同时也是扶贫机制创新的需要。

一、共享发展理念的理论溯源

共享发展理念并非无源之水,其既继承和发展了马克思主义理论的科学真理,又传承和衍生了中华优秀传统文化的精髓内涵,彰显了中国特色社会主义具有的突出时代特点和鲜明价值取向。党的十八大以来,共享发展理念被提升为彰显"以人民为中心"发展思想的典型体现,创造性地丰富和发展了21世纪马克思主义的内容范畴,成为我国彻底消除绝对贫困以全面建成小康社会、全面建设社会主义现代化国家,从而实现中华民族伟大复兴的科学指引。

(一)共享发展理念是对马克思主义发展观的运用、坚持与发展

历史唯物主义指出,历史是由人民创造的,人民群众是推动社会发展变革的决定性力量。唯物史观的基本立场始终是为广大人民群众谋福利,马克思主义发展观正是这一基本立场的集中体现。马克思主义发展观是人的发

展理论,它从本质上阐明了社会发展为了谁、由谁推动以及谁享用社会发展成果等关乎社会进步的价值导向和问题要义。由于阶级社会生产资料私有制的特殊存在,社会物质财富的生产、分配与消费在历史变迁中产生了生产者与占有者之间的异化。马克思在《1844年经济学哲学手稿》中作出分析:工人越多地生产出财富,就越发地把自己变成廉价商品、越发地使自己陷入贫穷。物的世界增值的同时带来的是人的世界的贬值。[1]马克思、恩格斯在持续性地对资本主义制度进行道德批判、哲学思辨和政治经济学分析的基础上,提出生产关系变革的具体路径,如消除私有制且建立公有制,也只有这样才能改变资本主义私有制的异化方向。生产资料所有制关系的变化,将为生产者公平享有社会发展果实提供条件,社会发展红利惠及广大人民群众才成为可能。正如恩格斯在《共产主义原理》中所申言:废除私有制的结果最终指向所有人共同创造福利并共同享受福利。[2]但是,当面对资本主义私有制占据主导地位的现实,马克思、恩格斯在《共产党宣言》中庄严宣告:过去的一切运动都是少数人进行或者是为少数人谋取利益的运动。无产阶级的运动是绝大多数人参与的、为绝大多数人的利益而奋斗的运动。[3]在《反杜林论》中,恩格斯指出,社会主义社会不仅可能使全体社会成员拥有日益丰裕的物质生活,而且还可能保证全体社会成员能够充分自由地发展和运用他们的体力和智力。[4]后来,恩格斯再次强调,所有社会成员不仅有可能生产社会财富,而且还有可能分配和管理社会财富。社会生产力及其成果在计划生产条件下获得不断增长,足以保证在越来越大程度上满足每个人的一切合理需要。[5]而且应当"结束牺牲一些人的利益来满足另一些人的需要的状况",所有人"共同享受大家创造出来的福利"。[6]在后来的社会主义实践中,列宁也曾指出:在新的、更好的社会制度下,没有贫富之分,人人都应该劳动,共同劳动的成果应该为全体劳动者所享有而不是归一小撮富人独享。[7]随着马克思主义理论传入中国,共享观念同中国革命、建设与改革的实践紧密结合起来。毛泽东把社会主义视为工农联盟巩固的基础,在毛泽东

---

〔1〕马克思恩格斯文集(第1卷)[M].北京:人民出版社,2009:156.
〔2〕马克思恩格斯文集(第1卷)[M].北京:人民出版社,2009:689.
〔3〕马克思恩格斯选集(第1卷)[M].北京:人民出版社,1995:283.
〔4〕马克思恩格斯选集(第3卷)[M].北京:人民出版社,1995:633.
〔5〕马克思恩格斯选集(第3卷)[M].北京:人民出版社,2012:724.
〔6〕马克思恩格斯文集(第1卷)[M].北京:人民出版社,2009:689.
〔7〕列宁全集(第7卷)[M].北京:人民出版社,1986:112.

看来,社会主义就是要使贫困的农民群众富裕起来。[1]邓小平也将共享的思想融进社会主义本质的理论概括中,认为社会主义是一个不断解放和发展生产力,逐步消灭剥削,消除两极分化,最终实现共同富裕的历史发展过程。[2]此后,江泽民、胡锦涛等在对前人思想进行继承与发展的基础上,提升共同富裕的理论地位,将其阐释为共享发展的基本内涵。江泽民强调,坚决不能对共同富裕的地位和理念有一丝动摇,社会主义的根本原则和本质特征是追求共同富裕[3]。胡锦涛也要求,党和国家要全力推进改革发展成果的全民共享,使全体人民向着共同富裕的目标稳步迈进。[4]党的十八大以来,习近平同志继承与发展了马克思主义的共享理论,并创造性地提出将共享发展视为实现共同富裕的重要路径。习近平同志认为,随着我国经济不断发展,分配不公问题日益突出,收入和城乡公共服务水平差距较大,在发展成果共享方面存在着许多不完善的地方。为此,在发展目标、发展动力和发展成果享有等方面都要坚持以人民为中心,并作出有效的制度安排,保证全体人民稳步走向共同富裕,绝不能出现"富者累巨万,而贫者食糟糠"的现象。[5]

上述理论发展表明,唯有切实落实全民共享的发展理念,才能充分体现出社会主义制度的优越性,才能在共享发展中实现共同富裕。马克思主义发展观深刻地凸显了以人民为中心的共享发展时代底蕴,鲜活地彰显了马克思主义发展观中国化、当代化、大众化的人民性与本质性。

(二)共享发展理念是对中华优秀传统文化的传承、创新与衍生

中华优秀传统文化经历了数千年的萃取和积淀,凝练了诸多的精神智慧,穿越时光的隧道,成为深刻影响当代中国思想意识、治国理政和社会建设的文化财富。其中对大同社会的理想追求、民本的政治思想是共享发展理念的源头活水。其一,大同社会是千百年来人们不懈追求的社会理想。大同社会理想最早可以追溯到《诗经》中关于摆脱"硕鼠"、前往幸福乐土的描述。到了礼乐崩坏的春秋战国时期,心系天下的各派诸子纷纷阐发其关于理想社会

---

[1] 毛泽东选集(第5卷)[M].北京:人民出版社,1977:139.
[2] 邓小平文选(第3卷)[M].北京:人民出版社,1993:373.
[3] 中共中央关于制定国民经济和社会发展"九五"计划和2010年远景目标的建议[J].中华人民共和国国务院公报,1995(25):982-1002.
[4] 胡锦涛文选(第2卷)[M].北京:人民出版社,2016:291.
[5] 习近平.在庆祝中国共产党成立95周年大会上的讲话[N].人民日报,2016-07-02(1).

的构想。历经岁月流逝,大同社会理想沃土厚植,《礼记·礼运》中的"天下为公""老有所终,壮有所用,幼有所长,矜、寡、孤、独、废疾者皆有所养""谋闭而不兴,盗窃乱贼而不作"等成为主流观念。从汉代到太平天国时期,由于社会财富差距的不断扩大,"均平"等共享理念被纳入大同社会的理想中,标识出大同社会的实践路径。到了近代,大同社会理想更为谋求救亡图存的中国人所追求,以康有为的"大同之道,至平也,至公也,至仁也"[1]和孙中山的"三民主义"为代表,近代大同思想开始吸收西方"天赋人权""自由民主"等观点,对传统的大同思想进行创新和发展。时代的变迁虽然不断地刷新着大同社会理想的价值内涵和社会意蕴,但"天下为公"是其始终如一的价值指向,就是要追求一个人人公平享有、和谐美好的社会,而这一价值指向与以人民为中心的价值指向具有高度的契合性,是支撑共享发展理念提出和发展的文化土壤和文化资源。共享发展理念的提出正是大同社会理想在现代社会的映现。党的十八大以来,通过精准扶贫解决贫困人口"两不愁三保障",实现现行标准下贫困人口全部脱贫,既是实现"大同社会"理想所憧憬的"幼有所教、壮有所用、病有所医、老有所养"美好图景的战略举措,又是达成共享发展的基本路径。可以说,共享发展理念既是对传统大同社会理想所积淀的优秀文化基因的传承,亦是在创造性转换与创新性发展中对传统大同社会理想当代价值的升华。其二,民本的政治思想源远流长。虽然民本的政治思想在传统文化中不占显著地位,但由于我国古代各王朝君主一直都将百姓的安居乐业视为执政统治的基础,故而民本的政治思想历经时代传承和发展,已经成为对后世影响深远的思想文化资源。"民本",出自《尚书·五子之歌》中的"民为邦本,本固邦宁"。孟子将先秦诸子百家民众观进一步发扬光大为民贵君轻、限制君权的治国思想,认为统治者应该多给予老百姓以恩惠,传统的重民爱民理论发展到孟子这里形成了较为系统的民本政治思想体系。民本政治思想在此后的朝代中继续发展,在汉唐宋时期走向成熟,在"民为本"思想的基础上提出要造福百姓。如西汉的贾谊提出"以末予民,民大贫,以本予民,民大富"、唐代的柳宗元提出"吏为民役"、北宋的张载提出"为生民立命"。明清时期,民本政治思想不断完善,发展为惠及民生的治国之策,并开始付诸实践。如王夫之提出"严以治吏,宽以养民",清康熙年间采取"滋生人丁,永不加赋"措施,清雍正时期推行"摊丁入亩"等政策措施。民本政治思想在近代

---

[1] 康有为. 大同书[M]. 北京:古籍出版社,1956:8.

进一步升华,传承古代民本思想的精华、吸收西方民主政治思想并结合当时中国民主革命的需要,凸显"民权"意蕴,如康有为的"主权在民"思想和孙中山的"民权主义"。作为中国历史上重要的治国理政思想,民本政治思想与共享发展理念有着密切的承继关系。当前共享发展理念的具体彰显以精准扶贫战略为首要着力点,共享发展理念引领下的精准扶贫战略以高质量脱贫为出发点和旨归,以解决贫困人口、贫困地区的实际困难,切实保障和改善民生,维护人民的生存和发展权利,坚持人民的主体地位,通过精准扶贫确保贫困人口共享改革发展的成果,同全国人民一起迈入小康社会,过上美好生活。

(三)共享发展理念是对我国社会主义革命、建设与改革经验的理论提升

基于马克思主义发展观的时代引领,我国社会主义革命、建设与改革亦彰显着共享发展理念的活力与张力。中国共产党是坚定的无产阶级政党,其拥有着实现共产主义最高理想的宏大目标,这个目标以实现最广大人民群众的最广泛利益为根本任务。在为建立社会主义制度而革命的历史时期,中国共产党人不断将马克思主义革命理论与中国实际相结合,进行了土地革命等生产资料共享化分配,形成了共享发展的根本政治前提;在社会主义改造时期,遵循"一化三改"过渡时期总路线,实现了生产资料公有制改造,奠定了共享发展的制度基础;在社会主义制度初步探索时期,通过正反两面的实践提炼,积累了共享发展的宝贵经验;在改革开放和社会主义现代化建设新时期,通过改革开放、进一步深化改革等举措,提供了共享发展的现实条件。其一,通过革命战争形成了共享发展的根本政治前提。中国共产党自成立起就把实现共产主义作为自己的最高理想和最终奋斗目标,全心全意为人民服务是共产党人的最高行为准则。在新民主主义革命时期,中国共产党人始终以让获得新生的人民当家作主以及获得领导权为革命目标。诸如在土地革命、解放战争等时期将土地等生产资料合理平均分配给农民,在抗日战争时期以民族大局为重共同构建爱国统一战线等,通过多年的革命战争,推翻了压在中国人民头上的三座大山,建立了中华人民共和国,从而逐渐确立起形成共享发展理念的根本政治前提。其二,社会主义制度的确立奠定了共享发展的制度基础。1949年中华人民共和国的成立,标志着中国人民从此站了起来,但是当时所处的新民主主义社会并没有完全孕育出社会主义社会的基本特征。1953年开始的"三大改造"拉开了生产资料所有制结构变革的序幕,实行土地等农业生产资料集体合作化,推动工商业的集体所有制或国家所有制改造,把实现人人有份的共同富裕作为奋斗目标。到1956年底,农业、手工业

和工商业改造绝大部分已经完成,社会主义改造的基本完成标志着以生产资料公有制为基础的社会主义制度基本确立,从而使共享发展拥有坚实的制度基础。其三,社会主义道路初步探索积累了共享发展的宝贵经验。"三大改造"之后,面对百废待兴的中国,共产党开始带领人民对社会主义建设进行艰辛探索。在这一时期,我国完成了工业化体系建设,同时也出现了一系列问题,为今后开创中国特色社会主义道路提供了有益思想及实践借鉴的积极因素,也为共享发展理念的提出积累了宝贵经验。其四,改革开放和社会主义现代化建设新时期的实践提供了共享发展的现实条件。始于十一届三中全会的中国特色社会主义实践,不仅在改革开放的过程中使中国经济面貌焕然一新,而且为实现共享发展提供了经济前提和现实基础。尤其是新时代以来,以精准扶贫为抓手于2020年彻底消除绝对贫困并全面建成小康社会,意味着共享发展无论是从理论上还是从实践上都取得了重大进展,为今后进一步构建实现共同富裕的长效推进机制创造了极为有利的条件并蓄积了强大的动能。

二、共享发展理念的核心范畴

共享发展理念直接来源于马克思主义的发展观,共享发展在历史流变与时代阐释中使马克思主义发展理论得到进一步传承与发展。具体来看,共享发展在马克思主义发展理论中国化的实践中形成了全民共享、全面共享、共建共享、渐进共享四个核心范畴。

(一)全民共享

共享发展始终坚持以人民为中心的核心观点,人民毋庸置疑是共享发展的主体,即实现人民群众在物质财富生产、分配与消费等环节的各得其所,人人均可共同享有改革发展成果。共享发展凸显人民至上的民本意蕴,聚焦共享不足、受益不均等现实问题,从实践层面彰显马克思主义发展观中国化、当代化、大众化的理论特性。习近平同志多次强调,要坚守人民立场,以人民为发展中心,为人民谋取利益幸福,把党和国家的工作重心始终放在增进人民幸福、推动人的全面发展、促进共同富裕上,从而彰显中国特色社会主义的本质要求,这就是对共享发展理论内涵的生动诠释。

(二)全面共享

共享发展始终坚持全方位发展理念,包括但不限于经济方面的共同享用,延展至政治权益、社会保障、文化精神、生态环境、人权人格等多方面客体需求。随着我国经济社会快速发展,人民群众对美好生活的需求越来越多样化、动态化、个性化,经济收入水平不足问题得到极大缓解,此时人民群众对美好生活的向往倾向于非经济领域,而制约人民日益增长的对美好生活追求的窘状,则在于我国城乡之间、区域之间、行业之间的收入分配存在着严峻的不平衡不充分。所以,在中国特色社会主义发展的新阶段,要使人民群众全面共享改革发展成果,就不能再用单一的经济标准来衡量共享程度,而是应在经济、政治、文化、社会、生态等层面实现人民的共享需求。

(三)共建共享

坚持共建与共享辩证统一的思维逻辑,是共享发展始终如一的坚守和追求,突出体现为既要做大"蛋糕"又要分配好"蛋糕"。国家与人民唇齿相依,国家的发展进步依托于全体人民,是一项全体人民共同参与的伟大事业。同时,国家的发展进步过程也是一个全体人民共同享有的过程,目的在于促进发展成果全民共享。其中,共建与共享的辩证思维逻辑为国家发展进步提供了理论指导。共享依托于共建,而共建致力于促进共享的落实,共享是共建的旨归引领。共建可以营造"共同参与、人人出力、个个享有"的和谐社会氛围;共享则可以在全社会形成人人平等、人人享有、人人发展的社会环境,从而实现人人都可以为国家富强、民族复兴和人民幸福贡献力量。相反,忽视共建与共享,就有可能割裂两者之间的辩证关系。通俗来讲,没有共建就没有共享,人民群众的获得感、幸福感不仅体现在共同享用改革发展成果上,更深层次来自在共建过程中实现了自身价值,维护了自身尊严。换句话来讲,也唯有全民参与共建,在共建过程中各尽所能、各显其才,才能不断提高共建水平,才能不断扩大共享基础,在实践中实现二者的辩证统一。

(四)渐进共享

共享发展始终坚持由低到高渐进均衡的发展原则,在实践中实现效率和质量的统一。实现全体人民共同富裕、共享改革发展成果是共享发展的价值追求与根本宗旨。毋庸置疑,共享发展的最终目标是为了实现共同富裕,但这个过程并非一帆风顺,实现共享也非一蹴而就,从共享发展走到共同富裕是一个漫长曲折的长期过程,这是数量积攒到质量突变的升级过程。中国特色社会主义虽然已经迈入新时代,彻底消除绝对贫困、全面建成小康社会虽已实现,但现阶段的共享水平仍旧是低水平的,仍旧需要在新发展阶段不断从低级到高级、从不均衡到均衡提升共享层次。即便已经获得高水平的共享成就,也难免存在着这样或那样的缺陷,满足人民群众更新、更高级的美好生活需求,也会是一个不断发展的渐进共享过程。一言以蔽之,共享发展是社会主义现代化建设的题中应有之义。人民群众既然是历史的创造者和推动者,就应当拥有共享改革发展成果的权利,这与实现共同富裕的社会主义本质相契合,与中国共产党的人民至上理念与为人民服务宗旨不谋而合。

三、共享发展理念的精神实质

从理论回溯来看,共享发展理念充分彰显了马克思主义理论和中华优秀传统文化的科学性与真理性,并将其嵌入我国社会主义革命、建设与改革的过程之中。新时代,共享发展理念则强调以人民大众为主体、以社会主义公平正义为核心、以实现共同富裕为目标的精神实质。

(一)以人民大众为主体

共享发展理念是马克思主义历史唯物观的立场和观点在新时代的深刻阐发,充分强调了人民群众在社会发展过程中所起的决定性作用,明确回答了人类社会发展的目标、动力、成果共享主体等问题,最终归旨于改善民生,增进人民福祉,不断增强人民群众的获得感和幸福感。究其实质来看,共享发展是为民发展、发展靠民、全体人民共同分享社会发展的硕果。其一,为民发展。发展为什么人的问题,是一个带有根本性、方向性、原则性的元问题,其决定了发展该走向何方、该指向哪里。为什么人的问题,是一个关乎政党发展方向、检验政党执政水平的重要问题,是政权存续发展的关键。明晰发展的主导者、依靠者、受益者,是区分唯物史观和唯心史观的基本界限,其关键就在于是否坚持人民群众至上。从马克思主义群众观到新时代人民观,中国共产党始终秉承马克思主义群众观的核心要义,始终坚持人民群众是经济社会发展的主体力量和决定力量。其二,发展靠民。发展依靠谁的问题,同样是一个带有基础性、原则性的次生问题,其决定了发展由谁推动以及动力源的基础性保障。共享发展理念坚持了人民性,强调人民群众是推动发展的重要依靠力量,只有调动起人民群众参与社会发展大势之中,才能创造出尽可能多的物质财富和精神财富,为后期的共享发展成果提供可能。在这个过程中,是否以人民群众为革命主体、是否以人民群众为建设力量、是否以人民群众为改革推行者,成为中国共产党带领中华民族取得新民主主义革命、社会主义革命以及社会主义现代化建设伟大胜利的关键胜负手。其三,发展惠民。发展成果是被少数人独占,还是被大众所共享,取决于经济社会发展的价值取向和执政党的执政理念。人民共享社会发展成果既是人民的期待,也是实现社会主义共同富裕目标的根本要求。改革开放以来,面对长期存在的社会发展不均衡、贫富差距逐渐拉大等问题,社会发展观也在悄然发生变化,共享发展理念便是在这个过程中逐渐被重视。共享发展理念彰显了中国共产党对人民群众在社会历史发展中的主体地位的肯定与坚守,其要解决的一个重要问题就是社会发展成果究竟应该赋予谁的问题。扶贫就是新时代背景下共享发展的一个重要的展示窗口,在共享发展理念引领下的扶贫理论与实践,不仅仅是帮助贫困群体摆脱经济贫困的束缚,而且要帮助他们实现精神、文化、权利等方面的全面共享,这是共享发展理念下反贫困的重要价值体现。

(二)以公平正义为核心

共享发展理念强调处处以人民为中心,赋予人人参与、人人尽力、人人享有等核心要义,成为破解新时代社会非均衡化难题的密钥,展现了社会公平正义的重要价值追求。公平正义是保持社会长久稳定和可持续发展的核心要素,也是落实共享发展理念、促进社会全面进步的重要价值观念。共享发展不是少数人享有社会发展成果,而是绝大多数人共同享有发展成果,公平正义则是落实共享发展理念的社会观保障,共享发展则是维系公平正义的价值观基础,二者相互促进、相互协调。严格意义上来讲,共享发展理念下的公平正义包含着权利公平、机会公平和规则公平等内容范畴。其一,权利公平。权利公平是公平正义的核心与起点,既要保证人的合法权益不受侵犯,也要防止人过度享有社会权利[1],实现社会权利共享。共享发展理念在内容上不仅强调经济层面的单一权利公平,而且注重政治、文化、社会和生态各个方面的全面公平,且是一个长期的、动态的趋稳过程,随着社会发展逐渐扩展内容,最终实现人人权利公平。其二,机会公平。机会平等指的是每个社会成员所获得的生存发展条件和境遇不会因出身、财富、种族、性别等因素的影响而有所差异的一种状态,它是维系社会公平正义的纽带。在我国的改革和发展过程中,机会公平的价值内涵并没有得到充分的尊重,城乡之间的公共资源差异、弱势群体缺乏有效保障等现象较为突出,这均是机会有失公允带来的后果。共享发展理念的提出正是对上述诸多问题的现实回应,直接体现出社会主义机会公平的价值要义。共享发展理念不仅要强调人民群众共享经济社会发展成果,而且还要注重保障人民拥有平等的机会参与经济社会

---

[1] 奚洁人.科学发展观百科辞典[M].上海:上海辞书出版社,2007:135.

发展,充分凸显出公平正义中的机会公平。其三,规则公平。社会公平的构建依托于规则公平的实现,只有筑牢规则公平的根基,社会公平的实现才会成为可能。促进规则公平,一方面有利于匹配劳动者的贡献与所得,另一方面有利于劳动者的基本权利得到有效保障。共享发展理念的确立是公平正义规则诉求的集中体现,从根本上彰显了公平正义的规则诉求。

（三）以共同富裕为目标

共同富裕是马克思主义政党始终孜孜不倦追求的理想社会目标。中华人民共和国成立以后,共同富裕逐渐被我们党列为社会主义建设的具体目标,重点体现在邓小平所提出的社会主义本质论之中,逐渐演化为我们党和政府对人民群众的庄严承诺。共享发展新理念与共同富裕目标在目标层次上不谋而合,共同富裕决定了共享发展理念的方向,共享发展则是实现共同富裕的重要路径与根本举措,二者相互包容、相互促进,在中国特色社会主义现代化建设之中实现统一。其一,共享发展明确共同富裕的发展方向。共同富裕是社会主义的本质要求,其强调在社会主义建设过程中,既要充分调动人民群众的主体性和积极性创造尽可能多的社会财富,又要由人民群众共同享有社会发展成果。在发展方向上,共享发展与共同富裕一脉相承,均是为了提升人民群众的生活质量。共同富裕通过制定一系列合理的制度安排,把人民群众凝聚成一个整体,构建公平正义的社会框架来实现人民群众共享发展成果。其二,共享发展深化共同富裕的价值内涵。共同富裕是共享发展的目标与导向,共享发展则是共同富裕的延续与发展,后者不仅以前者为发展方向,而且丰富发展了前者的内涵范畴,具体体现在前者的涵盖范畴和领域层级之中。其三,共享发展拓展共同富裕的实现路径。共享发展理念打破了过去"头疼医头、脚疼医脚"的片面方式,注重从全局进行顶层设计,将共同富裕的内容范畴拓展至经济、政治、文化、社会、生态等诸多路径,保障人民群众共同享有社会整体发展成果。如在脱贫攻坚过程中,共享发展既关注到了实现共同富裕的短板,又通过对扶贫路径的精准设计回应了贫困人口的真切需求,为实现共同富裕寻得了可行路径。其四,共享发展提升共同富裕的实现质量。共同富裕是一个可衡量的具有发展性的目标,共享发展是比共同富裕更为高层次的衡量标准,前者是在不同历史阶段与社会生产力的发展水平相适应的数量型发展形态,后者则是一个更具有包容性的抽象目标,是在更高层次的发展阶段体现社会关系水平的质量型发展形态。如果说共同富裕是不同历史发展阶段需要达到的具体目标,那么共享发展则是社会主义不同历史发展阶段的校验标准和抽象表达。以共享引领发展,使之为解放和发展生产力提供持续性的理论指导,才能创造出供全民共享的充足的社会财富,才能从生产关系调整角度使这些社会财富公平地惠及人民群众,才能使他们真正走上共同富裕的道路。一方面,共同富裕是社会主义的本质,也是中国共产党人孜孜以求的社会理想。"富裕"从生产关系角度反映出社会成员对物质财富的占有程度,同时间接反映了社会生产力发展水平的高低。另一方面,共享发展凸显中国特色社会主义的本质内涵,也是我国经济社会发展始终秉持的实践理念。"共享"从生产力角度反映出社会成员对物质财富的分配状况,既指向经济社会发展成果,又倾向于社会整体发展机会,其中包括经济、政治、文化、社会、生态等多维度范畴。二者比较而言,共享发展的"享"比共同富裕的"富"涵盖的范畴更广、更丰富,前者的涵盖范畴已经超越了经济领域,包括更多更切实的政治权利、文化产品、社会保障以及生态环境等,这些均可能成为共享发展的内容范畴,最终在社会生产关系调整中实现集中统一。

第二节 共享发展理念凸显反贫困价值

作为新发展理念的压轴,共享发展从目标归属层面引领着精准扶贫机制创新。"共享"不只是简简单单"孔融让梨"般的乐于分享,其背后还孕育着丰富的哲学内涵、社会价值和道德观照。既从哲学层面包含了反贫困的伦理意蕴,又从社会层面回应消除贫困的现实诉求,还从道德层面坚守了贫困群体的公平正义。共享发展舍弃了千百年来私有制带来的不平等约束,抛弃公私之分、里外之别、上下之差,拉平在同一水平面,"独乐乐不如众乐乐",凸显出其所内蕴的反贫困价值理念。

一、共享发展理念孕育反贫困的伦理意蕴

共享发展理念孕育的反贫困价值可划分为三个层次:蕴含消除贫困的责任伦理、彰显消除贫困的普惠伦理、坚守消除贫困的民生伦理。

(一)蕴含消除贫困的责任伦理

从反贫困理论构建上看,亚当·斯密、李嘉图等古典政治经济学家已普遍认识到贫困并非由于资源匮乏、个人禀赋等导致的社会问题,而是阶级社会庇护制度作用下的结果。只不过出于维护本阶级利益的考量,前者并没有

将贫困产生的根源揭示得那么清楚,反而是想办法竭力掩饰这一本质根源,而马克思、恩格斯所做的则是将这一认识赤裸裸地揭示给世人,将消除贫困上升至社会责任的伦理范畴。随着资本主义和社会主义两种制度的激烈角逐,消除贫困的责任伦理成为社会主义彰显制度优势的对外表达窗口。

马克斯·韦伯曾对责任伦理的概念进行过深刻的阐释。在韦伯看来,真正符合人性、能够深深打动人的表现就是人意识到自身行为后果的责任并发自内心地去感受这一责任。[1]责任伦理就是指被人们所意识到并无条件自觉履行的对社会、对他人的道德义务。将"责任伦理"嵌入扶贫领域之中,主要体现在两个层面:第一层面,消除贫困对任何国家来说都是一种政治经济责任,只有从责任伦理角度审视消除贫困,才能克服把贫困问题的产生过多地归咎于贫困者自身而忽视政府和社会责任的问题。在扶贫领域谈责任伦理,必须明确消除贫困是谁在领导、谁负责任、谁参与、谁受益等基础性问题。第二层面,消除贫困的责任伦理是政府和社会作为消除贫困的行为主体,将消除贫困的责任和义务内化而产生的道德自觉,体现为消除贫困的责任感、使命感与自觉性。"责任伦理"嵌入扶贫领域的两个层面的内涵,不仅体现出扶贫的主体、任务、方法等过程性内容,而且还彰显出扶贫的目标导向等结果性范畴,其本质是以责任引领共建、以伦理达成共享。

共享发展理念是以习近平同志为核心的党中央领导集体提出的一个具有划时代意义的反贫困理论设想和实践指南,其基本内涵包括以人民为中心、坚守公平正义和实现共同富裕三个责任伦理。其一,共享发展理念践行了以人民为中心的反贫困责任伦理。通过发展来消除贫困必须坚持人民主体地位,将人民视作共享发展的情感主体和价值主体,积极推进改革发展成果惠及全体人民。从社会主义的制度属性来讲,以人民为中心需消减由历史继承和制度设计所产生的诸多社会矛盾,致力于建立和谐社会,积极发挥社会主义制度的优越性,逐步消除贫困贫弱,实现全面建成小康社会目标并走向中华民族伟大复兴。其二,共享发展理念坚守了公平正义的反贫困责任伦理。可以清晰地看到,共享发展不仅是新时代中国特色社会主义发展的要求,也是一种价值取向和伦理选择。共享发展理念充分体现了消除贫困的价值目标,即以坚守公平正义为导向准则。如通过制定和完善相关的法律法

---

〔1〕[德]马克斯·韦伯.学术与政治[M].冯克利,译.北京:生活·读书·新知三联书店,1998:116.

规,加强制度性建设,保证和规范价值主体的公平权利与主动地位,提升和改善全体人民生活水平,缓解和消减贫困现象。促进和实现人的全面发展,促进社会公平正义,既是社会主义的本质要求,又是中国共产党成立以来矢志不渝、前赴后继的奋斗目标。其三,共享发展理念彰显了实现共同富裕的反贫困责任伦理。在经济社会协调发展、社会文明成果不断增长的基础上,让全体社会成员共同成为发展的直接受益者、共同富裕者。从共享发展的内容上看,践行共享发展就是要从经济、政治、文化、社会和生态等多维度入手解决关乎人民群众生存和发展的利益问题;就共享发展的程度而言,践行共享发展是与我国经济发展相适应,从解决低水平温饱问题向实现高品质生活水平不断推进的过程。总的来说,无论是共享发展的内容落实情况,还是共享发展的层级达成程度,消除贫困以实现共同富裕均是共享发展理念所聚焦的责任目标和伦理表达。

(二)彰显消除贫困的普惠伦理

普惠伦理是共享发展理念中不可或缺的关键元素,直观显示为人类发展理念的进步,代表着人类当下及未来追求的方向。实质上,普惠伦理不是搞"平均主义",而是在追求共同富裕的目标指引下提升公平正义分配效率的重要理念参考。普惠伦理嵌入中国特色社会主义事业,主要是指在我国社会主义现代化国家建设进程中,尤其是在全面建成小康社会大背景下,已取得的改革发展成果理应属于全体人民、惠及全体人民,以此保证和巩固人民群众在历史中的价值主体地位。共享发展比普惠伦理有更深层次的表述,要求在改革发展成果分配上体现出人民的均益性、平等性和全覆盖性等权利与义务,即在合理合法基础框架内,不限性别、种族和宗教背景,全国各民族各地区人民均被纳入分享范围,在普惠伦理和共享发展理念指导下,每个个体的基本权益和劳动义务均将得到平等化的切实尊重和维护,人民群众的合法权益均能得到有效保障,体现出中国特色社会主义制度的优越性。

然而,以"物"为本的传统经济增长方式在积累财富的同时也客观上导致了贫富差距悬殊,贫富问题就是在这种差距拉大中变得日益严重。传统经济增长模式产生的发展成果不能被社会成员共享是反贫困的外部性影响因素,制约着经济社会和谐发展的达成,以共享为主题的新发展理念亟须融入。消除贫困的目标旨在纠正上述野蛮增长的外部性制约,弥合社会断裂与分配失衡的"跷跷板效应",形成经济社会发展成果均衡分配的"帕累托最优"。因此,消除贫困的伦理基础在于普惠,核心在于共享,抓手在于改革经济增长模式。以共享发展理念引领经济增长,不仅有利于促进生产力发展,创造出更为丰富的社会物质财富,也有效地完善了新时代生产关系,防止贫富两极分化。如通过建立一系列经济体制改革相关法律法规和共享经济制度,逐步提升社会公众的福利水平,增进民众的集体福祉。

尤其是党的十八大以来,以习近平同志为核心的党中央不断强化反贫困的普惠伦理导向,强调"全面建成小康社会,一个不能少;共同富裕路上,一个都不能掉队",要让全体中国人民都过上小康生活,这就是基于普惠伦理消除贫困的生动且完备的理论诠释。全面建成小康社会是我国社会主义建设与改革的第一个百年奋斗目标,不仅要求继续提升社会经济发展水平,也要求增强社会发展成果的分配理论创新、分配形式改善、分配格局优化以及分配机制构建等,即在普惠伦理价值观念引导下,提升社会公平正义,让社会物质财富和精神财富实质性地为广大民众所共享。不论是坚持按劳分配的主体地位,同时允许多种分配形式存在,还是鼓励要素参与分配,不断完善要素分配机制,以及积极发挥第三次分配的作用,其最终目的都是为了建立起发展好和分配好改革发展这块"蛋糕"的共享机制。

共享发展的理论本质在于,使改革发展成果在更大范围内、更强辐射下、更多更公平地惠及全体人民。在社会主义社会中,发展成果只惠及一部分人和只有一部分人的小康社会不是真正的小康社会,这与我党最初的奋斗目标相背驰,我们要建成的小康社会是全面性的,涵盖政治、经济、文化、社会、生态等范畴,也包含各地区各民族的最广大人民群众,所取得的发展成果也由人民共享。坚持为民、利民、惠民的发展观念,改善人民生活水平以满足其更多元的需求,是中国共产党人孜孜不倦的执政追求。所谓"获得感"在现实生活工作中主要体现在民众对发展成果的"体验感"和"享有感",是一种真真切切看得见摸得着的实质性成果,可以给心灵世界带来满足感和体验感,给物质需求带来充实感,进而让每一个共建主体均能产生巨大的价值感与成就感,以获得物质层面和精神层面的双重共享。

(三)坚守消除贫困的民生伦理

民生伦理由来已久,无论是质朴的中国哲学,还是古典的西方哲学,都可以在其经典著作中觅寻一二。孔子、孟子、荀子等先秦大儒早已提出"以民为贵"的民本思想;古希腊罗马时期的思想家们倾向于以美德作为追求幸福生活的方式,将个人与社会民生概念和德性伦理结合在一起。民生伦理存在于两个维度:一主要指政府在关乎民生问题的协调和解决过程中实施的政策主张及其蕴含的道德指向和伦理向度;二指普通群众对政府采取的民生政策所表达的道德标准和道德评判。可见,民生问题不仅关乎政治、经济、社会、文化等多方面范畴,而且也与道德、价值观等伦理领域密不可分,蕴含着十分复杂的社会伦理关系。

民生伦理嵌入扶贫领域之中,同样需要在扶贫理论和实践中融入共享发展理念,需要后者同民生伦理之间进行关系建构、理念建构和伦理建构。现阶段,我国民生伦理最大的特点便是始终坚持以人民为中心的价值导向,包括以人民幸福为价值追求,以公平正义为价值标准,以共享发展为价值准则。中国共产党自成立之日起,便确立以提升人民福祉为远大前途的民生建设目标。从中华人民共和国成立到改革开放,从改革开放到当下,党和政府陆续解决了人民群众在生存、温饱和自由全面发展等方面的一系列民生大计。尤其是党的十八大以来,以习近平同志为核心的党中央注重保障和改善民生问题,提出精准扶贫的战略和全面建成小康社会的目标。在全面建成小康社会的道路上,聚焦全面实现"两不愁三保障",多维度保障民生,致力于带领全国人民一个不落地过上幸福美满的生活。党的十八届五中全会提出共享发展理念,其深刻内涵更进一步落实了民生伦理的实践标准。需要特别强调的是,全面建成小康社会的"全面",从主体上包含全体人民大众,从形式上保障发展成果共享,从结果上消除贫困以夯实民生基础。

推进共享发展与民生伦理的融合,要着力于提高人民收入水平,在不断做大"经济蛋糕"的同时,公平地分好"财富蛋糕"。政府应发挥主动作用,着眼于提升底层贫困群众的基本福利保障,千方百计地为他们增加基本收入、提升生活水平,形成体现公平正义、符合共享发展方向的收入分配格局。同时,大力加强财政转移支付能力,紧盯重点薄弱尤其是老少边穷地区和困难群体,加大对社会弱势群体的救济和援助,努力使公共服务覆盖到偏远落后区域,使全体人民普遍受惠,从而达到缩小贫富差距、城乡经济发展调控有力的目标,避免和缩小两极分化。总体来说,以共享发展理念引领实施精准扶贫、精准脱贫战略,建立健全反贫困长效帮扶和监测机制,不仅能及时解决人民群众面临的脱贫问题,还能应对和防范脱贫群体的返贫问题,充分体现消除贫困中的民生伦理价值。

二、共享发展理念回应消除贫困的现实诉求

推进共享发展,是遵循社会主义建设规律的顺势而为,也是全面建成小

康社会后迈入全面建设社会主义现代化国家的乘势而上,更是以发挥人民主体作用破解相对贫困难题的评判准则。在历史经验与教训累积中成长起来的中国特色社会主义制度,聚焦贫困等经济社会发展短板,为实现共享发展提供了制度保障。改革开放前三十年,我国发展长期落后,生产力孱弱,直接导致经济基础薄弱和民生保障滞后,尤其是反贫困过程中出现的平均主义误区,滞阻了共享实现。改革开放之后的四十年,我国经济建设为民生改善和全面共享提供了有力的支撑,尤其是党的十八大确立的"全面建成小康社会"的战略目标,形成了推动共享发展的强大动力。这一战略目标的关键在"全面",薄弱环节也在"全面",共享发展理念就是要在"全面"的基础上使人民群众共享发展成果,从而倒逼社会全面守住民生底线,从物质性、精神性和社会性三个层面回应了全面消除贫困的现实诉求。

(一)从物质性需求层面回应消除贫困的现实诉求

共享发展理念强调全体人民平等地享有社会经济发展成果,这是对我国当前财富分配公正缺位的积极应对,也是消除现实贫困的必然要求,突出表现在人民群众分享经济社会发展成果的物质性需求。共享发展理念从物质性需求层面回应消除贫困的现实诉求,必须从社会建设和制度设计两个方面着手。其一,重视社会建设必须正确处理东西部之间、城乡之间的共享关系,以建立健全满足最广大人民群众物质性需求的基础保障。我国当前贫困最突出的表征是东西部之间非均衡发展和城乡之间的非对等分配,消除前述贫困表征首先要从社会整体层面正确处理东西部之间、城乡之间的均衡关系。党的十八大以来,党中央极力推进以精准扶贫为核心的脱贫攻坚战略,实质上就是要补齐东西部之间、城乡之间的发展短板,以满足不同区域、不同空间内最广大人民群众的物质性需求。诸如切实做好包括增加贫困地区和贫困人口的工资性经济收入、生活性资料调配、公益性医疗卫生服务等硬保障工作,深入推进精准扶贫、精准脱贫战略,帮助贫困地区和贫困人口共享改革发展成果,早日脱贫致富。其二,突出制度设计必须正确处理政府与市场之间的共享关系,以建立健全实现社会共享发展的制度保障。党的十八大以来,党和政府在遵循市场经济规律的基础上,更注重体现社会主义本质要求的共享发展理念。在保障共享发展的制度设计上,注重从国家与市场两个角度公平合理地配置社会公共资源这块蛋糕,促进区域之间、城乡之间享有基本均等的公共产品服务,诸如以促进城乡教育公平为目标的教育扶贫、以兼顾市场效率与公平的能力扶贫、以尊重人民生命为宗旨的健康扶贫等。正是在上述社会建设和制度保障的基础上,"十三五"期间我国实现了5 575万农村贫困人口摆脱贫困,绝大多数连片贫困地区脱贫摘帽,更可喜的是,截至2020年底我国已彻底消除绝对贫困并全面建成小康社会。更进一步来讲,共享发展理念的最终目标是使全体人民共享社会经济发展成果,拥有更多的参与感、获得感和成就感。从这个角度来讲,共享发展理念的内涵不仅包含上述经济收入、所属不动产等物质资源的共享,这是消除绝对贫困必须完成的任务,还应包括社会公共服务等制度保障资源的共享,而且要更高质量、更高水平地共享公共服务,这是未来解决相对贫困更应该实现的目标。

(二)从精神性需求层面回应消除贫困的道德关切

改革开放以来,我国经济社会持续飞速发展,每年对世界经济增长贡献率达到30%,人民群众普遍享受到越来越丰富的物质财富,生活幸福指数得以极速提升,民族自信心得以广泛提高。但是,在整个社会物质供给水平迅速提升的同时,人民对精神文化的需求并未得到有效供给,充分体现在物质财富增长过快与精神文化转变过慢之间的矛盾。尤其是社会底层的贫困群体,他们的思维模式并没有随着经济社会的快速发展而快速改变,反而出现迟滞或跟不上节奏的不适应状态,比如出现"等、靠、要"等反贫困道德风险。如此这般,贫困人口普遍自感生活压力较大或自感被社会所淘汰,社会进步的"获得感"较少,甚至还会产生被其他社会成员超额挤兑的"剥削感",从而在精神性需求层面长期得不到慰藉,亟须从精神性需求层面回应道德关切。精神性贫困极易让贫困群体失去自我尊严、否定自我价值,在人格和价值双重受损的情况下,贫困人口更容易陷入贫困循环陷阱,进而丧失社会主义建设者的主人翁意识。从这个角度来讲,贫困群体的精神性需求更多的是让他们感受到我国改革发展的伟大成果,以使他们感受到自身在这场改革盛筵中的参与感、获得感与成就感,这就是共享发展理念下的精神性需求。同时,共享发展理念也能促使贫困人口正确区分开贡献和索取的关系,不仅要重视对社会的直接贡献,也强调合法合理地共享成果,使他们在自我价值与社会价值之间寻求平衡点。所以说,满足贫困人口的精神性需求是精准扶贫实践中理应关注的重要环节,要从共享发展理念出发去加强对他们精神性需求的预期引导,既"扶智",又"扶志"。其一,以主流价值观为行为指导,强化社会责任意识。如通过广泛宣传和弘扬社会主义核心价值观,深挖中华优秀传统文化中的精华理念,丰富和发展社会主义文化,引导贫困人口树立非短期性的、非功利性的脱贫思想,使他们认识和理解社会主义社会的发展和扶贫是一个长期相互交织的过程,不同区域、不同民族和不同社区经济发展速度和脱贫致富程度也有区别,不能以偏概全、一蹴而就,而是要促进渐进共享、全面共享,正视反贫困中的阶段性和不平衡性。其二,以民生改善为实践指南,树立共享社会思想。针对少数贫困人口在社会群体分层中形成的心态失衡现象,应在不断改善其民生的同时,加大力度引导其形成积极乐观的社会心态,尤其是"独乐乐不如众乐乐"的共享思想。其三,以正能量教育为载体,引导树立正确的世界观和人生观。人的欲望和需求是无穷尽的,贫困群体摆脱贫困的愿望是始终不变的。此时,应在全社会尤其是贫困地区和人口中树立脱贫致富的榜样人物,加强正能量宣传和教育,强化"感恩意识",培养幸福感、满足感,以帮助贫困人口建立对未来合理诉求的心理预期。其四,以公平正义为思想导向,持续推进社会共建共享。截至目前,我国所取得的改革发展成果来之不易,所以要正确处理好改革"最先一公里"和"最后一公里"的关系,致力于促进全体人民共享改革成果。进一步推进改革发展,发展成果仍需惠及最广大人民群众,充分彰显出社会主义制度的优越性,加深人民群众对改革发展和社会主义现代化建设的认同感和自豪感,共铸中华民族伟大复兴的共同体意识。

(三)从社会性需求层面回应消除贫困的理性关怀

共享发展理念注重将群众切身利益作为检验发展成效的标准,尤其是重点关注社会底层群体是否能参与其中。贫困人口作为社会底层群体的代表,贫困不仅体现在经济贫困之上,还体现在权利贫困、能力贫困和社会排斥等社会方面。基于此,共享发展理念从社会性需求层面回应消除贫困的理性关怀,应当在分配"蛋糕"过程中注重向弱势群体倾斜,制定出合理关切贫困人口的社会政策。严格意义上来讲,共享发展并不是强调利益分配的绝对平均主义,而是要把贫富差距控制在合理范围之内,防止贫富悬殊愈拉愈大。所以说,共享发展理念回应消除贫困应具有社会层面的战略考量,作出有效消除贫困的制度安排是当前贫困人口亟须的社会性安排。共享发展理念下贫困人口的社会性需求,主要聚焦在权利平等、融入需求以及能力提升等层面。第一,在权利平等方面,共享发展理念强调贫困人口应具有享用改革发展成果的参与机会和保障机制,诸如公平教育权、平等政治参与权、充分就业权、生命健康权以及收入分配平等权等。以收入分配平等权为例,改革开放以来,我国始终坚持按劳分配为主体、多种分配方式并存的分配机制,在一定程度上激活了劳动者的生产热情,也使得部分人口在激烈竞争中丧失了劳动机会。贫困人口由于自身能力匮乏、禀赋稍逊,难以在激烈的市场竞争中竞得一席之地,在很大程度上丧失了参与分享改革发展成果的机会,这显然与共享发展理念相悖。在共享发展理念下,贫困人口有同等权利参与经济社会发展,并分享经济社会发展成果。具体至"十四五"规划中,强调提高初次分配中劳动报酬的占比,让中低收入群体通过土地和资本等要素的使用权和收益权获得更多的收入,同时通过提高税收、转移支付和社保等手段的调节力度和精准度,并发挥慈善等第三次分配的作用,进一步形成公平合理的收入和财富分配格局以及社会保障机制。显然,"十四五"规划扩大了劳动价值贡献在经济收入初次分配中的比重,贫困人口可以在初次分配中依靠自身辛勤劳动获得较高经济收入,从而降低资金、技术、土地等要素的收入比例。又如在教育层面注重人民教育权公平,促进城乡二元区域教育资源均衡发展,加大保障贫困地区和人口的教育投入,深入推进教育脱贫战略;在医疗保障方面重视建设公立医院,注重完善基本医疗卫生制度和建立现代医院管理制度以及全面实施城乡居民大病保险制度,避免弱势群体陷入"有病不敢医、大病致贫"的窘境,保障人民群众生命健康权;在就业创业层面,积极实施和完善社会就业和创业政策,增强扶持力度,积极培训和支持下岗职工再就业,增进家庭经济稳定和社会安定有序;在养老领域,积极应对人口老龄化趋势,加大发展"夕阳产业",完善社会养老保险制度,尤其是加大城市底层和乡村基层贫困弱势群体的养老金保障力度,提高资金补助水平,保障老年退休人员享有无忧、健康的生活;在社会竞争领域,建立和完善社会竞争机制,保障各阶层人民权利机会平等,公平竞争,有序流动,积极营造规则公平、权利公平和机会公平的社会就业竞争环境;等等。可以说,"十四五"规划既坚持了效率又体现了公平,赋予了贫困人口平等参与共享改革发展成果的机会,同时又构建起了相应的保障机制。第二,在融入需求方面,共享发展理念强调贫困人口在社会中占有同等重要的地位。在社会主义制度内,城乡居民在身份、权利、义务等方面均是平等地存在,也就具有同等的就业机会、社会保障等。由于改革开放以来长期城乡二元分隔机制的影响,社会排斥引起的贫困问题主要存在于广大农村地区,确保劳动力在内的生产要素在城乡之间自由流动成为消除贫困的主要制度路径。这要求必须打破城乡二元分隔的户籍管理制度,保障农村进城务工人员平等地享有城市各项基础设施和公共服务等权利,以此确保贫困人口在乡、在城均能公平共享改革发展成果,真正合理地融入城乡社会。第三,在能力提升方面,共享发展理念强调贫困人口在社会生活中的同等发展权利。共享发展最基础的目标就是保障贫困群体具有平等的生存权和发展权,其中关键在于提升他们的行为能力。能力贫困被视为当前贫困人口之所以贫困的重要主观诱因,追溯深层次原因还在于贫困人口的能力培育环境无法得到保障。在共享发展理念下,贫困人口的能力提升需要获得经济发达地区的转移支付支持,包括加大政策性、金融性以及工具性等转移支付力度,从环境营造角度提升贫困人口的行为能力。同时,在完善社会保障政策时,还需对贫困人口加强志气和智力教育,引导其树立正确的脱贫价值观,增进通过自身能力和努力来构建未来美好生活的憧憬。

三、共享发展理念坚守贫困群体的公平正义

"不患寡而患不均,不患贫而患不安",共享的对立面是"不均",失去公平正义的"不均"是治国之大患,而共享则坚守住了贫困群体的公平正义。坚守贫困群体公平正义是共享发展的本质内涵,维护贫困群体公平正义是共享发展的重要防线,决定了共享发展是保障贫困群体公平正义的强劲动力。

(一)坚守贫困群体的公平正义是共享发展的本质内涵

共享发展理念是对民生公平正义的坚守,是劳动主体在改造世界过程中对劳动产品分配公平正义、合法合理的外露表征。"公平正义"不仅是共享发展理念实施和实现的重要因素,也是共享发展理念蕴含的价值评判标准,实现理论与实践、过程与目标的高度契合统一。无可争辩,公平正义是共享发展理念的核心价值要义,突出地表现在党和国家领导人对公平正义在社会民生建设和扶贫领域关键地位的高度认可。党的十八大以来,以习近平同志为核心的党中央更是站在全面深化改革的高度上,对如何实现社会公平正义、增进人民群众福祉做出了系统谋划。然而,社会运行的复杂性和影响因素的多样性也会带来一些社会问题,诸如区域差距拉大、行业之间分配不均、社会基本保障缺位、城乡之间贫富差距扩大等基本民生问题,给经济发展和社会治理蒙上了一层不确定性阴影。这就促使在国家治理现代化过程中,需要在政策制定和法规实施等诸多方面对贫困群体稍加倾斜,将公平正义关切作为健全反贫困等民生事业的重要关注点。党的十八届五中全会将"共享"作为一种新发展理念纳入国家发展的先导理念,体现出对有失公允的社会繁杂问题的处理态度,是适时适当地对当下社会公平正义缺失的及时有效弥补措施。可以说,共享发展理念提出了明确的实践标准和实现目标,强化了政府部门对相关领域理论和实践的顶层设计,为解决贫富差距拉大等公平正义失

准难题提供了科学的方法论。公平正义在反贫困领域具有相异的表现,在当下中国社会更多地体现在经济贫困、权利贫困、能力贫困、精神贫困、文化贫困等方面。如果再细致划分的话,由贫困诱发的公平正义失准在性别、城乡、阶层、民族以及区域之间表现更为明显。贫困问题俨然成为阻碍共享发展的最大绊脚石,坚守贫困群体的公平正义则成为实现共享发展的首要前提。其一,机会平等是共享发展的基础性前提。保障贫困人口共享社会发展成果最重要的便是机会公平,对于大多贫困人口来说,机会公平比结果公平更重要,有了最起码的参与机会才可能有公平正义的结果。所以,党和政府有关部门需要在就业、教育、社会保障等方面创造出促进机会公平的各种有利因素,以确保贫困人口能够获得机会平等的权利。其二,规则公平是共享发展的关键性保障。党的十八大以来,以习近平同志为核心的党中央多次强调共享发展理念的重要性,充分彰显出共享发展理念内蕴的"发展为了人民、发展依靠人民、发展成果由人民共享"等公平正义内涵。同时,为了确保公平正义,制定了更多切实有效的保障制度和政策,目的是通过规则公平来帮助更多的人在全面建成小康社会的道路中获得参与感和荣誉感,增强共参、共建、共享的自豪感和价值认同。

(二)维护贫困群体的公平正义是共享发展的重要防线

共享发展理念体现了社会主义的价值导向,即对共同富裕目标的追求。而公平正义一直是人类社会的价值取向和目标追求,二者存在天然的联结点。共享发展的目标是让社会贫困群体可以分享发展成果,参与并搭上发展的"顺风车",走上共同富裕的道路,而公平正义更多强调的是对社会弱势、贫困群体的公平正义,二者都将贫困群体作为极为重要的涵盖对象,相辅相成,相互促进。维护贫困群体的公平正义促进了共享发展理念的理论深化和实践发展,也是推进共享发展的重要保障力量和防线。当前,在共享发展理念的引领下,在社会各领域推进公平正义已成为新时代中国特色社会主义的关键目标和核心内涵。同时,共享发展的顶层制度设计和政策制定符合社会主义社会对公平正义的价值追求,突出地表现在维护贫困群体共享公平正义的三个层面。第一,收入上补短板,确保公平以缩小贫富差距。缩小贫富差距主要体现在收入和支出两个方面:一方面在收入上优化收入分配格局,不断提高工资性收入在第一次分配中的比例,加大对贫困人口的工资性补助力度,使其经济收入不断增加;另一方面在支出上侧重物价稳定和消费平等,在全民医疗、教育、消费等基本民生方面要切实改善和保障,减少贫困人口的支出比例。经济收入不断提高,支出不断减少,一"增"一"减"双向缩小贫富差距。第二,分配上重公平,保持改革效率与公平正义相统一。在做大改革发展这块"蛋糕"的同时,还需要做好分"蛋糕"的问题。在"蛋糕"分配过程中,必须重视改革发展效率与分配公平正义之间的关系,落实到具体实践中则是要做好政府和市场的统一,尤其要制定和实施行之有效的分配举措。保持改革效率与公平正义相统一,优化中等收入群体在分配格局中的配比,让中等收入群体成为社会的中坚力量,同时注重对低收入群体的基础性保障,努力使改革发展成果惠及绝大多数人。在这个过程中,需确保社会群体的机会公平和分配正义。主要针对贫困人口等弱势群体,积极为其创造各种有利条件,由"一部分人先富起来"到"先富带后富",再到"共同富裕",保证让全体人民都有公平正义的机会共享改革发展成果。第三,发展上重质量,注重共建共享与公平正义相一致。发展是社会主义建设的核心要义,如果改革发展无法实现效率与公平正义的统一,无法实现人人共建与全民共享的统一,那么发展的最终追求和目标结果也就无法实现统一。当前,我国社会处于全面建成小康社会和全面建设社会主义现代化国家的历史交汇期,在发展中还存在着社会基本保障制度、失业救济制度、收入分配制度等诸多有失公平正义的众多缺陷和制度设计障碍,贫富差距不断扩大所导致的不同阶层矛盾仍旧存在。诸如农村贫困人口所面临的交通、公共卫生等基础设施不到位等诸多问题,相当一部分贫困人口在利益分配中被边缘化,公平正义缺失问题非常突出。这些客观存在的问题不可避免地使各阶层群众无法公平地享有改革发展成果,因此亟须改善改革发展质量,注重共建共享与公平正义相一致,真正实现改革发展成果由人民共享,最终走向共同富裕。

(三)共享发展是保障贫困群体公平正义的强劲动力

共享发展理念是为了解决我国现阶段发展中的各方矛盾而提出的应对之策,试图极力缓解和消除一系列由社会发展不均衡、分配不公平所带来的负面效应,是为了当前和今后一段时间的社会主义建设而提出的重大理念。共享发展理念对贫困人口来说,其构建和提出的目的是要保障人民群众切实地分享到改革发展成果,既满足人的主体发展需求,又保障社会公平正义。其一,共享发展理念更加关注贫困人口的主体发展诉求。马克思早就认为,在取消旧式分工和产品极大丰富的未来共产主义社会,社会成员将最大限度地努力参与社会劳动和工作,社会财富也足以满足所有人的需要,每个人都能获得自由而全面的发展。[1] 实现人自由而全面发展的内涵,强调了共享思想对人的发展的强劲推动力。在马克思主义创始人看来,所有人都应该有自由发展空间、共同享受社会物质财富,共享发展的诉求能够成为对现实社会中贫困人口所面临的生产失去话语权、社会权利丧失等问题的深刻回应。倡导共享发展理念体现了当前乃至今后无论什么时期,我们党和国家必须关注和着眼于贫困人口最直接、最现实和最根本的发展问题,积极推动建立健全社会保障体系、推进城乡教育公平、提供高质量公共卫生条件等,为贫困人口的自由且全面发展提供生长空间。其二,共享发展理念更加关注贫困人口面临的社会公平正义问题。共享发展理念蕴意有其社会性现实目标,意在从根源上改观社会发展所面临的现实困窘,这也是对全面建设社会主义现代化国家的理论保障和实践指导。在此前一段特定时期内,由于我们注重经济发展速度和效率,对社会发展中的公平正义关注有所欠缺,也致使社会性存在呈现一些偏差和矛盾。当前正值全面建成小康社会和全面建设社会主义现代化国家的历史交汇期,我们党对社会主义本质内涵有了更深刻的理解,尤其是共享发展理念的提出,使得整个社会更加重视和捍卫公平正义。可以说,共享发展理念下的公平正义不仅只是强调人的发展的公平,而且还在追求整个社会的公平正义。过于强调个体发展的公平正义容易陷入唯心主义的陷阱,造成贫富差距拉大,而强调社会发展的公平正义,则可以弥补唯心主义缺陷,走上历史唯物主义的正确道路。这样的公平正义追求将不再是畸形不健康的个体发展,而是健康有序的整个社会共享发展,为保障贫困群体享有公平正义的社会环境提供了强劲动力和科学方法论。

第三节 共享发展理念下扶贫机制的新变化

共享发展理念下扶贫工作的开展不仅需要深厚的理论渊源为支撑,更需要丰富的实践思想为基础,既要有对既往长期扶贫实践经验教训的深刻总结,又要能够应对新发展理念下的扶贫新变化。党的十八大以来,我国扶贫机制在共享发展理念引领下迎来了许多变化,如扶贫目标从解决温饱、实现全面小康向满足美好生活需要转变,扶贫模式从"输血式""造血式"向"共享式"转变,扶贫内容从单一线性向整体多维转变,扶贫路径从区域开发漫灌向

---

[1] 马克思恩格斯选集(第3卷)[M].北京:人民出版社,1972:12.

精准滴灌转变。上述转变均体现出共享发展理念的价值引领,为共享发展理念下精准扶贫机制的确立与创新奠定了稳固实践基础。

一、扶贫目标共享化:从解决温饱、实现全面小康到满足美好生活需要

党的十一届三中全会确立改革开放政策,扶贫工作也开始从理论走向实践,从注重个体生存提升至注重集体发展,在目标层次上整体经历了解决温饱、实现全面小康和满足美好生活需要的三个阶段。第一,解决温饱阶段。中国经济建设和绝对贫困治理主要依托于党的十三大提出的"三步走"战略目标,前两步均指向以解决温饱问题来推进反贫困事业深入发展。例如,1994年的《国家八七扶贫攻坚计划》就曾强调动员全社会力量积极开展扶贫开发以稳定地解决贫困人口的温饱问题。第二,实现全面小康阶段。新世纪以来,在坚决打赢脱贫攻坚战的努力之下,我国不仅使贫困人口全部脱贫,消除了绝对贫困,而且在中华大地上全面建成了小康社会。改革开放四十多年来,我国经济社会发生历史性变革,取得了历史性成就,人民生活获得了巨大改善。第三,满足美好生活需要阶段。基于国情社情民情变化,党的十九大郑重宣告我国社会主要矛盾发生新转变。社会主要矛盾的变化作为关乎社会主义事业大局的决定性因素,也对扶贫工作提出了新的目标要求,这就是在解决温饱、实现全面小康的基础上,逐步提升至满足全体人民对美好生活的需要。

回顾整个历程,我国的扶贫目标逐渐共享化,从侧重关注个体温饱的阶段提升至实现全面小康的阶段,目前又向满足人民群众美好生活需要的多维范畴升级,共享发展理念的价值引领作用凸显。从扶贫目标转化逻辑来看,由少数人小康到大多数人小康再到全面小康的逐步升级,充分彰显出共享发展的理念内涵。从扶贫目标的涵盖范畴来讲,现阶段我国扶贫工作的空间范畴已远不止于通过产业、技术、就业、低保等来扶持,而且已经开始深入贫困地区的社会发育、贫困人口精神需要的满足、生态环境、社会政治生活参与等方面,这些均体现出社会领域各个方面共享化发展的目标导向。对此,习近平总书记曾做出全面部署,要求通过脱贫攻坚的深入开展,增加人民群众的获得感,不断促进共同富裕。[1] 这也就意味着我国的扶贫目标已被赋予共

---

〔1〕 习近平.决胜全面建成小康社会 夺取新时代中国特色社会主义伟大胜利:在中国共产党第十九次全国代表大会上的报告[N].人民日报,2017-10-28(1).

享化内涵，已经从解决温饱、实现全面小康的阶段性目标逐步转向不断满足人民的美好生活需要、实现共同富裕的最终目标，共享发展的内容范畴和内涵层次也在不断被丰富和发展。

二、扶贫模式共享化：从外部"输血式"转向主体"造血式"再到资源"共享式"

我国的扶贫开发能够取得阶段性的成果，其中一个主要原因就是根据扶贫实践的发展不断探索新思路和新理念，并依此形成行之有效的扶贫模式。概括地说，我国的扶贫模式主要有外部"输血式"扶贫、主体"造血式"扶贫和资源"共享式"扶贫三种类型，前两者与第三者之间的本质差异在于社会公共资源是否实现共享化，即贫困人口能否与其他群众一样共享社会公共资源。"输血式"扶贫主要是扶贫主体通过各种生产生活补贴等方式，直接向贫困地区或贫困人口提供必需的生产和生活资料，以帮助贫困地区和贫困人口解决物质困境，它主要体现在对广大贫困人口的经济救济方面，是一种"授之以鱼"的扶贫模式，本质上是一种单向度、封闭式的社会救济，社会公共资源并没有向贫困人口开放共享。"输血式"扶贫关乎人道主义，确实是具有相当的必要性。这种扶贫模式能够直接、有效地解决温饱问题，在一定程度上起到了良好的减贫效果，特别是它能在短期内缓解一些自然条件恶劣、文化教育落后、观念意识封闭地区的贫困问题，曾经对我国农村的经济社会发展和扶贫工作起到了积极作用。但是，"输血式"扶贫直接给钱、给物而没有关注深层次的致贫因素，只能救一时之急，不能彻底地消除贫困的根源，减贫只能是"治标不治本"，以致一旦停止"输血"，部分贫困人口再度返贫。并且无偿的、无条件的救助使贫困地区和贫困人群被动受助，忽视培育和激发他们的生产积极性和生活热情，容易滋生"等、靠、要"的惰性依赖心理，造成一些贫困地区出现为了得到救助争戴贫困帽现象等道德风险。而实际上，政策脱离后的返贫以及"输血式"扶贫带来的贫困道德风险，从本质上来讲是未实现社会资源的共享化，即贫困人口未能真正融入社会、未能共同享有社会公共资源，以至于他们始终处于社会边缘位置。针对这种情况，新世纪以来，国家对扶贫的方针政策进行了重大的调整，改变以前的"输血式"扶贫模式，以激发贫困人口内生动力为基础的"造血式"扶贫模式应运而生。"造血式"扶贫并没有摒弃"输血式"扶贫的物质输入做法，只是更加注重物质输入后如何让贫困人口产生自我造血能力，以获得摆脱贫困的持续性发展能力，诸如掌握某项技能、获得某个岗位等。具体来讲，就是首先要使贫困人口的基本生产和生活环境得到有效改善,增强教育、医疗、卫生等保障性发展,调动贫困人口的主动性、提升创造力,引导其逐步走上自我发展的脱贫行动道路。"造血式"扶贫在近年来的扶贫实践中充分发挥出较强的减贫作用,并且是可以长期保持稳定的反贫困路径。但是,上述二者均存在一个问题,即外界输入的扶贫资源和主体内生的脱贫能力,均是围绕贫困人口个体而展开的帮扶行动,甚是缺乏扶贫资源和个体能力的辐射作用。

在上述背景下,"共享式"扶贫模式便应运而生。"共享式"扶贫是指扶贫资源、脱贫主体不断将扶贫效果辐射到社会层面的一种反贫模式,其不但增强了脱贫人口的持续性生存发展能力,而且还延伸了扶贫资源的使用效力。"共享式"扶贫模式并不是单纯的立足于贫困人口的自救,更多的是实现社会公共资源介入反贫困的共享式自助,这是一种通过双向度共享来达到"授人以渔"的扶贫模式。诸如采取产业共享、基础设施共享和公共服务共享、教育与技能共享、专业合作、定点结对帮扶等措施,其前提基础是社会公共资源实现共享化,从而充分发挥资金、资源、发展环境、体制机制、素质能力等内外部综合因素的耦合作用,不断增强贫困地区和贫困人口的"造血"机能,以达到可持续发展和摆脱贫困的目的。如山东省济南市济阳区新市镇采用"共享式"扶贫模式,主要实现了人才共用、智力共商、资源共享、成果共享等实践目标,于2018年底早早实现脱贫摘帽,取得良好的反贫困成效。"共享式"扶贫见效速度取决于贫困人口对公共资源的接受利用程度,以及社会公共资源的共享开放程度,虽然"共享式"扶贫不能使贫困人口瞬间受益,但是从长远来看必然优于"输血式""造血式"扶贫模式。当然,"共享式"扶贫并不意味着"输血式""造血式"扶贫模式对我国扶贫事业已经没有任何意义,尤其是对某些原深度贫困地区而言,公共资源输入、个体能力提升仍旧是巩固脱贫攻坚成果的主导措施。总而言之,与世纪之交的扶贫模式相比,当前阶段及未来一段时间内的扶贫实践更具有共享意味,诸如改变扶贫资源、资金的独立拨付等垂直输入形式逐渐消失,更多地采用银行贴息贷款、生产保险金、股金分红或发展奖励等共享路径,用于激发相对贫困人口的自我发展动力和共享能力。

三、扶贫内容共享化:从单一线性扶贫拓展至整体多维扶贫

传统扶贫内容侧重于实施"短、平、快"的项目,最直接的方式是对贫困地区和贫困人口进行物质扶持。然而,贫困的致因往往涉及经济、政治、文化、

生态等诸多因素,而这些因素之间相互交叉,形成了具有适应性的"贫困自组织机制"。在多维贫困致因作用下,"头痛医头、脚痛医脚"的单一线性扶贫所取得的成效很容易被消解,难以蓄积内生出可持续发展的脱贫动能,反而加剧了贫困反弹的风险。面对上述诸多难题,新时代兴起的精准扶贫战略则具有了多维性、整体性等综合特征,反贫困作为决胜全面建成小康社会过程中的补短板工作任务,已经不再是单一的、局部性的扶贫策略,而是成为全面建成小康社会中的一项整体性、全局性的工作。与传统单一线性扶贫不同,整体多维扶贫更突出精准化和共享化,后者亟须共享发展理念和精准方法论来牵引。第一,整体多维扶贫注重利用信息化实现扶贫内容共享化。整体多维扶贫以信息化为一个着力点,整体多维扶贫工作全局性强,涉及范围广,信息化正好能够相对有效地解决多维扶贫工作所面临的问题,从共享理念激发多维扶贫的发展潜能,诸如扶贫数据开发、农贸商品销售、数字下乡、农村淘宝、电商扶贫、直播带货等信息化。因为信息化具有高技术性、渗透性、竞争性和共享性等优势,在多维扶贫工作当中能够有效地降低扶贫成本、促进扶贫工作的高效率。新形势下的扶贫工作面临着地域广、人口多、任务重等严峻挑战,整体多维扶贫借助信息化可以多元化、多渠道、多资源地扶持贫困地区和贫困人口,提高扶持的精准性、有效性和共享性。第二,整体多维扶贫以新型城镇化为载体实现扶贫内容共享化。整体多维扶贫以改善多方面的致贫因素,形成摆脱贫困的合力为目标,强调促进贫困地区基础设施建设、公共服务、产业发展、文化教育、卫生健康、生态环境等多维度发展,且注意提升贫困人口脱贫的内生动力。凭借新型城镇化,整体多维扶贫可以有效改变贫困地区经济、社会、文化落后面貌,改善贫困人口的生产、生活条件,增强其共享式"造血"机能。首先,一些贫困地区自然条件差,灾害频发,耕地有限,生活条件差,采取一定的易地重建和搬迁安置措施,将这些地区的人口向城镇转移,实现城乡之间社会资源共享,从而改变贫困人口的环境模式,为脱贫营造良好的环境基础。其次,新型城镇化可以推进农村基础设施和公共服务建设,调整农业经济结构、二三产业融合发展来实现共享就业机会,直接带动贫困人口的增收脱贫。最后,通过新型城镇化打破各种阻碍生产要素流动的制度性屏障,共享城乡公共基础资源,从而改变贫困人口生活方式,改善其教育卫生条件,使贫困人口的文化和健康素质得以提升,进取心和创业创新意识都不断增强,这些都是贫困人口脱贫的重要保障。第三,整体多维扶贫以农业现代化为依托实现扶贫内容共享化。农业是农村贫困地区的基础性产业,整体多维扶贫开展的根本立足点就是共享多种扶贫方式、多种资金来源、多种扶贫措施,帮助贫困地区形成生产技术先进、产业结构合理、市场竞争力强的农业现代化发展格局。基础设施和公共服务建设、生态维护、农业职业技术教育、农业产业布局调整、农业资源投入和整合都要紧扣农业现代化建设的主题。尤其是在贫困地区大多耕地分散、人均耕地面积小、土地贫瘠的条件下,运用现代生产技术和现代经营管理技术来装备农业,才能使贫困地区、贫困人口最终通过自身"造血"脱贫致富。第四,整体多维扶贫以绿色化为引领实现扶贫内容共享化。以往单一局部性扶贫把扶贫当作是一时、一地的工作,造成扶贫行为的短期化,容易导致一味追求改善贫困而损害生态环境的结果。这样的扶贫虽然可以取得一时的效果,但往往使扶贫效果无法与区域经济发展相协调,造成许多贫困地区生态脆弱、环境恶化,从长远看这是一种毁灭式的扶贫道路。环境破坏容易,重建则很难,不但需要花费大量的资金,更加需要花费更多的精力和时间,更重要的是对人的生存发展造成了严重威胁。在这一背景下,开展整体多维扶贫就是以"绿色化"为方向,把自然、经济和社会等各种资源进行深度融合、多元共享,通过发展循环经济、绿色经济、低碳经济以及共享经济,在贫困地区建立起绿色共享的发展体系,使脱贫攻坚与区域经济社会发展协调共进,进而取得可持续性等脱贫效果。

四、扶贫路径共享化:从区域开发漫灌式扶贫转型为精准滴灌式扶贫

20世纪80年代中期以来,一条鲜明的战略主线开始融入我国扶贫开发事业的变迁过程,即区域开发式扶贫战略,这是一种粗放漫灌式扶贫路径。区域开发式扶贫是一种政府主导,以改善贫困地区面貌、促进经济发展为目标,以政府财政资金为主要投入渠道的战略部署。区域开发式扶贫虽然也强调对贫困户采取有针对性的措施,但它的扶贫瞄准单元主要锁定县一级单位,偏重于解决地区性的贫困问题,过于注重减少短期性经济贫困,而忽视了培育贫困人口自身脱贫能力以及消除长期存在的素质贫困和要素贫困。区域开发式扶贫战略在实施初期效果明显,但随着时间推移,普遍存在的区域性贫困问题已基本解决,贫困人口数量大幅度减少,贫困人口的差异性特征愈发凸显,影响贫困的多元非经济因素开始延伸和强化,素质贫困、要素贫困在贫困类型中所占比重越来越大。在这种情况下,对人力资本和物质资本都有要求的区域开发漫灌式扶贫的效果开始降低,大量的资金投入成效甚低。因此,党的十八大以来,在总结以往扶贫开发工作经验的基础上,我国扶贫战略路径开始由区域性开发漫灌式扶贫向精准滴灌式扶贫转变,更加强调扶贫方法的精准性、扶贫资源的共享化以及扶贫成果的共享化。与区域开发式漫灌扶贫不同,精准滴灌式扶贫在摸清贫困人口底数和贫困人口状况的基础上,把扶贫单元下沉到户、到人,因地制宜、因人制宜,对症下药,更加精准地进行帮扶,提高贫困资金和项目瞄准率,从而提高扶贫的有效性和共享性。可以说,精准扶贫方法论是共享发展理念在扶贫领域的具体落实。在传统的扶贫实践中,扶贫资源的输入往往采用大水漫灌的普惠扶贫路径,这就犹如在大海中抛下一把土,珍贵的扶贫资源屡屡被"劫贫济富""挑肥拣瘦"抑或匹配错位,甚至被少数人占为己有或寻租贪腐。显然这与反贫困所要达到的真正帮扶贫困人口的目标是相违背的,也就失去了反贫困的共享性。精准扶贫思想正是在传统扶贫实践力不从心的背景下生成的,精准滴灌式扶贫路径将扶贫资源精准送达贫困人口身边,在这一过程中形成了精准识别、精准匹配、精准帮扶、精准监管等环节。上述的精准性环节,不断催生扶贫措施共享化、扶贫资源共享化、减贫成果共享化,使脱贫人口能够共享经济社会发展成果。

第四节 共享发展理念下精准扶贫机制的形成

作为马克思主义反贫困理论中国化的最新成果,精准扶贫引领着我国脱贫攻坚取得了丰硕成就,精准扶贫所形成的许多独创性举措和方法也是当前及未来一段时间解决相对贫困的重要方法论。党的十八大以来,中国特色社会主义进入新时代标志着共享发展进入新阶段,以习近平同志为核心的党中央将全面建成小康社会和实现中华民族伟大复兴的"中国梦"作为重点任务,将打赢脱贫攻坚战置于治国理政的核心位置,将共享发展上升为贯穿精准扶贫战略全过程的现实标准。一方面,精准扶贫的出发点是为了化解贫富差距以实现共享发展,另一方面,精准扶贫的落脚点是为了实现共同富裕以落实共享发展。在共享发展理念引领下,植根于中国特色社会主义扶贫实践的精准扶贫战略逐渐形成并发展完善,由此构建起来的精准扶贫机制成为适应新时代扶贫发展变化和需要的阶段性产物。2020年10月,党的十九届五中全会在总结全面建成小康社会"十个方面"决定性成就基础之上,明确我国经济社会发展已进入新发展阶段,在这个阶段解决相对贫困仍需要精准扶贫作为战略支撑,反贫困理念亦亟须更新。如果说之前消除绝对贫困需要经济高速增长来"补短板",那么当前解决相对贫困则需要全面共享发展来"固根基",

亟须融入共享等新发展理念来引领新发展格局,构建解决相对贫困的长效机制也不例外。共享发展等新理念引领下的精准扶贫迎来新变化,共享发展理念的反贫困价值得以彰显,由其引领的精准扶贫新机制亟待确立。

一、共享发展理念下精准扶贫思想的形成机遇

中国特色社会主义进入新时代,标识着我国经济社会发展的新的历史方位,同时也为实施精准扶贫提供了新的时代背景。人民群众对美好生活的向往是我们党的奋斗目标,而实现"两不愁三保障"是满足这一目标的底线任务,这亦是党中央向全国人民作出的庄严承诺。党的十九大将"五大发展理念"提升至新的战略高度,即我国发展的基本方略之一,使其成为解决我国经济社会发展中不平衡、不充分问题的重要战略思想。其中,共享发展理念作为新发展理念的起点和目标,为精准扶贫提供了学理支撑、方法论内涵和目标导向。党的十八大以来的反贫困实践证明,精准扶贫是实现全面建成小康社会的重要手段和方法论,亦是促进社会公平正义、让广大人民群众共享改革发展成果的关键部署和必然要求。同时,共享发展新理念被寄予为解决发展不平衡不充分的核心方法论,创造出提升精准扶贫质量的新时代契机。

(一)实现中国梦的伟大构想提供了精准扶贫的强大动力

中华民族自近代以来最伟大的梦想就是实现本民族的伟大复兴。中国梦传承了中华传统文化的精神内核,体现了人民幸福、国家富强、民族振兴三位一体的美好追求。实现"中国梦"的目标要求针对新时代扶贫工作的新变化,转变反贫困方式,形成新的思路,以有效地补齐贫困这个突出的短板,这就有力地推动了精准扶贫这一新时代贫困治理创新战略的形成与发展。

其一,实现人民幸福,需要借助精准扶贫来保障人民有尊严的生活。人民过上体面有尊严的生活,首位任务便是消除贫困以获得物质保障。有尊严的生活首先体现为解决生存问题。生存问题包括物质生活保障和文化生活保障,精准扶贫不仅解决了贫困人口基本生存所必需的物质条件匮乏问题,而且还促进了贫困人口精神状态和思想动态的提升,使得他们在生存权等方面保有普遍性尊严。有尊严的生活又体现在个体有充足发展空间。精准扶贫使社会底层的弱势群体成为直接受益者,使他们及时摆脱经济、政治和社会等层面的弱势地位。精准扶贫为贫困群众提供一个劳动的机会,可以让他们通过自己的双手创造社会财富、获得劳动报酬,从而让他们有尊严地摆脱贫困,这是摆脱贫困的核心途径。精准扶贫既帮助他们解决了衣食住行等基

本生活困境，又为他们营造了谋求更高层次、更为广阔的发展空间和内外部条件，以使得他们在发展权等方面获得发展性尊重。有尊严的生活还体现为解决能力问题。贫困人口也要有"不食嗟来之食"的骨气，在扶贫实践中，多少存在一些地方哭着求着争戴"贫困帽"的现象，而还有一些困难群众把吃"低保"视为丢失尊严的表现。精准扶贫强调发挥贫困人口的内生动力，使困难群众通过自己的努力脱贫致富，而不是坐等外界的施舍与救济。贫困人口内生动力的提升，既增强了他们摆脱贫困的本领，又拔高了他们的精气神，从劳动和精神等多维层面提升了他们生活的尊严。

其二，实现国家富强，需要借助精准扶贫来提升国家综合实力。国家富强是经济、社会、政治、文化、生态等多方面共同作用的结果，我国在社会主义探索、建设与改革中所取得的成就斐然，国家综合实力不断攀升，国际地位不断上升，话语权亦在不断加重。然而，按照木桶原理，一个国家是否富强并不取决于经济发达地区或富裕群体的经济实力，而取决于贫困地区和贫困人口。审视我国经济社会发展总体布局，区域之间、城乡之间的发展差距还是显而易见的，中西部地区经济发展水平明显低于东部沿海地区，农村地区发展层次明显低于城市，这亦是对我国社会主要矛盾转变的供给方"发展不平衡不充分"论点的有力验证。衡量一个国家综合国力的强弱，关键在于国民的生活水平，核心在于提升贫困人口的生活质量。从我国扶贫形势来看，精准帮扶贫困地区、贫困人口摆脱贫困，是提升国家综合实力的"短板"，亦是实现国家富强的关键落脚点。唯有借助精准扶贫打赢脱贫攻坚战，才可以称之为实现国家富强。换而言之，实现国家富强，需要通过精准扶贫克服经济社会发展的贫困短板，从而从底部提升国家综合国力。

其三，实现民族振兴，需要借助精准扶贫来凝聚中华民族共同体意识。实现中国梦的伟大构想必须面对贫困现实，一切从实际出发，实事求是。从现实出发，必须清醒地认识到，中国仍然处在社会主义初级阶段，贫困在少数地区尤其是偏远的民族地区，在少数群体尤其是偏远地区的民族群体中仍旧大量存在，帮扶这部分贫困人口彻底摆脱贫困是实现伟大中国梦的应有之义与底线任务，亦是民族力量凝聚的基本表现。与传统扶贫的单纯物质帮扶不同，精准扶贫保障贫困群众生存中的尊严、发展中的尊严，从而激发贫困人口的民族凝聚力，尤其是有助于唤起少数民族地区贫困人口的中华民族共同体意识。第一，精准扶贫提升少数民族贫困群众的中华民族认同。精准扶贫不仅要让少数民族地区贫困群众摆脱经济收入的贫困状态，保障温饱问题的真正解决，还要让他们摆脱在住房保障、医疗卫生、义务教育方面的贫困状态。这不仅仅是解决温饱问题，也是斩断贫困的代际传递、因病致贫返贫的重要举措，同时也是提升少数民族群众民族认同的基础性工程。第二，精准扶贫提升少数民族贫困群众的国家认同。精准扶贫后所要达到的生活目标，是全国人民不分民族、不分地区都能"学有所教、劳有所得、病有所医、老有所养、住有所居"，这也是中华民族自古以来梦寐以求的安居乐业状态。所以说，精准扶贫解决不同民族之间的贫困问题，不但解决温饱问题，还提升其文化追求、娱乐活动、生态健康等方面的生活质量，不但关注物质资源的匮乏，还注重社会性保障与基本公共服务质量，以实现每一个人从"温饱型"向"保障型"的质的飞跃，是提升国家认同感的保障性工程。第三，精准扶贫提升少数民族贫困群众共同体意识。精准扶贫不是简单的社会财富的"加减乘除"，而是全体社会成员不分民族、不分地区的共同参与、人人出力、人人共享的发展结果，让每一个人在精准扶贫过程中均能体现自身价值、发挥自身能力、享用发展成果，平等参与、平等分享，在精准扶贫实践中凝聚出中华民族牢不可破的强大共同体力量。

(二)化解新时代社会主要矛盾提出了精准扶贫的迫切要求

"经过长期努力，中国特色社会主义进入了新时代"[1]，这是锁定我国发展新的历史方位的科学判断。社会主要矛盾是社会发展的决定力量，新时代以新的社会主要矛盾来标识新的历史方位。其中，我国主要矛盾的"不平衡不充分发展"方面所面临的具体表征之一便是贫困。

化解新时代不断动态调整的贫困问题，需要不断创新反贫困方法论，精准扶贫方略应时而生。党的十八大以来，以习近平同志为核心的党中央及时创新发展中国特色社会主义反贫困理论体系，以精准扶贫方法论为指导思想，扎实推进脱贫攻坚工作。精准扶贫的伟大实践，在中华大地上书写了年均减贫千万、绝对贫困人口清零、全面建成了小康社会，贫困发生率亦降低至0的耀眼成绩。

习近平同志视反贫困为治国理政的重要内容，创造性地提出精准扶贫思想，并形成一系列关于精准扶贫脱贫的理论体系，极大地丰富和发展了马克思主义反贫困理论，成为植根于中国大地、凸显中国人民底气与实力的反贫困智慧结晶，是对社会主义发展规律与中国特色社会主义反贫困实践规律的

---

[1] 党的十九大报告辅导读本[M].北京：人民出版社，2017:10.

深刻认识和创新发展,亦是习近平新时代中国特色社会主义思想的重要组成部分。归功于精准扶贫的理论指导,中国反贫困实践才能顺利推进并取得举世瞩目的耀眼成绩,向世界人民展示了中国智慧和中国方案,树立中国经验,为世界反贫困实践提供了中国样本。赢得脱贫攻坚的全面胜利,离不开不断进行的理论创新、思想创新和举措创新。基于此,做好新时代反贫困实践更要提高对贫困问题本身的认识。当前,相对贫困问题不断凸显,党和国家势必要从稳固脱贫人口的自我发展能力处着手,赋能脆弱性脱贫人口的增收能力,致力于进行适时的政策转变和个体能力提升,筑牢基础设施的生产生活性依托和保障,提升公共服务的质量和水平,建立返贫防控监督制约机制和相对贫困长效治理机制,抑制大规模返贫的发生,巩固拓展脱贫攻坚成果并顺利向乡村振兴过渡。如在发展方向上注重提升政策及时性与适用性,提升资源配置合理性与协同性,形成脱贫稳固性和可持续性,提升群众脱贫的满意度。

(三)决胜全面建成小康社会吹响了脱贫攻坚的进军号角

小康社会自古便是中华民族的历史夙愿,在以往历朝历代的当政者执政理念中,小康社会的构想从未缺席,但最终消逝在历史进程之中。中国共产党领导下的中华人民共和国,一改私有制下的阶级社会形态,坚持公有制为主体的共产主义社会理想,建设小康社会的历史夙愿从未变得如此接近现实、如此接近人民。自邓小平20世纪70年代末80年代初提出"小康社会"的经济社会发展规划蓝图和战略构想以来,中国特色社会主义事业的内涵和意义不断得到丰富和发展。党的十八大将"全面建设小康社会"提升为"全面建成小康社会",一字之变将小康社会由动态建设转向即将完成的静态社会样态,全面"建成"小康社会近在咫尺。党的十九大突出强调全面建成小康社会的基础性地位和攻坚性任务,可以说全面建成小康社会这一阶段性目标为实现中国梦奠立了稳固的根基。然而,在全面建成小康社会的目标中,"小康"至关重要,"全面"亦不容忽视,这其实是最难达到的目标。"小康"强调的是物质和精神的否定之否定的满足,"全面"则聚焦在质量互变范畴,只要有一人没有实现小康,则就不能使用"全面"表述,这是社会主义社会的本质要求。在这个意义上,全面建成小康社会需要更为精准化的脱贫攻坚策略,以避免在全面建成小康社会的道路上盲目追求数量而忽视了质量。随着全面建成小康社会目标的深入推进,党中央、国务院对精准扶贫提出了一系列实践要求。2013年,"精准扶贫"被首次写入国务院印发的《关于创新机制扎实推进农村扶贫开发工作的意见》中,并对建立和健全精准扶贫工作机制和干部驻村帮扶机制提出了明确的工作要求。2014年"精准扶贫"首次列入政府工作报告。之后,《建立精准扶贫工作机制实施方案》对精准识别、精准帮扶、精准管理和精准考核进行了细致的部署,使精准扶贫机制的工作内容更加明确。2015年出台的《中共中央 国务院关于打赢脱贫攻坚战的决定》(简称《决定》)对精准扶贫工作的有序展开做出了进一步的指导。2016年,《"十三五"脱贫攻坚规划》(简称《规划》)的颁布,标志着我国扶贫领域第一个五年规划的形成。为了使得《决定》和《规划》更具有可行性和可操作性,2018年,党中央和国务院又进一步出台了《关于打赢脱贫攻坚战三年行动的指导意见》(简称《意见》),针对各地各部门精准扶贫实践中存在的突出问题,加强统筹协调,进行关于脱贫攻坚的新设计、新举措和新方式。《意见》不仅能够为我国农村扶贫开发工作提供理论指导和政策借鉴,而且能够为精准扶贫脱贫工作提供理论指导和政策借鉴。《决定》《规划》《意见》等顶层设计文件的颁布和实施,为决胜全面建成小康社会时期的精准扶贫创新发展提供了基本方向和动力。第一,明确全面建成小康社会需要精准扶贫作为基础保障。从扶贫形势来看,在脱贫进入攻坚阶段,最艰难的地区是穷根深筑的中西部地区,其因贫困范围广、规模大、程度深、难度高而一直深受贫困掣肘,因此,常规思路已经无法彻底根除这些地区的贫困痼疾,必须创新扶贫理念和维度,转换思路和方式,在2020年彻底消除绝对贫困的现实目标激励下,打赢这场人民战争。从脱贫攻坚任务来看,还有上千万农村贫困人口亟须摆脱贫困,其中因病、因残致贫比例居高不下,"三区三州"作为穷根难拔的深度贫困地区,具有贫困发生率高、贫困程度深、贫困原因和类型复杂、基础设施不完善且公共服务明显滞后、生产生活条件差的特点,依然是脱贫攻坚工作中一个难以攻克的堡垒。从扶贫工作内容来看,在脱贫攻坚的过程推进与效果检验中可以看出,形式主义的恶劣政风、消极怠慢的工作态度、弄虚作假的不良作风、贪污腐败的污浊官风都会对脱贫攻坚进度与成效造成一定的影响。显然,当时扶贫的阶段性特征,强调了精准扶贫对全面建成小康社会的保障性作用。第二,明确全面建成小康社会需要精准扶贫作为实施方略。《决定》《规划》《意见》等站在决胜全面建成小康社会的起点上,为广大贫困地区和贫困人口描绘出了更加美好的生活愿景,即到2020年完成脱贫攻坚的底线任务,使贫困地区农村基本公共服务主要指标与全国平均水平相接近,确保现行标准下全部农村人口脱贫,稳定实现扶贫对象不愁吃、不愁穿,义务教育、基本医疗和住房安全有保障。实现上述目标设定,需要明确以精准扶贫为核心的实施方略:第一阶段,精准帮扶以满足贫困人口的生存需要和发展需要,其中"两不愁三保障"是最基本的需要;第二阶段,精准帮扶以缩小发展差距问题,"基本公共服务主要领域指标接近全国平均水平"是其重要表征和首要前提。第三,全面建成小康社会需要明确社会广泛参与的精准扶贫工作格局。全面建成小康社会是一项艰苦卓绝的事业,单凭某个人或某一方的力量不可能完成,需要吸纳更多的社会力量加入精准扶贫,不仅要构建专项扶贫、行业扶贫、社会扶贫等多措并举有机结合的扶贫格局,还要形成跨区域、跨行业、跨领域的全社会参与,各方联动的"大扶贫"工作布局,尤其是要把建立"N+贫困户"的合作扶贫视为社会力量参与精准扶贫的主要模式。

(四)践履共享发展新理念彰显了精准扶贫的根本目标

马克思主义唯物史观认为,全社会物质财富和精神财富的创造者是人民,因而推动社会发展和享有发展成果的主体也应该是人民。由此可见,社会财富非少数人所创造,亦非供特殊集团所享用,而是全体社会成员共同创造、共同享用。社会贫富差距的产生源自社会财富在生产、分配、交换以及消费等众多环节非均衡化作用的结果,消除贫富差距则需要全体社会成员共同完成。同理,消除贫困既非一朝一夕之事,亦非一人一组织之事,而是需要全社会成员集体参与的事宜,既需要共同做大这块"蛋糕",又需要共同分配好这块"蛋糕"。当前阶段乃至未来一段时间,我国扶贫工作仍旧会长期处于"做蛋糕"和"切蛋糕"的多元分配格局动态调整之中,共享理念越来越被视为导向性目标。

在新发展理念中,"共享"处于精准扶贫理念首要的引领地位。共享内在地蕴含着精准扶贫脱贫的本质要义和现实要求,直指实现全体人民共享发展成果的目标导向。其一,共享凸显精准扶贫的本质要义,顺应社会主义发展规律的必然要求,契合党为人民的服务宗旨和时代选择。共享发展要求实现全民共享,因此必须确保制度安排有效,致力于增强和满足人民获得感和幸福感,激发人民内在动能,营造人人参与、人人享有的和谐氛围,从而实现共同富裕的伟大目标。其二,共享发展就是要解决社会公平正义问题,消除贫困问题,追求人民幸福。共享发展的宏观部署与微观安排,皆旨在实现包括贫困人口在内的全体人民共享成果,这是每一个人应有的权利。因此,在全面建成小康社会目标引领下,聚焦贫困地区补短板、贫困人口补差距,才能在相对公平的环境中将贫困人口纳入成果共享的范围中来。

共享发展,既是精准扶贫的初始目标,又是精准扶贫的最终目标,其融入精准扶贫实践并贯穿精准脱贫全程,构建起创新、协调、绿色、开放等理念在精准扶贫中的目标体系。第一,创新是共享发展理念下精准扶贫目标达成的重要动力。把创新置于国家发展全局的核心与关键位置,不仅是对全党工作和全社会发展的战略推动,更是对精准扶贫脱贫目标实现的重要驱动力。将创新纳入共享发展理念引领下的精准扶贫工作不仅具有方向上的指引意义,更具有现实要求上的实践意义。一是创新精准扶贫理念,以达到"志"与"智"的共享。扶贫要扶志,从思想上脱贫。一方面,改"输血式"扶贫为"造血式"扶贫,创新扶贫理念,以提升贫困人口的自我发展能力和贫困地区内生动能为基本遵循,从思想上入手,从志气上立足,找准思想"穷根",摸清贫困"病因",激发贫困人口自主脱贫的主体性,提升贫困人口战胜贫穷的"精气神",培养自力更生、艰苦奋斗的思想意识。另一方面,创新扶智途径以提升致富能力,加强对贫困群众的知识教育、生产技能培训,培养他们的致富能力。二是创新精准扶贫模式,以引导致富路径共享。扶贫开发并不是简单地给钱给物,也不是一味地急躁冒进,它是一项涵盖多重角度、多个方面的综合性社会工程。创新是发展的源头活水,在发散性的创新思维辐射带动下,精准扶贫理念、方式、动能、路径等也拥有不同程度的新发展。此外,扶贫实践创新发展的一个重要前提就是实事求是,只有紧密贴合贫困地区的实际情况,扶贫模式才有创新的可能,扶贫实践才能获得持续发展的动力。第二,协调是共享发展理念下精准扶贫目标达成的内在要求。区域、城乡间发展不平衡衍生一系列贫困问题,因而,治理贫困痼疾的关键和首要前提在于解决发展不平衡问题,这也是共享发展理念引领下精准扶贫目标实现和效能提升的现实需求。"协调"发展理念意指强基础、补短板,解决发展不平衡问题,促进城乡、区域协调发展,既内在蕴含着目标和问题的统筹导向,又深刻体现出党中央放眼全局的政策展望,上升至共享层面,理论与实践意义重大。为实现精准扶贫的统筹协调,党中央谋划了一系列关于协调发展的工作布局。一是促进精准扶贫与区域经济水平提升高效统一,依托于地方经济的高水平和高质量发展,为精准扶贫筑牢物质支撑,通过扶贫项目的推进与特色产业的发展,补齐区域发展短板,统筹区域经济与扶贫开发的联动效应和协调发展,促进共享发展理念下的精准扶贫取得新突破。二是精准扶贫的整体推进与因地制宜统一,既要服从精准扶贫的整体推进与系统解决,又要因地、因户、因人而异,确保扶贫部门以精准效能、科学程序、高效方式对贫困对象进行帮扶和管理。在这一过程中,精准扶贫聚焦整村推进与因户施策的协调统一、集中连片和分类指导的协调统一,实现不同区域、不同村社、不同类别之间的共享发展。三是要统筹协调贫困户与贫困户、贫困户与非贫困户权利失衡、心态失衡问题。一方面要调整精准扶贫政策,避免贫困户与贫困户、贫困户与非贫困户之间因政策差异带来的权利失衡、资源失衡问题;另一方面要做好思想工作,避免因政策实施导致的非贫困户心理失衡从而激化新的社会矛盾问题,体现共享发展的新理念。第三,绿色是共享发展理念下精准扶贫目标达成的主导思维。绿水青山就是金山银山,确保环境永续优美,才能为经济发展提供重要的生产力,才能为社会财富积累添砖加瓦,经济发展与生态环境不是利用与被利用的关系,也不是此消彼长的关系,而是相辅相成、协调统一地紧密联结在一起。绿色扶贫模式是经济与生态并重、生产与发展并存、富裕与文明并进的社会发展道路的历史选择和科学路径,人与自然和谐发展的科学理念贯穿其中并融入绿色扶贫全过程。因而,绿色扶贫亦是人与自然、人与社会、人与人之间共享发展的最终体现。共享发展为绿色发展提供重要的理念引领,牢固树立绿色发展的思想理念,一定程度上是在为保护生产力做贡献,改善生态环境、发展绿色经济,一定程度上就是对生产力的发展与延续。因此,以牺牲、破坏、毁灭环境的方式换取一时的经济效益,实际上是阻断了人民脱贫致富、实现共同富裕的可持续发展之路。生态环境质量是衡量全面小康重要的评判标准,精准扶贫必须妥善处理好经济发展与生态保护的相互关系,在共享发展理念下树立起人与自然共生共存的绿色发展观念。这就需要在精准扶贫中构建起科学合理的产业形态布局,形成一系列关于生态安全的制度保障,统筹构建起基于绿色、低碳、循环三位一体的融合发展新业态,促进扶贫产业体系向绿色、低碳、循环转变。诸如依托地区资源禀赋,加快发展优势特色产业和特色农产品加工业;统筹推进精准扶贫与生态治理,稳步实施山、河、湖、水、林等领域的综合治理,建设生态工程,筑牢绿色根基。第四,开放是共享发展理念下精准扶贫目标达成的必由之路。改革开放是决定当代中国命运的关键一招,开放并非凭空得来,而是基于中国改革开放的现实情况和延续多年的经验总结从而形成的创新性的发展理念,是适应经济全球化和我国开放型经济发展定位的必然选择和现实要求。经济发展的重要法宝之一就是开放,精准扶贫同样需要开放,充分利用外部资金、技术、经验,协调内部人力、资源与精气神实现精准扶贫在共享中提速增效。同时,世界各国都存在着贫困及由此诱发的反贫困问题,科学地做好新时代反贫困工作、打好脱贫攻坚战,既需要总结和归纳国内反贫困积累的成功经验,又需要吸取和借鉴外界的成功理论,科学谋划和推动当前及未来一段时间的精准扶贫工作,诸如如何高效引进和充分利用外部技术、资金等,以达成共享发展理念下的精准扶贫目标。

简而言之,致力于实现全体人民共同富裕的党中央,立足于我国实际,在经济发展不平衡不充分的现实形势下,面对贫困人口数以亿计、连片贫困地区发展受限等严峻形势,创见性地提出共享发展的新理念。共享发展理念作为中国特色社会主义治理优势和治理效能的集中体现,使精准扶贫迸发出强大的动力,推动了精准扶贫成果充分释放。精准扶贫则是破解共享发展时代难题的创新举措,促进共同富裕的关键部署,亦是全面建成小康社会的必然要求。一言以蔽之,共享发展理念为提升精准扶贫质量提供全新理论契机,精准扶贫亦必须以共享发展理念为理论引领。

二、共享发展理念下精准扶贫战略的形成过程

在共享发展理念的指引下,我国的反贫困观念业已开始发生转变,精准扶贫正是这一背景下的产物。实际上,从20世纪80年代末我国就已开展大规模扶贫工作,扶贫工作逐渐从传统的国家救济转向社会帮扶,到2013年精准扶贫概念的提出,在一定程度上也体现出共享理念在扶贫领域的不断凝练。新世纪的第二个十年,随着前几个阶段扶贫成果的巩固和社会财富的不断积累,我国贫困人口规模进一步缩小,剩余贫困群体贫困程度更深,扶贫难度更大,反贫困成本更高。面对如此状况,深层次社会矛盾和复杂化贫困问题倒逼我国扶贫开发工作必须进行详尽的战略部署,扶贫向精准化方向发展已势在必行。

(一)精准扶贫战略的初步形成阶段

全面建成小康社会的突出短板在于贫困地区和贫困人口,面对农村贫困人口由过去的相对集中分布转变为分散的"插花式"分布新变化,需要扶贫政策制定者和扶贫领域研究者对既有扶贫实践进行反思,更新反贫困的认识框架。在实践调研中,习近平同志得出诸多颇有助益的实践经验,于2013年在十八洞村考察时提出的"精准扶贫"思想,正是不断进行经验总结而得出的创新性扶贫理念,这也成为其精准扶贫战略形成的起点和源头,是精准扶贫战略的萌芽和雏形。从此,精准扶贫这一思想得到国家和社会的高度重视,并于2014年1月正式作出制度安排。2014年《建立精准扶贫工作机制实施方

案》颁布,对精准扶贫工作进行了全面部署和全局考量,并在制度推进与落实过程中细化了基础性环节和实行重点。同年,《扶贫开发建档立卡工作方案》出台,更进一步深化和明确了精准识别方式的落实与操作问题,对贫困户识别过程中的相关标准、方法和程序问题给出了相对更为详细的规定和指示。同时,精准扶贫工作作为一项新的重要任务,国家制定并出台了一系列的文件、政策,为其提供制度保障。例如财政部为了加强扶贫资金监管,防止出现扶贫资金滥用的情况,颁布了《财政专项扶贫资金管理办法》《财政扶贫资金报账制管理办法》两项办法,为精准扶贫工作提供强有力的资金保障。2014年《关于加强和改进贫困县考核工作指导意见》的出台,目的则是在于改进并且明确扶贫工作的具体考核办法,调动各扶贫主体的积极性,促进扶贫工作有条不紊地展开,同时也是为了能够加强各个部门在扶贫工作中的相互协调和相互配合关系,最终达到精确帮扶的效果。在这些方案、办法、意见等政策文本中可以清晰看出精准扶贫的基本框架,这些政策文本的颁布和实施标志着精准扶贫战略的初步形成。

(二)精准扶贫战略的丰富发展阶段

精准扶贫的"精准"要求,主要体现在对扶贫主体、扶贫对象、扶贫内容、扶贫方式、扶贫管理等方面的精准定位,以切实保证扶贫取得实效。2015年中央扶贫开发工作会议对当前中国扶贫现状进行了充分阐释和概括,对扶贫工作中"扶持谁""谁来扶""怎么扶"等问题作出了明确的规定与要求,提出实施"五个一批"工程。对于中国扶贫事业取得的成效和面临的问题,习近平认为,脱贫攻坚已经进入攻坚拔寨的决胜阶段,实现脱贫攻坚的目标,必须做到决心更大、力度超常、思路更明确、措施更精准。[1]同年,中共中央、国务院出台《关于打赢脱贫攻坚战的决定》,成为指导和推进新时期脱贫攻坚工作的政策指南,凸显党和国家对精准扶贫战略的高度重视,对打赢脱贫攻坚战怀有必胜信心。精准扶贫这一战略思想在国内学术界掀起了一阵浪潮,迎来了新一轮的探讨和发展,使得精准扶贫工作在许多地区得到有序实施与推进。2016年赴重庆进行调研期间,习近平同志指出,"扶贫开发成败系于精准,要找准'穷根'……对症下药"[2]。同年在两会期间参加青海代表团审议时,他

---

〔1〕 习近平关于"三农"工作论述摘编[M].北京:中央文献出版社,2019:161-162.

〔2〕 落实创新协调绿色开放共享发展理念 确保如期实现全面建成小康社会目标[N].人民日报,2016-01-07(1).

再次强调,"脱贫攻坚一定要扭住精准","更加注重提高脱贫效果的可持续性"[1]。为总结我国脱贫攻坚形势和更好地实施精准扶贫,2017 年,习近平同志在中共中央政治局第三十九次集体学习中强调,要确保到 2020 年实现脱贫攻坚目标;指出用七个"强化"更好地推进精准扶贫、精准脱贫进程;总结了十八大以来精准扶贫和脱贫攻坚的成就经验,并指出脱贫攻坚不能松懈,任务仍艰巨;强调要把握好脱贫攻坚的正确方向,继续稳步扎实推进精准扶贫、精准脱贫;强调加强基层基础工作,加强村"两委"建设和充实扶贫工作队伍;强调精准扶贫要同扶志与扶智相结合。精准扶贫作为实现全面建成小康社会的重要前提和基础,党中央始终保持高度重视。在 2015 年中央扶贫开发工作会议召开到党的十九大召开期间,国家一系列文件政策的发行实施以及习近平同志的多次讲话内容标志着精准扶贫战略思想一步步丰富发展,走向成熟。

(三)精准扶贫战略的成熟完善阶段

习近平同志在党的十九大上进一步升华了精准扶贫的战略地位,标志着精准扶贫战略进入成熟发展阶段。党的十九大对精准扶贫提出了新任务和新要求,即在现行标准下贫困人口全部脱贫,与全国人民一道进入全面建设小康社会阶段,并且这项任务的完成要能经得起全国人民乃至世界人民以及历史的检验。由此,精准扶贫成为一个战略性要求。党的十九大报告中还提出了深化精准扶贫的战略重点和行动机制,强调精准扶贫是一项举全社会之力的工程,精准脱贫是精准扶贫的战略重点。在脱贫攻坚工作机制中,中央全局统筹、省总负责、市县抓具体落实,各司其职,相互配合。

2017 年 12 月 28 日,习近平同志在中央农村工作会议上指出,在扶贫脱贫过程中,要注重志智双扶,培育脱贫的内生动力和发展能力。[2] 在脱贫攻坚的关键时期,剩下的都是一些难啃的"硬骨头",扶贫单单靠国家和扶贫干部,不可能打赢这场硬仗。贫困群众既是精准扶贫的对象,又是摆脱贫困的主体,脱贫攻坚离不开贫困群众主动性和积极性的发挥。就这一问题,习近平同志指出"要加强扶贫同扶志、扶智相结合,激发贫困群众积极性和主动性……使脱贫具有可持续的内生动力。……多采取以工代赈、生产奖补、劳务补助等方式,组织动员贫困群众参与帮扶项目实施,提倡多劳多得,不要包

---

[1] 齐心协力打赢脱贫攻坚战[N].光明日报,2016-03-11(1).
[2] 习近平扶贫论述摘编[M].北京:中央文献出版社,2018:143.

办代替和简单发钱发物"[1]。2019年4月16日,习近平同志主持召开解决"两不愁三保障"突出问题座谈会,系统阐述了贫困地区脱贫出列后实现"摘帽不摘责任、摘帽不摘政策、摘帽不摘帮扶、摘帽不摘监管"的"四不摘"举措,明确脱贫攻坚任务完成后,要延续精准扶贫政策以巩固脱贫攻坚成果。2020年3月6日,习近平同志在主持召开的决战决胜脱贫攻坚座谈会上提出把精准扶贫战略平稳转型统筹纳入乡村振兴战略,并实现两者的有效衔接的要求。随着脱贫攻坚任务的步步推进直至完成,精准扶贫理论也在实践中发展成熟并日益完善,成为比较完备的具有中国特色的反贫困理论体系。

三、共享发展理念下精准扶贫机制的架构体系

精准扶贫概念基于对我国扶贫实践的总结,由习近平同志于2013年首次提出。此后,"精准扶贫"不断地出现在学术讨论和政策研究中。理论界目前对精准扶贫还没有明确、统一的定义,但从相关研究中可以归纳出理论界对精准扶贫概念的一些共识,如精准扶贫是区别于以往"大水漫灌"式粗放扶贫的一种讲求"精准度"的扶贫;精准扶贫要解决扶贫"瞄不准"的问题,提高扶贫的科学性和有效性;精准扶贫是差别化、造血化、社会化的扶贫;精准扶贫的目的在于高效率、高质量地实现脱贫等。可见,精准扶贫提出的意义在于解决以往扶贫过程中面临的贫困人口底数不明、扶贫对象含糊不清、致贫原因粗略简单、扶贫资源匹配失衡、扶贫资金"撒胡椒面式"分配等问题,旨在进一步提高扶贫效率。界定精准扶贫的概念,重点要把握:精准扶贫目的"扶真贫""真脱贫";精准扶贫的核心在于"因地制宜""因人施策";精准扶贫的实质是提升贫困地区、贫困人口的自我发展能力。根据上述分析,精准扶贫的概念可以尝试性地界定如下:精准扶贫是指为了实现全体人民共同富裕、全面建成小康社会的目标,以精准定位、协同治理、可持续生计的理念为指导,运用综合协同、分类管理、分级负责的科学方法,根据不同贫困地区、不同的贫困人口的条件和状况,对贫困对象精准识别、精准扶持、精准管理等基本问题所进行的总体谋划。

精准扶贫机制作为对精准扶贫工作的总体谋划,是一系列关系到精准扶贫全局的、长远性的主导性方针政策。它的内涵非常丰富,其体系的深度和广度由战略目标、战略部署、战略重点、战略保障等不同层面共同架构。

---

[1] 习近平扶贫论述摘编[M].北京:中央文献出版社,2018:143-144.

(一)精准扶贫机制的战略目标:共享发展、共同富裕

改革开放以来,我国经济社会的发展成就举世瞩目,成为世界经济增长的重要引擎。然而,我国经济社会发展中不平衡、不协调的问题依然突出,特别是贫困地区和贫困人口成为经济社会发展进程中的"孤岛"。贫困地区和贫困人口的存在表明改革发展的成果没有被全体社会成员所相对平等地共享。长期以来,由于扶贫方式的粗放和不科学,存在着对贫困状况认识模糊、对扶贫治理目标掌握不清、对扶贫对象识别有偏差等问题,影响了扶贫治理的效果,制约了贫困地区和贫困人口共享改革发展成果的可能性。贫困问题不解决,共享发展就没有稳固的基础,脱贫已经成为促进共享发展最艰巨的任务。对此,习近平总书记强调,对于共享,要作出更有效的制度安排,才能确保共同富裕的全面实现。[1] 这阐明了促进共享发展关键要针对贫困地区和贫困人口实施科学合理的制度安排以促进扶贫工作有效开展,创新扶贫体制机制以补齐共享发展的短板,避免"共享"流于形式,浮于表象。

"实现共同富裕,是社会主义的本质要求。"[2]共同富裕意味着富裕的范围是社会整体,富裕的定位是全体人民,因而在走向富裕的道路上一个都不能掉队。消除贫困不仅关系着共同富裕的实现进程,而且影响共同富裕的目标达成和推进程度。实现共同富裕,消除贫困是重点亦是关键、是前提亦是基础,是一块"难啃的骨头",也是一项历史性成就。在脱贫攻坚阶段,资源禀赋不足、先天条件恶劣、生产生活条件薄弱的深度贫困地区,汇聚大量贫困人口,且这些贫困人口的贫困根基深厚,大都处于贫中之贫、困中之困,必须采用超常规思路,完成脱贫攻坚工作才能成为可能[3]。贫困地区和贫困人口能否脱贫致富取决于其能否得到有针对性的差异化帮扶。精准扶贫贵在精准,它不仅力求清晰地锁定贫困对象,而且强调对扶贫措施的"靶向性"并对扶贫效果进行检查评估,从而能够做到"扶真贫""真脱贫"。精准扶贫作为反贫困重大战略思想,其追求的是共同富裕,而共同富裕的标志性指标就在于以更明确的思路、更精准的举措实现全部脱贫。

(二)精准扶贫机制的战略部署:"四个切实""五个一批""六个精准"

落实精准扶贫战略是实现全体社会成员成果共享的重要举措,是实现共同富裕目标要求的现实显现,充分彰显了社会主义优越性。为了确保到2020

---

[1] 习近平扶贫论述摘编[M].北京:中央文献出版社,2018:9.
[2] 习近平扶贫论述摘编[M].北京:中央文献出版社,2018:3.
[3] 习近平扶贫论述摘编[M].北京:中央文献出版社,2018:16.

年我国现行农村贫困标准(以2010年不变价每人每年2 300元计算)下农村贫困人口全部脱贫,精准扶贫战略以"四个切实""五个一批""六个精准"为重要战略部署。

"四个切实"是指在领导责任、精准扶贫、社会合力、基层组织四个方面工作的严格落实。切实落实领导责任就是要将党的领导深入精准扶贫工作的落实当中,以党政一把手作为贯彻落实与实施精准扶贫战略的首要责任人。以中央负责统筹、省承担总体责任、市地县抓具体落实的方式,层层落实精准扶贫责任。具体而言,就是中央负责政策顶层设计、整体筹划以及扶贫资金的具体筹措、扶贫绩效的最终考核等;省级承接中央指示,明确具体的扶贫目标,动员市县开展扶贫行动,完成扶贫项目的分配与落实,对扶贫资金进行具体投放并对各地扶贫工作进行监督检查和具体指导等;市地县则承担着扶贫工作的具体落实进度监督与安排、项目的跟进与开展、资金与人力的资源分配等。确保精准扶贫取得实效就要在识别上下功夫、在过程中勤监督、在脱贫后重监控,以确保真正贫困的人口能够享受到国家的帮扶政策,确保扶贫资金、项目和资源可以用在贫困人口和贫困地区的发展上,下实功做到"精准"。切实强化社会合力就是在坚持政府对精准扶贫的主体和主导作用的基础上,广泛吸收社会上的各方力量加入精准扶贫的行列中,多渠道筹措扶贫资金,增加金融资金投入扶贫,吸引社会资金加入扶贫,建立完善专项扶贫、行业扶贫、社会扶贫协调一体的扶贫格局,同时强化东西协作、党政机关定点等扶贫机制的作用。切实加强基层组织就是扩充组织队伍,由政府选派思想作风优良、服务意识强、能力水平高的优秀人才投身基层组织建设,尤其是加强以村党支部为核心的村级基层组织建设,选派扶贫工作队和干部驻村帮扶,确保每个贫困户都有扶贫责任人。"五个一批"是习近平同志在2015年10月的减贫与发展高层论坛上提出来的。它指的是针对不同的致贫原因和脱贫条件,通过采取扶持生产就业、易地搬迁安置、生态保护、教育培训、社保兜底五种方式实现脱贫。[1] "六个精准"是指扶贫对象精准、项目安排精准、资金使用精准、措施到户精准、因村派人精准、脱贫成效精准。扶贫对象精准就是为了克服以往贫困对象不明确、不精准问题,通过农户申请、村民小组民主评议、入户调查、村民代表大会评议、公开公示、建档立卡等步骤精准识别

---

〔1〕 习近平.携手消除贫困 促进共同发展:在2015减贫与发展高层论坛的主旨演讲[N].人民日报,2015-10-17(2).

出贫困户并确立贫困户退出标准和机制。项目安排精准就是针对项目安排与扶贫对象脱贫需求不匹配、不适应当地的经济社会发展需要的问题，在扶贫项目规划设计再到落地实施的每一个环节瞄准贫困人口的差别化需求和地方发展需要，保证大多数贫困户从扶贫项目中受益。资金使用精准就是针对扶贫资金使用效率低、管理不到位的问题，根据扶贫对象需求和项目性质统筹、划拨和管理资金，保证扶贫资金发挥最大效益。措施到户精准就是针对扶贫措施不到户、一刀切等不精准问题，根据不同的贫困原因，探索和实施差别化的扶贫措施，做到一户一措施，确保扶贫措施有针对性。因村派人精准聚焦基层党组织的发展困境，以提升基层党组织的战斗堡垒作用为前提，向贫困村选准派强第一书记和扶贫工作队，把具有政策水平、奉献精神和尽责能力的干部选派到贫困村进行驻村帮扶，加强贫困村基层的扶贫力量，以确保落实精准扶贫各项工作要求。脱贫成效精准就是针对以往粗放的扶贫方式造成的扶贫效果不稳定等问题，通过严格的考评机制，消除"数字脱贫""虚假脱贫"等被脱贫现象，从而确保贫困人口自我发展动能和扶贫效能可持续。

（三）精准扶贫机制的战略重点：精神扶贫

在脱贫攻坚阶段，物质贫困已不再是摆脱贫困的第一位问题，意识与思路贫困成为摆脱贫困的首要痼疾。贫困对象只有在精神上实现了脱贫，精准扶贫才能获得更为持久的效应。尤其是精准扶贫到了攻克深度贫困的最后决胜阶段，这些深度贫困几乎都有一个共同的特点，就是脱贫攻坚的内生动力和自我造血能力不足，贫困对象在经济贫困的同时，精神贫困问题更为突出。针对精准扶贫工作中存在的短期脱贫易、长期脱贫难的难题，精准扶贫战略理应聚焦于内生性贫困，解决贫困者精神之贫、能力之困。精神扶贫把准了精准扶贫中的"要穴"，着眼于补齐贫困者的"精神短板"，变"扶物"式的治标扶贫变为"扶人"式的治本扶贫。来自外部的扶持即外因只能通过内因发挥作用，而精准扶贫的内因是贫困对象的"志"与"智"。精神扶贫具有志智双扶的特点，始终贯穿于精准扶贫之中，把激发脱贫动力和提升脱贫能力结合起来，在精准扶贫中具有基础性的作用，进而成为精准扶贫战略的实施重点。

精准扶贫战略以精神扶贫中的"扶志"为基础，表现为扶基层干部之志和扶贫困者之志。精准扶贫战略能否顺利实施，关键在于党的基层干部是否有带领贫困人口如期脱贫的底气、信心与实力，即基层干部脱贫之"志"。习近平反复强调,党的基层干部队伍建设必须贯穿精准扶贫全过程,大力夯实抓党建促扶贫的体制机制,充分发挥党的基层干部在精准扶贫中的先锋模范作用,使党的基层组织成为精准扶贫中的战斗堡垒。基层干部只有动真心、用真情才能做到真扶贫、扶真贫。同时,实现脱贫归根到底要依靠贫困群众脱贫的积极性、主动性和能动性,这就是贫困群众脱贫之"志"。改变贫困落后的面貌,最终还是要靠贫困群众自己。因此,精准扶贫要做到精准到位,扶到点子上、扶到根子上,首要的就是要使贫困群众从思想观念上确立脱贫信念,坚定脱贫的信心,改变消极保守、封闭畏惧的心理,从精神上拔除"穷根",由增斗志而增动力,将"人穷志不穷"的精神转化为脱贫攻坚的内生动力。

精准扶贫战略以精神扶贫中的"扶智"为关键。贫困群体普遍存在受教育程度不高、文化知识和职业技能不足、就业思路不宽等问题,这些问题成为贫困群众脱贫的障碍。同时由于缺乏良好的教育,贫困群体也普遍缺乏为下一代提供合理人生规划的理性认识与决策能力,会影响其后代谋生能力的提高和长期发展,极有可能使他们重复其父母的贫困境遇。不解决贫困群体存在的这些问题,精准扶贫就无法可持续地发挥消除贫困的作用,并阻断贫困的代际传递。从这个意义上说,愚是贫之源,"扶智"对精准扶贫战略目标实现起到了决定性的作用。精准扶贫只有通过精准的"扶智"即通过开展文化教育和职业培训、推广科技、拓展信息渠道等方式,对基础知识、基本能力、思路方法等进行保质保量的帮扶,从而在根本上激发贫困人口自我发展的潜力和就业能力,强化综合素质和水平以促进其"造血"能力提升,发挥贫困人口的群体合力才能打通改变命运的通道,实现"扶智一方,脱贫万户",使个人、家庭乃至地区的贫困状况得到根本改变。

(四)精准扶贫机制的战略保障:机制创新

精准扶贫战略的落实表现在各个环节中贯彻精准原则,形成降低贫困发生率的合力。虽然精准扶贫战略实施取得了有目共睹的成效,但精准扶贫机制中还有许多不完善的地方,降低了扶贫的效率和脱贫的质量。进一步巩固脱贫攻坚成果,创新精准扶贫机制,解决其不完善的问题,是今后进一步建立解决相对贫困长效机制的关键举措。

精准扶贫机制的创新表现在精准识别、靶向治贫、严管资金、返贫防控四个环节。精准识别是后三者的前提和基础,其创新的关键是要在贫困县、贫困村、贫困户三重对焦机制中,建立多维度的贫困识别标准,完善对贫困户的认定和退出工作,科学把关、程序合法,这不仅对精准扶贫大格局的推进至关重要,也是完善精准识别工作、提高精准识别效率、加快识别进程,从而稳步推进精准扶贫其他工作的关键。靶向治贫是精准扶贫战略的直接落实环节,直接关系到精准扶贫的质量。靶向治贫机制的创新要根据不同的致贫原因,突出分类指导,因地、因村、因人施策,杜绝"一刀切"式的帮扶,切实提高精准扶贫的效果。严管扶贫资金是精准扶贫的重要环节,对精准扶贫起着保障性作用。严管扶贫资金要在资金审批、资金使用、资金监管等方面加强管理,使扶贫资金自上而下精准对接,杜绝扶贫腐败,确保扶贫资金用到刀刃上。返贫防控是完善精准扶贫战略的必要环节,也是巩固精准扶贫成果的应有举措。返贫防控要在认真分析返贫各种影响因素的基础上,建立健全返贫防控的政策保障,推动社会保障政策与精准扶贫政策的衔接,强化脱贫户的后续帮扶,精准化返贫识别、跟踪、监控与预警,并在扶志与扶智上精准着力,从根本上阻断返贫现象的发生。

第二章

现实研判：共享发展理念下的精准扶贫机制审视

精准扶贫方法论是适应新时代贫困变化规律、扶贫工作新形势而不断实践探索的产物。以习近平同志为核心的党中央深刻把握决胜全面建成小康社会的战略要求，把精准扶贫上升至治国理政的重中之重，成功地探索出一条具有中国特色的贫困治理之路。新时代立足于实现"两个一百年"伟大目标的历史交集点，我国脱贫攻坚战胜利收官，减贫治贫进入巩固脱贫成果的新历史阶段，亟须建立解决相对贫困的反贫困长效机制。此时，全面系统地总结精准扶贫机制实施以来的成功经验，全方位深入凝练精准扶贫机制彰显出来的全球价值，正确有效地分析精准扶贫机制实施过程中所遇到的问题，对提升巩固脱贫攻坚质量、深入解决相对贫困问题具有重要的理论价值和现实意义。

第一节 精准扶贫机制实施成效及经验总结

精准扶贫方法论提出以来，在共享、创新、协调、绿色等新发展理念的指引下，我国采取超越常规的行动，进行了全党、全国、全社会的总动员，健全和发展了精准扶贫体制机制。在共享发展理念引领下，党中央不断完善精准扶贫机制，全面扎实推进精准扶贫战略，以史无前例的力度全面打赢了脱贫攻坚战,带领全国人民以持之以恒的攻坚克难态度和韧劲,书写了人类反贫困历史上辉煌壮丽的中国篇章。

一、精准扶贫机制运行的减贫成效

共享发展理念得以落实的着眼点和突破口在于解决当前共享困境,其实现的关键在于提高社会整体发展水平和全体人民的生活质量,尤其是共享发展的短板,即贫困地区和贫困人口一起步入小康社会,才能真正实现共享。按照这一要求,党的十八大吹响了我国扶贫开发工作攻坚拔寨冲刺的冲锋号,对贫困面积大、贫困程度深、贫困发生率高的地区发起了攻坚战。尤其是2013年起精准扶贫战略逐渐开始实施,显著地释放了精准扶贫机制的潜在活力,为脱贫攻坚提供了强劲的动力,我国农村贫困人口大幅度减少,创造了人类减贫史上的最好成绩。在精准扶贫机制层面,脱贫攻坚不仅要在数量规模上归零,更要在程序和质量上做到满分。为精准考核脱贫成效,我国制定了严格的贫困县摘帽标准和退出程序,首先贫困县要自我审视和考核脱贫条件,在各项指标达标、考核通过以后,先通过省级扶贫部门组织的验收,再通过国务院扶贫开发领导小组组织的第三方评估,最后经省政府批准方才完成脱贫摘帽。经过一系列严格的脱贫认定程序,截至2020年底,现行标准下我国贫困人口全部脱贫,绝对贫困得以历史性消除,充分验证了精准扶贫机制运行下所取得的减贫成效之伟大。

(一)年均减贫千万,绝对贫困人口归零

党的十八大以来,我国农村减贫取得历史性跨越,从2012年至2019年,贫困人口以年均1 300万的速度在减少,由9 899万人降低到551万人,而仅剩的551万贫困人口也已在2020年底全部摆脱贫困,贫困发生率由2012年底的10.2%下降到2019年底的0.6%,2020年底更是彻底归零。具体减贫规模和趋势如图2-1所示。

贫困地区和贫困人口的大幅度减少,主要得益于党的扶贫政策指导下贫困人口收入的大幅度直线增长。截至2020年,贫困地区居民人均可支配收入达12 588元,相比2013年的6 079元翻了一倍还要多。2013—2020年,贫困地区农村居民人均收入平均每年名义增长12%,不考虑物价因素的影响,平均每年实际增长11.37%,均快于全国非贫困地区居民人均收入的增长率。2013年,在全国人均农村居民可支配收入中,贫困地区农民居民的人均可支配收入就占到64.46%,2020年该项占比为73.48%,提高了9.02个百分点。

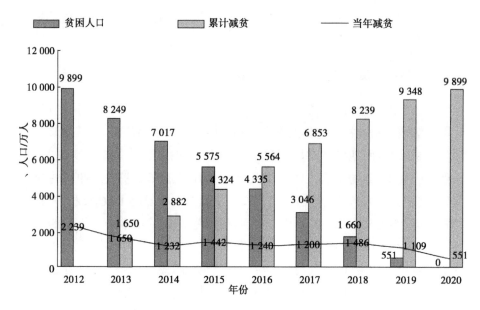

图 2-1 2012—2020 年中国脱贫人口变化趋势

数据来源：根据国家统计局年度数据整理而来。

2015 年全国建档立卡贫困户人均纯收入为 3 416 元，2020 年则为 9 808 元，年均增长幅度为 23.48%。总体上看，贫困地区农村人口收入增速超过全国水平，与全国其他地区农村人口可支配收入的差异不断缩小。具体增长情况如图 2-2 所示。

图 2-2 2012—2020 年贫困人口人均可支配收入变化趋势

数据来源：根据国家统计局年度数据整理而来。

(二)贫困县全部摘帽,区域性整体贫困基本消除

当前,脱贫攻坚战已经取得决定性胜利,我国区域性整体贫困基本消除。已脱贫地区经济社会大踏步发展,区域性整体面貌短时间内发生历史性巨变。脱贫地区显然已经摆脱经济发展滞后的窘况,在以交通、水利、卫生、教育等为主要内容的公共基础设施建设上日臻完善,并历史性地解决了以往贫困地区吃、行、电、网、就医、上学困难等问题。目前,全国具备条件的乡镇和建制村全部由"村村通"连接起来,全国新改建农村公路 110 万公里;深度贫困地区成规模的地级市全部通铁路,全国新增铁路里程 3.5 万公里;贫困地区大电网 100%覆盖,卫生用水 100%得到保障,互联网 100%联通世界,光纤或 4G 覆盖比例均超过 98%,农网供电可靠率超 99%;贫困群众住有所居,790 万户危房得到改造,266 万户易地搬迁至 3.5 万个已建成集中安置区,一举摆脱了闭塞和落后。一句话来总结:所有深度贫困地区的最后堡垒已被全部攻克,全国贫困村通互联网、通公路以及通客运班车比重变化如图 2-3 所示。

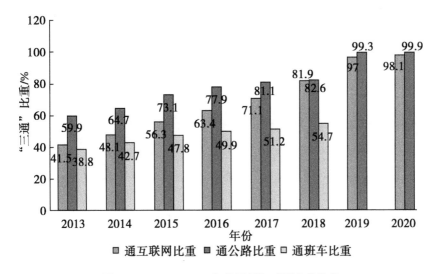

图 2-3 2013—2020 年贫困村"三通"变化趋势

数据来源:根据国家统计局年度数据、《中国数字乡村发展报告(2020 年)》、《人类减贫的中国实践》白皮书以及相关新闻报道整理而来。

贫困县全部脱贫摘帽是区域性整体贫困基本消除的显著标志。2014 年 12 月,基于精准扶贫方法论的指导,国务院扶贫办确定 832 个欠发达县为全国贫困县,涉及 22 个省、自治区和直辖市。经过六年的精准帮扶,28 个贫困

县在 2016 年率先摘帽,部分省份贫困县 2019 年底开始"清零"。2020 年 11 月,贵州省最后 9 个深度贫困县摘帽出列,标志着全国 832 个贫困县的贫困帽子全部摘除,区域性贫困问题在中华民族历史上首次被解决,如表 2-1 所示。

表 2-1　22 个省区市贫困县"清零"时间表

省份	时间	省份	时间
西藏	2019 年 12 月	湖北	2020 年 4 月
重庆	2020 年 2 月	江西	2020 年 4 月
黑龙江	2020 年 2 月	安徽	2020 年 4 月
河南	2020 年 2 月	青海	2020 年 4 月
山西	2020 年 2 月	云南	2020 年 11 月
海南	2020 年 2 月	新疆	2020 年 11 月
陕西	2020 年 2 月	四川	2020 年 11 月
湖南	2020 年 2 月	宁夏	2020 年 11 月
河北	2020 年 2 月	广西	2020 年 11 月
内蒙古	2020 年 3 月	甘肃	2020 年 11 月
吉林	2020 年 4 月	贵州	2020 年 11 月

(三)减贫贡献率超 70%,为全球反贫事业贡献中国力量

消除贫困是人类面临的共同挑战。作为世界上减贫人口最多的国家,中国在短时间内为全球减贫事业贡献了超过 70% 的脱贫率,创造了世界减贫史上的奇迹。这个奇迹离不开精准扶贫战略的提出和精准扶贫机制的创立。通过实施精准扶贫机制,我国在很短的时间内实现了现行标准下几千万贫困人口摆脱绝对贫困,甚至提前 10 年完成联合国减贫目标,使得至少 8 亿人口摆脱绝对贫困,极大地缩小了全球贫困的版图。在直接从数量上对世界反贫困事业做出贡献的同时,我国在精准扶贫探索和实践中形成的反贫困经验智慧也产生了巨大的溢出效应,为发展中国家乃至整个世界反贫困树立了生动样板。反观世界,从世界银行成立以来的 70 多年来,刨除中国改革开放以来的绝对贫困人口减少的数量,全球贫困人口数量不减反增。尤其是新冠感染

疫情的影响,根据世界银行测算,2021年全球极贫人口数量增至1.5亿[1],其中一半分布在印度、孟加拉国以及撒哈拉沙漠以南的尼日利亚、刚果(金)和埃塞俄比亚等深度贫困地区。[2]这些深度贫困大面积分布的国家和地区产生贫困的原因复杂,既有自然禀赋的因素,又有制度和体制的因素,但是缺乏有效完善的贫困治理机制是造成极端贫困集中产生的主要因素。此时,我国多年反贫困实践探索出来的精准扶贫机制,为这些国家和地区的反贫困提供了启示。联合国秘书长古特雷斯曾对书写在中华大地上的精准扶贫经验进行充分赞誉,并予以高度评价,认为精准扶贫是实现联合国2030年可持续发展议程目标的唯一路径。在第73届联合国大会决议中,我国的精准扶贫理念与实践经验被写入决议并成为世界各国增进民生福祉可资借鉴的宝贵财富。同时,我国还通过南南合作,积极在发展中国家推进扶贫示范项目,包括在"一带一路"沿线倡议帮助各国增加就业、改善民生,因地制宜地转化分享精准扶贫的经验,帮助其他发展中国家减贫,以携手合作的实际行动为推进全球减贫事业做出中国贡献。根据世界银行最新的研究报告,在"一带一路"倡议下已经有120多个发展中国家和地区在我国的帮助下开展了"千年发展目标计划",短短几年内,便使得"一带一路"沿线国家和地区约760万人摆脱极端贫困、3 200万人摆脱中度贫困。事实表明,精准扶贫机制的成功经验能让更多的国家获益,势必为解决全球贫困问题带来新希望。

二、精准扶贫机制实施的经验总结

经过多年的中国特色反贫困实践探索,精准扶贫机制在主体、内容、方式等方面形成了一系列具有中国特色的减贫经验。这些经验主要包括:

(一)精准扶贫要以党和政府为主导

生产要素分散、自然条件恶劣、发展基础薄弱是贫困地区普遍存在的问题,这也是脱贫攻坚政府主导的主要原因,尤其是在收入差距随着经济发展日益扩大的情况下,经济增长和农业发展的减贫贡献率很低。这时不能单纯地寄希望于经济增长来自发地解决贫困问题,而是要通过政府建立良性的反贫困机制。反贫困是政府不可推卸的责任,精准扶贫机制就是强烈的政治意

---

[1] Poverty and shared prosperity 2020: reversals of fortune[EB/OL]. https://openknowledge.worldbank.org/bitstream/handle/10986/34496/9781464816024.pdf.

[2] Roy Katayama, Divyanshi Wadhwa. Half of the world's poor live in just 5 countries[EB/OL]. https://blogs.worldbank.org/opendata/half-world-s-poor-live-just-5-countries.

愿和强有力的政府担当相结合的反贫困机制。政府是精准扶贫机制的驱动源，是决战脱贫攻坚的"定海针"。在精准扶贫机制运行过程中，党和政府凭借独一无二的政治优势，构建扶贫政策支撑体系、组织保障体系和社会资源的整合动员体系，既避免了西方反贫困模式中的"代表者"困境，也避免了反贫困的市场悖论。从中央到地方层层设立扶贫专门机构，通过自上而下、有组织、有层次地分解扶贫任务，进行任务传导，将脱贫攻坚纳入各级政府的考核体系，逐级压实扶贫责任。以签订脱贫攻坚责任制和立军令状的方式，强化各级政府"一把手"负责的脱贫攻坚责任制，倒逼脱贫攻坚任务完成，形成中央政府通盘筹划、省级政府总体负责、市县级政府具体实施的扶贫垂直治理格局。精准扶贫方略实施以来，党和政府一系列文件对精准脱贫进行了决策部署，打造精准扶贫顶层设计的"四梁八柱"，这意味着精准扶贫在国家层面上形成了制度性的框架。中央集中决策，地方贯彻执行，职责分明，分工明确，保证了精准扶贫的稳定性、权威性和效率性，产生了强大的动员能力，为精准扶贫的长期顺利开展提供了动力支撑。一方面各种扶贫资源在政府行政权力的推动下高效有序地向贫困地区和贫困人口转移，2013年至2020年中央财政专项扶贫资金以每年200亿的增速增长，2020年达到1 400多亿。实践证明，大量扶贫资金投入夯实了贫困地区经济增长的物质基础，提升了贫困地区基础设施和公共服务的现代化水平，不断健全贫困人口基本保障体系。另一方面大批政治素质高、工作责任心强、对贫困村熟悉的党政干部被动员加入扶贫行列，加强了贫困村基层党组织建设，充实了基层贫困治理力量。

到2020年底，共计有25.5万个驻村工作队和300多万名县级以上党政机关和国有企事业单位干部被派往贫困地区。各级政府运用"省、市、县、乡、村"五级书记抓扶贫的层层落实手段，配合脱贫攻坚专项巡视对扶贫工作质量进行严格督查，确保脱贫攻坚的决策部署落到实处。我国精准扶贫的实践证明，坚持政府对精准扶贫的主导，不断完善以政府为核心的精准扶贫机制，是我国扶贫开发事业取得成功的根本政治保障，彰显了我国反贫困辉煌业绩背后的制度优势。

（二）精准扶贫要以人民群众为中心

精准扶贫的底线任务在于实现"两不愁三保障"以摆脱生存性贫困，重要目标是改善民生、实现共同富裕。作为新时代国家发展的重要战略之一，精准扶贫的本质内核与以人民为中心的时代发展观不谋而合。精准扶贫既是解决贫困这一以人民为中心发展所面临的困扰性问题的有效对策,同时又是切实保障贫困地区、贫困群众共享发展成果的关键一招。精准扶贫的实际效能直接决定着人民群众特别是贫困群众成果共享的实现程度,同时也对以人民为中心这一时代发展观的实现程度产生重要影响。以人民为中心作为精准扶贫机制运行中坚持的一项基本原则,是中国特色社会主义实践发展的核心所在。

实现人民利益是精准扶贫以人民为中心的生动诠释。习近平总书记指出:"一切工作都要落实到为贫困群众解决实际问题上。"[1]精准扶贫就是抓住医、住、教和收入等与贫困群众息息相关的利益问题,采取有针对性的精准帮扶措施,努力使贫困群众劳有所得、丰衣足食、安居乐业、学有所教、病有所医,以看得见、摸得着、实实在在的变化补齐发展短板,形成"全面小康、一个都不少"的普惠发展格局,来切实维护贫困群众的切身利益。实现人民利益不是暂时的追求,应该是长期的、可持续的目标,精准扶贫不是停留在基础的财政救济上,而是依靠科技创新、产业扶持、智力开发等手段,力求使贫困群众真脱贫、脱贫后不返贫。在满足贫困群众衣食住行最基本的生活需求的同时,精准扶贫将解决人的发展问题纳入帮扶机制,不断提升贫困群众发展水平和生活质量。

发挥人民群众的主体作用是精准扶贫以人民为中心的动力支撑。根据历史唯物主义的观点,人民群众是推动历史发展的主体。贫困群众既是精准扶贫的对象,也是开展精准扶贫工作的重要主体,是确保脱贫的内生动能。破除贫困群众"等靠要""懒惰怠"的消极情绪,激发其作为精准扶贫脱贫主体的积极性,才是确保精准扶贫落实到位、实施有效的关键。精准扶贫抓住贫困群众对美好生活的迫切向往,将脱贫攻坚与贫困群众自强奋斗紧密结合。首先,精准扶贫强调通过对贫困群众的思想教育和职业技能培训,对他们进行"志""智"双扶,激发其主动脱贫的内生动力,变"他者扶贫"为"我要脱贫"。其次,精准扶贫还十分注重帮助贫困地区利用本地区优势资源,发展特色产业,使"输血"和"造血"相结合,增强贫困群众自我发展和市场竞争的能力。最后,精准扶贫尊重群众的首创精神,善于从人民群众鲜活的实践中汲取智慧和经验,不断完善自身运行机制。

人民群众的满意度是精准扶贫以人民为中心的检验标准。精准扶贫是

---

[1] 习近平扶贫论述摘编[M].北京:中央文献出版社,2018:122.

在中国共产党领导下,以帮助贫困群众脱贫致富为目标的贫困治理实践。精准扶贫的成效检验不是由政府决定,而是要依托人民的力量,人民群众满意,精准扶贫成效的取得才作数,基于人民群众满意度的评判标准才是衡量精准扶贫成效的根本标尺。正如习近平同志所说,"让脱贫成效真正获得群众认可、经得起实践和历史检验"[1]。人民满意的根本标准贯穿于精准扶贫的全方位、全过程,扎实推进扶贫过程,确保脱贫结果真实可靠。正是因为精准扶贫坚持人民群众满意的根本标准,才在精准脱贫的"大考"中,取得了令人民群众满意的成绩。

(三)精准扶贫要以社会参与为合力

精准扶贫作为提升贫困人口、贫困地区整体发展水平的一项系统性、战略性任务,涉及领域多,人口覆盖多,需要人力、物力、财力、信息等方面的资源保障充足,不能只依靠政府"大包大揽",需要社会各方面力量全力以赴、并肩作战。精准扶贫实施以来,我国广泛动员一切扶贫力量,发动社会团体、民主党派、企事业单位、民间组织、军队和志愿者个人采取各种方式参与精准扶贫,形成了反贫困的强大合力。社会力量参与脱贫攻坚大致分为以下类型:第一,党政机关、企事业单位、民主党派、社会团体等单位利用自身资源,定点帮扶国家级贫困县的定点扶贫。定点扶贫是中国特色反贫困的一项制度安排。定点扶贫单位根据自身的行业优势和部门特点,针对所帮扶的贫困地区的实际,通过项目投入、干部挂职、教育培训、医疗服务、抢险救灾、送温暖献爱心等方式推动定点扶贫地区经济、社会、文化、生态等方面全面进步。据不完全统计,2012年以来,参与定点扶贫的中央机关、地方政府部门以及企事业单位已达到近600个,实现了592个国家级贫困县的全覆盖。第二,由东部发达地区对口支援西部贫困地区的东西部协作扶贫。东西部协作扶贫着眼于东西部在要素禀赋、产品特色、技术条件等方面的差异,在把东部的资金、技术、人才、信息、经验等要素引入西部贫困地区的同时,开发西部贫困地区的优势资源,并把西部贫困地区的丰富的劳动力转移到东部就业,将西部贫困地区的特色产品销往东部地区,提高东西部地区人民的生活质量和水平。东西部协作扶贫具有优势互补、互惠双赢的特点,在精准扶贫机制运行中发挥着突出的作用。第三,解放军与武警部队参与的扶贫。军队按照就近就地、发挥优势、突出重点的原则在扶贫方面与地方力量形成优势互补。中

---

[1] 习近平扶贫论述摘编[M].北京:中央文献出版社,2018:122.

央军委政治工作部和国务院扶贫办在2016年3月联合颁发了《关于军队参与打赢脱贫攻坚战的意见》,对军队可以承担的10项扶贫具体任务进行了明确规定,并呼吁军队依据自身和贫困地区实际情况科学划定帮扶重点。到目前为止,贫困地区驻地的解放军和武警部队团级单位普遍开展一到两个扶贫项目,结对帮扶约2 000个贫困村。第四,在政府的引导和支持下,企业、社会组织和个人利用自身资源以多种方式参与的扶贫工作,如"万企帮万村"等扶贫典型品牌,在决战决胜脱贫攻坚战中取得良好效果。企业、社会组织和个人在参与扶贫过程中能够将自身的发展需求与贫困地区和贫困人口的脱贫需要有效对接,具有指向明确、公开透明、效率高的特点,是打赢脱贫攻坚战不可或缺的一支民间力量。第五,国外政府和非政府组织、国际多边组织的扶贫援助。进入新世纪以来,英国、日本、荷兰等政府,联合国开发计划署、国际农业发展基金会、亚洲开发银行、世界银行等国外非政府组织均在我国获得开展扶贫项目的机会。譬如,世界银行通过扶贫专项使我国近1 000万贫困人口减贫获益。总体来看,上述几类社会扶贫形式多样、包罗万象,既有利于整合各类扶贫资源形成扶贫合力,弥补政府扶贫在某些偏僻角落的失灵,又有助于完善社会治理,形成良好社会帮扶风尚,增进社会和谐和反贫凝聚力。

(四)精准扶贫要以社会保障为助力

社会保障主要是指依托于国家或社会的主体力量,在法律认可及许可的范围内,通过对国民收入进行整合再分配,继而给予生活困难群众以基本保障和公共服务,其内在地蕴含救助、福利、保险和优抚在内的具体内容。从国家层面看,以往具体经验已经表明,力图建构一个趋于完备的社会保障制度是一个国家反贫困的重要途径和方法。社会保障通过再分配缩小不平等、强化抗风险能力、予以现金和服务、社会包容等方式使贫困人口受益,从而减少贫困比例。发挥社会保障制度的减贫作用对于中国同样重要。近些年,我国农村贫困问题发生了显著的变化。贫困分布由整体性贫困逐步转变为个体性贫困,剩余的贫困人口主要是底子最薄、基础最差的深度贫困人口,致贫因素多种多样,除了缺资金、缺技术致贫外,也有因灾致贫、因病致贫、因残致贫,还和社会排斥、社会分配不公、公共服务不均等因素密切相关。同时,随着社会流动的加剧,农村留守人口大多是老弱病残,在外部环境风险的冲击下呈现出高度的脆弱性,尤其是社会不平等的存在使经济增长的减贫效应难以惠及剩余贫困人口。单纯以生产为中心的扶贫方式发挥作用的空间十分有限。而且,对于这些深度贫困人口来说,产业项目选择和经营管理的难度都很大,将使生产扶持性扶贫措施的效果大打折扣。虽然发展文化教育和技能培训是提高贫困人口素质的治本之策,但人的素质提高要经历一个较长的渐进渐变周期,如果没有相应的政策支撑,深度贫困人口的贫困状态将长期得不到改变。因此,以社会保障助力精准扶贫,发挥其在精准扶贫中的兜底作用成为我国反贫困工作重要的政策设计。

在《中国农村扶贫开发纲要(2011—2020年)》中,把实现贫困人口不愁吃穿以及义务教育、基本医疗和住房安全有保障,作为2020年打赢精准脱贫攻坚战的底线目标和标志性特征。2015年11月,习近平同志在中央扶贫开发工作会议上明确了"社会保障兜底一批"是解决精准扶贫"怎么扶"问题的一个重要路径。2016年国务院在《"十三五"脱贫攻坚规划》中明确提出了推动精准扶贫与社会保障有效衔接的任务。2017年11月,党的十九大对社会保障助力精准扶贫进行了新的部署,要求注重机制建设、密织保障网络、兜住民生底线,全面建成"覆盖全民、城乡统筹、权责清晰、保障适度、可持续的多层次社会保障体系"。2018年,中共中央和国务院又在《关于打赢脱贫攻坚战三年行动的指导意见》中提出统筹运用开发式扶贫和保障性扶贫两种方式,形成综合减贫效应。党的十九届四中全会再次强调"坚持和完善统筹城乡的民生保障制度"。党的十九届五中全会进一步提出脱贫攻坚成果的巩固拓展要同乡村振兴进行有效衔接,这对进一步发挥社会保障的反贫困作用提出了新要求。

社会保障在精准扶贫、精准脱贫中发挥了很大作用,不仅很大程度上满足了贫困人口的基本生活需要,也很大程度上满足了他们的发展性需求,通过比较完善的民生兜底措施,有效地减少了刚脱贫处于贫困线边缘的人口再次返贫的现象产生,为2020年整体消除绝对贫困、全面建成小康社会打下了坚实的基础。

(五)精准扶贫要以精准发力为要义

随着贫困人口规模的不断缩减和贫困发生率的逐步下降,剩余贫困消除的难度加大,脱贫攻坚进入冲刺阶段,能够针对贫困者实际情况制定有针对性的脱贫策略成为决定脱贫攻坚成败的关键。从2013年起,我国开始实施精准扶贫战略,要求在准确辨识贫困者和正确分析贫困原因的基础上,对贫困进行因情施策和靶向帮扶,以实现精准脱贫的目标。精准扶贫机制运行过程中,经过反复探索和实践,形成了以下三个方面的做法:第一,解决"扶持谁"的问题,即贫困人口识别。通过走村入户的调查,把贫困人口数量、分布、就业、收入、居住、致贫原因等一系列情况摸清搞准,确立直观的多维贫困指标,通过自上而下和自下而上的过程,确立扶贫对象,然后将贫困人口的信息建档立卡,把真正贫困的人员纳入扶贫范围。第二,解决"怎么扶"的问题,即根据致贫原因,采取有针对性的帮扶措施。由于剩存的未脱贫地区和人员贫困表征和致贫原因都很复杂,单一的扶贫措施已经不能适应这种情况,"要按照贫困地区和贫困人口的具体情况,实施'五个一批'工程"[1]。同时,很多地方立足自身实际,形成了许多富有地方特色的靶向治理模式,比如特色产业扶贫、乡贤扶贫、农企合作扶贫,开辟了多种多样的扶贫路径,有效地解决了因地因人施策、因贫困原因施策的问题。第三,解决"如何退"的问题,即建立贫困县、贫困村、贫困人口退出机制。习近平总书记早在2015年就明确提出,精准扶贫的目标在于精准脱贫,因此必须严格退出机制,以做到真实反映贫困县和贫困户的脱贫成效。其中,要制定科学明确的退出时间表,还要以严格的标准做好贫困摘帽的验收和评估工作,做到退出有序、脱贫有据,并留出缓冲期,在一定时间内实行摘帽不摘政策,以防止大面积返贫的出现。2016年4月,《关于建立贫困县退出机制的意见》对贫困退出工作机制进行了明确规定,其要求机制严格、过程规范、程序透明,并明确规定2020年之前贫困村、户、人有序退出的工作目标。基于贫困地区的实际情况,我国所设定的严格贫困退出机制是涵盖贫困退出目标、贫困退出计划、贫困退出标准、贫困退出程序等多方面内容的制度体系。我国各地区的贫困退出机制既有相同性也存在着差异性。相同性指的是在国家扶贫战略指导下,以调动贫困对象脱贫内生动力为原则,根据地区实际情况,贫困人口退出以户为单位,以一定标准的经济收入水平为主衡量标准,以"两不愁三保障"为综合考评标准,"进退结合"实施"摘帽子",摘帽不摘政策,贫困县、贫困村的退出则以贫困发生率为主要标准。差异性是指各地在贫困退出实施思路、退出标准、推进速度和程度等方面不尽相同。通过精准发力,使扶贫做到"对症下药""靶向治理",扶贫资源逐步落实到户到人,让真正的贫困对象成为直接受益者,做到"扶真贫""真扶贫"。

(六)精准扶贫要以生态保护为底线

我国贫困地区大多生态环境脆弱、自然条件恶劣,贫困人口又集中分布

---

[1] 习近平扶贫论述摘编[M].北京:中央文献出版社,2018:65.

在生态环境问题多发的地区。贫困人口处于绝对贫困且短时间内无法摆脱贫困面貌的现实状况促使其将榨取经济利益的苗头对准了生态环境,开始对自然资源进行粗放掠夺,导致环境遭遇不可恢复式的破坏,进一步诱发自然灾害。由此,生活贫困使人们陷入环境贫困,继而又陷入经济贫困,不仅无法从根本上改变贫困现状,还会激化经济与环境之间的矛盾,既影响经济发展,又弱化了环境的再生能力,同时还会降低贫困人口进行生态保护的意愿和能力,最终形成"经济贫困—生态环境劣化—经济贫困"的恶性循环。为破解经济贫困与生态劣化叠加的困局,党中央和国务院出台了一系列政策,积极探索在生态保护基础上有序推进精准扶贫工作的措施方略。"十三五"规划将生态保护纳入精准扶贫工作机制中,奠定生态扶贫的政策基调,并成为精准扶贫的创新性理念和创造性举措。2015年11月,《关于打赢脱贫攻坚战的决定》突出强调扶贫不能破坏生态环境,要通过生态保护和绿色发展带给贫困人口更多的实惠。2018年1月《生态扶贫工作方案》正式提出生态扶贫的目标和原则,并对生态扶贫的工作任务和保障措施进行了总体部署。

在精准扶贫中坚守保护生态环境的底线,就是摒弃以前把生态保护与发展对立起来的做法,牢固树立尊重自然、顺应自然、保护自然的理念,不能以牺牲环境为代价,把保护生态作为精准扶贫的应有之义,实现生态保护和精准扶贫的有机融合。其一,通过实施生态建设工程,在恢复生态环境的同时,为贫困人口提供就业岗位和土地、技术、资金等方面的支持;其二,根据贫困地区的生态环境、自然气候、资源条件,注重"生态+产业",大力发展生态农业、生态工业、生态旅游等生态产业,激活贫困人口的发展动力,增加其收益,形成精准脱贫与生态保护的良性互动;其三,通过生态补偿项目给提供生态服务价值和从事生态环境维护的贫困者一定的报酬,开拓贫困人口的增收途径,实现生态环境改善和减贫的双赢目标;其四,通过实施生态移民项目,把处于生态脆弱区和生态功能区的贫困人口迁到其他地区,同时在迁入地或者其他地区为迁出人口提供相应的就业机会,从而保障其能够获得可持续性的生活保障,此外,还应提升迁出人口整体的公共服务水平,确保他们在社会保障和福利政策等方面不与迁入地人口产生较大差距,继而确保他们在迁入地"住得下、能致富"。

总而言之,把保护生态环境的基本要求贯穿精准扶贫工作机制中,经历了从地方探索到中央部署再到全国推广的演进过程。正是由于精准扶贫机制对生态环境底线的坚守,才能打开生态脆弱地区整体脱困的局面,不仅取得了生态环境的明显好转,而且还利用改善后的环境发展旅游、健康产业、环保产业等减贫经济,取得了贫困人口大幅度削减的显著成效。

三、精准扶贫机制创新的共享取向

在决战决胜脱贫攻坚战中,精准扶贫机制设计的主要目的是为了消除绝对贫困,即追求数量规模上的增长。然而,随着绝对贫困问题的彻底消除,我国扶贫工作的重心转向消除相对贫困。现阶段,贫困县全部摘帽标志着绝对贫困问题得以解决,但需要强调的是城乡之间、东西部之间的差距还是较为明显,譬如农村相对于城市来讲,收入来源较为单一,基础设施相对落后,医疗条件仍没有太大改善,社会保障覆盖率较低等;东西部地区之间发展不平衡问题还在加剧,经济发展水平差距拉大,"强者恒强、弱者愈弱"现象仍旧存在,缺乏共享性的相对贫困问题仍旧比较突出。解决相对贫困问题不同于消除绝对贫困,后者侧重数量规模,更多的是从特殊性上关注个体的生存与发展,而前者侧重质量效率,更多的是从普遍性上关注社会的共存与共生,即实现多个个体之间的共同发展、共享发展。基于此,以解决相对贫困为核心任务的精准扶贫机制势必要创新出有利于共享发展的制度安排,即突出新时代精准扶贫的共享取向,亟须进一步深化解决"怎么共享""共享什么"和"谁来共享"等关键问题。

(一)精准扶贫机制创新聚焦共享,进一步解决"怎么共享"

当反贫困的中心任务由消除绝对贫困转向解决相对贫困,精准扶贫作为一种方法论,其工作机制也要相应予以改变。解决相对贫困是一个缩小贫富差距、实现共享发展的系统性工程,以共享为目标的精准扶贫机制创新,其设计要点理应落脚在共享层面,即解决精准扶贫工作机制创新实现"怎么共享"的问题。在精准扶贫机制创新层面落实共享,需要在精准扶贫机制设计中设置共享模式,从扶贫资源到扶贫成果、从扶贫手段到扶贫过程等均需要将共享的内涵体现在机制创新之中。

(二)精准扶贫机制运行围绕共享,进一步厘清"共享什么"

相对贫困是一个对比性概念,其是在特定人口与周边环境做比较后得出的贫困状态概念。那么解决相对贫困问题就不再是直接地给予物质输入即可的简单行为,而是要在与周边环境时刻对照中给予全方位帮扶的综合性行为。由此,构建解决相对贫困的精准扶贫创新就要仰仗共享理念来设计,其在运行过程中更应该侧重于资源共享来实现,即厘清扶贫机制运行过程中

"共享什么"的问题。毋庸置疑,也只有实现多方资源的自由共享流动,才有可能解决相对贫困问题。

(三)精准扶贫机制实效指向共享,进一步明确"谁来共享"

新时代精准扶贫机制创新是以解决相对贫困为目标,而解决相对贫困的目的是实现共享发展,那么可以说,新时代精准扶贫机制创新所达到的反贫困实效指向共享,即明确扶贫成就"谁来共享"的问题。显然,新时代精准扶贫所达成的成效,理应由人民群众共同享用,尤其是要重点关注相对贫困人口,这也是精准扶贫方法论在新时代反贫困实践加以运用的关键,也只有目标和结果达成了统一,精准扶贫机制创新的意义和作用才能达成共识。基于此,新时代精准扶贫机制创新要以共享为理念支撑、机制运行要以共享为科学指南、机制效果要以共享为最终目标。

第二节 共享发展理念下精准扶贫机制创新的问题反思

党的十八大以来,"精准扶贫"已经成为我国脱贫攻坚工作的中心方法论,以前所未有的力度推进。特别是在脱贫攻坚战进入决胜冲刺阶段,针对深度贫困地区在自然灾害、产业发展、基础设施和公共服务、贫困群众脱贫动力和能力等方面的突出问题,精准扶贫机制不断创新完善,释放出了强大的治理效能,是我国脱贫攻坚取得全面胜利的关键一招。在现阶段巩固脱贫攻坚成果和全面实施乡村振兴的战略背景下,精准扶贫机制将面临与乡村振兴机制有效衔接的任务,必须对脱贫攻坚时期精准扶贫机制创新中存在的问题进行深入反思,为精准扶贫机制平稳转型统筹纳入乡村振兴战略提供保障。

一、理论有待创新:共享发展理念亟待融入

随着决战决胜脱贫攻坚战的顺利收官,我国扶贫的重点工作任务逐步开始由消除绝对贫困向解决相对贫困过渡。在如此关键的过渡节点上,尤其是面对更为复杂多变的相对贫困问题,精准扶贫方法论仍需继往开来地进行理论创新,亟须将共享发展理念深度嵌入其中。

第一,共享发展理念在精准扶贫实践中引领力不足。精准扶贫战略已取得令人兴奋的战绩,但还存在一些问题没有得到很好的解决,如精准扶贫机制聚焦消除绝对贫困层面,主要关注的是物质层面的经济贫困,在帮扶方式上存在着扶贫力量组合碎片式、贫困主体被动化的问题。解决这些问题,亟

须将共享发展理念深度嵌入精准扶贫实践之中。首先,共享发展理念能够有效克服精准扶贫碎片化困境。精准扶贫由于缺少了共享发展理念的引导,不同扶贫主体、不同扶贫力量在精准扶贫中缺乏形成合力的精神纽带,这根纽带就是共享发展理念。共享发展理念嵌入精准扶贫实践之中,可使不同扶贫主体凝聚在同一价值目标之下,生成同一性的精神动力,这样贫困人口便可增强脱贫信心,形成主体内生动力,同时强化政府和社会扶贫责任。其次,共享发展理念能够有效克服精准扶贫的物质化偏向。单一的物质扶持难以解决能力贫困、权利贫困以及生存脆弱性等因素导致的相对贫困,同时还存在识别错漏和治理偏误等风险。共享发展理念的引入,能够有效提升精准扶贫机制的发展性内涵,培育贫困人口发展能力,有利于实现贫困人口生存性与发展性的紧密衔接。最后,共享发展理念能够有效克服贫困人口被动化问题,即内生动力不强问题。后扶贫时代的相对贫困不仅指向人与人之间的收入差距,而且反映出不同个体在社会层面和生理层面的差异,即不同个体对社会公平的认知与判断。因此,解决相对贫困背景下的精准扶贫,更应该重视发挥人的主体性作用,激发贫困人口主动性的内生动力,引导公众共同参与扶贫。共享发展理念的引入能够很好地满足上述需求,鉴于相对贫困主体区域分布更为分散、阶层差异性更大、治理目标更为多元,精准扶贫方法论赋能相对贫困治理更应采取渐进性、共享化方式。共享发展理念强调走向共同富裕是循序渐进、集体参与的过程,有利于克服精准扶贫实践中的浮躁、片面、被动等现象,有助于扎实推进后扶贫时代的精准扶贫工作。

第二,解决相对贫困凸显对共享发展理念的紧迫需求。绝对贫困消除以后,相对贫困开始走进大众视野并成为日益突出的发展难题。区别于绝对贫困,相对贫困有着不同以往的阶段特征,已经不再表现为不能维持最基本的生活水平,而是表现为与他人和其他社会群体对比所产生的收入差距、权利和机会被剥夺、发展自由缺失的状态。伴随着精准扶贫由消除绝对贫困向解决相对贫困过渡,扶贫治理从整体上呈现出由人的生存向人的发展转变的趋向,即消除绝对贫困解决的是生存性问题,解决相对贫困克服的是发展性障碍问题。生存性难题是简单可衡量的,而发展性难题则是复杂多维的,可以说是涉及经济、政治、文化、社会、生态等多领域的问题,以及依托上述诸多领域的多维公共服务能否满足的问题。脱贫攻坚所取得的历史性成就已经表明,依托于精准扶贫脱贫的中国贫困治理体系取得突破性发展,在日臻完善的扶贫脱贫实践中凸显党的领导能力,凸显政策设计的科学有效。精准扶思想作为中国特色扶贫开发理论的新发展,不仅是我国打赢脱贫攻坚战的行动指南,也是今后解决相对贫困问题的智慧结晶。在后扶贫时代解决相对贫困不再是解决贫困人口经济问题那么简单,而是需要从多个维度帮助贫困人口走上多方位发展,而这个时候需要的便是维度更为多元化的共享发展理念。共享发展理念将助力精准扶贫战略打破微观化、碎片式的单一物质扶贫方式,走向物质基础与精神动力多维供给方式。所以,共享发展理念下解决相对贫困问题,不再只是单纯解决贫困人口的生存问题,而是解决贫困人口多维度的共享发展问题。

第三,反贫困复杂化亟须共享发展理念推动机制创新。基于相对贫困与绝对贫困不同的基本特征,解决相对贫困变得更为复杂化,不仅要解决贫困人口的经济等生存性问题,还要解决权利、能力以及精气神等发展性问题,决定了今后解决相对贫困需要更加精准化的方法论与引领机制。面对解决相对贫困的复杂状况,亟须从顶层设计上进行理论创新与机制创新,以确保精准扶贫工作效力。理论是行动之先导,反贫困发展阶段的变化,自然要伴之以扶贫理论的深化。精准扶贫思想的理论效力在十八大以后得以充分彰显,其内涵也在实践中不断丰富和发展,但其理论深度有待不断创新。要实现贫困人口与整个社会大环境"美美与共",共享发展等理念亟待深度嵌入精准扶贫思想之中。中国特色社会主义进入新时代,基于我国社会主要矛盾的新转变,平衡与发展的问题就被提到了更为重要的层面,更体现消除贫困、消除两极分化、逐步实现共同富裕的社会主义本质要求。从这个角度来讲,实现平衡发展以达到消除贫困的目标,需要更多地从共享角度着手创新扶贫理念,在共享发展理念下进一步丰富和发展精准扶贫体制机制,更多地体现出全部社会成员平衡发展、利益共享、共同富裕的社会主义本质要求。尤其要深刻认识共享发展理论对于精准扶贫机制创新的推动作用,当前及未来一段时间内解决相对贫困的实践需紧紧围绕共享发展理念持续发力。

二、主体思想束缚:扶贫主体亟须自我唤醒

人的本质是一切社会关系的总和,体现出人的社会属性。贫困的致因既有可能是个体先天禀赋的差异,也有可能是个体后天努力程度的不同,还有可能是社会公共资源分配不均的客观原因。贫和富的差异直观体现在个体对社会资源占有的多寡,间接反映出共享发展理念在扶贫实践中的重要性,可以说精准扶贫实践是个体主动脱贫与社会资源共享的主客观相互作用的精准化方略。在精准扶贫实施过程中,除了精准化的物质资源性帮扶以外,还需要贫困人口、政府、社会组织等扶贫主体对自身状况有清晰认知,以实现主客观之间、多元化主体之间的共享发展。

(一)贫困户摆脱贫困的思想观念亟待提高

精准扶贫战略实施以来,我国采取的扶贫方式已逐渐从救济式扶贫向发展型扶贫转变,贫困人口的关注点也由生存转向发展,后扶贫时代解决相对贫困将更加重视贫困人口的可行能力建设。对于贫困人口来说,摆脱贫困最重要的是转变思想观念。但是,在精准扶贫实际工作中,各地仍存在对精准扶贫政策理解偏误问题,诸如个别地区将精准扶贫简单定义为增加贫困人口收入,甚至还有地区直接将扶贫资金发给已认定贫困户,使其收入达到非贫困户标准,这些对精准扶贫的错误认知直接造成精准扶贫理念指导和政策传达落实上的偏差,极易引发扶贫体系内的混乱,阻碍扶贫进程,影响其效能实现。[1] 这些表面上体现的是对精准扶贫政策落实层面的行动偏差,而实质上是贫困人口对精准扶贫内涵与精髓的理解偏差。在精准扶贫实践中,贫困户拥有怎样的自我身份认同直接关乎扶贫工作的成效。贫困户的道德耻感与行动脱贫的动力之间在很大程度上呈正相关性。比如民间流传着许多关于贫穷的谚语格言:"人穷不算穷,就怕穷无能""穷算命,富烧香""不怕凶,只怕穷""人穷志短,马瘦毛长"等等。相当一部分贫困户由于整体素质不高,思想观念相对比较落后,他们对待贫穷的态度、对自身阶层归属的期许以及他们的价值立场,呈现出两种差异化的心理状态。其一,部分贫困群众摆脱贫困的意识比较薄弱,主观上拒绝抓住机遇或付出足够的努力去脱贫致富。"贫穷并不可耻,可耻的是甘于贫穷。"在精准扶贫工作过程中,贫困户"甘于贫穷"的状态并不少见,这些贫困户在帮扶的过程中持有"等靠要"的消极思想。其二,部分贫困群众对各种形式的贫困救济行为习以为常,心安理得地接受。虽然我国扶贫模式已由给予式的"输血扶贫"向参与式的"输血扶贫"转变,也取得了一定的成效,但是在实际的工作中,"扶贫养懒人"的消极现象并未消失。少许贫困户不仅不自食其力,还坐享扶贫救济,这实际上也是一种对有限的公共救济资源的不正当占有行为。从贫困人口的实际状况来看,由个体素质不高所导致的思想观念贫困,以及返贫复贫所引起的能力和精神

---

[1] 刘学琴."互联网+精准扶贫"模式与路径研究[M].青岛:中国海洋大学出版社,2017:30.

层面的二次贫困现象并不少见。其中,位于深度贫困地区的困难群众,其脱贫基础不稳固,脱贫效能不具备延展性和可持续性,在经济发展与收入分配中能力欠缺、基础薄弱,故而无法获得可长久维持自身需要的基本收入。以往扶贫的方式方法在理念上稍有欠缺,即过度关注贫困人口的基本生存性贫困,而不注重提升贫困人口的内在发展动能,忽视其自我发展能力的培养与综合素质水平的提升。精准扶贫战略的实施,则将攻坚方向明确在贫困人口发展能力的培育上,从思想观念层面彻底解决能力贫困和精神贫困问题。在提升精准扶贫效率层面,"造血式"发展远比"输血式"生存更有意义,更能帮助贫困地区和贫困群众摆脱贫困的困境,其中的核心便是改变贫困人口的思想观念,以共享发展理念引导社会公共资源的平衡分配,以寻求解决后扶贫时代相对贫困人口的个体发展问题。

(二)"政府—社会"主体性有待增强

我国经过几十年的扶贫实践,越来越多的力量参与到了扶贫开发工作中去,扶贫工作队伍逐渐扩大。整体来看,我国当前精准扶贫是由政府主导、扶贫部门实施、非政府组织辅助以及贫困人口全员参与的多元格局,精准扶贫主体应包括政府、市场、社会、社区和个体。各个主体参与角色虽各有千秋,但要达成共参、共建、共享的最佳发展状态,尚需提升各个主体的主观能动性。诸如政府在参与精准扶贫工作中起主导作用;市场在参与精准扶贫工作起到有效的资源调节作用;社会参与精准扶贫工作能够通过社会组织的广泛参与和中介调节弥补缺陷;社区参与精准扶贫能够扩大扶贫领域和范围,拓展扶贫资源的来源;个体作为精准扶贫中的一种"特殊"存在方,既是精准扶贫的主体也是客体。唯有上述各个主体达成开放、共享、能动的扶贫动态平衡点,才能够最大化发挥精准扶贫的内源扶贫特性。

虽然我国已经在构建"三位一体"的大扶贫格局基础上努力整合不同的扶贫主体力量,积极提升扶贫效率。但是不容忽视的事实是,精准扶贫的主体力量仍然不足,在精准扶贫开发方面的影响力方面仍然显得不足。主要体现在:第一,主体能力略显不足。整体而言,我国精准扶贫主体的专业化程度不够高,这主要是因为精准扶贫主体能力不足。比如,具备较强的沟通能力、执行能力、协调能力以及组织能力等专业能力人才欠缺,扶贫主体多为各级政府下派的扶贫干部,具有专业扶贫素养的工作人员较少。同时精准扶贫组织工作人员专业素质和服务素养均亟待提高,如何提升一线扶贫干部的能力和专业知识储备成为关键问题。第二,主体参与力量不均衡。从精准扶贫参与者的数量来看,全社会广泛参与的精准扶贫氛围还有待于强化,表现为精准扶贫组织动员规模不够。从现存的参与机制与各种参与群体的情况来看,"大扶贫"格局下的"全员全过程全方位"不可能一蹴而就。精准扶贫是一项系统性工程,若干少数扶贫主体很难解决贫困群体减贫和贫困地区发展问题,如果只依靠政府力量又略显薄弱,所以需要全社会形成共同扶贫的合力,增加扶贫主体规模。第三,主体管理水平有待提升。扶贫主体的许多做法还停留在传统做法上,突出表现在服务理念和管理体制滞后、制度不够完善等方面,扶贫主体管理水平有待提升。譬如缺少扶贫专业非政府团体、社会组织等,目前还大多是非专业的政府机构发挥着核心作用。政府毕竟不是专业性团体,在从事精准扶贫工作时往往缺少专业的方法,存在管理缺位的现象。上述问题的存在,其原因主要归结为以下三点:首先,各个主体责任不清晰,致使国家财政扶贫资金分配和使用效率不高。政府下发的资金使用分散,扶贫投入呈现"碎片化"现象,精准扶贫资金指向不准,整合起来难度比较大。其次,各个主体之间联结不紧密,致使国家扶贫工作与其他相关政策没有形成有效的衔接。我国精准扶贫政策与我国农村低保、教育救助、医疗救助等相关政策的衔接度不够,政策支持不足。最后,各个主体各行其是,致使精准扶贫对主体进行整合的工作机制不健全。现阶段,精准扶贫仍然缺少较为完善的动员机制。一是主体参与机制不健全,社会精准扶贫主体的参与能力不强,缺乏各主体参与精准扶贫的制度保障。二是主体协调机制不健全,精准扶贫需要协调好政府扶贫主体与市场扶贫主体、社会扶贫主体、社区扶贫主体以及个体之间的相互关系,各主体之间的共享协调机制目前还没有完全建立起来。三是主体激励机制也不健全,如何提升各种精准扶贫主体参与到精准扶贫工作中去的主动性与能动性,需要完善激励机制。这些问题严重制约着精准扶贫主体力量的扩增与共享,影响精准扶贫的工作效果。

三、巩固拓展成果面临挑战:精准机制尚需创新突破

如果说扶贫是一项精密性工程,那么精准扶贫便是一项更为精密的系统性工程,其核心在精准,其目的在扶贫,其保障在于巩固拓展脱贫成果。在以往的精准扶贫操作实践中,每个扶贫环节均存在影响精准的若干难点,诸如识别不精准、资源匹配错位、资金使用漏出、脱贫质量不高等难题。那么,在后扶贫时代,巩固拓展脱贫成果更需要不断进行机制创新以突破上述难点,共享发展理念适时被引入其中,以共享新理念来创新当前及未来一段时间内

解决相对贫困的长效机制。

（一）精准识别遇到瓶颈：人口流动快与技术识别难

精准识别是精准扶贫工作的第一要件，精准识别也是精准扶贫的基础。我国当前所普遍采用的精准识别方法优先识别贫困村户，并及时建档立卡。贫困的判定标准主要依托于收入，并适当地将住房、教育等方面纳入综合考量范围。"精准扶贫识别信息应做到户建卡、村造册、乡归簿、县归档。"[1]通过建档立卡，实现由县到村到片区再到户的这种贫困瞄准，确实大幅度提升了扶贫的精准度。十八洞村的精准"识贫"经验就曾经在湖南被广泛复制。但是在巩固拓展脱贫成果新时期以及解决相对贫困的实践中，仍然存在着识别不精准的问题，新阶段精准识别难以对贫困人口进行准确的定位，其成因突出体现在：第一，人口流动问题给识别工作带来的困难。主要是我国农村人口的跨区域流动形成当代中国独特的"民工潮"现象。近些年来，随着城市化的快速发展、城镇化进程的加快推进、城乡流动壁垒的松动和区域经济结构的调整，我国国内逐渐出现了规模不断增长的流动人口。随着经济社会的发展和人口流动性的增强，我国的贫困群体也由过去的农村贫困人口为主向农村贫困人口、城市贫困人口和流动人口并重的局面转变。当前，我国的流动人口主要由农村剩余劳动力、城镇失业人口构成。人口流动背景下的精准扶贫工作在实施过程中面临着贫困户参与度不足的状况，还会将部分贫困人口遗漏，进而影响扶贫工作的整体效果。人口流动不仅会导致贫穷家庭更加弱势化，参与扶贫工作的力度减弱，而且会导致精准的对象识别存在偏差和精准度降低等问题，更是增加了扶贫政策瞄准和落实以及其他具体政策之间协调管理的难度。精准扶贫当前所取得的成效，其中一个至关重要的因素就是对城乡流动人口中贫困群体的精准识别。结合以往的扶贫实践工作经验来看，只有精准地识别出扶贫对象，才能摸清贫困人口底数、找对贫困生成的"穷根"，也才能精准地实施靶向治贫。第二，识别技术问题给识别工作带来的困难。在前期脱贫攻坚阶段，有的地方曾经由于缺乏科学的识别技术，对贫困地区和贫困人群底数摸不清，从而致使真正贫困的人口因识别方式的缺陷而被排除在帮扶范围之外；有的地方曾经因粗放漫灌的扶贫项目投放、针对性不强，导致扶贫项目瞄准与贫困人口的实际需要存在一定程度的偏差；

---

[1] 庄天慧,陈光燕,蓝红星.精准扶贫主体行为逻辑与作用机制研究[J].广西民族研究,2015(6):138-146.

有的贫困地区曾经因扶贫投入过大,扶贫资金没有得到更为充分合理的利用。在脱贫攻坚成果巩固拓展阶段,精准帮扶政策要保持总体稳定。只有处于基础和前提地位的识别方式科学有效,突破贫困识别的技术难关和壁垒,才能有效识别出游走在贫困线的"临界贫困群体",为资源投放提供更精准的"靶子"。第三,收入贫困线自身的弊端给识别工作带来的困难。收入贫困线没有考虑到不同的家庭的规模和结构,从某种程度上而言,不利于精准扶贫工作目标的实现。在对贫困人口识别的过程中,出现了不少家庭人为地进行"拆户""分户""并户""挂户"等违规现象,难以从根本上保证贫困人口的"不重不漏"。在脱贫成果巩固拓展阶段,贫困边缘户、低收入户等相对贫困人口将成为长期贫困治理的重点人群,应该通过梳理总结扶持政策和措施,研究制定多维度的相对贫困标准,精准识别相对贫困对象的类型,并对扶持对象进行参数化和动态化的管理。

(二)脱贫质效有待提高:经济增长总体质量不高与扶持难度加大

经济增长的核心目的就是为了消除贫困。综观当今世界上许多的发展中国家,消除绝对贫困的唯一方法还是要靠经济快速增长。一方面,经济增长是扶贫工作必要的基础,坚实的物质基础是为大众提供丰富的公共服务的前提基础;另一方面,经济增长是实现扶贫目标的重要保障,社会大众能否享受到经济进步的红利,关键在于是否拥有平等地参与社会生活的权利,这又离不开经济基础作为保障。如何实现经济增长与贫困减除两者之间的良性互动,是扶贫工作面临的一个非常重要的问题。实践证明,经济增长是推动我国扶贫事业开展的先决条件。如改革开放初期,经济快速增长带动农村地区农民收入明显提升,贫困人口减少1.25亿,贫困发生率下降了一半。有学者研究验证:"在此期间绝大部分农村地区仍在沿用传统体制下的扶贫措施,重点是由地方政府给予极少部分的赤贫家庭以社会救济,救济范围和力度都是非常有限的。这一时期农村贫困人口的大幅度减少主要归功于农村经济的发展和农民收入的快速增长。"[1]可以说,改革开放以来,我国经济的快速增长为我国大规模脱贫工作奠定了重要基础。

改革开放以后,我国工农业发展迅速,所取得的成绩令世界瞩目。尽管如此,我国经济的总体发展水平还不是很高,经济发展效率还相对较低。在

---

〔1〕 郭劲光.脆弱性贫困:问题反思、测度与拓展[M].北京:中国社会科学出版社,2011:168.

精准扶贫工作中,个别地区由于经济社会发展水平较低,还是给精准扶贫的现实工作带来了不少的困难,导致扶贫难度大,扶贫效率低,制约了精准扶贫工作的开展。这些地区经济发展难度大,缺乏经济社会发展的条件,自我发展能力不足,自然资料匮乏、经济结构单一、交通不便利、贫困群众思想观念保守以及基层政府部门调控乏力等因素制约着经济社会的发展。比如,在我国西部地区,经济社会发展的整体水平相比较而言显然更低。西部地区经济社会发展发育程度不高,尤其在新冠疫情的影响下,经济发展与社会进步更是遭遇到了前所未有的冲击与挑战,导致西部一些摘帽的深度贫困地区和群体脱贫稳定性差,容易出现再次返贫问题。

尽管经济增长是扶贫的先决条件,但是不能据此认为单靠经济增长就能实现扶贫脱贫。经济增长为扶贫带来正面激励效应毋庸置疑,但也要关注到其背后引发的农民收入分化和差距加大等一系列现实问题,从某种程度上说,差距与分化会减弱甚至抵消经济增长的正向效应以及由此带来的一系列减贫效果。这就牵涉到经济增长的"涓滴效应"。该效应发挥作用仅仅是在扶贫工作取得初步成果的阶段。其实,致力于在相对贫困治理阶段发挥作用的精准扶贫,更应该以包容性增长的方式来实现新阶段的贫困治理。"包容性增长"不同于以往所有的经济发展观,它强调所有人都能平等地创造机会和利用机会。当一个社会所有的成员,无论其所处个人环境如何,其参与经济增长的进程中,付出劳动与贡献的机会都是平等的,这就是包容性增长的基本内涵。[1] 虽然从表面看,包容性增长仍是以经济增长为其中心词,但"包容性"三个字使经济的增长不再局限于GDP(国内生产总值)数字本身,强调一种更广泛的视野、更丰富的内容。[2] 经济发展和包容性增长推动了我国扶贫工作的开展。但是我国目前包容性经济增长整体水平还比较低,而且发展缓慢,收入不平等问题还较为突出,这成为我国实现包容性增长的一个主要障碍。这些问题直接影响着我国经济社会发展和区域经济发展的全局,巩固拓展脱贫成果必须引起高度重视。

(三)信息平台建设滞后:帮扶效率低与渠道成本高

精准扶贫信息平台建设对于精准扶贫机制而言具有非常重要的意义。

---

〔1〕 Ali I, Zhuang J Z. Inclusive growth toward a prosperous Asia: policy implications[R]. Asian Development Bank, 2007:10.

〔2〕 王俊. 包容性发展与中国参与国际区域经济合作的战略走向[M]. 苏州:苏州大学出版社,2016:86.

精准扶贫是一项复杂的系统性工程,需要社会各方资源的共享整合、各式各样信息的共享传递和各种各类扶贫经验的共享使用等等。若想最大限度地促进精准扶贫工作的顺利开展,必然要加强当前精准扶贫的信息平台建设。精准扶贫信息平台建设至少应包含动员平台和行动平台两个模块。一是动员更多的力量参与扶贫之中,需要统一的信息平台,让更多人通过这个平台了解和认识精准扶贫。二是精准扶贫主体通过统一的行动平台有效实施扶贫,如何整合扶贫中的各种资源,如何协调扶贫主体与其他主体的扶贫关系等都是需要考虑的问题。多年来,我国政府不仅建立起扶贫专门机构,还制定相关的扶贫战略性政策。比如1986年设立了国务院贫困地区经济开发领导小组(后更名为国务院扶贫开发领导小组)专门负责拟定贫困地区扶贫开发的方针政策,协调解决扶贫开发中的各项重要问题。该机构的设立,有效推动了我国大规模的、有组织的扶贫开发进程。在这一进程中逐渐建立起从中央到地方的各级政府扶贫机构和社团机构,不断完善包括区域发展、"三农"发展和扶贫开发等方面政策为主体的政策行动体系,使扶贫开发具备了坚实组织和制度基础。[1]我国除了上述专门行政机构外,仍旧缺乏全国性的、统一的、高效率的精准扶贫信息共享平台,尤其是体现信息社会特征的网络平台仍旧是空白,由此导致精准扶贫过程中的资源整合、信息传递、经验分享、行动指导以及成果反馈等均缺乏高效、低成本的渠道去快速有效地传播。同时,由于受到精准扶贫信息平台建设滞后性的限制,许多与精准扶贫相关的工作不能有效地开展。比如,全国性的精准扶贫实时数据仍旧很难动态获取,常常需要一而再再而三地反复统计整理,既增加基层扶贫干部的工作量,又失去了数据时效性。

"互联网+"、区块链、人工智能等新技术打开了精准扶贫信息平台建设的共享空间,数据化、共享化等新理念、新技术已在精准扶贫实践领域得到了一定程度的运用。随着大数据和移动互联网技术的日益成熟和逐渐普及,将大数据网络平台与精准扶贫工作结合起来,已经成为当前我国开展精准扶贫工作和实现精准脱贫目标的重要要求。大数据网络平台能够给精准扶贫工作带来扶贫平台共享建设效果,诸如精准扶贫信息数据化、精准扶贫数据平台系统化以及精准扶贫信息交互网络化等优势。其中,甘肃省已经率先采用现代信息技术作为精准扶贫数据管理的手段支撑,同时其也顺利建成全国首

---

[1] 黄承伟.中国扶贫行动[M].北京:五洲传播出版社,2015:32.

个精准扶贫大数据共享管理平台。但是迄今为止,在我国的许多精准扶贫重要区域,运用互联网大数据共享模式来开展精准扶贫还是存在着不少困难,"互联网+精准扶贫"共享模式并没有在全国范围得到普遍的运用。精准扶贫所面临的贫困地区情况错综复杂,诸如对贫困户的界定缺乏刚性的标准、缺乏衡量与界定贫困户的指标体系,以致许多事项难以量化成客观数据,再加上许多贫困地区在网络配备、技术服务等方面还存在困难,以至于越是贫困地区越难以让新技术新理念落地使用。但至少从新技术和新理念的运用态势来看,"互联网+"、区块链、人工智能等技术平台为创新精准扶贫共享机制提供了新的可能和技术准备。

第三节　共享发展理念对精准扶贫机制创新的具体要求

共享发展是一个结构完整、逻辑严谨的理念,其对马克思主义发展观的历史性贡献不仅在于提供了唯物史观的价值导向,更在于从方法论层面确立了基本准则。共享发展理念本身已构成一套系统化的方法论框架,其核心在于始终坚持以人民为中心的发展价值追求,其范畴在于始终彰显全民共建共享的内容涵养。共享发展理念既体现了社会发展的人民主体性,又揭示了增进人民利益与福祉是社会发展的根本目标。从这个角度来讲,精准扶贫作为实现共享发展的重要载体手段,在未来一段时间内将深受共享发展方法论的影响与启示,后者要求前者更应具有精准性、靶向性和持续性。

一、共享发展理念要求精准扶贫机制更具有精准性

共享发展理念引领下的精准扶贫战略,在体制机制构建上将更加强调其精准性,尤其是共享资源使用需更为精准。共享资源的核心特征呈现在公共性、有限性和责任性三个方面,在具体落实上要求扶贫对象识别更为精准、资源措施匹配更为精准、反贫成效考核更为精准。

(一)共享资源的公共性,要求贫困对象识别精准

共享资源顾名思义是一种不具有排他性的公共属性资源,在扶贫过程中扶贫资源可被视为面向公众敞开的共享资源。扶贫是一种主客体双向度互动性活动,具体体现在一方对另一方的帮助与扶持。抽象来讲,扶贫过程是资源占有方向资源匮乏方主动进行资源倾斜的一种行为,其核心要素是扶贫

资源。在社会主义制度范围内，扶贫资源主要来源于政府公共财政、社会公共资源以及其他团体或个体慈善捐款等，诸如扶贫政策、扶贫资金、扶贫人才、扶贫物资等将被赋予共享资源的公共属性，成为共享发展理念引领下的公共扶贫资源。其一，扶贫政策的公共性。扶贫政策作为国家制定的特殊用途公共政策，其本质上具有公共属性，能够广泛持久地影响国家和社会公共利益。扶贫政策正是由政府按照反贫困施政目标而制定、组织和实施的制度和规范集合体，在这一过程中涉及公共资源的合理分配、社会公众的共同参与等，其具体目的是给社会中的弱势群体以保障性福利，其抽象目标是维护和增进社会公共利益、实现社会公平正义。其二，扶贫资金的公共性。精准扶贫实践中所涉及的扶贫资金主要来自政府公共财政，鲜少来自社会组织或个体慈善捐赠，即便是后者，一经纳入扶贫专项资金，也就具有了社会公共属性。扶贫资金是落实扶贫政策的重要保障，良好的扶贫政策需要扶贫资金来支撑，扶贫资金也需要扶贫政策的公共性指引使用方向。其三，扶贫人才的公共性。扶贫人才是精准扶贫实践中最为重要的资源，全国共计派出近300万扶贫干部，而这些扶贫干部多来自各级政府部门，扶贫干部成为政府公共人才资源的代表。其四，扶贫物资的公共性。社会各界捐赠的扶贫物资亦是帮助贫困人口尽快摆脱贫困的物质基础，具有社会共享资源的公共属性。

上述扶贫资源逐渐演变为社会共享资源，其具有的公共性要求精准识别扶贫对象，以避免公共资源丧失其公共属性。一般而言，贫困对象精准识别是在了解贫困地区实际情况的基础上，通过多维贫困指标进行严格的程序鉴定，分析出客观的致贫原因并对预定对象进行辨别的过程，其所要解决的难题是"扶持谁"的问题。精准识别贫困对象是由识别主体、标准、方法以及程序等多元素构成复杂系统，加之上述要素并非一成不变的，而是动态发展的，这就要求各要素之间相互促进、相互协调，共同发挥作用才能达到识别精准的目标。此时，如果扶贫对象没有及时得到精准辨识，则可能使得扶贫资源漏出或者被无端浪费，从而失去扶贫资源的公共属性和共享价值。扶贫资源作为一种共享资源，保持其公共属性要求更为精准地识别贫困对象，而精准识别贫困对象，就需要发挥识别标准、识别程序以及识别结果的公共性，即增加人民群众在精准识别中的知情权、选择权和决定权。只有人民群众最了解人民群众，也只有在识别贫困户时充分发挥人民群众的力量，才能确保扶贫资源使用到真正有需要的群体身上，才能确保落实共享资源的公共性。

（二）共享资源的有限性，要求资源措施匹配精准

共享资源包括扶贫资源在内并非可以无止境地索取，其具有数量和规模

层面的有限性。贫困在一定程度上揭示出社会总生产过程中物质资源的有限性,尤其是社会共享资源的有限性。贫困问题之所以产生,其深层次根源就在于社会物质财富还不够丰富,尚无法满足所有人的正常需求。扶贫资源作为一种共享资源在总体规模上也是有限的,其从本质上来讲就是从资源富有者那里合理转移一部分剩余资源,而不是生产出更多资源,这决定了有限性是其本质特征。正是由于扶贫资源的有限性,仅仅依靠有限的既得资源去扶贫是远远不够的,必须不断整合更多的扶贫资源才能合成扶贫的磅礴之力。但同时也必须将有限的扶贫资源用到恰当之处,避免仅有的资源被浪费。把有限的资源真正地落实到扶贫最需要的实处,就需要不断创新扶贫体制机制,层层深入贫困深处,不断增加反贫困的作用力,精准用活扶贫资源,让有限的资源发挥出最大的反贫困效力。

扶贫资源等共享资源的有限性,要求资源措施匹配更为精准。由于通信、交通等技术影响,在扶贫领域存在资金使用、信息互通以及帮扶措施匹配不对称等问题。如在基层扶贫实践中,扶贫专项资金、人才、物资等有限资源无法整合利用,导致农村扶贫资源使用效率不高,进一步导致扶贫措施安排错位。其一,扶贫资金有限,倘若匹配错位则导致使用效率不高。据相关数据统计,2016—2020年,国务院连续五年每年新增中央财政专项扶贫资金200亿元,截至2020年达到1461亿元,充分发挥了扶贫资金投入主渠道的作用。但是,面对每年1000万人的减贫目标,中央专项扶贫资金仍旧具有极度有限性。加之大量专项扶贫资金深受财政权限约束和规模效益制约,小额分散使用以及专项隔离使用则让扶贫资金效益大打折扣,亟须从政策层面解决"打酱油的钱不能买醋"等难题。其二,扶贫信息有限,倘若信息不对称则导致农村扶贫信息匹配错位。扶贫权力下放的同时若忽视扶贫资金、措施等信息监管,则难以达成扶贫资金整合与项目安排之间的平衡等,资金、措施以及审计等信息不对称将成为常态。其三,扶贫措施有限,倘若措施匹配错位则导致农村扶贫内容与措施失效或效力下降。部分贫困村脱贫项目规模小、链条短、档次低,不具有长期的可持续发展性,也有个别村未按照一户一策制定具体的帮扶措施,脱贫针对性、可操作性不强,即使勉强增收脱贫,也由于增收措施不稳定,脱贫户返贫风险大。总体来看,精准扶贫资金、信息以及措施的有限性及其错位,不是简单的制度设计所能解决的事项,而需要用新的体制机制予以创新突破,从而彻底激活精准扶贫过程中各个环节以及各个参与主体的积极性与创造性。在共享发展理念之下,扶贫资源的有限性更加要求精准匹配资源措施。鉴于当前我国扶贫工作即将由消除绝对贫困转向解决相对贫困的新阶段,贫困人口、致贫诱因等要素隐藏性更强,解决相对贫困的通道、措施以及方法等匹配性更为动态多变,扶贫资源与措施能否与相对贫困致因相匹配显得更为重要,从而决定了共享发展理念下精准扶贫的直接效果与长期质量。

(三)共享资源的责任性,要求反贫成效考核精准

共享资源的责任性源自它所内蕴的公共性和有限性,决定了其使用过程是否合规和使用结果是否达标等均富有相当严峻的责任性。其一,共享资源的伦理责任性。共享资源具有公共性和有限性两重本质属性,从伦理角度来讲,共享资源理应由公众共同享有,且由于资源的有限性,资源向特定群体倾斜,本质上则有违共享资源的伦理责任。其二,共享资源的实践责任性。将有限的共享资源诉诸贫困人口,本身就是公共资源非平等倾斜,倘若扶贫实践无法获得该有的反贫困结果,则有悖于共享资源的实践责任性。

共享资源内蕴的伦理责任性和实践责任性,要求反贫成效考核必须精准。扶贫的最终目的是实现贫困人口全部脱贫,即达成脱贫最低标准"两不愁三保障"以及地方政府制定的当地标准。但是,在现实扶贫实践中容易被忽视的是脱贫结果与脱贫质量之间的差距,最根本原因在于精准退出考核不严的问题。量化的脱贫标准与质性的脱贫质量之间存在考核转化偏差问题,单纯地套用脱贫标准来评价扶贫成效,容易导致数字脱贫、虚假脱贫等脱贫考核不严现象。从学理层面看,扶贫成效质量包括结果真实性、脱贫稳定性以及程序规范性等内涵,均与精准脱贫考核息息相关,其意义在于让贫困人口脱贫结果与脱贫目标回归至相统一。从扶贫结果上看,改革开放以来尤其是党的十八大以来精准扶贫攻坚活动取得丰硕成就,已精准脱贫人口规模近1亿,2020年已实现剩余贫困县和贫困人口全部摘帽脱贫;从脱贫率稳定性上看,现阶段精准扶贫的脱贫质量还有待于进一步提高,脱贫人口一旦失去政府帮扶则面临着返贫的风险,还存在着预防和监测返贫的难题。从扶贫程序规范性上看,精准扶贫的制度建设已经十分完善,扶贫成效质量的稳定性等问题或许需要从机制创新层面予以解决,尤其是从技术层面加强对脱贫质量监管、考核与追溯的工作机制构建。共享发展理念引领下的精准扶贫,将凸显出扶贫资源责任性特点以用来精准考核反贫成效。在"后扶贫时代"的精准扶贫实践中,长期存在的相对贫困具有隐藏性、动态性等特点,出于反贫困共享资源的责任性,对脱贫质量的考核势必要更加注重动态与静态的交互

作用,尤为重要的是建立与相对贫困特点相适应的脱贫质量考核创新机制。

二、共享发展理念要求精准扶贫机制更具有靶向性

精准扶贫在共享发展理念引领下,其机制创新上将更具有靶向性,尤其是在共享发展观层面。共享发展观引领下的精准扶贫靶向性具体体现在导向性、目标性和公益性三个层面,即精准扶贫机制设置中的项目安排有靶向、帮扶计划有靶心、资金使用有靶环。

(一)共享发展的导向性,要求项目安排有靶向

共享发展理念的核心价值范畴是实现"全民共享、全面共享、共建共享、渐进共享",这个范畴具有充分的广泛性和多维性,但它更应该具有的是较强的导向性。其一,从共享主体角度来看,共享发展的理念内涵理论上理应是全民共享,但从本质上则更加突出强调对资源匮乏者的倾斜帮扶,使他们更多享有经济社会发展成果。其二,从共享范畴角度来看,共享发展的内容范畴理论应是全面、全方位、全维度的共享,但是从实践中来看则更突出强调对社会主义建设中的薄弱环节进行查漏补缺。精准扶贫是实现共享发展的重要抓手,在反贫困实践中尤其是扶贫项目安排上,共享发展更应突出其导向性,以克服扶贫项目安排中出现的诸多问题。在长期以来的精准扶贫实践中,扶贫项目安排经常出现失准现象,该帮扶的贫困地区得到的项目不多,而不该过度帮扶的地区却被项目安排得应接不暇,呈现出项目安排无序的状态。究其原因,根源在于扶贫政策上出现了偏差,如项目安排需贫困地区当地政府给予一定的配套资金,类似的政策设计致使扶贫项目立项出现"挑肥拣瘦"的困境。地方配套资金一般是指中央财政或省级财政对市县财政下达资金立项时,要求下级财政必须进行配比的资金,是由上级财政和下级财政共同承担的一种资金支付方式,其目的在于调动地方政府在项目建设过程中的责任心和积极性。但也正是配套资金的政策设计制约着扶贫项目真正在需要项目的贫困地区立项,往往最终的立项结果是"挑肥拣瘦",即真正的贫困地区因提供不了配套资金而拿不到项目,而有财政实力的地区拿到了项目。从政策设计层面来看,设立地方配套资金的出发点固然向好,是为了激发地方政府在项目建设中竭尽全力做好扶贫项目,然而在实践中配套资金反而成为阻碍扶贫项目落地的"绊脚石"。真正的贫困地区原本就财政吃紧,少则数百万多则上千万的配套资金对贫困地区来说是不小的数字,贫困地区极难能够拿出,扶贫项目也就难以落地。然而,对于具有一定财政实力的地区

来说,他们可以拿出配套资金并轻而易举获得扶贫项目。同时,由于扶贫项目立项政策设计中要考虑是否具有项目建设经验等因素,类似的政策设计诱导扶贫项目重复出现"项目上再加项目"的现象,真正的贫困地区因没项目而一直无法获得项目立项,而部分发展情况向好的地区因有扶贫项目经验而持续获得新项目立项,扶贫项目"挑肥拣瘦"的差距就更为显著。扶贫项目"挑肥拣瘦"的结果便是贫困地区失去扶贫项目变得更穷,非贫地区获得扶贫项目取得发展良机,因此形成恶性循环,即出现了"贫困之所以贫困是因为贫困"的贫困魔咒,这也是精准扶贫过程中信息不对称与项目安排导向失准的结果。这就要求在脱贫成果巩固拓展阶段,在共享发展理念之下的精准扶贫机制创新应更加注重项目安排的靶向性。一方面,项目安排应向发展相对落后地区和相对贫困人口倾斜,让他们获得共享资源的倾注,帮助他们获得社会生存和发展能力;另一方面,项目安排应向经济社会发展的薄弱领域倾斜,用优势资源的长处带动"短板"共同发展,最终实现共同发展、平衡发展。

(二)共享发展的目标性,要求帮扶计划有靶心

共享发展理念是社会主义发展观在发展质量层面的提升,与以往注重发展速度相比,共享发展恰好是要解决效率与公平的关系问题。在反贫困实践中,要解决效率与公平问题必须明确反贫困的精准目标,其中扶贫帮扶计划能否直中贫困问题的靶心,是实现共享发展的关键环节。共享发展理念引领下的精准扶贫应更具有政策目标性,尤其是要求扶贫项目安排要瞄准靶心,彰显其靶向性。一个合适的扶贫项目可以带动一方群众全面脱贫,取得扶贫项目立项对于贫困地区来说至关重要。但是由于扶贫项目供给信息与贫困地区资源信息之间存在一定的信息传递误差,扶贫项目瞄不准贫困地区实际需求的事件时有发生,诸如"村民养猪偏送鸡鸭崽""土地肥沃偏鼓励种花木""砍掉树木种花草""不顾市场规律硬上规模种植"等。基层扶贫工作中项目帮扶计划与反贫困需求不匹配问题为何如此突出?导致上述问题的主要原因在于扶贫靶向性不足,对靶心失准,进而致使"南橘北枳"怪象频出。精准扶贫之扶贫项目安排贵在"精准"二字,即安排得有靶向、对靶心。在扶贫项目安排中,项目理应符合贫困地区需求才能引起贫困人口的兴趣,才能形成扶贫项目产业效力,才能确保产业扶贫效力最优化。鉴于目前我国扶贫工作即将由消除绝对贫困转向解决相对贫困的新阶段,贫困人口、致贫诱因等要素隐藏性更强,解决相对贫困的通道、措施以及方法等匹配性更为动态多变,扶贫项目与相对贫困的匹配度更为重要,靶向性也就应该更强,这些特性将

决定后扶贫时代精准扶贫的长期效果和脱贫质量。所以,共享发展理念的目标性决定了精准扶贫帮扶计划的靶心性,唯有当帮扶计划对准贫困问题靶心的时候,才能彰显出精准扶贫方法论的价值效力。

(三)共享发展的公益性,要求资金使用有靶环

共享发展理念所孕育的全民性和全面性,意味着该理念还至少显现出公益性的基本特征。无论共享资源来自哪里,其在使用层面均指向社会公众,尤其是贫困人口。鉴于共享发展理念的公益性,共享资源尤其是资金在使用过程中要有公益性的使用规则。在共享发展理念引领下的精准扶贫实践中,扶贫资金使用也要有范围、有层级,可根据贫困等级将扶贫资金使用划分为类似靶环的差异化范围。如各级财政每年在精准扶贫工作中安排有大量的扶贫专项资金,但从扶贫资金使用效果来看,取得成就的同时也存在使用错配的问题,社会反响强烈且比较突出的问题聚焦在扶贫资金的"劫贫济富"使用上。扶贫专项资金本应该是"帮困济贫",怎么会演变成"劫贫济富"呢?这里面存在制度逻辑与实践逻辑、政府逻辑与乡村逻辑的双重矛盾。一是制度逻辑与实践逻辑之间的矛盾。扶贫资金的制度设计是为了让有限的国家扶贫资金真正做到对贫困人口的"雪中送炭",而由于扶贫资金集中使用力量更大、全覆盖效果不佳,所以在扶贫实践中往往被集中在某一典型样板村或地区,而忽略扶贫资金的广覆盖性,形成对扶贫样板村或地区的"锦上添花"。二是政府逻辑与乡村逻辑之间的矛盾。扶贫资金按照政府逻辑应一点点拆分后落实到每个贫困户身上,但所产生的扶贫效益并不高。一方面资金量少无法支撑产业发展,另一方面贫困户缺乏生产技能,扶贫资金使用缺乏规划,甚至产生盲目挥霍现象。在乡村逻辑中,扶贫资金聚集以后被用到企业或非贫困户身上会产生更大的经济效益,反过来再惠及贫困人口,从而导致"劫贫济富"怪象的产生。"劫贫济富"怪象的产生并不是偶然的结果,而是制度逻辑与实践逻辑、政府逻辑与乡村逻辑之间长期冲突后的实践结果,应主动从制度设计上找原因。所以,在扶贫资金使用上应通过制度设计和技术支撑来追求资金效益最大化。如根据贫困问题的轻重缓急,将扶贫专项资金设计出使用的分级范围(即靶环阈值),以避免扶贫资金在扶贫过程中的明显"漏出"现象。扶贫资金"漏出"是精准扶贫工作中存在的一个问题,资金要么被挪作他用,要么被无端浪费,要么被贪污腐败等,但是"漏出"扶贫资金的去向往往不得而知。由于脱贫成果巩固阶段相对贫困的治理仍旧是以人为主体的工作类型,对扶贫资金的具体使用情况进行全流程的监督仍然存在一定的困

难。此时,就需要扶贫资金管理部门在扶贫资金使用上善于制定出分级使用的制度规则,给扶贫资金使用画上"靶环"(既有使用目标又有使用范围),以此作为扶贫资金使用制度之外的辅助政策,确保扶贫资金使用效益最优化。

三、共享发展理念要求精准扶贫机制更具有持续性

共享发展理念下的精准扶贫机制创新,将更加强调可持续性,尤其是共享理念的不断深化和发展。共享理念创新的最终目标是实现全方位共享,其过程是渐进式共享,尤其是在精准扶贫过程中充分体现出共享理念的多维性和动态性,进而要求脱贫领域可持续、脱贫过程可持续和脱贫质量可持续。

(一)共享理念的多维性,要求脱贫领域可持续

共享发展理念要求的不是单一维度的经济共享,而是包含多个领域的全方位共享,宏观表现为政治民主、社会和谐、生态文明等。精准扶贫作为共享发展理念的重要展示窗口,其多维共享囊括了吃、穿、住、行等诸多日常生活维度,诸如经济、教育、健康、基础设施等。共享发展理念引领之下的精准扶贫,要求反贫困诸多领域的脱贫可持续性。在脱贫领域演变过程中,自中华人民共和国成立以来,贫困问题一直都是影响我国经济社会和谐发展的大问题。在不同时期,国家分别采取了不同政策来摆脱贫困,从直接给予物质的救济式扶贫到全方位的精准式扶贫,扶贫方式经历了从大水漫灌到滴灌的转变,扶贫维度也经历了从单向度的经济扶贫转向多维度的全面扶贫的过程。扶贫方式的转变直接影响扶贫的结果,而扶贫维度又与人民能否共享发展成果息息相关,所以从单向度的经济扶贫到多维度的全面扶贫体现的是国家对于扶贫方式的创新,体现出国家让贫困人民摆脱贫困的决心,以及促使扶贫主体和帮扶对象共同努力的恒心。总体来看,在过去70多年的扶贫工作实践中,我国走出了适合自己国情的特色扶贫之路,从救济式扶贫到改革式扶贫,从计划式扶贫到开发式扶贫,从瞄准式扶贫到精准式扶贫,扶贫方式由外部输血向内部造血转变,扶贫维度也由直接给予物资帮助向基础设施、教育、产业、健康等多维度转变,形成一个涵盖经济社会各个领域的共享式反贫困安全网,为脱贫领域的可持续发展提供了保障。第一,通过完善基础设施实现共享发展。完善基础设施扶贫主要针对的是自然条件恶劣、地理位置不佳的地区,水、电、路、网是其完善的主要内容,"以工代赈"则是其常用方式,一方面可以改善贫困地区基础设施条件,另一方面可以给贫困地区人民带来就业机会。第二,通过发展特色产业实现共享发展。发展特色产业是贫困地区

自身摆脱贫困的重要措施,其主要以国家给予财政补贴、企业给予技术帮助、农户自身经营为主,根据当地资源进行产业开发,以此促进贫困地区经济发展。第三,通过发展教育事业实现共享发展。党的十九大报告中指出扶贫要与扶志、扶智相结合,教育是基础,只有发展教育以提高劳动力素质才能阻断贫困的代际传递。一是要发展基础教育,对贫困地区学前教育和义务教育等基础性教育要给予大力支持和资金投入,重在改善学校的软硬件设施建设,提升办学综合水平,还应扩充师资力量、优化师资结构、提高师资水平;二是要发展职业教育,针对劳动力市场需求开展职业技能培训,国家给予适当补贴吸引劳动力进行职业进修,提高劳动力素质;三是要发展高等教育,时代在发展,社会在进步,劳动力只有不断学习才能与时俱进,不被时代洪流所抛弃。第四,通过建设健康中国实现共享发展。健康与贫困关系密切,国家卫生健康委员会在"十三五"卫生健康事业改革发展情况发布会上公布的数据显示,2020年底,全国累计使近1 000万因病致贫、返贫的贫困户成功摆脱贫困,分类救治1 900多万贫困病患,建档立卡贫困户医疗费自付部分占比已经下降到10%左右,建构起"及时预警、精准施治、高效保障、全程跟踪"的预防因病致贫返贫的长效机制。从数据中可以看出发展医疗的重要性和紧迫性。发展医疗的措施包括:建立多种医疗救助体系,免除贫困地区人民后顾之忧;开展健康管理,对因病致贫和因病返贫的人员实施动态监测;开展医疗培训,提升贫困地区医疗人员的专业水平。第五,通过完善救助体系实现共享发展。针对那些有能力靠自身脱贫的人员,要进行职业培训,使贫困者靠自身能力脱贫;对于那些鳏寡孤独者国家要给予最低生活保障,以保障其生活;针对因灾致贫人员要采用临时救助政策,这些人员或因火灾、水灾、地震等不可预测的事故致贫,要给予临时补助;针对因病致贫人员要采用医疗补助,给予他们看病补贴。建立健全救助体系的同时要引入社会救助、NGO(非政府组织)公益组织救助等第三方救助机制,形成救助合力。

(二)共享理念的动态性,要求脱贫过程可持续

共享发展理念的核心内容范畴蕴藏着"渐进共享"的发展观,彰显出共享理念是一种动态性理念。其一,共享理念是一种渐进式动态发展的价值观,其价值观的内容是伴随着经济社会发展而形成的新发展观。在不同阶段的历史进程中,社会主义发展观呈现出不同的特点,诸如在中华人民共和国成立初期侧重于工业化体系建设,在改革开放初期侧重于先富带动后富,而在新时代则侧重于共同富裕,共享社会主义社会发展成果。其二,共享理念蕴

含着渐进式动态实现的目标观,其要实现的最终目标是不断深化和发展的结果,而不是一成不变的。如改革开放初期致力于解决绝大多数人口的温饱问题,主要聚焦在吃穿住行等生存性保障,而新时代则致力于实现所有人的自由且全面发展,主要聚焦在人的发展能力层面。对于达成共享发展的精准扶贫战略,共享理念的动态性更加强调脱贫过程的可持续性。对于贫困地区和贫困人口而言,外部型输入恰如其分的帮扶措施至关重要。可持续性较高的帮扶措施需结合贫困人口的资源禀赋,可以尽快帮助贫困人口摆脱贫困;可持续性不高的帮扶措施脱离贫困人口实际需求,反而有可能加剧贫困人口的贫困。在扶贫工作实践中,由于扶贫帮扶工作量巨大,基层扶贫干部很难做到对贫困户家家户户全方位照顾、对贫困人口全员考虑周全,往往通过引进一个契合当地资源、群众普遍可接受的产业项目助力贫困人口集体脱贫,而在这个过程中容易忽视扶贫资源的可持续性,容易导致贫困人口脱贫之后再次受到次生贫困伤害。扶贫措施可持续性不高的深层次根源在于帮扶措施与贫困特征之间的不默契,又可以称之为扶贫措施的合约度不够高,最终致使反贫困不具有可持续性,此时亟须建立完善可持续性发展的脱贫防返贫机制。基于此,共享发展理念赋能精准扶贫应是一个基于共享视角构架起来的扶贫创新战略,其以满足人民对美好生活的向往为中心,从而走出"扶贫就是简单给钱"的误区,使人的生存与发展相统一。共享发展理念引领下的精准扶贫战略,既注重基本保障兜底,又坚持注重人的全面发展,用有条件的转移支付取代传统的现金、食品发放,注重在人力资本层面进行投资,着眼于培养贫困人口的可持续性发展能力,而不再是单一地解决基本温饱等生存问题。同时,共享发展理念注重脱贫后继续巩固脱贫攻坚成果,实现贫困人口的稳定脱贫,为全面建成小康社会创造经济基础和主客观条件。尤其是随着我国经济结构转型升级的不断推进,社会发展中不断爆发出多种形式的风险,游离在贫困边缘的人口极其脆弱且极易带来新的贫困,以往的扶贫方式方法已经不再适合解决复杂多变的相对贫困问题,亟须在精准扶贫实践中深度嵌入共享发展等新理念,如巩固拓展脱贫攻坚成果的五年过渡期内,将继续实行"四个不摘"的可持续政策,即"摘帽不摘责任、摘帽不摘政策、摘帽不摘帮扶、摘帽不摘监管"。

(三)共享理念的崇质性,要求脱贫质量可持续

共享发展理念内容范畴中充满着"全面""渐进"等核心关键词,再次说明共享理念不仅对发展规模有极高要求,同时对发展质量也有极高的期盼,即

共享理念的崇质性。精准扶贫作为实现共享发展的重要抓手,在反贫困过程中也应反映出脱贫质量的高要求,既要在脱贫规模上实现高质量,又要在脱贫质量上实现可持续性发展。脱贫质量可持续发展是精准扶贫的最后一步,也是保证精准扶贫质量的托底之作。在解决相对贫困的后扶贫时代,共享发展理念将更加强调相对贫困治理质量问题。高质量治理相对贫困的最终结果,需要以考核之前的治理全过程为基础,治理过程高质量决定治理结果的高成效,对精准扶持全过程监管、全方位考核是提升相对贫困治理质量的关键,即用治理相对贫困过程的可持续性来保障质量的可持续性。在既往扶贫实践中确实曾经存在过"数字脱贫"、虚假脱贫等现象,然而在共享理念引领之下,治贫质量的高标准提升可实现脱贫效果的持续发展,如从注重生存性脱贫转向发展性脱贫。后扶贫时代所面临的相对贫困不仅表现在经济收入较低而且还表现在政治参与度低、权利的缺失、社会排斥等方面,要形成全面发展、人人共享的局面就必须要解决这些问题。基于此,只有在帮助贫困人口获得可持续性发展能力的基础上,才能使贫困人口获得公平享有政治参与、社会保障、社会福利等权利,并能够高质量、可持续地获取上述权利,这才是共享理念下生成的精准扶贫有效机制。

第三章

精准识别：共享发展理念下精准扶贫机制的基础创新

精准识贫是实施精准扶贫的首要环节，对精准扶贫工作的开展起着引领作用，是精准扶贫机制创新的前提和基础。精准扶贫机制运行以来，虽然通过社会动员及政策保障提升了扶贫识别的精准度，但并不意味着精准识贫已达到最佳效果。精准扶贫的地方性实践表明，识别标准的单一化、识别方法的粗放式等仍然是导致扶贫对象错漏的主要原因，直接降低了共享发展的覆盖面。随着绝对贫困现象的彻底消除，相对贫困问题呈现出新样态：因病、因灾、因残、因学、因老等多维贫困态势日益凸显，且由于我国人多地广，各个地区经济发展存在较大的差异，加上相对贫困动态变化难以跟进，识别瞄准的难度增大，这些都是对巩固脱贫攻坚成果并向乡村振兴转变的重大考验。综合上述背景，在脱贫成果巩固拓展阶段，帮扶政策要延续，必须创新机制。精准扶贫机制创新应该以共享发展理念为引领，强化精准识别功能，为精准识别巩固对象、真正实现发展成果全民共享奠定基础。

本章节在分析共享发展理念下精准识别的一般性理论的基础上，组织课题组研究人员先后深入河南省固始县和四川省宜宾县[1]两个中西部重点贫困地区开展精准识别现状实地调研，采用实证研究的科学方法对精准扶贫识

---

[1] 宜宾县已于 2018 年 7 月撤县设区，因笔者对该地进行调研时未改名，故保留此称呼。

别效果和机制创新进行深度研究。

第一节 一般理论分析

在共享发展理念引领下准确甄定贫困对象,是实现精准扶贫机制创新必不可少的基础性问题。首先,至少要从理论上厘清何为贫困及贫困的标准和特征,此问题不解决,就不能避免错扶漏帮现象,共享发展理念也不可能落到实处;其次,必须明确精准识别的方法流程和规则,只有这样,才能依靠精准识别锁定扶持对象,进行精准帮扶;最后,在共享发展理念引领下,精准识别作为精准扶贫机制创新的基础性环节,其对精准扶贫机制创新具有不可替代的基础作用,其对实现共享发展的意义也是本节需要探讨的内容。

一、贫困的定义探寻与测定标准

贫困问题在人类社会虽然由来已久,但对贫困的概念进行一个精准界定并不是一件容易的事情。一方面由于贫困现象本身具有复杂性,贫困在内涵和外延上都有很大的张力,另一方面贫困作为动态的社会经济现象,是历史的、相对的范畴,对于贫困概念的界定,既有事实判断,又涉及价值判断,不同时期、不同地区、不同经济发展阶段下,对贫困的认识都有很大不同。正是由于贫困的动态性和多维性,对贫困的界定不能仅仅停留在单一、静态的分析层面,而应该把多元、动态的分析视角引入其中,精准界定贫困的定义内涵以及测定标准等外延。

(一)贫困的定义探寻

贫困定义的首次提出,可追溯至1798年法国资产阶级民主主义者让-雅克·卢梭的《论人类不平等的起源和基础》一文,其中的"不平等"概念演化出"贫困"的概念,意指私有制作为人类不平等发展的根源,使人类脱离了"自然状态",产生了贫富不均的社会现象。亚当·斯密在他的著作《国富论》中,把贫困定义为不能享有人生的必需品。在斯密看来,一个人贫穷还是富有,取决于其所能享受得起的生活必需品、便利品和娱乐品的品质和层次。[1] 这种对贫困的定义以"绝对方法"而出名,它将贫困设定了一个"最低门槛",处于该门槛之下的便被认定为贫困,也即认为贫困就是无法得到必要的收入来

---

[1] [英]亚当·斯密.国富论[M].唐日松,等译.北京:华夏出版社,2005:24。

购置基本的产品和服务来保障最低程度的体面生活。但是,以此作为贫困定义中的"必需品",究竟应该包括哪些要素很难达成共识。19世纪中叶,马克思、恩格斯提出贫困是资产者对劳动者的剥夺。无产者的贫困是绝对的,绝对贫困本身就是获得劳动资料和生活资料的劳动能力被剥夺。[1] 消除贫困的核心思想是无产阶级革命。在马克思主义看来,贫困是由不平等的社会制度所造成的,工人阶级贫困的根源在于社会对生产资料的不平等占有。1899年,英国人朗特里通过对英国约克市的贫困状况的调查研究,首次对贫困的定义进行了系统阐释:贫困就是缺乏维持生存和福利必需的物品和服务的家庭或个人的生活状况。[2] 这一经典定义在相当长一段时间内影响着人们对贫困问题的理解和认识,但是对于"贫困"仍旧无法形成一个数量上的判断标准。直到美国著名的经济学家阿瑟·刘易斯以财货的多少来研究贫困,他以人均产出低于2 000美元(1980年)为欠发达区域的量化标准[3],间接为贫困界定了取值范围。英国著名学者奥本海默在其著作《贫困真相》中对贫困如此定义:贫困是指物质上的、社会上的和情感上的匮乏。它意味着温饱方面的开支低于平均水平。贫困是剥夺生存机会的工具,人们享有的不受疾病侵害、体面教育、安全住宅和长期退休的机会被它悄然剥夺。[4] 至此,西方学界关于贫困初步形成了一种评判标准。在《1990年世界发展报告》中,世界银行将"缺乏达到最低生活水平的能力"界定为贫困[5]。

我国古代很早就有消除贫困的"大同世界"美好设想,消除贫困是中华民族世代以来的梦想。《礼记·大同》中,"矜、寡、孤、独、废疾者"是对日常生活中贫困人口的类型界定与现状阐释。孔子理想中的大同境界,正是"矜、寡、孤、独、废疾者皆有所养"的"大同"社会,这亦是他毕生追求的社会理想,也是他倡导的"仁"的思想的最终归宿。荀子认为,多有者富,少有者贫,至无有者穷困潦倒。[6] 他是从唯物角度出发,并以财货拥有量来对贫与富进行划分

---

[1] 马克思恩格斯全集(第23卷)[M].北京:人民出版社,1972:707.
[2] Rowntree B S. Poverty: a study of town life[M]. London: Macmillan,1901.
[3] Lewis W A. The state of development Theory [J]. The American Economic Review, 1984,74(1):1-10.
[4] Oppenheim C. Poverty: the facts[M]. 3rd ed. London: Child Poverty Action Group, 1990.
[5] 世界银行.1990年世界发展报告贫困问题·社会发展指标[M].北京:中国财政经济出版社,1990:9.
[6] 王先谦.荀子集解[M].北京:中华书局,1988:515.

的。荀子认为从程度上来看,"穷"比"贫"要更深刻。许慎在其所著的汉语字典《说文解字》中,将"贫"解释为"财分少也",意思就是说分配到的财物很少,并且逐"分"逐"少",直到走向了"贫"、"贫穷"以及"贫困"等状态。《说文解字》中将"穷"解释为:"穷",本义"极"也,意思是一切都到头了。现代社会,人们通常将"贫"与"穷"连在一起使用,意思大抵相似。在我国农村普遍将"贫困"一词理解为一种"食不果腹,衣不遮体,房不避风雨"的状态。民间有关"贫困""贫穷"的谚语、俗语不胜枚举:"穷困的苦处,流浪者了解得最深""朱门酒肉臭,路有冻死骨""贫穷不可耻,偷窃乃足羞""丑遮不住,穷盖不住""穷人遇荒年,两眼泪涟涟""穷人无本,功夫是钱""穷人无病抵半富"等等。在社会主义制度范畴内,邓小平把不断解放和发展生产力,摆脱贫困,走向共同富裕提升到社会主义本质的高度。[1] 如果国家和人民长期处于贫困落后的状态,那么社会主义的优越性就会受到人们的怀疑。在摆脱贫困、过上幸福生活的愿望驱使下,一代又一代的人都在不懈努力着。

结合国内外对"贫困"的权威和经典定义,以及我国学者对"贫困"的相关研究与实践,关于"贫困"非常具有代表性的定义主要包括:

第一种,以收入认定的贫困。传统的贫困概念一般指的就是收入贫困。尤其在早期,人们普遍将贫困归结为家庭或个人总收入无法维持其基本生活需要,也就是食物、住房等最低消费品无法得到满足。这种以物资匮乏或者生存需要无法得到满足作为界定标准的贫困状态称为收入贫困。因而在相当长的一段时间里,国际社会和世界各国或地区都将政策和实践向低收入水平的贫困人口物质生活需要倾斜。收入贫困是人们对贫困最直观的定义,也受到许多经济学家的重视,并且该理论也得到了不断的丰富和发展。1901年,朗特里在对英国约克郡的家庭进行调查走访和数据分析的基础上,根据六口人的标准之家一周内的衣食住行等消费品的支出情况进行测算,得出一周支出 26 先令的贫困标准,基于此建构出一套贫困测量方法。朗特里所认为的贫困,即"家庭总收入无法维持家庭成员的基本生存需要"[2]。朗特里的《贫困:城镇生活研究》一书开创了英国贫困研究之先河。他明确提出"绝对贫困"的概念:当某一家庭的收入已经难以维持家庭内部各成员的衣食住行等必需品在内的最低生存需要时,这个家庭就已经陷入了贫困。朗特里由

---

[1] 邓小平文选(第3卷)[M]. 北京:人民出版社,1993:264-265.
[2] Rowntree B S. Poverty : a study of town life[M]. London: Macmillan, 1901.

此预估以最低生活支出为表征的贫困线,继而估计出某一地区的贫困人口数量和比例。他通过家户生计调查界定并量化了贫困概念,为此后贫困的计量研究打下了基础。以收入界定贫困,强调了收入的工具性作用,其明显的优势在于,不仅有关收入贫困的数据相对容易获得,而且有利于人们对有关收入贫困的各种数据进行比较分析。以收入认定的贫困,强调了收入的重要性,但是其缺陷主要在于,收入贫困不能全面地反映出诸如预期寿命、公共产品供给等贫困的一些主要方面。此外,收入贫困在比较研究方面因为不同国家、不同地区、不同的社会历史时期的差异性而导致存在偏差。

第二种,以消费认定的贫困,即将生活费用的支出作为衡量贫困水平的标准。这种支出的一部分会变成财产,一部分会用于即时性的消费。由于在实际生活中存在着过度消费和过度节俭的情况,所以收入水平与消费水平并不完全相匹配。"在收入相同的情况下,高消费会导致财产富裕程度降低,低消费则会使财产富裕程度升高。所以,如果不联系收入和积累,单看消费无法判断是否贫困。"[1]因此,以消费水平来定义贫困,必然需要一定的前提条件。学界关于消费贫困的定义,比如"贫困是因收入不稳定或消费使用不当,导致生活难以为继,从而不能以良好面貌和健康体魄去进行工作的社会状况"[2],这种观点认为不合理的消费作为贫困的原因之一,强调财富积累不足的情况下所导致的消费能力下降的情况。

第三种,以能力认定的贫困。贫困理论一经提出,就激起学界的热烈讨论,继而促使人们趋向于从全方位的理论维度和现实层面来界定贫困。在此背景下,学者们一改以往以收入和消费界定贫困的单维考察,致力于建构综合性指标多维度考察贫困。其中,最有代表性的是联合国开发计划署设计的贫困计量的综合指标。1996年,联合国开发计划署在《人类发展报告》中将能力贫困的指标用于考察缺乏基本发展能力的人口比例和状况。在该报告中,能力贫困指标所界定的能力包括获得营养健康的基本生存能力、健康生活能力和受教育获取知识的能力。[3]一些倾向于以能力缺乏阐释贫困的学者认为,在生存环境羸弱、各类风险长存的现实条件下,人们缺乏改变现状、

---

[1] 薛宝生.公共管理视域中的发展与贫困免除[M].北京:中国经济出版社,2006:14.

[2] 西奥多·舒尔茨.经济增长与农业[M].郭熙保,周开年,译.北京:北京经济学院出版社,1991:65.

[3] 杨云彦,黄瑞芹,胡静.社会变迁、介入型贫困与能力再造[M].北京:中国社会科学出版社,2008:44.

抵御风险、获得机会和获取收益的基本能力,从而陷入贫困,这也构成了贫困的实质内涵。"穷人的经济学家"阿马蒂亚·森最先提出"能力贫困"概念,后被学界广泛应用。他提出贫困根源在于人不具备相应的发展能力,因此,森进一步将贫困的衡量标准创新为收入与能力并举。《以自由看待发展》一书的核心内涵即是对"以能力看待贫困"进行深度阐释,促使贫困研究达到历史性的新飞跃。人赖以生存的基本能力被剥夺,突出表现为生存与发展的能力丧失,具体表现为过早的死亡率、明显的营养不良(突出表现在儿童群体之中)、持续的发病率、普遍的文盲以及其他不足等,也就是从教育、医疗、健康等层面阐释能力贫困,由此,贫困不再简单地归结为收入、消费等问题层面,而是深入这些问题背后,去探寻贫困的深层次根源,即包含教育等指标在内的能力匮乏问题。

第四种,以权利认定的贫困。这种观点认为,与贫困相关的还有脆弱性、缺少话语权和社会参与权等因素,这就是权利贫困理论。该理论认为,贫困者权利被剥夺,不只局限在物质层面,还有来自国家和社会制度的剥削压迫,如穷人被排除在法律保护范围之外,不被社会认可和尊重等。森认为,要跳出收入贫困的认定标准限制,从贫困个体生存状态入手来重新认识贫困的本质,由此创立了根植于权利的贫困理论与方法。森以权利作为研究和认识贫困问题的重要视角,认为正是个人权利的缺失与被剥夺才造成了个体的贫困与饥饿。在《贫困与饥荒》中,森指出,对权利的认识和权利体系的分析是理解饥饿的必要前提,把饥饿置于人的权利体系中去研究才能发现贫困的本质和根源,而人只有拥有了可供选择的自由和机会,才能消除贫困痼疾。[1]此外,权利贫困将贫困根源归结为生产、交易、流动等基本权利的丧失,反贫困制度设立与生成的关键在于赋权,即将权利交还给公民。部分学者亦对权利贫困进行不平等层面的阐释,如韦伯认为,社会资源和包括金钱、权力、名誉等在内的价值客体所导致的成员个人占有不均等,从而衍生出社会不平等的根源与实质。[2]总而言之,当国家发展和社会进步的层次达到一定高度时,最应该予以重视的就是贫困人口的权利贫困问题,也只有解决权利贫困桎梏,才能确保包括贫困人口在内的每一个人都能获得参与国家决策和社会活动甚至是永久摆脱贫困的机会。

---

〔1〕 马新文.阿玛蒂亚·森的权利贫困理论与方法述评[J].国外社会科学,2008(2):69-74.

〔2〕 梁树广,黄继忠.基于贫困含义及测定的演进视角看我国的贫困[J].云南财经大学学报,2011,27(1):55-61.

尽管在国内外关于贫困的研究中,关于贫困的定义尚未得出系统性和权威性的结论,但综上可知,对贫困内涵的认识,需要从多种角度进行综合考虑。不同角度之下的贫困定义,并不是相互替换和对立的关系,而是相互补充的关系,将其联合起来更有利于精准界定贫困问题。如果非要对贫困下一个符合国情的定义,可以从中华五千年优秀传统文化视角出发:贫困由"贫"和"困"两字组成,"贫"实指"缺少、缺乏",表示一种匮乏的状态;"困"实指"困境、困住",表示一种能力被约束的窘境;"贫困"则实指匮乏的状态以及在此状态下对人的能力的约束,即难以满足人及其家庭成员生存及延续的基本生活资料,以及由此带来的能力缺失、权利匮乏等综合表征。

(二)贫困的标准测定

贫困定义作为一种抽象的概述,在具体贫困问题界定中并无决定性意义,还需要在此基础上将抽象转化为具体,合理确定贫困的测定标准。贫困的测定标准重要性在于,它不仅能够大体上反映贫困的总体状况,而且能够作为各政府部门判定本国扶贫攻坚行动是否有效的可量化标准。贫困或不贫困,仅是一个相对的标准,事实上贫困并没有公认的标准。世界各国普遍采取的贫困测量标准一般是通过设计一个数量级的贫困线来体现。阿马蒂亚·森指出,首先要确定的是贫困焦点的问题,即谁才是贫困者。"消费标准"或"贫困线"的测定或许能给出并不完整的答案,即"穷人"代表的是消费领域能力和水平低于普通标准或最低标准的人,或者其基本收入处于贫困线之下。[1] 斯蒂格利兹将贫困线认定为"能够维持最低生活标准的所得"。[2] 一定程度上看,贫困线也体现出高低差异,并对贫困人口数量和范围起直接决定性作用。贫困线高,代表贫困人口的数量较多、贫困分布的范围较广,继而需要予以解决的问题就会变多,投入的扶贫资源也会增加,相应地会加大扶贫统筹难度、降低资源分配效率和扶贫整体效能。贫困线低,则意味着贫困人口的数量不多、贫困分布的范围较窄,继而需要予以解决的问题就会变少,投入的扶贫资源也会相对缩减,相应地会降低扶贫统筹难度,但并不能完全保证资源分配效率和扶贫整体效能的提升。[3] 由于历史传统、经济发展水平和社会条件等方面存在差异,不同的国家和地区制定贫困线的方法也必

---

[1] 阿马蒂亚·森.贫困与饥荒:论权利与剥夺[M].王宇,王文玉,译.北京:商务印书馆,2001:17.

[2] 唐钧.确定中国城镇贫困线方法的探讨[J].社会学研究,1997(2):62-73.

[3] 王卓.中国贫困人口研究[M].成都:四川科学技术出版社,2004:7.

然存在差异,贫困标准往往大相径庭,故而世界尚未形成统一的贫困标准。

与贫困测定的标准紧密相关的问题主要包括:第一,贫困标准会受到通货膨胀的影响。贫困标准往往会因为通货膨胀的因素而有所调整。每经历一轮通货膨胀,物价水平也会在一定程度上持续上涨。相关的研究表明,受到物价水平变化影响较大的往往是低收入人群和贫困家庭。第二,家庭收入是衡量高于或低于贫困标准的重要标尺。这里的"家庭收入"指的是家庭一年的毛收入,不包括税收、社会保险等方面的开支,也不包括各种医疗补助的援助项目。但是以家庭收入作为衡量标尺是存在缺陷的,比如说家庭人口数量多寡必然引起家庭人均收入的多寡,同样1 000美金可以满足一个小家庭的基本需求,但无法满足一个庞大家庭的开支。第三,每个时期的贫困标准的划定,并没有区分国内不同地区之间的生活成本的差异。

1. 贫困标准的测量方法

目前存在许多可供确定贫困标准的方法。最常见的测量贫困的方法主要基于以下两种维度:

第一,基于收入/消费维度的贫困测量方法。这是目前全球范围内一直在广泛使用的贫困标准,也被认为是最为传统的对贫困进行识别与测量的方法。20世纪90年代中期,在全球范围内基本设定收入贫困标准的国家超过30个,为世界银行对全球贫困现状进行预估和判定提供了非常重要的数据支撑。以收入标准定义的贫困线,一般包括满足家庭基本需要的食物和非食物货币支出。以英国和美国的贫困标准发展为例,英国著名学者朗特里是最早通过对食物和非食物进行货币量化的方式定义贫困的。以20世纪50年代中期作为分界点,在此之前,英国划定贫困的判定标准是包含食物、衣服、住房等基本生存性需要在内的"购物篮子"。随着经济社会的发展与进步,英国的贫困标准经历了一系列的变化与发展。此后,随着英国现代福利国家制度的建立,英国原初用"购物篮子"作为测量贫困的方法逐渐被废止,国家贫困人口中绝对贫困现象也逐渐减少直至基本消除。1979年以来,英国通过设定中位数收入的方式重新确立了贫困的标准,即家庭收入占全国范围内中间收入分配群体这一阶层中的家庭税后总收入3/5以下的家庭,即被认定为贫困。英国政府开始通过相对贫困标准来确定贫困人口。英国政府也据此在本国的各个社会时期测算出了相对贫困人口数。当然,英国政府还按照相对的方法确定了相对贫困标准,比如按照不同类型家庭当年中位数收入的60%为标准划分相对贫困。而美国设立的贫困标准包括贫困线和贫困指南两类。贫困线是由美国国家统计局制定的用来核算贫困人口数量的指标。1964年,美国政府为了向贫困宣战,制定了一套绝对贫困官方标准。1965年,美国社会保障部的莫莉·奥珊斯基在综合考量农场和非农场家庭、一个家庭内部的人口结构与规模以及户主年龄的基础上,将美国的贫困线拓展为"经济水平"和"低成本水平"两条,并由此确定接受度和认可度较高的最低生活标准。最低生活标准包括食品和非食品需要。对于非食品需要部分,她设定食品开支占家庭支出的1/3,那么,贫困线就是食品贫困线的3倍[1]。美国政府规定,不同的规模和结构的家庭采用不同的贫困线,而且只要家庭收入低于贫困线,就将家庭中所有人口确定为贫困人口。当前,美国的贫困线仍然是根据消费者支出调查(CES)数据,测算满足基本需要(食品、居住、衣着、耐用消费品)的收入水平,并根据不同地理位置的住房成本进行调整。美国政府颁发的贫困指南中的许多项目是按照健康与人类服务部制定的。贫困指南相对于由美国国家统计局制定的贫困线而言更加简洁和便于操作,该指南由美国健康与人类服务部发布,主要用于项目管理。

　　第二,基于多维贫困维度的贫困测量方法。多维贫困维度,涵盖了人类社会发展的方方面面。多维贫困所要选择的维度,需要既能够客观地反映出本国或本地区的多维贫困状况,又能够有利于不同国家或地区之间的相互比较和通用。国外对多维贫困维度的研究,在多维贫困测量方法上,有两种非常具有代表性的方法。其一,多维贫困指数。近些年来,国际社会普遍认可和积极推动多维贫困的概念。多维贫困的概念提出之后,学者们开始对此进行量化分析和研究,故而需要借助多维贫困指数来进行贫困人口识别和贫困现状分析。受到普遍认可的全球多维贫困指数一般认为由三个维度和十个指标组成,其中三个维度分别是生活水平、教育和健康,以这三个维度为基础又划分出十个指标:生活水平维度划分出饮水、电、燃料、厕所、居室地面、耐用品六大具体指标;教育划分出儿童入学和受教育年限两大指标;健康划分出儿童死亡率和营养两大指标。以上维度和指标对家庭所拥有权利层面遭受的叠加性强取和剥夺进行了识别,综合反映出权利受剥夺的人口数量和被剥夺程度。"目前,由于我们很难区分一个贫困人口他的健康状况和有没有受教育两者之间哪个更重要。从人权的角度讲应该是公平的、平等的。所以,目前各指标维度的权重是相互平衡的。但是,全球多维贫困指数没有包

---

〔1〕 王小林.贫困测量:理论与方法[M].2版.北京:社会科学文献出版社,2017:30.

括收入,并不是说收入不是贫困的重要维度。"[1]MPI(多维贫困指数)主要是指除去收入之外的三个方面的重要维度。当各个指标健全之后,一般认为有超过1/3的指标不达标即被识别为贫困,并被认为是多维贫困人口。但是,不同的国家或地区,各多维贫困指数的维度以及相应的指标构成都是相异的。比如,墨西哥的多维贫困指标突出强调的是保证公民的社会权利。对于我国而言,我国当前的扶贫开发工作强调要促进各个地区贫困人口的收入增长高于全国的平均水平。就我国当下扶贫开发实际情况来看,收入贫困依然是各种贫困情况中非常突出的。如果我国要构建一个多维贫困国家指数的话,收入贫困一定是非常重要的方面。国家多维贫困指数的构建,一定程度而言有利于扶贫政策的操作,使扶贫工作更贴近实际情况、更有效。其二,人类发展指数。1990年,联合国在《人类发展报告》中提出了以知识获取度、健康长寿状况及生活水平在内的三大方面作为衡量各成员国经济社会发展水平的指标,这三个方面情况的测定分别以受教育年限、出生时的预期寿命及人均国民生产总值三项指标作为标准。此后,每年发布此类报告,用来测算和比较世界各国的发展状况。2011年起,联合国在《人类发展报告》中既发布基本人类发展指数,也发布引入了人类发展不平等校准指数之后的人类发展指数,即IHDI(inequality-adjusted human development index)。"IHDI的计算中需要采用来源于居民家庭调查或分人口组别的预期寿命、教育、收入统计数据。其计算过程是首先对各分项指标的细分数据进行归一化处理,并求取几何平均,最后计算合成指数。"[2]人类发展指数能够基本上反映出全社会健康、教育和收入的平均水平,动态地反映出了人类社会发展的基本状况,是目前应用最为广泛的衡量各国经济社会发展水平的合成指数,为世界上许多国家和地区制定发展政策提供了一定程度的借鉴和依据。但是也存在着一些弊端,比如,"对一个社会而言,如果财富和机会集中在极少数人手中,则人类发展指数所测度的生活水平实际上并没有反映社会中大多数人的状况。"[3]但是即便如此,人类发展指数仍然以其覆盖面广、连续性强等优

---

〔1〕 扶贫开发与全面小康:首届10.17论坛文集(上)[M].北京:世界知识出版社,2015:230.

〔2〕 诸大建,陈海云,许杰.可持续发展与治理研究:可持续性科学的理论与方法[M].上海:同济大学出版社,2015:53.

〔3〕 诸大建,陈海云,许杰.可持续发展与治理研究:可持续性科学的理论与方法[M].上海:同济大学出版社,2015:52.

势在世界各个国家和地区之中占据重要的应用地位。

我国关于多维贫困维度的研究,主要是对一些国外学者的多维贫困理论进行完善与修正,以及基于对国外多维贫困理论的研究对我国的某些贫困地区进行多维度的实证应用研究,等等。总的来说,我国多维贫困理论的研究相对滞后,对这一理论的研究深度不够,同时相应的测定标准在我国尚未形成,故而我国扶贫实践中对这一理论的应用并不广泛,亟待进行机制创新。

2. 国际贫困标准测定

国际贫困标准是一种简单明了、便于操作的收入比例法,是以某一国家和地区社会成员平均收入的 1/2 或 3/5 作为这个国家或地区的贫困线。研究者在收入比例法基础上进行创新,消费支出比例法进而产生。1985 年,欧共体统计局分别采用了国别贫困率和欧共体统一贫困率两种方法测算比较各成员国的贫困率。第一种方法是基于欧共体各成员国家的家庭,将各国内部家庭平均消费额的 1/2 作为本国贫困线;第二种方法是以欧共体这一整体作为一个基本单位,将欧共体内的家庭平均消费额的一半设定为欧共体范围内的贫困线。从国际层面上看,世界银行以 33 个发展中国家的贫困状况作为数据样本和分析模版,由此制定出一套国际贫困标准,若每人每天支出低于 2 美元,将被纳入贫困范畴,如若支出低于 1.25 美元,那么将被视作极度贫困人口。这是国际上受到普遍承认的贫困标准,同时各个国家和地区依据本国或地区实际情况各自制定了国内贫困标准。当今世界上有 80 多个国家基于本国实际情况确定了属于自己的贫困标准,而真正按照世界银行的标准执行的只有少数几个国家。国际贫困标准制定和执行的目的在于解决贫困人口所获救助水平与经济发展不同步的问题,贫困人口的救助程度远低于经济发展速度。因此,改变这一现状并促进贫困人口的救助水平提升,可确保他们能够与非贫困人口一道共享社会发展成果。但是,设定国际贫困标准还是有一定优势的。一方面,直观简便。在运用国际贫困标准时,只需要知道社会平均收入或社会中位收入的一半就可以得出贫困线,简单而易于操作。另一方面,有利于相关国家或地区之间的横向与纵向比较。通过比较,我们可以了解和把握不同国家或地区之间的差异,并且可以使受助者共享经济、社会的发展成果。但是国际贫困标准的缺陷也是显而易见的。国际贫困标准并不完全适用于世界范围内的所有国家和地区。任何国家或地区制定的标准,都应该按照本国或本地区的实际社会生活情况而制定且不断调整,不能一味地照搬国际贫困标准法。

3. 我国现行贫困测定标准

我国疆域辽阔、民族众多,因而各地的资源禀赋、文化差异会比较大,因此,贫困引发的各类社会现象亦呈千姿百态之势。占据大比重的农村贫困人口和因失业等原因导致的庞大的城镇贫困人口构成了我国贫困人口的主要来源。在不同的社会时期,我国贫困标准也有着差异化调整,并且存在很大的差距。

(1) 现行农村贫困测定标准

我国是采用马丁法计算出来的收入贫困线来测定农村人口的。所采用的贫困测定标准在全国范围内使用,并且也有一套完整的贫困监测系统。因此,对农村贫困人口数量有着统一的官方数字,并且每年都会进行公布。在现行标准下我国贫困线划定为人均年收入 2 300 元(以 2010 年不变价为基准),仍低于世界银行的标准。作为一个发展中国家,我国处于社会主义初级阶段的现实国情决定了我国贫困标准低于世界银行标准的现实情况。在我国,国家统计局以在全国范围内对农村住户进行全面调查的一手资料作为贫困认定标准和贫困线的划定依据,具体来说就是以农民人均纯收入作为基本指标来划定贫困范围、确定贫困程度。1978 年以前,我国处于整体贫困的状态,人均收入较低,民众的生活水平较低。改革开放以来,国家统计局划定的贫困线开始受到政府和民众的普遍认可,并成为贫困人口规模识别和贫困发生率测算的基本标准。2008 年以前,我国设定绝对贫困标准和低收入标准作为贫困识别的两大标准。其中,1986 年绝对贫困标准为 206 元,2007 年绝对贫困标准为 785 元;2000 年低收入标准为 865 元,2007 年低收入标准为 1 067 元。2008 年,我国把绝对贫困标准和低收入标准进行了整合,统一划定国家扶贫标准,即采用 2007 年的 1 067 元作为新的国家扶贫标准。2011 年,我国扶贫标准又在 2010 年的 1 274 元的基础上提高了 80.5%,上升到 2 300 元,这一提高也大幅度地增加了我国贫困人口的规模。

贫困现象是一种长久性的存在,而贫困测定标准则是动态化的判定。2020 年后贫困标准迎来新的修订,而在新标准下解决相对贫困问题,又是新一轮的扶贫攻坚。对于我国的贫困线标准一直低于国际标准的问题,应该从矛盾的普遍性与特殊性哲学视角出发,实事求是地审视我国国情状况,制定符合我国实际的贫困线标准。此外,我国相关文件也明确各省(自治区、直辖市)可以根据当地经济社会发展的实际情况,因地制宜地制定高于国家贫困线标准的地方性扶贫标准。

(2) 现行城市贫困测定标准

20世纪90年代以前,我国的贫困问题一直被看作是农村现象,城市贫困并没有引起人们更多的关注。政府在反贫困政策和扶贫方略的制定与选择上,过多地倾向于农村和农民,主要原因在于城市贫困特征不明显,城市人口较农村人口拥有充分的就业保护和相对完善的社会保障,且陷入贫困的城市人口远低于农村人口。一些国际机构认为,相对于农村的贫困而言,城市的贫困属于无足轻重的问题。21世纪以来,我国开始关注城市贫困问题,扶贫从改革开放初期的以农村为主导逐渐向城乡并举的局面转变。在城市空间中,传统意义层面的贫困人口体现为无劳动能力、无经济来源、无子女的鳏寡孤独等"三无"人员。20世纪90年代以后,在经济体制改革、产业结构调整以及国有企业改革的背景下,城市失业和下岗人群增多,加之社保改革的滞后性,使得城市贫困问题开始显现并日益严重。随着城市化的不断推进,农村劳动力大量涌向城市,但是这些劳动力并不能与城市人享有同等的教育、医疗和社会服务等,于是这部分人群也成了城市中的另外一种贫困群体。至此,下岗、失业、外来务工人员等,构成了城市中新的贫困人群。与传统的城市贫困问题相比,这种"新"既体现在贫困人口数量上的急剧增多,又体现在城镇中民众的收入差距不断扩大上,还体现在现时期的城市贫困人口绝大部分是有工作能力的人等方面。如何解决新时期城市贫困人口问题,成为现阶段我国扶贫工作至关重要的问题。当前,我国城市贫困人口的测定尚未形成规范性的统一标准。但从20世纪90年代中期开始,已有学者在对国家统计局或地方统计数据、个人调查数据进行综合分析的基础上,对我国城市的贫困人口数量进行了大致的估算。2011年,中国社科院发布的《中国城市发展报告》指出,我国大约存在5 000万的城市贫困人口,大致是当时处于低保标准和受保范围内人数的2倍。众多的数据和现象显示出我国的城市贫困问题也不容忽视。1997年,我国以人均收入1 700元/年作为城市贫困线,高于农村贫困线3倍的城市贫困线标准反映了一种更高的生活期望。与我国持续性减少的农村贫困人口发展趋势不同,城市贫困人口数量波动较大,以20世纪80年代中期为分界点,在此之前呈减少态势,在此之后又呈上升趋势,尤其在90年代以后,城市贫困人口更是突破千万,整体呈上升趋势。

进入21世纪,我国城乡一体化进程不断加快,城市与乡村之间的人口及其附属资源流动加快,城乡之间虽有差距,但总体上呈现融合趋势,城市贫困问题不再作为单列项目审视,与农村贫困一并考虑,已于2011年在全国范围内设定统一的2 300元现行贫困测定标准。综合来看,这个统一贫困线标准也是存在着缺陷的。其一,贫困线标准与国际贫困标准不统一。这个贫困线标准与世界银行所制定的贫困标准相比存在较大差距。我国是发展中国家,经济发展水平还难以与发达国家相比,且我国人口基数大,人均占有资源较少,因此在相当长一段时期内我国贫困地区无法达到国际公认的贫困标准。其二,贫困线标准无法兼顾各地经济发展的实际情况。我国现行的贫困线标准无法完全顾及不同地方经济发展水平和物价水平,如东部与西部地区差距。国家层面统一制定的贫困线在一些地方可能还可以维持当地民众的基本生活水平,但是在一些较为发达的地区可能极难维持基本生活水平。其三,贫困线标准陈旧待更新。我国现行贫困标准仍旧采用的是2011年确定的2 300元(以2010年不变价为基准),虽然不同地区每年度均有增调,但整体上使用10多年前的贫困线标准略显有点落伍,待新的贫困标准发布后,贫困人口会有多大幅度的回升值得关注。

综上所述,关于贫困定义的探寻与标准的测定,均要立足于当前的时代背景、不同地区的经济水平等来考察。就立足于当前新时代背景而言,当前贫困的抽象概念区别于古代、近代,甚至区别于中华人民共和国之初、改革开放之初;就立足不同地区的经济水平而言,从不同地区经济活力的角度或层面来理解贫困,都会存在着经济、文化等多维度的合理性。但是如果要全面地把握贫困问题,单单就某个角度或层面来理解贫困,极可能出现"以偏概全"的误解。贫困是一个涉及农村和城市的经济、政治、文化、社会等领域,关乎个体收入贫困、消费贫困、能力贫困、权利贫困等方面,并有一定测量标准的动态的、综合性的概念。所以说,贫困是一个多维的概念,精准把握多维贫困的定义和测定标准,不同角度或层面的贫困的概念既有交叉重合的地方,也体现出各自的特殊之处。在不断加深理解贫困和推进脱贫攻坚的过程中,应该尽量找出贫困测定的共性标准,争取求同存异、异中求同。

总而言之,贫困的概念并非一成不变,贫困的灵活性决定了其定义标准的非固定性,贫困的概念也从狭义贫困的范畴延伸至包含多重内容和多种角度的广义贫困。从贫困定义的延伸与变迁来看,贫困的内涵已经发生了巨大转变,由过于注重生产生活资源不充分的"物"的匮乏转变为注重能力和权利缺失的"人"的贫困。贫困使人们丧失满足基本生存的能力,且附着在生存权利之上的健康、教育等资源也面临着被剥夺的风险。一言以蔽之,当前贫困表象更为多元,对贫困的定义自然不能再以单一的物质基础作为评判标准。

学界关于贫困的概念主要从收入、能力和权利三个方面界定。收入贫困是指家庭或个人的收入不能满足最低限度的家庭生活消费的贫困状况。能力贫困是根据人所拥有的实质的生活自由来判断其境遇,越是拥有优质的教育条件和健康卫生福利,穷人才越有可能脱离贫困。[1] 权利贫困是指贫困人口由于缺乏社会资源和财富而陷入的贫困状态,从权利角度来看,贫困的原因在于国家分配不合理,公民本应具备的政治、法律、经济权利等不能得到充分的保障,故而造成了公民的权利贫困。具体表现为贫困人口丧失话语权、经济基础薄弱、社会融入感低,这些是贫困人口处于不平等境遇中的突出表征,严重剥夺了贫困人口的基本权利。贫困定义非并一成不变,也经历了由局限于公民消费水平的贫困转变为关乎公民人文发展的转变历程。《1981年世界发展报告》关于贫困的定义以消费水平为基础,在经济范畴内将尚未达到最低生活标准的个人或家庭认定为贫困。《1990年世界发展报告》不再以单一的经济要素作为贫困的评判标准,一些包含社会保障、医疗教育等在内的社会福利内容被纳入贫困标准的设定体系中来。显然,这些定义是对经济收入范畴外的扩展和延伸,且随着社会的发展,贫困内容所涵盖的方面将更为多元,贫困状态也呈现动态性的发展特征。在1997年的《人类发展报告》中,"人文贫困"首次被提出,这意味着贫困标准的设定涵盖经济及之外的社会制度、健康指标、医疗卫生等因素。

从收入贫困、能力贫困、权利贫困以及它们的衍生概念来看,学界关于贫困的定义和贫困标准的研究与视野是不断丰富和拓展的,不再以单一角度诠释贫困,而是用多维视角看待贫困问题。从贫困的本质看,贫困主要分为物质贫困和精神贫困,物质贫困根源在于经济发展水平低导致的资源匮乏,人们不能平等获取满足基本物质需要的生活资料;精神贫困则聚焦于个人或家庭成员的最低生活保障能力缺失,基本生活难以为继,其根源有别于物质贫困,主要在于生活手段、能力和机会的缺乏。总而言之,贫困是指由于物质资源和社会资源匮乏而陷入低于社会平均生活水平的贫困状态,与此同时还缺乏脱离这种贫困状态的社会生活方式、个人能力与发展机会。

二、精准识别及其核心要素

精准识别是建立在精准哲学方法论之上的判定活动,既要体现出方法论

---

〔1〕 阿马蒂亚·森.以自由看待发展[M].任赜,于真,译.北京:中国人民大学出版社,2002:85.

意蕴，又要得到实践活动的归结性结果。具体来看，精准识别就是以科学的标准作为关照，以规范的流程约束识别活动，并依照具体的方法落实识别步骤，从而识别出真正的贫困人口，在全面掌握贫困人口的基本情况之后进行精准帮扶，从而确保贫困对象能够彻底脱贫。其中，张丽娜认为精准识别主要是识别出在贫困线以下的家庭，分析其致贫原因，并据此实施不同的扶贫措施。贫困对象精准识别的目的是实现农村贫困人口的尽快脱贫，在了解人力、收入、消费、健康、教育等家庭基本信息后，分析导致贫困的深层次原因以及政府能及时帮扶的措施，即政府是如何做到根据贫困状况调整贫困标准，精准识别贫困对象的[1]。崔赢一认为精准识别贫困对象就是把原来遗漏的贫困地域、贫困村、贫困户、贫困人口重新纳入帮扶行列。从国家宏观层面上来看，我国的绝对贫困已经全面彻底消除，然而相对贫困的问题却日渐突出，相对贫困人口的问题也越来越难以解决；从微观单元上来看，识别单元越具体，识别难度亦越大，最难把握的识别单元是精准到单一贫困人口。针对我国较为复杂的贫困人口规模，精准识别需要构建更为科学的机制[2]。汪磊强调有效识别贫困户必须以国家政策为指向标，按照国定贫困线的标准精准识别贫困人口，继而对其贫困原因进行深入分析以查明根源所在[3]。

综合上述学者们的观点，精准识别概念在扶贫实践中的运用，是指在精准扶贫工作开展过程中，通过各种识别技术和手段将低于贫困线的家庭和人口识别出来，分析贫困人口背后深层次致贫原因并判别贫困的深浅度，对贫困人口进行准确识别、明确分类和精确定型，构建基于贫困人口动态识别的评价体系和整合机制。同时，精准扶贫还必须明晰精准识别以下各大核心要素：

（一）精准识别主体

在脱贫攻坚阶段，一方面，扶贫工作必须在政府主导下有序开展，积极促进扶贫各方力量的系统优化，构建基于识别主体的精准扶贫联动机制，形成跨区域、跨部门、跨层级、多元联动的精准识别机制，发挥主体合力以实现彻底脱贫。另一方面，贫困人口自身亦是集精准识别主体和客体于一体的脱贫

[1] 张丽娜,郝晓蔚,张广科,等.国外农村扶贫模式与中国"精准扶贫"创新模式探讨[J].黑龙江畜牧兽医,2016(10):35-37.

[2] 崔赢一.精准扶贫背景下的基层政府瞄准识别机制研究[D].郑州：郑州大学,2016.

[3] 汪磊,伍国勇.精准扶贫视域下我国农村地区贫困人口识别机制研究[J].农村经济,2016(7):112-117.

关键,解决贫困问题要求贫困人口必须努力提升自身的人力资本积累,自觉树立精准扶贫识别参与意识,积极投入脱贫的精准识别工作当中去。一是精准识别工作要吸收贫困人口参与,相关部门也要提高贫困人口精准识别的效率,变被动为主动,变强制为自发,才能提升扶贫成效;二是要发挥贫困人口主体力量以达到对精准扶贫政策落地的监督效用,确保贫困人口利益不受侵害;三是通过增强农村内生动能,改变以往贫困人口普遍存在的"等、靠、要"思想,促进扶贫政策在以"熟人社会"为表征的农村落地实施。

（二）精准识别对象

确定扶贫对象是精准识别第一位的问题,具体来说,就是要精准识别贫困人口、贫困户、贫困村、贫困县和贫困区域[1]。比如设定贫困区,并根据贫困地区的实际情况,按照最新贫困标准和贫困衡量办法认定困难群体是精准识别贫困人口的第一步,但是,不能只框定贫困区的贫困人口,还要将非贫困区域的贫困对象纳入扶贫政策保障体系中来。第二步要从多维贫困的角度选取适当方法去探寻贫困发生的原因,再对致贫原因进行具体分析,根据贫困的深度和广度来制定具体的扶贫政策和举措。由于贫困群体的非静止性和更新性较为突出,故而要运用动态监测管理办法对贫困人口行为与去向进行追踪,掌握贫困人口动态的第一手资料。

（三）精准识别标准

精准识别贫困对象的标准包含诸多动态性指标,因此是一个变化的概念,精准识别标准的设定取决于贫困人口的基本生存需求和发展需求的满足程度以及国家或地区整体的经济水平。地域间的经济发展水平存在差异,导致不同地区贫困线的划定也不尽相同,直接影响精准识别贫困标准的设立。首先,从国际扶贫标准来看,不同国家贫困状况存在差异,所以贫困标准无法以具体数值作为设立依据。1976年,经济合作与发展组织提出了被国际社会广泛认可并采用的"每天一美元"的贫困标准。其次,我国的贫困线是基于我国农村贫困标准设定的。1998年至2008年,我国农村居民收入增长了10倍,而贫困标准线仅提高了5倍,贫困线标准提高速度远赶不上经济发展速度。1998年,人均收入和人均消费两大指标开始成为我国测算贫困的依据[2],充分考虑收入、消费和贫困线之间的差异化关系,即从收入和消费两

---

〔1〕 周然.我国农村贫困人口精准识别机制的创新研究[D].南京:东南大学,2018.
〔2〕 陆汉文,黄承伟.中国精准扶贫发展报告(2016)[M].北京:社会科学文献出版社,2016:45.

个层面划定贫困对象:第一类是人均收入与消费均低于贫困标准。第二类是人均消费高于贫困标准但人均收入低于贫困标准,从消费层面看,这类住户应在贫困户范围之外,但落实到收入水平上,又属于贫困户的范畴。第三类是人均收入在我国划定的贫困线之上,但是人均消费水平却在贫困线以下的住户。最后,针对城市中存在的贫困人口,我国设立了一套城市贫困标准。基于历史原因,城市内也存在一定数量的贫困户,但城市整体发展势头的强盛,使得这种贫困的显性功能不强,贫困的深度及广度都不及农村表现得迫切,因而政府扶贫的着力点更多地聚焦于农村,致力于减少农村贫困人口。基于不同地区的实际情况,城市贫困标准线的划定也不相同,所以在考量具体的贫困标准时应因地制宜,拒绝一刀切的方式,因为这样会使真正贫困的人被置于扶贫范围之外,还会使一些非贫困人口享受本应属于贫困户的扶贫资源,严重影响贫困对象识别的精准性。2011年,我国大幅度提高贫困标准,升至2 300元。贫困标准的衡量已经不再局限于单一的收入或消费水平,收入过低和消费欠缺只是贫困的一个方面,贫困还表现为权利的丧失,如教育权、健康权等,只有在贫困标准的设定上运用多维指标,才能充分把握贫困人口的现实情况,这也将成为今后相当长一段时间内相对贫困治理应该关注的重点[1]。

(四)精准识别方法

我国通常采用的识别贫困人口的方法有三种:一是从上向下逐级划分扶贫名额与从下向上根据规定申报相结合的方法。该方法主要以走访、查问的形式识别贫困人口,每个环节都孤立存在,群众参与度不高。传统的贫困对象的识别方式大都以经济水平作为唯一衡量标准,以房屋、土地面积和种植收入等显性资产作为确立贫困的依据。精准识别在此基础上促进上下结合,一定程度上抑制了识别失准问题的产生。二是建立多维度识别方法。以单一经济标准作为扶贫的识别条件的精准度已经大不如前,多维度建立贫困识别监测评价体系才是今后识别贫困人口的主要工具。2007年,牛津大学贫困研究中心学者Alkire和Foster对贫困的标准进行了多维度的详细分解和归纳,从而建立了测度贫困的A-F模型。这个模型不仅可以用来计算多

---

[1] 汪三贵,张伟宾,杨浩.城乡一体化中反贫困问题研究[M].北京:中国农业出版社,2016:165.

维贫困指数(MPI),还可以对此根据区域和维度进行细化分解[1]。三是精准识别贫困对象与动态监测脱贫人口相结合的方法。构建多维度贫困程度测量系统并以此为基础建立帮扶贫困人口和动态监控脱贫人口的独立数据平台,尤其是通过建立回访机制追踪脱贫人口的现实情况,对脱贫成效的可持续效应至关重要。由此可见,传统的以经济维度作为主要参考的贫困识别方式已经不适用于当前贫困人口数量和状况的测量,故而精准识别贫困人口要从多维度来考量,兼顾贫困户各个方面权利和能力的缺失,这样的贫困识别方法才更具全面性、科学性和准确性。还需注意的是,识别不是最终目的,继续追踪贫困人口的后期动态,做到监测及时、反馈及时,建立多维度的监督评价体系,设立专门的数据平台应用于贫困人口数据的实时更新与监测,创立脱贫回访机制,才能达到一定的扶贫效果,确保贫困人口有效脱贫。

三、共享发展理念下精准扶贫机制基础创新根在精准识别

贫困对象精准识别工作是一项技术活,是精准扶贫机制的基础性创新。只有准确锁定扶持对象,摸清弄准"扶持谁",才能为下一步的靶向治贫提供重要依据,从而成为精准脱贫的有力支撑。因此,精准识别也是以精准扶贫促进全民共享改革发展成果的基础前提。

(一)精准识别在精准扶贫机制创新中的基础作用

精准识别是精准扶贫机制的第一个流程,也是精准扶贫机制获得运行成效的基础前提。在我国扶贫实践中,识别与建档立卡同步进行,前期的建档立卡工作对确定贫困人口底数起到重要作用,但识别工作绝不能止步于此,做到不落一户、不落一人的扶真贫、真扶贫才是精准扶贫的最终目的。[2] 在此背景下,精准识别在精准扶贫机制创新中的基础作用凸显出来。创新精准扶贫机制的目的在于尽可能做到应扶尽扶、应帮尽帮,而达到上述效果就必须精准识别贫困对象,这也是达成精准扶贫效果的前端"入口"。在全面建成小康社会后的相对贫困治理中,贫困对象具有分布广且藏匿深、既集中又分散等特点,容易造成精准识别失准甚至"错认""漏认"等现象。基于此,解决相对贫困的精准扶贫机制创新必须发挥精准识别的基础性作用,将消除贫困

---

[1] Alkire S. Choosing dimensions: the capability approach and multidimensional poverty [R]. Chronic Poverty Research Centre, 2007:88.

[2] 习近平扶贫论述摘编[M].北京:中央文献出版社,2018:63.

的关口前移,从"入口"处创新构建解决相对贫困长效机制。而精准识别要在精准扶贫机制创新中发挥基础作用,还应该从合理划分识别单元、确立定贫档次和标准、甄选精准识别方法三个方面下功夫。

1. 合理划分识别单元,划定精准识别的基础范畴

贫困对象精准识别的首要问题是识别出"谁"是真正需要被帮扶的对象,识别单元也在不断细化。从精准扶贫概念提出时起,国家对识别贫困对象的要求亦越来越严格,既规定精确记录贫困户的详细信息,又强调数据整理和建档立卡。实现贫困对象精准识别除了技术手段方面的因素外,主要方法便是识别单元的合理划分。我国贫困识别单元经历了贫困县到贫困村再到贫困户的演变,识别单元越细致越有利于精准识别贫困对象。从宏观范畴来观察,贫困主要是针对以血缘群居的方式生活在一起的生产生活共同体,在社会关系交织中称为"户","户"便成为当今较为流行的贫困识别单元。将"户"作为最基本的识别单元,更是简化了识别标准,不管是从一个国家来看还是具体行政区域来看,村民之间的差异均是以家庭经济收入和支出的形式表现出来。同时,在贫困评估时,往往也是从家庭人口数量、经济收入、住房结构、健康状况等多维因素去测量,以"户"为识别单元更有利于精准识别贫困人口。但是,随着城乡人口流动性增强,以"户"为单位的家庭内部结构也随之发生变化,致使即便是同一户家庭,其家庭内部成员也会存在贫富差距,这对贫困识别单元划分提出新的要求,识别单元划定至个体是最合理的选择。从微观层面来看,我国为了积极响应精准扶贫的号召,在精准识别贫困对象过程中采用了最新的多维贫困标准和贫困测量方法。一方面精准扶贫识别单元覆盖面更广。精准扶贫要求对非贫困区域的贫困人口也要做到精准识别。具体而言,合理划分识别单元是精确到具体的贫困户和贫困人口,按照多维识别体系去查找具体致贫原因、贫困程度、贫困深度等,然后再有针对性地制定帮扶措施。另一方面贫困群体在扶贫政策的实施过程中具有不稳定性。一部分贫困人口实现积极脱贫并摆脱贫困,也有一部分人挣扎在贫困线上且最后返贫,所以合理划分识别单元不仅要做出精准的划分单位,还要精准管理脱贫动态,即精准管理贫困人口的信息数据库,时刻明确贫困人口的动态,让彻底脱贫人口及时退出帮扶范围,而将返贫人口再次列入帮扶名单。显然,随着脱贫攻坚任务的全面完成,绝对贫困已成为过去式,解决相对贫困问题成为未来反贫困的重中之重。解决相对贫困问题将比消除绝对贫困更为复杂、更加烦琐,合理划分相对贫困的识别单元

将成为基础性起步工作,也只有识别单位划分合理,才能够精准识别出相对贫困对象。

2. 确立定贫档次和标准,确定精准识别的基础标准

改革开放以来,我国经济稳步发展,居民整体经济收入水平稳步提高,全国范围内的贫困人口经济收入也随之提升。同时国家对扶贫工作不断加大重视力度,扶贫政策逐渐精细化,整体上贫困人口呈现日益减少趋势。无论是经济收入的整体提升还是贫困人口的相对减少,均在影响着我国贫困线标准的变动。加之我国又是一个地域辽阔的国家,各个区域的经济发展水平参差不齐,每个区域在遵照国家贫困线标准的基础上,还会根据当地实际情况适时制定自己的贫困标准。首先,从世界范围的宏观层面来看,每一个国家的国情都是有一定差距的,每个国家贫困人口的贫困程度和深度也是千差万别。在分析各个国家的贫困状况后,联合国等世界组织并没有给出一个特别统一的贫困标准,只是寻求一个各国皆认可的固定参照物并给出一个相对标准下的贫困定义。其中,经济合作与发展组织(OECD)提出的低于一个国家或地区的平均收入或中位收入的一半即是这个国家或地区的贫困线,被广泛推广并得到其他国家的认可和运用。其次,从我国贫困标准的微观层面来看,农村贫困与城市贫困存在较大差距,贫困档次和标准不一。一方面是我国农村贫困标准绝对低位。中华人民共和国成立初期,全国经济低迷,贫困问题没有得到有效关注。这种情况一直持续到 1984 年,国家统计局收集农村住户的收入、支出、消费等详细信息,并在此基础上制定了农村贫困线。这次贫困线的制定主要以计算每天人均摄入的热量为依据,根据一个正常人每日热量需求为 2 000～2 400 千卡(约 8 371～10 046 千焦)来计算我国居民每天消费的食物种类,比如一两肉、一颗鸡蛋、半斤蔬菜等。1998 年相关部门根据我国当时的经济水平和居民收入制定了两条贫困线,最低绝对贫困警戒线是 635 元,相对贫困线为 880 元。1984 年设定的贫困线与 2008 年我国居民平均经济收入水平相比较,我国农村居民收入提高了近 10 倍,与此同时我国贫困标准提高了近 5 倍。虽然我国贫困标准提高幅度没有经济收入水平提高的速度快,但是我国贫困线的提高也再次说明了我国贫困人口呈不断减少的趋势。同时,我国贫困监测是以农户为主要调查对象,1998 年始我国对农户测算的指标主要包括人均收入与人均支出两项。按照收入与支出的指标测算,我国贫困人口主要可分为三大类:第一类简称"入支双低",即人均收入与支出都低于贫困线的人口;第二类简称"入不敷支",即人均支出高于

贫困线而人均收入低于贫困线的贫困人口；第三类简称"入高支低"，即人均支出低于贫困线但是人均收入高于贫困线的贫困人口。另一方面，我国城市贫困标准相对低位。由于长期以来城乡二元分割机制的影响，我国城市与农村经济发展水平不一，城市居民的整体收入高于农村居民，城市贫困程度没有农村贫困程度严重，但是城市也存在一部分贫困人口。在衡量我国城市经济发展水平时发现每个城市经济发展水平都具有差异性，为了把所有的贫困户列入扶贫范畴内，不同城市一般都会根据居民平均经济收入状况制定适应当地情况的贫困标准。所以，在制定城市贫困标准时，应该根据不同城市的具体情况具体分析，切忌采取"一刀切"的标准。我国贫困线一直到2007年后才真正经历过两次比较规范的调整，第一次是2007年把绝对低收入贫困线和相对低收入贫困线加以整合，形成统一的贫困标准线，第二次是在2011年把贫困标准线上调为2 300元。多次贫困标准的调整，也就意味着贫困线是一个动态的概念，其随着国家经济发展和人民经济收入水平的提高而不断变化。但是，我国的贫困表象并非仅仅表现在经济层面，还体现在就业困难、受教育困难、社会保障制度缺失等多个方面。随之，贫困标准也越来越不能用单一的经济收支来衡量，需要从多维视角出发去定义贫困，用多维标准去评估贫困是以后国家贫困监测的主要方法。基于上述分析，精准识别贫困人口需要确立详尽的定贫标准，尤其是贫困人口在贫困线上徘徊的时期，确立贫困识别标准将有助于精准识别贫困的档次（是重返绝对贫困还是处于相对贫困），这将成为解决相对贫困时期达成精准识别的基础性标准。

3. 甄选识别方法，增强精准识别的基础判断

我国精准识别贫困对象的方法主要分为三种。第一种是最为普遍使用的识别方法——上下结合的方法，即自上而下政府逐级分配模式和自下而上贫困户主动申请模式相结合。最原始的识别贫困对象的方式是自上而下地逐级分配贫困户名额，当贫困名额分配到村里时，基层干部就会采取走访和询问的方式将名额分配到户，农户很少能够参与到扶贫政策实施过程之中，只能被动地接受。识别的方式是自上而下，识别的标准则是仅仅依靠农户的经济收入进行计算，其中包括显性资产诸如住房和农地收成，隐性收入不容易计算，主要包括务工的经济收入和其他副业收入。贫困对象精准识别的方法是在分析自上而下逐级分配模式不足的基础之上又增加了自下而上的主动申请手段，这样既鼓励了农户积极主动参与精准扶贫施策，又减少了贫困户名额分配不公等权力寻租现象。第二种是多维度识别贫困对象的方法。

多维贫困标准识别方法采取之前,我国普遍采用片面的单一识别标准,不能做到对贫困人口的精准识别,错识率较高。因此,建立多维度指标衡量体系成为贫困人口识别的新方向。第三种是精准识别贫困对象与动态监测脱贫人口相结合的方法。构建多维度贫困程度测量系统并以此为基础建立帮扶贫困人口和动态监控脱贫人口的独立数据平台。尤其是通过建立回访机制追踪脱贫人口的现实情况,对脱贫形成可持续效应至关重要。总而言之,我国精准扶贫战略推行至今,已取得消除绝对贫困的决定性成就,但是在精准识别方法的甄别上并没有形成健全机制,尚处于不断创新探索之中。尤其是面对全面建成小康社会后的相对贫困问题,精准识别亟须对贫困人口的甄别方法体系进行完善,至少要确立一种科学且可行的识别方法,以助力增强精准识别的基础判断。

(二)精准识别对共享发展实现的价值意义

共享发展从本质上要求消除贫困,实现共同富裕,即包括教育、医疗、卫生等公共服务均等化,全面提升人民整体收入水平,建立完善的社会保障制度,缩小贫富差距,减少社会矛盾。共享发展理念从原则上要求坚持人人共建、人人共享,强调社会公平正义,注重加强和保障民生。实现全国人民共享发展成果,要尽快实现贫困人口脱贫奔小康。精准扶贫是在充分掌握贫困地区和贫困人口基本情况的基础上,严格依照程序进行包括精准甄别、扶助、管理等环节的统合有效的贫困治理模式。其中,精准识别是基础性环节。精准识别是指在精准扶贫机制运行中,通过贫困户提出申请、调查摸底、民主评议、资格审核、上报公示、抽查核检、信息录入等步骤,具体确认并掌握贫困对象信息,辨别出真正的贫困对象,针对导致其贫困的原因,采取细致可行的扶助举措并建立健全贫困对象辨识评价体系和动态调整机制。精准识别贫困人口的意义在于圈定贫困人口,公平公正进行帮扶,形成具有共享性的资源配置机制,实现全民共享社会主义改革发展成果。全面建成小康社会的一个必然前提就是贫困人口全部脱贫,如果有一个人没有脱贫,小康社会就不算真正实现。共享发展是全面小康的终极指向,精准扶贫是全面小康的关键一招,所以说精准扶贫政策对共享发展具有重要的现实意义,精准识别则是实现共享发展至关重要的前提。

1. 精准识别是共享发展的基础和前提

精准识别贫困人口以消除贫困是共享发展的基础。改革开放以来,我国政府逐渐重视扶贫工作,经过多年的努力,现有贫困状况得到很好的改变,40

年来共计7.7亿农村贫困人口稳定脱贫,共享中国特色社会主义建设成果。时至今日,我国仍然存在着较为复杂的相对贫困问题,已成为制约共享发展的主要障碍。在这种形势下全面建成小康社会,需全面提升扶贫效率,即提升扶贫精准识别率,做到有效识别、有效施策、有效脱贫,其中的关键环节是用有效方法和手段精准识别贫困人口。精准识别是共享发展的前提和基础,必须将共享发展与精准识别结合起来。其一是做好精准识别的基础性工作,重视精准扶贫的首要环节。诸如构建精细化的贫困人口评价体系、创新精准识别程序、健全贫困人口监测机制等。其二是提升多元主体参与效度。诸如鼓励每一个农户参与到识别过程中,增强主人翁意识;强化"政府主导、社会参与"的多元主体识别机制;合理分配扶贫工作组人员的工作职责,加强扶贫责任意识;纠正贫困户的落后思想观念等,从而提高精准识别率。其三是实施精准识别推动扶贫工作。诸如给予贫困人口生活上的帮助、技能上的培训、思想上的扶志等,使他们有能力获得一定的经济收入,将有效地缩小城乡之间的收入差距,弥补全面建成小康社会的短板,实现全民共享中国特色社会主义建设成果。

2. 精准识别彰显人人共享的目标要求

人民是社会进步和发展的动力,也是社会进步和发展的最大受益者,共享发展讲求社会发展的主要目标是为人民的幸福而奋斗,发展的成果由人民共同享有。我国在社会主义建设中一直坚持以人为本的价值原则,目的就是为了促进社会主要矛盾的解决,凸显出共享发展的价值内涵和根本理念,即坚持以人民为中心,促进人的自由全面发展,实现共同富裕。精准扶贫工作是实现共享发展的关键之举,将扶贫资源合理地运用到贫困地区和贫困人口层面,使真正贫困人口能够真正地享用到经济发展带来的红利。精准识别是精准扶贫的前置环节,是保障和改善民生最直接最现实的工作,亦是我国扶贫攻坚工作的首要重任。现行精准扶贫识别对象是人均纯收入低于贫困线的绝大部分群体,根据贫困人口的贫困深度和强度,因地制宜地制定帮扶措施,因时施策帮助贫困人口尽快脱贫,共享中国特色社会主义建设成果,符合共享发展理念中"人人尽责,人人共享"的原则。首先,识别主体的多元性,即识别主体由单纯的政府承当转向政府主导、社会多元力量共同承当。多元识别主体以贫困地区的人民群众和贫困人口为中心,调动人民群众主动参与识别工作的积极性,帮助贫困人口树立"主人翁"意识,远离"等""靠""要"等落后思想。其次,识别技术的民主性。现行识别标准由一维性走向多维性,适应当前致贫原因多样性的现实需求。显然,以人均收支为主要经济标准的一维识别标准"独木难支",加入其他的评价因素诸如家庭住房、受教育程度、子女上学等多维因素更为合理全面。最后,识别程序的交叉性。以往识别程序主要是自上而下的逐级分配模式,原则上可以防止作假谎报来骗取扶贫资金,但是自上而下的规模控制也带来贫困户被排斥的弊端。现行上下结合的识别程序可以实现主导者与主体的结合,尤其是自下而上的群众参与式识别方法,则是在深入体察人民群众意愿后作出的重大战略安排,体现了我国扶贫工作以人民为中心的理念。由此可见,精准扶贫是实现全面脱贫、走向全面建成小康社会道路的关键之举,亦是坚持以人为本的社会主义建设的战略安排。

3. 精准识别有利于维护公平正义

马克思主义认为,公平正义具有时代性、实践性和阶级性。在以人民为核心的精准扶贫过程中更应该坚持公平正义。目前,中国特色社会主义建设已实现全面小康,绝对贫困人口已彻底消除,但相对贫困人口已然成为全面建成小康社会背景下的弱势群体。在改革开放的历史进程中,曾提倡过让"一部分人先富起来,由先富带动后富"的观点,因此在改革开放初期,出现了一部分先富群体,也忽视了一部分贫困群体。由于社会政策和经济发展速度的不一致,有一部分群众仍然没有享受到改革开放的红利,在贫困线附近挣扎,从而阻碍社会整体实现公平正义。共享发展理念要求共同参与、共同建设、共同享有,彰显了社会的公平正义。实施精准扶贫战略的目的在于使贫困地区和贫困人口实现全面脱贫,帮助那部分在改革中落下的人口摆脱贫困、实现小康,体现出公平正义的价值理念是实施精准扶贫的目的所在。这就要求在精准识别贫困人口的过程中要坚持公平正义的共享发展理念,才能"不走偏""不迷路"。现阶段精准识别贫困人口中的识别主体已由政府主导转向多元参与,就是让更多的群众参与到识别过程之中,做到更加公平公正。在识别技术中,识别标准是坚持以人民为中心,扶贫工作组进行充分调研、征求群众意见后在评定贫困户时做到公平公正。在识别程序中采用上下相结合的方法,调动了农户参与村务的积极性,通过公示与审核相结合的方法做到识别过程的公开透明。目前,我国进一步实施精准扶贫是为了巩固脱贫攻坚成果,一并解决相对贫困问题,确保脱贫人口高质量摆脱贫困,做到脱真贫、真脱贫,促进公平正义的实现,使人民获得更为充实的幸福感和安全感。

第二节 贫困对象识别偏误给精准扶贫促进共享带来的障碍

精准识别作为精准扶贫机制落实共享发展理念的首要环节,经过国家层面的顶层设计和地方基层的创新实践已经形成了诸多卓有成效的识别标准和方法,如"六步"工作法、"五看"、"六不评"、"六优先"等一系列的精准识别方法标准,这些方法标准在扶贫政策落实到户、扶贫资源精准到人,使贫困群众在共建共享中增强获得感等方面均发挥了重要的作用。课题组在实地调研中发现,贫困对象识别蕴含着政策刚性、实施变通与乡土认知之间的复杂互动,精准识别的国家政策安排与地方执行逻辑两者之间存在巨大张力,凸显了贫困对象识别的内在共享问题:在不规整的乡土熟人社会中,随着识别政策的逐级落地,识别方法和标准不断地转换和异变,"识别遗漏"和"识别偏差"等现象频发。本节以国家级贫困县河南省固始县为例,考察基层贫困村的精准识别实践问题及其给精准扶贫促进共享带来的障碍,以期为持续巩固拓展脱贫攻坚成果、强化对相对贫困的精准识别提供相应的决策参考。

一、精准识别的实践考察——基于河南省固始县的实地调研

河南省固始县以前是国家扶贫开发工作重点县(2019年已摘帽),2020年全县常住人口104余万人,地区生产总值415.51亿元,三次产业结构比例为13.4∶29.9∶56.7,尚处于"亚健康"发展阶段。2010年底,固始县还有贫困户7.1万户、贫困人口22.94万人,贫困发生率远超全省平均数值。经过十余年的脱贫攻坚,截至2018年底,固始县尚存有未脱贫户7 646户、未脱贫人口16 237人,建档立卡但已脱贫户48 659户、脱贫人口157 764人,基本满足贫困县退出标准。2019年4月,经过专项评估检查,固始县已退出贫困县行列。在固始县全面打赢脱贫攻坚战的过程中,精准识别环节功不可没,成为实施精准扶贫战略的桥头堡。

为了搞清弄懂精准识别的运行机理,课题组安排周然等研究人员于2018年10月深入固始县若干贫困村随机入户开展问卷调查和个案访谈(见附录1),共获取398份调研样本和几万条一手访谈数据,内容涵盖调研对象的自我认知、政策了解、扶贫识别认知等部分。从一手数据和访谈结果分析来看,贫困村作为落实精准扶贫战略的重点单位,在地方政府完整贯彻与落实具体

方案的基础上,取得了较好的扶贫效果,但同时也应看到,在精准识别过程中诸多地方尚待改进和完善,如精准扶贫信息宣传不到位、农户参与精准扶贫的意识不强和积极性不高等有失共享发展意蕴的问题。

(一)精准识别实践成效

第一,贫困人口的精准识别程序公开且透明度不断提高。在精准扶贫的概念提出之前,贫困地区的贫困户名额大都被村委会内部摊分,具体名单也并未公开,以至于真正贫困的人口并不知道国家的扶贫标准以及具体名额的分配。据固始县贫困地区的一名驻村干部回忆:"原来国家的扶贫大都流于形式,具体政策的落地并没有进行有效追踪,因此村干部直接利用手中权力将贫困名额分摊给自己的亲朋好友,上级不会公示具体的贫困户名单,村干部也没有意识到扶贫工作的重要性,所以扶贫的形式主义十分严重。"自精准扶贫的理念提出以后,政府加强对扶贫政策落地的监督、审查与推进,重视对贫困人口的精准识别,村主任等基层干部开始尊重法律和政策权威,意识到扶贫工作的重要性,并严格按照国家扶贫政策与政府的具体扶贫举措来精准识别贫困人口,贫困人口的指标分配、审查、确立和监督逐渐公开透明,精准识别贫困人口成效显著。如图3-1所示,其中76.24%的村民看到过村委会公示贫困人口名单,由此可见,精准识别的程序相对来说比较透明,同时名单的公开也有利于农户对精准扶贫工作进行适时监督。

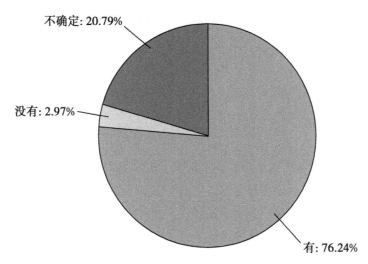

图3-1 贫困人口名单公示情况

第二,扶贫小组精准识别贫困人口的公允性日益提高。据当地村民描述,以往贫困户名额基本被"乡村精英"俘获,抑或是被村干部优亲厚友所取代,真正的贫困户被排除在扶贫范围之外。虽然目前仍不能完全避免"优亲厚友"的情况,但较之前相比已有较大改善,真正的贫困户几乎都被纳入被帮扶的范围。村民普遍认为,家里真正有困难的人才应该是具备被扶助资格的对象。据问卷数据显示,因家境贫困被界定为拥有贫困户资格的比例是51.39%,占所在地人口总数的比重较大。此外,当今农村人口呈现出极大的留守特征,主要是老人、妇女和孩子,对于村级公共事务的管理尚不能做到有效参与,对于权利的界定模糊不清,更以事不关己的姿态将自己从村级事务管理的责任藩篱中摘除,故而一些相关的问题并不能得到明确答案。如图3-2所示,可以明显看到公平入选的居多。

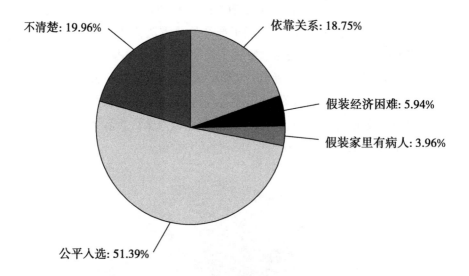

图3-2 贫困户资格获取渠道调查结果

第三,村民对贫困人口精准识别的满意度日益提高。如图3-3所示,对识别工作持非常满意态度的比例是14.85%,满意为43.56%,加上认为一般的27.72%,总体满意率已达到86.13%。由此可见,村民对精准识别贫困人口这项工作整体上还是满意的。

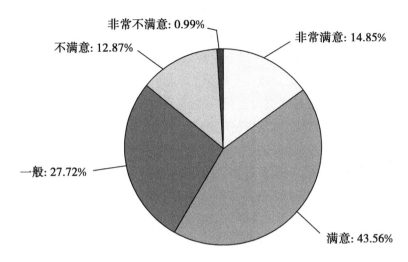

图 3-3 贫困人口精准识别满意度调查结果

(二)精准识别实践短板

虽然扶贫开发初具成效,但需要注意的是贫困对象精准识别过程中仍存在着一些问题。

第一,评定贫困户的程序执行不严格。根据相关政策,精准识别有以下三个主要步骤:第一步是对贫困目标进行初选。初选对象要根据农民本人的扶贫申请情况,在公平审核申请材料的基础上,根据党支部会议、村"两委"会议的建议,对拟扶贫对象进行初步筛选,通过党员大会审议、村民代表会议或村委会决议表决,产生贫困户初步名单,经村委会和驻村工作组核实后,进行时间不少于7天的第一次公示。第二步,将初选名单提交乡镇审核。村内公示无异议后,将初选名单上报乡镇政府,乡镇人民政府对各村上报的贫困户初选对象进行调查审核,主要核实入选人员是否真正符合贫困标准。乡镇工作人员对初选人选逐户进行核查,对申请贫困的个人实行具体核查,做到一个错误人选不录取、一个正确人选不漏选。最终确定的贫困户名单必须覆盖第一书记、村主任、村党委书记、乡长、乡党委书记的签字,并进行第二次公示。第三步,乡一级将最终名单提交县一级审核。第二次公示无异议后,乡镇政府应将名单报县扶贫办审核,审核后再在各村发布公告。如图3-4所示,在走访中发现,69.31%的村民没有具体了解过国家扶贫政策,这归因于扶贫小组没有进村入户落实宣传责任,这就使少数具备贫困资格的贫困户丧失了自主申报的主动性,直接导致确有困难和需求的贫困人口不能享受到国家给予贫困户的扶持和援助待遇,甚至一些显而易见的特困户也被排斥在贫困户名单之外。贫困户的自发申请是识别贫困人口的第一步,也是其首要工作,如果在第一环节出现问题,那么将直接影响精准识别贫困人口的成效,甚至影响最终的扶贫效果。在调研中发现,地方政府或村级组织为了节省时间、压缩工作成本,只顾赶进度而不顾公平质量,村委会直接确定贫困户候选人,再由村民小组代表或者党员进行投票,确定贫困资格的程序流于形式,并严重违背贫困户自主申请贫困资格的初衷。在此次调研过程中发现,农户获取政策信息的渠道相对闭塞,部分村子村内没有明确的政策文件张贴栏,农户不能准确及时地掌握国家政策信息的变动与更新。此外,扶贫工作领导小组在贫困人口识别过程中普遍存在不重视、不负责的行为和心态,未能严格按照程序依规行使职能,与国务院扶贫办规定的扶贫原则相悖,导致精准识别贫困人口的工作程序不合规范。

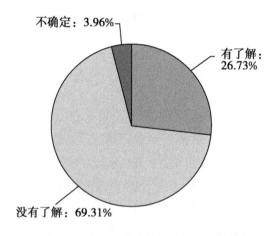

图 3-4 农户对国家扶贫政策的了解情况

第二,农户不配合贫困人口的识别工作。在调研中发现,村民普遍存在虚报收入的情况。无论是否符合贫困户的标准,许多村民都会故意报低收入、隐瞒高收入以获取贫困户资格,"哭穷"作风在村庄里蔓延开来。如图 3-5 所示,调查结果中有 48.51% 的农户年均纯收入在 1 000 元以下。针对问卷中"是否会把自己的真实收入情况告知入户摸底人员"的问题,几乎所有被调查人员都予以了肯定的回答。但是,调研过程中发现,一些农户衣食优越、住房体面,反映其经济条件不错。可一旦了解其收入状况时,他们的回答大多却是"叫贫喊穷",往往导致政府无法建立一份真正的贫困农户档案,现实中贫困户的真实信息与扶贫人员所掌握并上报的贫困户信息相悖,出现信息误差,影响识别效果。

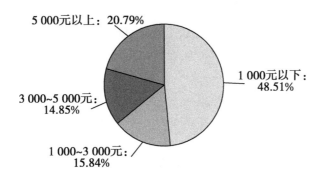

图 3-5 农户家庭年均纯收入情况

第三,扶贫工作领导小组专业技能不强,影响工作效率。调研人员在与扶贫小组成员进行交流中发现,驻村扶贫小组成员主要是村干部和乡镇扶贫办相关人员,小组人数与乡镇地域面积和人口总量直接相关。一般来说,乡镇人口较多,会驻入一支5人左右的扶贫小组,主要由乡镇干部、事业单位抽调选派人员和村干部组成。从成员知识文化程度来看,普遍不高,故而对于扶贫政策的了解不够透彻和深入,且缺乏专门对口的扶贫工作培训指导,因此扶贫成效的取得受限严重。

案例1 我们以前也没有这方面经验,专门的培训训练也没受过,县城开会也就偶尔一两次,再说也不用人人都去,派个代表就成。就算有培训,也就是学到那么一丁点东西,没啥实际作用,还没自己摸索靠得住咧。说到底啊,这些事情没人愿意做,归根结底还是要我们土生土长的这帮人,人家抽调来的正规干部,怎么都高看一眼,就算不工作,你也不能去训斥他们,你也没有这个资格呀。村里的扶贫工作也是文书做,支书忙得根本顾不过来,也就不管这些事了,所以我们基层的工作量很大啊!(男,30岁,某乡扶贫办主任)

上述案例中,正是由于扶贫小组成员都是临时抽调和下派的,政府在推进扶贫工作中没有对他们进行相关项目的指导和培训,所以这支专业性和业务性不强的工作队伍难免在工作中优先考虑到自身利益,对于对自身利益无助的工作内容,可能存在消极怠慢的现象,工作重心偏离扶贫本身,扶贫效率不高、成效不强,反而加重了扶贫工作的负担,变相增加扶贫的工作量。

第四,扶贫工作时间紧任务重,人员储备不足,扶贫成效低迷。自改革开放以来,我国扶贫事业从未止步,但由于前期扶贫工作把关不严、流于形式,致使以往的扶贫项目由于敷衍了事而存有历史遗留问题。

案例2 省里现在开始进行大整顿了,原来那些建档立卡的贫困户材料都要进行重新归纳和整理,保持原样留存好、不能瞎改,还要按照省里边的要求,缺材料的要补上,不完善的要求完善了,像信息采集表、民主评议表和公告信息、公示名单这些,一份都不能少。但是,你要知道,贫困户他本身就没啥文化,大字可能都不识几个,你叫他填表,能填个啥出来嘛。这些林林总总的表,还不是得扶贫干部帮忙一个一个地填,这无形当中啊,我们工作量就加大了。这还不是最难的,几年前(2014年、2015年),那时候建档立卡数据特别不清楚,乱七八糟,错误还多,现在要求用这么几个月时间去补几年的欠账,哪干得过来呀。你比方说啊,我们固始它是贫困大县啊,每年贫困名额多得很,按照上边的要求,贫困名额你得分配下去啊,那怎么分?最简单的办法就是平均分配。一般来说,一家有一个名额,这里边就有问题了不是,可能一个1985年的和一个1994年的是夫妻、一家子,也可能是亲戚,但是当时录入的信息出错了,过后谁还去管这些事啊。(男,27岁,某乡扶贫小组成员)

从案例2可知,过往扶贫工作存有漏洞并留下大量旧账,数据资料不完善,贫困名额错配,这些都是导致扶贫工作人员负担加重的客观原因。除此之外,扶贫工作人员还要根据扶贫政策的更新开展大量新的复杂的工作,管理程序烦琐、工作人员紧缺、时间紧任务重,扶贫人员工作量不断加大。

第五,脱贫人口的核算难度大直接增大了精准识别的难度。精准扶贫的前提是精准识别,不仅要对贫困人口进行精准识别,还要识别出已脱贫人口和返贫人口。对脱贫不稳定户和边缘易返贫户进行精准识别是"后扶贫时代"精准识别的重要内容。如图3-6所示,50.5%的农户不会主动退出脱贫行列。有的村民说:"谁会嫌钱多呢,这是白得的,要比不要强吧,你政府不把我踢出去,谁会主动说我不穷啊。所以,靠自己主动申请脱贫,根本不可能的。"由此可见,"坐、等、靠、要"的心态依旧深刻影响着贫困人口甚至返贫边缘人口的心理和思想观念,要想实现精确识别,还是要靠走访调查以及询问农户进行实际有效的排查。但村落相距较远,农户住所也比较分散,走访难度较大,且费时费力,不能有效推进政策宣传与信息排查。同时农户农务繁忙,在家闲坐时间较少,扶贫人员到访询问大多会"扑空",询问、统计、核算和分析农户真正经济来源与收入水平的难度加大。

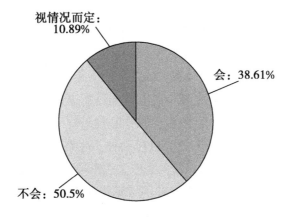

图 3-6 贫困户脱贫后是否会主动上报情况调查结果

二、精准识别的实践问题

在固始县的调研过程中可以发现,贫困人口的精准识别存在一些问题,有非贫困人口被纳入扶贫行列的现象,使精准识别的政策预期效果受到影响。

(一)名额逐级分配容易形成排斥

在尚未实行精准扶贫方略之前,贫困人口定位粗放,直接导致贫困户的识别失准、漏洞百出,扶贫成效大打折扣。具体表现为指标、区域和识别等方面的排斥。第一,指标排斥。我国定贫工作采取的是由上向下逐级分配贫困指标的方法,即国家扶贫主管部门根据农村贫困发生率确定贫困范围、进行名额的省级分配,由各省进行名额的县级分配,各县依据不同贫困区的实际情况将指标分配到乡镇、村直至到户。这种分配格局极易产生指标名额与实际贫困名额不符的现象。第二,区域排斥。一方面,部分不连片贫困村客观上不包含在集中连片开发扶贫政策的识别范围中。集中连片贫困区的区域划分本身就存在一定的排斥性和粗放性,集中型的扶贫开发政策将一些零散贫困户所在的贫困区排除在扶贫范畴之外,而地方政府为凸显扶贫成效,将一些属于集中连片贫困区地理范围内的非贫困区当作贫困区进行扶持开发,真正贫困的人却无人关照。另一方面,以贫困村为单位进行贫困人口甄别的识别政策,将许多贫困地区的非贫困户纳入帮扶范围,而非贫困区的贫困户却被隔离在扶贫范畴之外,这显然是一些基层政府或官员的排斥心理作祟,他们甚至狭义地将贫困人口认定为只在贫困村才存在,这就导致了非贫困村的贫困户享受不到扶贫的资源和政策的保护,贫困村历来都有最多的指标和固定的贫困名额分配,贫困名额又要求分配到户,所以处于贫困区的农户,即便不符合贫困户申请的标准,当地为了避免名额浪费,也会将其认定为贫困户。第三,识别排斥。识别排斥更多的是一种服从个人主观基于感性出发的情感排斥,主要表现在基层政府及其工作人员在进行贫困人口的识别工作时,出于个人目的和主观行为将真正的贫困村和贫困户排除在扶贫范畴之外。识别排斥包括故意排斥和过失排斥两种。故意排斥指的是扶贫人员以权谋私,以贫困指标作为优亲厚友的条件。过失排斥是指扶贫工作人员在非本意授意下造成的识别失误,出现贫困指标错配现象。调研走访发现,部分地区贫困户的指标分配并不是按照经济发展水平进行分配,而是按人口比例进行分配,即便两个村庄经济发展差距巨大,但由于人口数量趋同,也会获得同等的贫困指标,这样一来,将会造成实际贫困人口较多的村庄享受不到均等的扶贫资源,可能还会有一些贫困户不能被纳入扶贫范围之内,这样只会造成"富者愈富、穷者愈穷"的失衡局面(见案例3)。

案例3 有些村子它空有"贫困"的幌子,实际它一点都不穷,但没办法,人家不摘帽就是贫困村,上面照样会给它很多的贫困户名额。但穷人哪有那么多呀,指标用不完还不行,那就只能硬着头皮随便分了。可那些贫困的人多的地方呢,人多名额少,人都挤破头抢那个名额,关键是人都真的穷啊,你说这不是两个极端吗?(女,28岁,某乡分管扶贫主要人员)

(二)各地贫困标准层次差异致使精准度下降

我国国情较为复杂,地区经济发展水平参差不齐,即便国家划定了统一的贫困标准,在实践中也难以做到严格参照标准认定贫困资格。在我国,只有在县一级及以上区域,以统一标准识别贫困人口才能发生效用,而在识别工作推进到具体的村或户时,统一标准寸步难行。调研发现,以收入衡量贫困,理论的滞后性十分明显,由此,各地在贫困识别时更多地根据村干部的意见和入户摸底的情况来判定贫困户。具体来看,其判定是否贫困的标准主要有以下方面:一是是否有患重大疾病的家庭成员,二是家中是否缺乏主要劳动力,三是是否有上学的家庭成员。具体来看,重病患者和家庭负担是进行贫困人口识别的主要鉴定标准。每个地方的贫困衡量标准和具体帮扶方案都大不相同,在识别层面主观性明显,因而会从主观层面降低贫困户识别的精准性。

案例4 说是六步识别法,但实际还是看你家庭收入多少,经济水平怎么样,家中是不是有重大疾病的患者。要是两家收入都差不多,那就看谁家有病人,或者家里小孩正在上学,公平点的就走评议,主要还是一个组或者整个村的党员来评议。(男,30岁,某乡扶贫办主任)

案例5 这个被选上贫困户啊,不是说光看收入就行了的,那家庭情况啊,比如说你吃啥穿啥,住的房子什么样,身体情况好不好,健康有没有问题,子女受教育的情况咋样,这些也都是要看的。(女,28岁,某乡负责扶贫的干部)

案例4的"六步识别法"和案例5中的"看家庭情况"都是基层干部基于驻村实践所归纳的基本有效的贫困识别方式,但是具有一定的地域性和主观性,缺乏一定的统一性和客观性。不同地区的识别标准因时因地进行调整,从而导致识别出的贫困户也是迥然相异。

(三)扶贫干部构成不合理致使识别可信度下降

从精准扶贫实践来看,乡镇作为国家扶贫治理的行政末端,既是精准扶贫效益产出方,又是精准扶贫成效的受益方,可以说是扶贫工作的直接主体。但是,在现实中乡镇干部既要做好本职工作,还要增加扶贫职责,在一定程度上难以完成烦琐的数据统计和走访。在这样的工作压力下,扶贫工作量再次下沉至村干部身上,但是我国贫困地区村干部本身知识文化水平普遍偏低,且年老体衰,无法实现扶贫信息数字化和精准化,虽已有大量大学生村干部驻村,但仍旧处于疲于奔命的满负荷运载状态。对于精准扶贫所倡导的建立全国统一的扶贫数据库的问题,课题组在访谈中提出,"现在如果建立一个统一的贫困人口识别系统,有什么困难吗?"听到的声音是:"系统内贫困户是不断进行动态性调整的一个状态,这也就意味着系统必须随动态调整进行信息更新,而这完全需要人工输入校正,耗时耗力,无形之中增添了基层人员的工作量。"此外,在扶贫干部工作内容上没有进行具体的分工,因而彼此的工作界限不清晰,故而经常会产生越位、缺位等情况。譬如有些扶贫驻村干部来自政府机关或事业单位,成员之间是平等关系而非上下级的从属关系,所以无法对其进行工作规制,扶贫工作效率低下,甚至出现少数"走读干部",一般干部都是偶尔来村里,大部分时间都不在村内,而且成员身份多是教师、事业单位部门的公职人员等,农林牧副渔等了解农业农村的相关人员相对较少,不利于了解贫困村产业和贫困人口实际情况,给精准识别工作增加客观难度。

案例6 其实现在扶贫干部身上主要有四个问题:一个是他做这份工作

心里是几百几千个不愿意,所以就比较消极,我在村待几年,应付一下、走走过场就得了;二个是那能力是真不行,他都不了解扶贫里边林林总总的大事小情,但上边就这么规定,你必须进村,他就来了,来管3~5个贫困户,但你啥也不知道,来了又有啥用呢;三个是他自己分身乏术啊,本身这就是个兼职,对吧,人也有自己的本职工作,再管村里的事,他也顾不过来啊;四个是这么多扶贫干部啊,本地的没几个,大都是外地选派进来的,那对我们这个村和贫困户的情况都不了解,开展工作也是手足无措,搞不好还帮了个倒忙。(男,52岁,某村文书)

案例6所映射的扶贫现状是基层扶贫干部人员构成与工作量分配不均衡的现实问题,一方面大量工作致使扶贫干部压力加大、无法消化,另一方面是扶贫干部内部成员分化,严重影响其投身扶贫事业的热情和开展扶贫工作的积极性,一定程度上也会直接影响到精准识别的可信度和脱贫效能。

(四)贫困对象观念落后增加了精准识别难度

课题组在调研过程中发现,虽然绝大多数贫困人口希望凭借一己之力去改善自身经济状况,但总有一些少数贫困人口存在观念落后、"等靠要"等扶贫道德风险。一是贫困人口主动参与性不足。据调查,贫困人口对扶贫干部进行相关扶贫政策的入户宣讲和指导呈漠视态度,甚至毫不关心,突出彰显其孱弱的政治参与性。二是贫困人口观念认知不到位。访谈发现,贫困人口获取扶贫政策的途径与渠道已经大大拓宽,电视和网络的普及使贫困人口轻而易举获取一手扶贫信息,但关键在于扶贫落地的具体细节性问题,贫困人口并不能完全掌握和理解,这就需要扶贫干部的指导,但很多贫困户并不信任扶贫干部,还有部分贫困户完全支持国家利好的政策,但他们也觉得政策落实到基层非常容易走样。三是争夺贫困户认定名额现象严重。少数乡村精英通过暗箱操作的权钱交易或权力寻租等方式俘获贫困指标,这无疑增加了贫困识别的难度。四是由于受贫困污名化的影响,许多真正的贫困户不去申请。归根结底,面子还是乡土人际交往中比较重要的因素,人们普遍认为贫穷是由人的主观性懒惰、懈怠、不思进取造成的,贫穷者可恨亦可耻,这无形当中加大了贫困户的心理压力。受污名化和面子的影响,很多生活贫困的人口可能也不会去主动申请贫困资格认定,自卑、冷漠的贫困文化在村庄中蔚然成风。

案例7 有的家里很有钱,但就是要评个贫困户,绝对有"面子"(显示自己有能力评上),给村干部送礼要评的都有。还有的人常年在外打工做生意,家里搞得很好嘛,还非要评,不知道他们咋想的?我们到他家实地走访,桌子上居然摆满了红酒,这不是自己找事嘛?有的能评上,自然有的评不上了,评不上的他心里不平衡,就觉得自己吃亏了,东家闹一场、西家闹一场的,更有无赖的还会动手打人,这种人就真的没办法了。(男,26岁,某村驻村干部)

案例7中的贫困户为争抢贫困名额可谓无所不用其极,明明家境尚且宽裕却非要挤占一个贫困户的名额,这从某种程度上来说也是攀比心理和利己主义在作祟,至今一些贫困地区仍存在这种道德风险。真贫困与假贫困的交替演变使精准识别工作阻力重重。

(五)监督机制不健全降低识别精准度

经过多年实践积累,在精准识别层面,我国已经形成特定的贫困户名单公示机制,但其内在监督机制仍不健全。其一,我国精准扶贫的内部监督机制不健全,主要是对识别程序的规范性和识别对象的正确性进行的监督流于形式,没有将监督落到实处。一个好的监督机制需要执行者严格依照政策行使监督权利、落实监督责任。而案例8中,这一地区的监督小组并没有履行监督义务、夯实监督责任,从而致使扶贫监督成为一纸空文,甚至阻碍精准识别的实现。

案例8 下边的监督主要是两个县之间互相派人嘛,他派一个人到我这儿,我派一个人到他那儿,就大家一起找碴儿呗。但是呢,这个监督不是说我去看你贫困识别有没有失准,有没有漏掉谁,评错了一类的,也不是说我看你程序合不合规,有没有严格照着程序走。这其实都不是我们互相监督的重点,我们看啥呢,看你的表,有没有缺项、少项、漏填的,这不就是没事找事嘛!(女,28岁,某乡分管扶贫干部)

其二,贫困识别的公众监督流于形式。城镇化的快速推进,催生了农民进城务工的潮流,间接造成乡村的空心化、老弱化,这使乡村公共治理的群众基础遭到瓦解,老人和儿童普遍来说不具备参政代表性,其权利意识不强、话语空间被压缩、意愿表达权丧失,一旦资本与权力相结合,乡村精英形成一手遮天式的垄断,将虚化公众的监督形式(见案例9)。调研发现,农民对国家相关扶贫政策的了解几近空白,自然不会对监督形式和内容进行深入了解。在对留守老人的个案访谈中,调研人员问老人对村里扶贫政策有多少了解时,老人一直笑着说:"俺们不认字,干部说啥就是啥,俺也不关心。"

案例9 家里人都在外面工地打工挣钱养活家,养活孩子,一共俩孩子,一个出去念大学常年不在家,一个在外面上高中,也不常回来,就我一个人独

自在家,我念的书少,也不认识几个字,所以也就不关心村里发生了啥。(女,52岁,某村村民)

(六)贫困人口动态管理出现漏洞

从扶贫实践程序来看,对贫困人口建档立卡只是实现了贫困人口识别的准入机制,但是对脱贫人口的退出机制尚无法实现信息化的动态处理。不完善的贫困户准入和退出机制易导致扶贫信息不真实、脱贫和返贫人员信息更新不及时等问题,最终形成脱贫人口未能有序退出故而挤占稀缺扶贫资源,真正需要帮扶的贫困人口由于资源被占用而得不到扶贫援助仍处于贫困之中的负面效应。课题组调研发现,部分贫困户其实已经摆脱贫困,但碍于其利己主义和占便宜心理作祟,不去及时进行脱贫上报,扶贫干部敷衍了事,不去深入调查脱贫现状,故而导致贫困户和非贫困户同时挤占贫困名额、享有扶贫资源。当然,脱贫人口也会由于病灾等特殊原因陷入返贫,但识别程序不规范和贫困指标稀缺等原因导致识别效果不精准、不及时,返贫人口在很长一段时间之后才能被纳入帮扶范围,而在此期间其基本生活注定会受到影响,一定程度上容易激化干群矛盾,诸如案例10与案例11所述。

案例10 你听说过有句话叫做"不患寡而患不均"吗?村里老百姓都盯着呢,看谁家评上了,谁家没有评上,要是跟他家经济情况差不多的评上了,那他就不乐意啊,到处传闲话。(男,26岁,某村驻村干部)

案例11 我家穷着呢,这不是村子没关系嘛,几年了我家一毛钱都没捞着,今年总该轮到我家了,要是今年还没我家,我就去告他。(女,45岁,某村贫困户)

不难看出,贫困人口对扶贫识别方式有一定的怨言,进一步衍生下去可能会使贫困人口对政府扶贫政策持有不信任态度,进而影响贫困识别进展。同时,从扶贫干部以及贫困人口的言语中,也发现了贫困人口思想中有着严重的公允心理。当经济收入处于同一水平的农户被评为贫困帮扶对象时,同等经济水平的农户将表现出极为不满的情绪,致使一些贫困村只好采取"轮流坐庄"或平均分配的办法来缓解矛盾。基于以上因素,植根于乡土文脉中深厚的平均主义和伪公正的观念仍或深或浅地对农村公共治理产生着影响,这种观念的滋生使得贫困识别更加艰难。

综上所述,精准识别在固始县的实践中曾经存在的问题,可归结为以下三个方面:其一,识别主体不完整。由于制度制定的偏差或者政策执行力度不到位,在整个精准扶贫过程中产生农村人口主体意识不强烈、政府制度不健全以及人民表达诉求渠道不畅通等问题,致使贫困农户本身作为识别主体却没有积极有效地参与到识别工作中来,识别主体的单一导致精准扶贫共识主体的缺失。其二,识别方法不落实。目前贫困识别方法虽然演变为多维标准识别法,但是多维体系评价法掌握比较困难,落实到具体工作仍旧回归到单一的经济标准,一般表现为还在沿用现行贫困标准,即人均年收入2 300元(以2010年不变价为基准)以下即为贫困。多维评价一旦落实到实践便回归经济维度,就导致过度关注经济的变化,而忽视加强社会公共服务的完善、基础设施的建设以及贫困人口的精神建设,致使识别技术排斥导致精准扶贫共享内容缺失。其三,识别技术不精进。在精准识别贫困人口的工作中,识别技术不够精进以及识别主体的单一性,致使贫困人口并不能全部被纳入帮扶范畴之内,漏评率和错评率都比较高,一些真正的贫困人口没能享受到国家的帮扶,一些贫困人口不能充分享受到社会发展的最新成果,从而加剧了城乡收入差距,激化了社会内部矛盾,不利于社会公平的实现,更进一步影响社会稳定发展。

三、贫困对象识别不精准所产生的共享问题

上述固始县在脱贫攻坚中所遇到的精准识别实践问题,表面上看貌似是制度设计不够完善导致的结果,而其本质上是面临着精准识别的共享困境,这是新发展理念融入不足的必然结局,因此亟须将共享、创新等新发展理念嵌入其中。共享发展理念深刻指出了"为谁发展""依靠谁发展""发展成果由谁分享"等精准扶贫的关键环节,为扶贫实践中所遇到的精准识别难题指明了具体解决方向。结合固始县样本特征,用共享发展理念来探究精准识别实践问题及其共享困境,可以从识别标准、识别主体、识别对象、识别程序以及识别技术等方面予以剖析。

(一)识别标准排斥导致精准扶贫的共享内容缺失

我国地域辽阔、省份众多且各地经济发展水平不一,由国家层面制定统一扶贫经济标准容易顾此失彼。各级地方政府应根据当地实际经济发展水平,实事求是地制定区域性贫困标准。在贫困识别过程中,多维贫困识别已经占据主流地位,但碍于其实施难度大,还需要扶贫人员对多维贫困识别方法进行充分了解与熟练掌握。目前,扶贫工作人员往往由村干部、驻村干部以及包村干部等组成,这些干部年龄普遍偏老龄化,使用电脑和新技术的能力较弱,很难有效掌握多维标准识别方法。再加之扶贫工作人员需要在有限

时间内完成上级不同归属部门下达的任务，致使识别贫困人口成为一件时间紧且工作量大的任务，这些因素均导致扶贫工作人员很难认真落实多维贫困识别标准，进而直接采用以经济收支为单一标准的识别方法。按照国务院扶贫办统一制定的现行贫困标准，人均年收入2 300元（以2010年不变价为基准）以下即为贫困。但是基于共享发展的理念和内容要求，以实现全体人民在共建共享中拥有幸福感为目标，决定了个体利益的获得不仅表现在经济方面，还表现在政治、社会、文化等多个方面。根据这一理念，贫困既包括经济贫困，还包括教育、健康、权利等方面的内容范畴。但当单一的经济标准运用到扶贫工作中，这就导致扶贫过度关注经济的变化，主要把精力集中于提高贫困户的经济收入水平，关注点在数字的增长变化上，而忽视加强社会公共服务的完善、基础设施的建设以及贫困人口的精神建设。只是一味地关注贫困户的经济增长变化，未帮助贫困人口构建完善的精神体系和公共服务体系，这势必导致共享发展的权利失衡乃至共享内容缺失，这有悖于共享发展理念的本质要求。所以说，识别标准排斥导致精准扶贫的共享内容缺失，不能准确有效地识别贫困人口及其贫困特征，仅仅以经济标准认定违背了全面共享发展的理念。

（二）识别主体排斥导致精准扶贫的共建主体单一

共享发展的基本要求是人人参与、人人共建、人人共享。共享发展理念最大限度地发挥人民群众主体性作用，在扶贫工作中表现为激励农户自力更生的主体效应。如何准确识别贫困人口并有效激发主体作用便至关重要。我国传统贫困人口识别模式是以政府为主导，社会组织、农户、贫困人口参与的机会相对匮乏。由政府主导扶贫识别工作，在一定程度上可以提高扶贫识别效率，但也导致扶贫识别主体单一，社会组织、农户以及贫困人口都有可能被排斥在扶贫识别主体之外。在精准识别过程中，政府希望借助社会组织等第三方机构的技术手段和人才智力来精准识别贫困人口，但由于引入机制缺乏有效的通道和相关配套政策，社会力量参与精准识别的作用很小。总的来看，贫困人口在某种程度上充当识别主体和对象的双重角色，但在整体识别过程中，其识别主体的效能往往没有发挥出来，这势必导致识别主体排斥，进一步导致精准扶贫的共建主体单一。

第一，识别程序中农户识别主体地位缺失。一是部分农户对于精准扶贫参与积极性不高。农户早已经形成依赖政府的心理，认为贫困名额评定是扶贫工作人员的内部行为，主动申请或者投票决定的意义不大，客观表现出对扶贫工作的冷漠态度。同时,基层政府在扶贫过程中也往往把贫困人口视为识别对象,而没有充分认识到贫困人口的识别主体地位。二是识别活动中农户识别主体地位缺失。农村空心化现象日益严重,加之农户知识文化水平相对较低,村内多数为留守儿童和老人,对国家扶贫政策缺乏一个清晰的认识,更缺乏主体参与意识和能力。三是识别政策比较学术化,识别细节过于烦琐。扶贫工作人员对扶贫政策讲解比较简单,甚至自身都没弄懂相关政策,加之贫困人口知识文化水平低,对于政策理解存在偏差,致使贫困人口表现出对扶贫工作不关心甚至排斥的态度。扶贫识别工作需要下很大精力与功夫,致使扶贫干部大量工作时间都用在开会、建档立卡、填表格等形式主义工作之上。其中,三五天进行一次走访,走访内容要形成书面材料,有一点涂抹修改的痕迹都要进行重新填写,同时还要求群众重新签名。来源于高校智库或上次政府下发的各类表格,无形之中增添了基层的工作量和烦琐度,尤其是遇到内容繁杂且理论性强的表格,直接导致基层干部无从着手。同时,贫困人口在烦琐的自下而上的申请程序中迷失,阻碍了农户主动申请贫困户的积极性,没有发挥其识别主体的作用。四是贫困户诉求机制受阻。从内因来看,贫困人口生活在社会最底层,看重的是生活水平有没有提高,能不能吃饱穿暖,而对于自身的权利认知不清,且没有强烈的表达自身利益的需求。从外因来看,基层政府在政策制定时未优先考虑贫困户的意见并将其纳入政策参考范围,没有为贫困户提供顺畅的诉求上访渠道和意见表达空间,在扶贫实践中逐渐丧失话语权,最终致使贫困人口偏离精准识别的运行轨道。

案例12 表格内容又多又复杂,填写要求一会儿一变,还不能涂改,天天到贫困户家填表格签字,人家都烦了。那表格里设计的专业名词,连我们都搞不懂,别说老百姓了。给他们解释半天也明白不过来,还能怎么去填?频繁填表,耗费了我们大量的时间和精力,哪还有时间去识别谁是贫困户、去帮他们脱贫,净在这填表格了,这不是工作本末倒置吗?(女,28岁,某乡分管扶贫干部)

第二,识别监督中贫困人口参与机制不健全。我国扶贫监督工作主要依赖于行政部门内部监督,欠缺来自贫困人口的监督。一是贫困人口参与扶贫工作的代表性不强。随着城镇化进程加快,年轻劳动力纷纷进城务工,留守农村的仅剩下儿童和老人,致使有关扶贫政策会议代表性不强。二是贫困人口参与扶贫工作的机会缺失。大量农村知识青年走向城市,留守人员的文化程度不高,自身公民权利意识薄弱,乡村精英对乡村资源的垄断性更强,村民监督作用日渐趋微。三是贫困人口对扶贫工作参与意识薄弱。贫困人口对于国家扶贫政策欠缺了解,监督意识不强,对于如何监督和监督什么没有明确的概念。

共建是共享发展的内在基础,共享发展又必须依靠人民,人民是社会发展的主体和推动力,决定了精准扶贫须坚持共建原则、依靠贫困地区人民群众。共享发展理念下的精准扶贫工作必须坚持以人为本的原则,将共享发展和精准扶贫工作统一起来,积极动员农户主动参与到扶贫工作中来,提高贫困人口主人翁意识。尤其是在精准识别贫困人口工作中,贫困人口识别主体地位必须受到重视,充分享受到"人人共参、人人共建、人人共享"的参与权利。

(三)识别对象排斥导致精准扶贫的共享主体片面

我国贫困人口现行识别标准主要以人均年收入为主,这一标准过于片面,易引发识别失准问题。自上而下的扶贫政策安排对贫困人口实行规模控制,逐级分配名额,而忽视不同地区经济发展水平的差异,以及引起的贫困人口规模差异,从而致使不同地区分配到的贫困名额不足或溢出,贫困人口识别错误率较高。同时,贫困人口的动态监控机制出现漏洞,贫困人口"进"与"退"没有进行及时跟踪调整,也致使贫困人口不能完全被识别,出现难识别和漏识别等问题。这一系列制度安排均可能导致降低贫困人口精准识别效度,共享发展理念落实异位或错位现象,部分贫困人口没有真正共享发展的胜利成果,呈现出共享主体识别片面不完整的结果。

其一,精准扶贫的识别标准存在片面性。从粗放式扶贫到精准扶贫,我国的贫困标准制定从单一性走向多维性。但是在贫困人口精准识别过程中,多维识别方法实施起来难度很大,不仅需要专业技术人才支撑,还需要扶贫工作人员掌握识别方法。同时,现阶段贫困人口精准识别工作时间紧、任务重,扶贫工作人员对多维识别技术处理能力不足,致使扶贫工作人员很难认真落实多维识别贫困标准,往往在工作实践中直接采用单一经济标准作为快捷的识别方法。单一经济标准显然已不符合当前贫困人口多样性的特征,贫困人口漏识和错识的现象频出。

其二,精准扶贫的识别程序存在单一性。现阶段自上而下逐级分配名额模式是把贫困户名额逐级分拨到具体的村,忽视了不同地区贫困人口的差异性。有些地区分配所得贫困名额过多而出现凑数现象,而有些地区分配所得贫困名额过少而出现争抢现象,致使贫困人口被排斥,导致扶贫干部掌握的收入信息与农民本人申报的收入信息往往存在不对称性。扶贫干部要准确识别贫困户,就要花费大量的时间和精力去辨别贫困户申报信息的真伪,这就带来了很多重复性的工作。

案例13 除了那些真正贫困的孤寡老人,一个家庭怎么连3 000元的收入都没有?但有人申报的收入就是不到3 000元。你如果问他挣多少钱,他会说穷。我不认为这是穷,根本就是不想脱贫,真个就是懒。(男,30岁,某乡扶贫办主任)

其三,贫困人口动态监测机制存在滞后性。从整理贫困户信息到把信息清晰化,再到对信息进行相关归纳,甚至到对贫困户建档立卡,多数地区已建立类似的贫困对象识别机制。识别机制主要包括以下步骤:扶贫人员到户宣传—贫困户主动申报—村委会评议—村公示—乡(镇)审核—县审批—建档立卡,初步实现了正规统一的档案化管理。但是现行贫困户建档立卡管理,只是把贫困户纳入扶贫范围,并没有及时跟进动态监测和管理。贫困人口数目是一个动态变化过程,有人被纳入帮扶范围,也有人脱贫,就需要运用动态的监管机制去识别真正的贫困人口。如有些贫困人口在政府帮扶下已实现脱贫,但却占用扶贫资源不愿退出,由于动态监测机制的滞后性,扶贫工作人员无法及时获取信息并更新数据。另如部分贫困人口脱贫后再次返贫,同样是动态监测机制的滞后性致使返贫人口无法及时获得帮扶。这些现象在一定程度上会使得贫困人口与扶贫工作人员产生矛盾,甚至对国家扶贫政策失去信心,反而不利于社会稳定。

(四)识别程序排斥导致精准扶贫的共享权利失衡

共享发展是全面共享,而识别程序排斥则导致了精准扶贫过程中贫困群众相关共享权利的失衡。精准识别程序是自上而下的逐级分配模式与自下而上主动申请的模式相结合,基层政府的主导与科层运作模式,使得扶贫管理部门对于贫困资格的认定、扶贫资源的配置、发展机会的获取等具有绝对的主导权,容易引发精准识别的错漏问题。同时自下而上主动申请模式也由于地方社会的分化与社会结构的重塑,使得地方势力与基层政府形成利益同盟,加之贫困群众自身的参与态度、参与能力、文化素质所限,往往导致村庄内部精英对扶贫资源的俘获,并进一步导致扶贫资源供给的碎片化、分散化与内卷化。自上而下的逐级分配与自下而上主动申请结合的模式,尽管以入户调查为基础,通过村民决议、政府审核与公示制度,可以很大程度上准确识别贫困群众,真正精确到户、落实到人;然而由于基层的复杂状况、乡村社会的盘根错节，精准识别也存在着相当大的弹性空间，使得精确识别贫困对象存在隐蔽的人为操作可能。自上而下逐级分配贫困户名额的模式赋予了地方政府特别是村镇干部人为干预的弹性空间。一方面确定扶贫对象的操作过程主要依靠政府相关部门工作人员，地方政府掌握着最终的决定权，相关的监督力量薄弱，因此基层社会传统人情关系思想根深蒂固，极易出现"人情对象、关系对象"。另一方面自主申报依赖贫困主体的自觉性、主动性以及参与性，极大地依赖政府工作人员与扶贫人员，这相对形成了一定的参与门槛，极易导致具备贫困认定资格的贫困人口对扶贫政策、扶助条件和申请规则不了解，从而错失精准帮扶的政策性保障。贫困户的识别程序排斥使得评选权主要掌握在村委会手中，村民居于"被识别"的被动地位，即便是允许村民主动申请，也"碍于面子"主动或被动地放弃申请权利，将贫困识别权利交还给村委会，村委会成为扶贫资源的绝对掌控者，这种运行上的纰漏为非正式制度治理下的村庄利益关系网留下可操作空间。因此地方政府的运作模式与基层社会的治理现状大大增加了识别程序排斥程度，地方的精准扶贫实践不可避免会产生扶贫权利瞄准失衡、扶贫资源配置失衡、发展机会获取失衡等共享失衡困境。

（五）识别技术手段过于抽象导致共享识别失真

一般来说，农村贫困人口的数据处于常态化流动之中，对其基本数据的统计并不是进行实地调研得出，而是国家统计局及政府相关部门依据我国现行贫困标准进行抽样得来的数据统计，这种统计方式会存在一定程度的误差，但这种误差相对来说较小，即便是很小的误差，将其置于贫困识别之下，误差也会被放大，进而影响识别效率，引发识别失准等问题。一是各地经济发展水平各异、程度不一，政府一般会基于当地具体情况进行贫困标准的划定，识别标准往往会被主观化和区域化，识别出来的贫困人口也会存在一些误差。二是遵循多维贫困识别标准识别难度高，扶贫人员对多维贫困识别方法能够熟练掌握并运用。但在驻村扶贫工作队中，仅有少数成员能够熟练理解、掌握并运用多维识别标准和方法，一定程度上易引起技术失准问题。三是贫困识别事关贫困人口切身利益，且具有时间紧、任务重的特殊属性，扶贫人员在对多维识别标准进行充分掌握的基础上，运行起来却有一定的难度。所以，扶贫人员往往趋向于采用较为简单、容易操作但标准化不强的识别方式，这样会导致主观人为因素掺杂在精准识别全过程当中，故而促使精准识别存在主观失真等共享困境。

案例 14 上头一直在要求扶贫必须实现资料的全面信息化,既然这样要求了,我们下边的人就要照办,但关键是啥呢?没有人啊,懂电脑和这种会运用高科技的人,缺口实在是太大了。再者说了,要是真有一身技术,谁会下乡到农村来啊?最后还不是我们这些基层的人一边学一边做,慢慢鼓捣来鼓捣去的,时间都浪费在这上面了,也没见提高了多少效率,你说这多维度发展和数据化到哪一天能实现呢?(男,29岁,某乡驻村人员)

上述案例反映出识别失真失准是基层扶贫工作难以精准化的一大阻碍,从客观来讲,基层专业的技术人才匮乏,从主观来看,真正有技术的专业人才一般不会选择进驻农村。技术缺口进一步演变为人才缺口,这也是精准识别难达精准的困境之一。最后,还有一个细节问题要注意,我国农村扶贫机构的走访调查还是以贫困户自述为主,道德风险难以避免,这完全取决于被访者的主观选择。若其能够坦诚相待,其结果便可信。若其出于贪小便宜心理伪造贫困事实、借机骗取扶贫资源,这种情况不可避免,扶贫人员也不可能一一对其进行精准识别,如真正的贫困户碍于"贫困羞耻"而不去主动申请,但非贫困户却争先恐后申请贫困名额。由此可见,扶贫道德风险的滋生阻碍了精准识别的实现。

第三节 共享发展理念下以精准识别创新精准扶贫机制基础的路径选择

贫困对象精准识别机制建设离不开扎实的理论基础,诸如多维贫困理论、信息不对称理论以及贫困瞄准理论等。国内外学者归纳总结的精准识别贫困的经验,为我国精准扶贫工作中建立贫困对象精准识别机制带来一定的启示。基于共享发展理念,提出建立贫困对象精准识别机制的实践路径,诸如构建贫困识别方法、确定贫困人口规模、创新贫困对象评价体系、设计精准识别程序以及建立贫困对象动态进退机制等。

一、以精准识别创新精准扶贫机制基础的理论支撑

以精准识别创新精准扶贫机制的构建需要科学的理论做支撑,就需要明确在识别过程中要注重哪些要素,诸如经济、教育、卫生、住房等,且能否实现识别主体与识别对象之间的信息对称,从而建立精准识别的瞄准机制,所需的理论基础包括多维贫困理论、信息不对称理论以及贫困对象瞄准理论等。

(一) 多维贫困理论

从人类社会发展进程看,每个社会成员都应该公平地享有教育、健康、饮用水、住房、卫生设施等权利,但贫困却使得一部分人在这些方面的权利被无情剥夺,穷人无法实现对基本生活需要的满足,更无法拥有上述权利。阿马蒂亚·森提出能力贫困的理念,明确指出贫困和发展的问题要从多维角度来审视。多维贫困理论,是对以往以收入作为贫困衡量标准的收入贫困理论的超越和升华,是一种涵盖教育、医疗、社会保障等能力的多维贫困审视。基于这一理论,联合国开发计划署2010年发布的《人类发展报告》把世界各国的多维贫困指数都罗列其中,并从教育、健康和生活三个角度,进一步细化出十大具体贫困测量指标。借鉴多维贫困方法,我国精准识别应统筹贫困户收入、教育水平、文化程度、卫生水平、医疗健康等各方面因素,衡量指标应包括扶贫和公平赋权。在精准扶持方面,要根据贫困人口的实际情况,制定有针对性的扶持措施。例如,对于缺乏社会资源的贫困群体,应遵循政策和制度规范的倾斜,为最需要的群体和个人提供最优质的资源;对自然资源短缺的贫困对象,要采取措施加强技术服务和创新引导,采取科学合理的资源配置措施,确保贫困人口能够受益。

(二) 信息不对称理论

在信息经济学理论中,信息是指以一定的方式记录、保存和传播的关于某些特定内容的消息。根据公开程度和获取的难度划分,信息有公共信息和私有信息两种类型。存在私有信息是发生信息不对称的根源,即一些人了解其他人难以了解的情况。而信息不对称衍生的后果之一就是产生委托-代理关系。委托-代理关系是指在信息不对称条件下,委托人为了实现自身的利益和目的,授权代理人在特定的范围内以委托人的名义进行相关活动和处理相关事务并支付给代理人一定报酬的契约关系,其实质就是处于信息相对劣势的委托人与处于信息相对优势的代理人之间的关系。精准识别所涉及的正是信息不对称条件下所形成的精准识别委托-代理关系。扶贫工作实施中贫困人口之所以难以被精准识别,根本原因就在于我国农村扶贫工作涉及的组织和个人比较复杂。在识别扶贫对象方面存在着两重委托代理关系:第一重委托代理关系存在于政府和专业扶贫机构之间,第二重委托代理关系则存在于专业扶贫机构与基层扶贫组织之间。这两重委托代理关系的存在,就容易造成政府和官员、官员和扶贫小组成员以及扶贫小组成员和农户之间的信息不对称。各个主体之间的信息不对称,加剧了上级政策与具体落实之间的脱轨,从而不利于建立精准的扶贫机制,以至于出现扶贫对象"被脱贫"和"假贫困"等现象,而真正处于贫困状况的农户却享受不到国家扶贫政策的恩惠,这是我国扶贫开发工作的初心与使命的背反。

(三)扶贫瞄准理论

扶贫瞄准是指在精准扶贫政策实施中,明确定位贫困对象并针对贫困对象进行扶贫资源精准投放的过程。从目前的扶贫瞄准范围看,可分为针对区域和针对人口的两大瞄准方式。区域瞄准是指以地区为扶贫对象,扶贫措施和资源针对贫困地区。针对区域的扶贫瞄准进一步可以分为贫困县锁定、贫困乡锁定和贫困村锁定。针对人口的扶贫瞄准,是指以贫困人口作为扶贫活动指向目标,直接围绕贫困人口进行扶贫政策实施、扶贫资源的使用等活动。针对人口的扶贫瞄准可以进一步分为贫困户瞄准、特殊人群瞄准和一般贫困人群瞄准。两大瞄准方式相辅相成。区域瞄准是人口瞄准的中介,人口瞄准是区域瞄准的落脚点。两种瞄准形式的最终目的都只有一个,即促进贫困人口改善生活、摆脱贫穷、实现共同富裕。

我国农村贫困对象瞄准过程实行的是多层级的"委托-代理"关系,其中存在多主体之间的经济博弈,从而增加了瞄准的难度,且易导致主体之间由于信息隐瞒滋生信息不对称风险,最终导致不能瞄准真正的贫困者,这样的瞄准失误对扶贫组织和机构、对贫困对象甚至对整个社会都会产生一些不利影响,具体来说主要有以下方面:第一,扶贫瞄准偏离目标,扶贫资源不能及时准确地用于贫困对象,扶贫政策达不到预期的效果。第二,乡村精英利用自身职位以及社会网络关系为自己和亲属谋福利,排斥真正的贫困户享受福利,容易使贫困户萌发行贿心理,滋生扶贫机会主义,进而诱发扶贫腐败问题。第三,贫困对象与扶贫组织和机构之间存在的信息不对称,导致非贫困户戴了"贫困帽",如果重复循环,就会形成富人越来越富、穷人越来越穷的马太效应,加大贫富差距,不利于全社会健康、稳定、协调发展格局的形成。第四,在贫困对象瞄准委托代理关系中,由于权力、人情、面子等因素,贫困对象在瞄准过程中可能不守法,加之有关部门执法不严,导致扶贫工作中相关法律法规约束力受到限制或削弱。

二、国内外贫困对象精准识别探索

贫困是阶级社会的产物,国际反贫困问题也由来已久,各个国家均在各自领域极力消除贫困,尝试了许多新方法,积累了许多新经验。反贫困的首要问题就是识别谁是贫困者,有以经济收支为主线的识别方法,也有以生存消费量为维度的识别方法,等等,从整体上看,国内外学界关于贫困识别标准的研究呈现出由单一维度向多维度的转变。

(一)国外对精准识别贫困对象问题的研究

当前,国外贫困识别的研究主要集中在识别方法的研究层面,主要包括以下几个方面:第一种是通过给定的"贫困线"进行识别,这是目前应用最广的识别方法。从收入水平来看,将个人收入与给定的贫困线进行比较,收入高于贫困线,则被划定为非贫困户;收入低于贫困线,则被纳入贫困户范围之内。这种方式操作简单、易于实施,理解起来也比较容易,是多数国家和地区普遍采用的方法。第二种是"消费"认定法,主要是将所有服务和商品的名义总支出除以生活成本指数和当量指数(衡量家庭规模形成和人口结构构成的差异)。从消费的角度看,同等成年人的实际消费可能更接近于"效用"的货币计量,而不是收入。消费认定法将家庭结构差异和人际消费纳入认定考虑范围,更有理论说服力。第三种是基于医学和营养学而提出的"营养摄入"法。这种方法把营养摄入不足视为贫困,与前两种认定方法相比,就是可以撇开价格因素,只根据被测对象的身高体重比例和体脂含量来判定其是否贫困。虽然这种方法的主观性并不明显,但其对贫困基本内涵的过度扭曲,不仅忽视了对其他生活福利的实际影响,也没有对精神层面的伦理关怀。此外,一些研究学者曾经认为,即使"营养不良"是贫困最直接的表现形式,但用人体测量的方法来识别贫困仍然令人怀疑。

从实践探索的角度,首先,墨西哥是第一个用多维贫困方法识别、瞄准贫困人口的国家。2009年,墨西哥政府采纳一种新的多维贫困测量方法,创新了从贫困对象的维度、指标、标准、权重和分类等五方面识别贫困的方法,即在扶贫项目中应用"机会均等"项目进行帮扶,扶贫效果明显。墨西哥扶贫将贫困识别纳入法律框架、由专门机构承担贫困识别工作的新做法,弥补了单纯用收入识别贫困的缺陷,做到了扶贫到户、促进人的发展。其次,运用夜间灯光基本数据进行分析的方式识别贫困。1976年,美国发射了F-1卫星,根据美国国防气象卫星计划的要求,该卫星配备了具有高光电放大能力的OLS传感器,可以全面探测城市夜灯、火光甚至交通流量发出的低强度灯光。学者们将这些灯光作为人类夜间活动的重要指标,成为监测人类活动的基础数据源。基于新的夜光遥感影像数据,构建多维贫困指标体系。在此基础上,充分利用平均夜光指数估算多维贫困指数,准确定位贫困对象。

(二)国内关于贫困对象精准识别问题的研究

国内学者关于贫困对象精准识别的讨论一般是放在扶贫瞄准机制的研究之中去探讨。我国在1996年以前主要采取的是区域性扶贫瞄准机制,有针对性地瞄准一系列特殊贫困区域(重点贫困县)。1996年以后,扶贫瞄准目标从较为宏观的区域逐步聚焦到微观的村庄、家庭甚至个人,如贫困村瞄准、贫困户瞄准或贫困人口瞄准等。精准识别是这一演变过程中的第一步,起到了关键性的作用。汪三贵等使用logistic和多元回归方法识别贫困户,分别基于绝对贫困和相对贫困。当概率切割点被选择为最佳切削点0.38时,对贫困户的识别准确性最高,而对非贫困户的识别准确度却下降[1]。李昊源在对甘肃省相关数据进行分析处理的基础上提出了识别贫困户的逻辑模型。研究表明,对家庭贫困存在显著影响的因素为户主年龄、家庭外出务工收入、家庭人口数量、家庭成员健康状况、家庭中学生人数等,家庭贫困与居住品质、人均电使用量、能源使用类型、财产所有权等因素存在负相关关系[2]。杨国涛、东梅和张会萍通过对西海固地区数据的实证研究发现,在外部环境条件既定的情况下,农民家庭的特征对其是否贫困会产生显著影响[3]。上述研究都对如何精准识别贫困对象提出了建设性的观点和建议。

随着各地对精准识别的创新发展与广泛应用,逐渐形成了卓有成效的实践经验。其中,"三个三"工作机制是河北省邯郸市魏县为摸排贫困人口底数、精准锁定贫困对象,在精准扶贫"回头看"大走访活动中创立的。第一个"三"是"三公示",即把村级考核、乡镇审计和县级对比的情况都公示出来;第二个"三"是"三公开",即把村级、乡级和县级贫困户的名单都进行公开;第三个"三"是"三公布",即把县委书记、县长和县纪委党风办的电话都公布在各级贫困户公示名单上,随时接受群众举报监督[4]。"三个三"工作机制充分体现了贫困识别过程和结果的公开透明,得到群众的普遍认可与支持,为打赢脱贫攻坚战筑牢了群众根基和脱贫基础。陕西省安康市汉阴县采取的"四个一"工作措施,对扶贫对象开展信息复核及数据整顿,即维持"一种良好的

---

[1] 汪三贵,王姮,王萍萍.中国农村贫困家庭的识别[J].农业技术经济,2007(1):20-31.

[2] 李昊源,崔琪琪.农村居民家庭贫困的特征与原因研究:基于对甘肃省调研数据的分析[J].上海经济研究,2015(4):79-86.

[3] 杨国涛,东梅,张会萍.家庭特征对农户贫困的影响:基于西海固分户调查数据的分析[J].农业技术经济,2010(4):42-48.

[4] 张佩,郭海民.魏县实行"三个三"精准识别贫困户[N].邯郸日报,2017-09-20(2).

心态"、建立"一支过硬的队伍"、完成"一套规定的动作"、严守"一条铁的纪律",严格规范精准识别贫困对象的各环节,进而有效解决扶贫对象识别不精准、退出不精准、帮扶措施不接地气等问题,以摸准扶贫对象、搞实家底、核准致贫原因,确保"贫困对象不遗漏"。同时,借助"数据铁笼"系统,有效解决"谁来扶、怎样扶、如何退"等问题。

(三) 国内外贫困对象精准识别研究的经验启示

精准扶贫是习近平同志为彻底解决我国贫困难题而提出的战略要求,是对国内外扶贫减贫实践的经验总结,尤其是对我国长期扶贫攻坚工作的经验总结。同时,精准扶贫亦是实现我国"十三五"时期扶贫攻坚目标而对传统扶贫模式的突破和创新,也是指导我国各个地方反贫困治理工作的总体战略思想。通过对国内外精准识别贫困对象理论成果和实践经验的总结与分析,为以精准识别创新精准扶贫机制基础提供了有效的新思路。

1. 构筑精准识别贫困对象的理论基础

贫困对象的精准识别需要对扶贫瞄准机制进行多维度探索,国内外对此有不同方面的相关研究。无论是通过给定的不同标准"贫困线"识别法,还是利用效用理解的"消费量"识别法,抑或是鉴于医学营养角度下的"营养摄入"方法,又或者是利用 logistic 和多元回归方法来识别贫困对象法,都是秉着夯实理论基础的心态对精准识别贫困机制的完善和发展。要想体制成功建立,没有理论的基础是无法进行的,这就要求精准扶贫人员本身拥有系统的扶贫理论,并熟练运用精准识别贫困对象的各种方式方法,建设一支精准扶贫、精准识别理论过硬的队伍。

2. 建立精准识别贫困对象的多维体系

首先要从完善贫困户建档立卡的信息入手,采集整合贫困户各种基本信息,并运用现代大数据技术建立"一卡通"式的贫困户基础信息网络查询系统。其次是设立标准一致、多维度的贫困对象认定的指标体系,把收入、支出、发展情况等方面纳入贫困认定指标体系,把认定贫困对象与帮扶结果评价相结合,对贫困对象从建档立卡到退出实行全过程监督和评价。最后,要针对精准识别建立专门的责任追究制度,建立并依靠第三方监督平台,对识别规则、识别过程、审核标准、群众参与等方面进行监督。以制度方式根除"数字脱贫"现象,切实维护好贫困对象认定公平。

3. 确保精准识别贫困对象的机制有效运行

精准识别贫困对象并对其致贫原因进行现实分析是精准扶贫的首要任

务,可见,精准识别贫困对象必须有合理有效的瞄准机制作为支撑。精准识别应在对贫困人口的规模分布、居住条件、收入来源等基本数据进行分析整合的基础上,遵循"严格识别、规范程序、过程公平公开、认定到户到人"的原则对贫困对象进行识别。应把自下而上的民主甄别和自上而下的科学评定结合起来,坚持"上下结合"的识别方法,既要听取群众的意见建议,获得群众普遍认可的识别结果,又要使识别结果符合识别要求、真实准确。具体而言就是按照"宣传动员、调查摸底、控制规模、农户申请、群众评议、初步公示、听取意见、深度核查、民主评定、公示公告"这十个步骤来识别,同时建立一户一卡、一村一册、一乡一簿的多层次贫困对象识别机制。

三、共享发展理念下以精准识别创新精准扶贫机制基础的具体路径

正如前述,贫困对象精准识别机制的构建需要具体的创新路径:其一,构建贫困识别方法,打好识别基础;其二,确定贫困人口总体规模,做好总控;其三,制定贫困对象评价体系,精准到"真贫";其四,设计瞄准贫困对象的识别程序,严格按流程识别;其五,建立动态的精准扶贫对象进退机制,实施进退管理。

(一)构建贫困识别方法

依据瞄准聚焦的范围差异,贫困识别包括地理识别和家庭或个体识别两种。地理识别是指以地理区域为基本识别单元所开展的贫困识别。地理识别适用于贫困人口数量多且分布较为集中的情况。而在贫困人口数量少且分布较为分散的条件下,贫困识别大多是以个体或家庭为基本单元开展的。当前,中国已经进入治理相对贫困的新阶段,而相对贫困人口的地理分布呈区域性、分散性特征,这也就决定了相对贫困治理阶段精准扶贫项目瞄准仍会聚焦区域,即需要对相对贫困地区进行地理识别以促进扶贫项目落地。结合相对贫困的若干特点可以发现,运用地理学的理论范式和技术手段,以国际贫困研究中广泛使用的脆弱性——可持续生计分析框架作为相对贫困识别的理论基础,构建我国农村多维贫困的地理识别方法,并进行方法推导、内容比较、指标筛选与验证,对于识别全国贫困地理空间分布,对识别多维贫困结果进行分类并提出治理对策具有重要意义。在全面建成小康社会后,要解决相对贫困问题就必须精准识别,结合上述地理识别方法,逐步建立起自上而下的贫困识别体系,使贫困单元识别更加精准。

(二)合理确定贫困人口规模

在对全国贫困数据进行测算的基础之上,合理确定贫困人口规模需要一

套特定的方法体系,即"议定两级,票决中央"。在确定扶贫人口规模过程中,一般来说,拥有较为先进的农业生产工具和较好的衣食住房、较高的生活质量,这是比较容易识别出的富裕群体;而底层贫困群众却恰恰相反,其由于生活贫困,农业生产投入远不及富人,故而产出也十分低下,尤其是需要兜底保障救助的贫困人口,是最容易识别出来的贫困户。基于此,可以以较为直观和简单的方式识别出富裕群体、底层极端贫困群体,剩下的就是生产水平一般、收入水平不大、贫富分化不明显的中间群体,也是不太好以直观方式进行区别的一类群体。因此,在这类人群中识别出贫困户就要充分发挥"熟人社会"中的邻里优势,可以以无记名投票的方式选出大家心目中的"贫困户",当然,投票的前提是投票人中没有利欲熏心的人,大家都能够公平公正地帮扶到贫困人口。这种无记名投票好处有三:一是操作简单,避免形式主义。二是群众参与度提升,赋予群众识别贫困对象的票选权,有利于增强群众参与公共事务管理的积极性,虽然这并非最好亦非最科学的方法,但却是能赢得民心、给予农民话语空间的识别机制;三是顺应大多数人的意志,少数服从多数的原则避免了干群冲突,淡化了群众矛盾,从而促使乡土社会和谐有效、治理有序。

(三)创新贫困对象评价体系

相对贫困问题掣肘社会主义现代化国家的全面建成,因此必须予以高度重视。若想解决相对贫困问题,必须做到对相对贫困人口的精准识别,具体而言就是需要创新相对贫困对象的评价体系。进入"后扶贫时代",不同地区的相对贫困人口呈现致因多样、类型复杂的样态。因此,摆脱贫困的评判标准不再唯物质和经济,而是要在充分了解一个地区、一个家庭基本情况的基础上,设定科学的贫困识别标准,致力于形成多维度、全方位、更科学的贫困对象评价体系。以往单纯依赖自上而下或单纯依赖自下而上的贫困人口申报和认定模式,以及扶贫过程中普遍采取的样本分析模式,都不再适用于当前阶段相对贫困治理的新要求。因此,必须对现有贫困对象评价体系进行创新性发展,对贫困对象的基础性信息进行全周期管理和全流程分析。借助大数据实现这一创新具有深刻的现实应用性。第一,将大数据技术嵌入相对贫困人口的识别与追踪过程,而技术实现的核心在于分布式信息管理平台的构建,在平台内实现贫困人口信息的实时转换与更新,并具备数据统计与自动分析的功能,由此可以提升扶贫效率,减小扶贫误差;第二,贫困对象评价体系的构建,重点在于人才的发展,建设一支高素质的技术管理团队,对相对贫困人口进行实时性的动态监测与评估,且技术人员可以深入村庄内部,做到由村镇到县区和省市都拥有信息采集员、维护员、服务队和综合信息服务中心,形成由下向上申报、自上而下核查的信息追踪机制,对相对贫困人口形成动态监测和精准识别;第三,在省级主管扶贫的部门中建立专业的识别数据监管小组,逐一复盘和审核各级上报信息的真实性,保证数据信息科学、可靠和安全;第四,健全精准扶贫动态监管体系与效能考核体系,建立相对贫困人口"识别准入—脱贫退出—再识别再进入—再脱贫再退出"的实时动态调整机制,在检测过程中对返贫进行及时预警和防控,以有效降低由返贫带来的脱贫成效减退;第五,应该根据各地区的资源禀赋与内在底蕴,依托相对贫困人口的实际生产生活能力,建立明确的贫困人口准入与退出机制,定期组织考核、回访与复察,对满足脱贫条件的人口及时清退,将新增贫困人口和返贫人口及时纳入帮扶范围,从而确保扶贫资源落到实处,真正用在贫困地区和贫困人口身上,发挥扶贫资源效用最大化,为构建全新的贫困对象评价体系奠定坚实基础。

(四)设计瞄准贫困对象的识别程序

贫困对象识别程序的严格、科学和有效为精准识别筑牢基础性保证。科学的识别程序包括以下十个步骤:第一步,宣传动员。识别贫困人口的工作要坚持公开、公平、公正、公认,做到民主评议与集中决策相结合。要在宣传上正确引导,把握好舆论导向。通过广播电视网络、召开会议等形式,宣传新时代扶贫开发政策、实现全面小康的目标、解决相对贫困的总体要求、村内实际情况及发展趋势等。第二步,调查摸底。扶贫调查小组只有进村入户、逐一走访,才能了解村情、社情和民情。通过对贫困地区基础设施建设、住房、环境、产业发展等现状的现场勘测,以拉家常的形式对贫困家庭收入、生产、社会保障等方面进行循序渐进式的询问,从而为相对贫困的规模控制奠定基础。第三步,规模控制。基于事前的走访调查,以农村人均纯收入作为主要的数据支撑,并将水电、耕地、住房等纳入贫困识别的综合考量范围之内,初步开展贫困划分到组。第四步,农户申请。基于前期的入户宣传和微型调查,进入贫困户自主申请的重要阶段。在这一时期内,贫困户要丢下思想包袱,如实进行贫困资格认定。同时,积极引导收入充盈、家境富足的人们不再与贫困户进行指标的认定与名额的竞争,并将资格认定的通知及时有效地传达给户籍仍未迁出的在外务工人员。第五步,群众评议。以村内的生产小组为基本单位召集群众召开集体会议,按照初步划分到组的贫困人口数量,要求群众客观公正评价,体现群众参与、民主决策,实行倒排序,即最困难的农户排第一,依次类推,确定第一至贫困人口数量临界的户为初步对象。第六步,初步公示。按照群众评议的贫困户初步对象,实行倒排序进行初步公示,在村级办公阵地或村人口密集区公示全村各组初步遴选的贫困户对象的户主姓名、致贫原因、收入概况等信息,公示7天,并强调对公示内容有异议的可在规定的时间内反映。第七步,听取意见。驻村工作队作为农民声音的"集声桶",对收集农民意愿、倾听农民心底的声音至关重要,同村的村民是对贫困户再了解不过的人,多听取村民关于贫困户的主观意见与客观评判,对贫困识别至关重要。第八步,深度核查。驻村工作队协同村"两委",要及时梳理和整合农民意见,并以意见作为依托再次开展入户调查,尤其是对村民反映的极端贫困人口却未出现在扶贫范围之列予以高度重视,进行指标对比,从而促进贫困名单的精准化。第九步,民主评定。由驻村干部负责召开民主评定会,并要求党员和群众代表、村委会成员按时出席,可以先将名额分配给每村最为贫困的1~3户家庭或个人,并要求其在民主评定会上进行自我陈述,再以民主投票的方式推选出贫困户。第十步,公示公告。将在民主评定会上确定的贫困对象及其基本信息发布公告并进行公示,除初步公示区域外,乡镇在政务公开栏、网站,县级在扶贫移民局网站公开公告。实行一户一卡、一村一册、一乡一簿,县扶贫移民局负责联网信息化管理机制建设。(见图3-7)

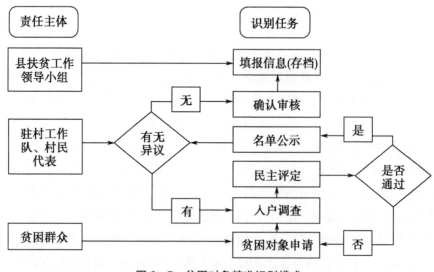

图3-7 贫困对象精准识别模式

（五）建立动态的精准扶贫对象进退机制

新时代共享发展理念背景下我国实行精准扶贫的目的就在于促使贫困人口脱贫致富，而在我国全面建成小康社会后，精准识别出的相对贫困对象必然是动态变化的。这就需要各级扶贫机构利用大数据技术所得的贫困人口分布信息构建动态进退机制，对存储的相对贫困户的数据信息进行实时更新，确保系统内信息的科学性，同时对边缘易致贫户和脱贫不稳定户进行长期追踪，对脱贫稳定户实行有序退出和销号。在实际操作过程中，最好是确立一个 2～3 年的稳定周期，对原建档立卡贫困户、脱贫户、退出户等进行回访、回察与重新评估，筛查在册但脱贫效果稳定可持续的人口以及现时收入和未来收入预期在贫困线以上的人口，将其及时清出帮扶范围。对已返贫人口承接精准扶贫的相关程序，确保其能够顺利脱贫。同时，在对贫困人口进行动态识别和管理中，政府及相关部门要权责明确。一方面，做到分级管理、各司其职。在上报数据层面严格把关，严禁弄虚作假，扶贫人员要细心耐心地开展识别工作，政府的部门领导及相关责任人要在审核层面坚持原则，杜绝暗箱操作和腐败行为，贫困对象一经确定就不能随意更改，当然前提是贫困人口识别精准。另一方面，要夯实责任、奖惩分明。精准识别的各个环节都至关重要，环环相扣、节节相连。因此，在各环节必须确保扶贫人员的全程参与和监督，同时签字确认方可生效。一旦发现工作人员以权谋私、弄虚作假，并造成群众不满、激化干群矛盾，就要进行追责并严肃问责。同时，也要对精准扶贫的相关责任主体进行资金、技术和人才支持，并将扶贫人员所辖范围内的脱贫成效作为政绩考核与晋级升职的重要指标，从而打造一支自身素质过硬、奖惩机制明确的扶贫队伍，不断完善动态的精准扶贫对象进退机制，为解决相对贫困、实现乡村振兴奠定坚实基础。

第四节　以精准识别创新精准扶贫机制基础的实证分析

贫困致因并非单一经济因素所致，而是由健康、权利、教育以及资源禀赋等多种原因引起。基于此，为了保证更加精准地识别贫困对象，建议采用多维贫困理论进行分析。基于上述精准识别的一般性理论分析和个案研究，本研究课题组于 2018 年 10 月组织研究人员前往四川省宜宾县永兴镇进行了精准识别多维贫困效果的实地调研,对永兴镇下辖的狮子村、菱角村、竹山村、永胜村、文昌村、华清村、永兴村 7 个行政村(其中狮子村、菱角村为省级贫困村)进行田野调查,在对上述村庄脱贫攻坚尤其是精准识别实践进行观察、分析的基础上,尝试按照"现象/现状→问题/困境→行动方案"的研究思路,检验分析精准识别多维贫困的实证效果,理清脱贫攻坚中精准识别机制创新的内在逻辑。

由于地形地貌等地理资本空间缺陷,永兴镇镇域东部山区各村经济社会发展状况仍旧滞后,位于永兴镇与明威镇交界的菱角村和永兴镇与邱场乡交界的狮子村为 2014 年识别确定的省级贫困村,且调研时尚未脱贫摘帽。为实现高质、高效脱贫,宜宾县永兴镇党委、永兴镇人民政府按照脱贫攻坚在扶持对象、扶贫项目、资金使用、扶贫措施、驻村帮扶、脱贫成效这六个方面做到了精准的工作要求,根据贫困农户致贫原因对症下药,因症施策,永兴镇脱贫攻坚取得了良好的效果。据永兴镇政府扶贫办的统计数据,从 2014 年至 2017 年,全镇建档立卡贫困人口总和已由 2014 年的 2 294 人(707 户)减少到 2017 年的 698 人(247 户),四年间永兴镇近 70%的贫困人口实现脱贫摘帽。永兴镇辖区内的两个省级贫困村狮子村、菱角村通过 4 年的脱贫攻坚战,取得了较为亮眼的工作成绩——两村基础设施建设成效明显,村内产业迅速发展,贫困农户可支配收入水平不断提高,贫困农户精神面貌得到极大改善。调研组了解到,截至 2017 年 9 月,菱角村贫困户"一超六有"[1]、贫困村"一低五有"[2]全部达标,全村所有建档立卡贫困户均已达退出标准,共计 298 人(87 户)。2018 年底通过宜宾县贫困户脱贫

---

[1] "一超六有"是四川省宜宾县脱贫攻坚领导小组办公室确立的 2017 年贫困户的退出标准,即:年人均纯收入稳定超过国家扶贫标准(宜宾县 2017 年为 3 500 元)且吃穿不愁;有义务教育保障;有基本医疗保障;有住房安全保障;有安全饮用水;有生活用电;有广播电视。

[2] "一低五有"是四川省宜宾县脱贫攻坚领导小组办公室确立的 2017 年贫困村的退出标准,即:贫困村贫困发生率低于 3%;有集体经济收入;有硬化公路;有卫生室;有文化室;有通信网络。

验收[1]、贫困村摘帽验收[2],菱角村将整村退出贫困村。截至2018年1月,狮子村仍有54人(23户)未达到贫困户脱贫摘帽的"一超六有"标准,已有

---

[1] "一超六有"的验收内容和验收方式包括:

(1) 贫困户年人均收入:是指农户当年收入扣除家庭生产经营性支出的收入总和。计算方式为年均纯收入=(工资性收入+家庭生产经营性收入+转移性收入+财产性收入—家庭生产经营性支出)÷家庭常住人口。

(2) "两不愁"是指贫困户年人均纯收入稳定超过当年国家标准且吃穿不愁。验收内容:贫困人口收入以户为单位,年人均收入超过国家、省确定的扶贫标准。其中宜宾县2017年为3 500元。验收方式:实地核查和查阅贫困户记账本或收入证明。

(3) "三保障"即义务教育、基本医疗、住房安全有保障。验收内容:义务教育有保障是指建档立卡贫困家庭子女义务教育阶段,学校不向学生收取学费、书本费、作业本费等,无因贫困而辍学、无因上学而举债。基本医疗有保障是指应参加新农合或城乡居民医疗保险的建档立卡贫困人口百分之百参加合(保)。基本医疗参保缴费中的个人缴费部分,由财政部门按照各地区制定的最低档次缴费标准给予全额代缴。住房安全保障是指按照《四川省农村居住建筑C级危房加固维修技术导则(试行)》等规定,通过农村危房改造、易地搬迁、生态移民、避险搬迁等措施,达到村内没有无房者、危房者和住房困难户,实现住有所居,住房保障率达100%。验收方式:实地核查和查阅档案资料是否达到以上退出标准。

(4) "三有"指有安全饮水、有生活用电、有广播电视。验收内容:有安全饮水是指安全饮用水的达标标准包括水量、水质、方便程度、供水保证率四个指标。具体标准可参照:① 水量:贫困人口每人每天可获水量不低于60升。② 水质:符合国家相关水质标准。③ 方便程度:正常成人的人力取水往返时间不超过10分钟(人力取水往返时间10分钟,大体相当于水平距离400米或垂直高差40米的情况)。④ 保障率:供水保障率不低于95%。有生活用电是指拟退出贫困户家中通生活用电且能满足照明、电视、电风扇、冰箱、洗衣机、电饭煲等日常生活用电需求。有广播电视是指拟退出建档立卡贫困户通过直播卫星、有线电视、地面数字电视和群众选择的其他方式能接收电视信号。验收标准:实地核查贫困户是否达到以上退出标准。

[2] "一低五有"的贫困村验收内容和退出标准包括:

(1) 贫困发生率低至3%以下。验收内容:贫困村贫困发生率(%)=贫困村退出当年末所辖剩余贫困人口数÷贫困村退出当年末农业户籍人口数。验收方式:实地核查贫困村在省脱贫攻坚"六有"大数据平台和全国扶贫开发信息系统贫困人口数据,现场测算退出贫困村贫困发生率是否低于3%以下;按一定比例现场抽查贫困户退出情况。

(2) 集体经济收入。验收内容:村级集体经济有合理、持续稳定的收入来源,有健全的运行机制;具体标准可参照:年底村集体经济经营性累计收入为人均6万元人民币以上。

(3) 有硬化路是指乡(镇)政府所在地或上级路网至建制村村委会驻地(村小学)通硬化路。通硬化路路面类型包括铺装路面(水泥混凝土、沥青混凝土路面)、简易铺装路面(沥青贯入式、沥青碎石)和其他硬化路面(石质路面)等。

(4) 卫生室应符合《四川省卫生厅关于加强我省基层卫生服务体系达标建设的通知》(川卫办发[2013]373号)的要求。

(5) 文化室验收标准应依据《四川省基层公共文化设施标准化工程实施规划(2013—2015)》(川发改社会[2013]1062号)的有关要求。

(6) 有通信网络,包括以窄带(拨号上网、GPRS等)或宽带(ADSL、3G、4G、光纤等)方式,在已通电贫困村实现至少有一处有互联网覆盖。

289人(92户)符合脱贫标准,狮子村尚未完全完成贫困村"一低五有"的退出标准,2019年底接受了宜宾县相关部门脱贫验收。

一、模型选择

为了考察主要贫困识别的有效性和指标体系,本研究采取Atkinson单维贫困测度和Alkire-Foster多维贫困测度两种模型分别对贫困识别的测算结果进行分析。通过对一个独立样本数据的多指标维度描述和Alkire-Foster多维贫困模型构建,测算贫困致因的多维性,以增强贫困识别的精准性、体现贫困治理的共享性。

二、数据来源及精准识别多指标维度描述

本研究中所采用的调查数据均来自课题组于2018年10月14日至20日在永兴镇辖区内狮子村、菱角村、竹山村、永胜村、文昌村、华清村、永兴村等7村进行的为期近10天的实地调查研究。采用问卷调查和结构性访谈的方式进行样本研究(见附录),共访问贫困农户307户,发放问卷307份,回收问卷307份,回收率达100%,经剔除部分无效问卷后,最终有效问卷293份,有效率达到95.4%(见表3-1)。

表3-1 2018年永兴镇农村多维贫困识别调查农户样本分布

调查村	样本量/户	占比/%	调查村	样本量/户	占比/%
菱角村	80	27.30	狮子村	110	37.54
竹山村	16	5.46	华清村	25	8.53
文昌村	17	5.80	永胜村	20	6.83
永兴村	25	8.53			

数据来源:课题组根据一手资料整理。

在多维贫困(multidimensional poverty)指标选取上,根据王小林[1]以及联合国开发计划署2013年人类发展报告《南方的崛起:多元化世界中的人类进步》阐述的多维贫困指数(MPI,也称A-F贫困指数),选取营养摄入、婴幼儿死亡率、儿童入学率、成人受教育年限、用电与否、卫生设施、饮水安全、住

---

[1] 王小林,Sabina Alkire. 中国多维贫困测量:估计和政策含义[J]. 中国农村经济,2009(12):4-10.

室地面、生活燃料和资产状况共10个指标[1]。课题组兼顾宜宾县永兴镇狮子村、菱角村、竹山村、永胜村、文昌村、华清村、永兴村7个村的实际发展情况,引入了风险抵御的维度,包括社会保障帮助抵御风险和通过亲密朋友网络的社会支持密切度衡量贫困户抵御意外风险的能力。

课题组选取了12个维度。其中资产状况方面选取人均纯收入、人均耕地、耐用消费品(大件资产)、房屋结构4个维度;人居环境方面选取了饮用水、生活燃料、卫生设施3个维度;健康方面选取了家庭成员身体健康状况为测量维度;教育方面选取了儿童入学率、家庭成员最高受教育程度作为测量维度;发展方面选取是否有信息获取渠道为测量维度风险抵御方面选取了建卡贫困户是否有社会保障和社会关系网络支持力度为测量维度(见表3－2)。值得一提的是,课题组设计的多维贫困测量维度与《宜宾县脱贫攻坚政策指南》(2017)手册中要求的建档立卡贫困户"一超六有"退出标准、待摘帽贫困村"一低五有"退出标准相契合。调研中,课题组选取剥夺临界值[2]为5,若被访建卡贫困户被剥夺维度大于等于5时则视为处于多维贫困状态;若被访建卡贫困户被剥夺维度小于等于2则视为不存在多维贫困;在2和5之间则视为被访建卡贫困户有向多维贫困方向发展的趋势。

表3－2　课题组多维贫困精准识别测量维度、临界值、权重

宏观方面	维度	被剥夺临界值	权重
资产状况	人均纯收入	以2011年国家贫困线人均年纯收入2 300元为标准,此标准线下视为收入贫困,赋值为1	1/4
	人均耕地	人均耕地少于1亩,赋值为1	1/4
	耐用消费品	无大件或者最多只有一件大件电器或小轿车等大件资产视为资产贫困,赋值为1	1/4
	房屋结构	无住房或者住草房、土坯房、危房的赋值视为居室剥夺,赋值为1	1/4

---

[1] Malik K. Human development report 2013: the rise of the south: human progress in a diverse world[J]. Population and Development Review, 2013, 39(3):548-549.

[2] 如前文所示,课题组选取了5个贫困测量维度,这里的意思是如果贫困维度超过了3个,则将其视为多维贫困。

续表

宏观方面	维度	被剥夺临界值	权重
人居环境	饮用水	浅表水(深度不到5米)受污染视为饮用水剥夺,赋值为1	1/3
	生活燃料	日常做饭以柴草、秸秆、煤为燃料视为卫生条件剥夺,赋值为1	1/3
	卫生设施	无厕、旱厕等非冲水厕所视为卫生条件剥夺,赋值为1	1/3
健康	健康状况	体弱多病、长期慢性病、大病,如心脏病、癌症、残疾等非健康状况视为健康剥夺,赋值为1	1
教育	儿童入学率、受教育程度	家庭成年成员最高受教育程度为初中及以下或者有15岁以下儿童辍学视为教育剥夺,赋值为1	1
发展	信息获取	家中无法连接互联网或者家庭成人均缺乏智能手机连接互联网视为信息剥夺,发展机遇受限,赋值为1	1
风险抵御	社会保障	缺乏基本社会保障或任何商业医疗保险视为基本保障剥夺,赋值为1	1/2
	社会支持	亲朋网络:亲戚网络(主要为双方兄弟姐妹及父母)加邻朋网络(朋友邻居)少于6+3=9(人)视为社会支持剥夺,赋值为1	1/2

注:量表为课题组参照联合国多维贫困指数(MPI/A-F贫困指数)各维度设计而成。进行维度加总时,需要考虑的另一个问题是各维度的权重,本研究采用各维度相等权重。

三、单维贫困精准识别测算结果及其分析——Atkinson 单维贫困测度

Atkinson 于 1987 年提出单维度贫困测度方法,将各个维度分别用于衡量个体贫困程度。该方法只看一维向量,令矩阵元素 X_n 属于某一维度 D,表示在维度 D 上第 n 个人的状况取值。令 Z_j 为第 j 个维度被剥夺的临界值,界定一个剥夺矩阵。同表 3-2 赋值原理,若 $Z_j - X_n > 0$,也就是说在某个维度上 X_n 的取值低于某一贫困标准(Z_j),则赋值为 1,定义为贫困。反之,如果在某个维度上 X_n 的取值高于某一贫困标准(Z_j),则赋值为 0,表示不贫困。对赋值后的 X_1 到 X_n 进行加总,然后除以各被调查村对象数量,得到分别

表3-3 农户单维贫困发生率(按村划分)

单位: %

调查村	人均纯收入	人均耕地	耐用消费品	房屋结构	饮用水	生活燃料	卫生设施	健康状况	受教育程度	信息获取	社会保障	社会支持
狮子村	16.4	20	10	10.9	81.8	96.4	67.3	68.2	74.5	54.5	0	2.7
菱角村	12.5	35	12.5	6.3	53.7	96.2	92.5	72.5	75	28.7	0	10
竹山村	0	75	6.3	0	93.75	100	93.7	31.3	81.2	50	0	0
永胜村	20	40	10	15	60	100	95	85	70	55	0	5
文昌村	0	76.5	11.7	11.7	41.2	94.1	70.5	100	82.3	41.2	0	17.6
华清村	8	32	12	8	36	80	36	80	60	20	0	8
永兴村	0	0	8	24	32	60	64	64	64	24	0	0
总量平均	11.6	31	10.6	10.2	62.8	92.2	73.7	71.3	73	40.9	0	4.8

数据来源: 课题组借助统计软件整理所得。

维度的贫困发生率[1]。按照该方法对永兴镇293个农村多维贫困调查农户样本进行测度,以村为单位得出农户单维贫困发生率。

从12个单位贫困发生率的维度上进行具体分析(见表3-3),总体而言,发现人均纯收入、社会保障、社会支持、耐用消费品、房屋结构五个方面的单维贫困发生率分别为11.6%、0%、4.8%、10.6%、10.2%。这说明在受访的狮子村等七村共293户为代表的永兴镇建档立卡贫困户脱贫取得了很大成效。其中,在社会保障上0%贫困发生率,体现了永兴镇已实现了贫困户社会保障的全覆盖;人均纯收入作为永兴镇建档立卡贫困户"一超六有"的重要衡量标准,11.6%的贫困发生率表明永兴镇已经在脱贫攻坚上取得了很大成效。房屋结构维度的贫困发生率较低,为10.2%,则从侧面验证了当地政府积极落实上级政府关于易地搬迁和危房改造的工作要求,保障了贫困户的住房安全。社会支持方面贫困发生率也较低。

但是,293户调查对象中饮用水、生活燃料、卫生设施、健康状况、受教育程度、信息获取维度的贫困发生率指数偏高,92.2%的贫困户仍旧使用秸秆、柴草等作为生活燃料,73.7%的贫困户使用旱厕甚至无厕,62.8%的贫困户饮用地表深度不到5米的浅表水,这样的浅表水通常易受污染,这说明受访的建卡贫困户中很大一部分贫困农户基本生活状况依然很差。此外,71.3%的贫困户患有慢性病、大病或是残疾、体弱多病,表明"因病致贫"仍是建卡贫困户致贫的主要原因。73%的贫困户家庭成年成员最高受教育程度为初中及以下水平,40.9%的贫困户无法连接互联网获得信息,这则体现了贫困户因受教育程度较低而遭受信息剥夺,有效信息获取来源有限。

四、多维贫困精准识别测算结果及其分析——Alkire-Foster 多维贫困测度

(一)精准识别多维贫困的计算方法

借鉴王小林、Sabina Alkire[2]的论文中所采用的 Alkire-Foster 多维贫困测度方法,结合课题组设定的12个多维贫困观测维度——家庭人均纯收入、人均耕地、耐用消费品、房屋结构、饮用水、生活燃料、卫生设施、健康状

---

[1] 孙秀玲,田国英,潘云,等.中国农村居民贫困测度研究:基于山西的调查分析[J].经济问题,2012(4):79-84.

[2] 王小林,Sabina Alkire.中国多维贫困测量:估计和政策含义[J].中国农村经济,2009(12):4-10.

况、受教育程度、信息获取、社会保障、社会支持。然后对 n 个家庭的 d 个维度进行调查取值,这里就是对 293 个家庭的 12 个维度进行调查取值得到观察矩阵:

$$X = \begin{bmatrix} X_{11} & X_{12} & X_{13} & \cdots & X_{1d} \\ 第2户第1个维度 & 第2户第2个维度 & 第2户第3个维度 & \cdots & 第2户第12个维度 \\ 第3户第1个维度 & 第3户第2个维度 & 第3户第3个维度 & \cdots & 第3户第12个维度 \\ \cdots & \cdots & \cdots & & \\ X_{n1} & X_{n2} & X_{n3} & & X_{nd} \end{bmatrix}$$

这里将 X_{nd} 定义为样本家庭 n 在第 d 个维度上所取的样本值,其中 $n=1,2,3,\cdots,293$(样本数),$d=1,2,3,\cdots,12$(维度)。根据前文设定的赋值标准,这里表示为 $G_{nd}=1$ 或者 0。若出现 G_{nd} 表示家庭 n 在第 d 个维度的样本值等于或低于确定的贫困线值(剥夺临界值),那么则赋值为 1,表示贫困;若高于则赋值为 0,表示不贫困。比如,某一户受访贫困户 X 在收入这一维度(d)为 2 000 元人民币,低于 2011 年国家贫困线标准的 2 300 元人民币,那么 $G_{nd}=1$,表示处于贫困。

这样,就得到了所有赋值,以下为赋值后的样本矩阵:

$$G = \begin{bmatrix} G_{11}=0 \text{ 或 } 1 & G_{12}=0 \text{ 或 } 1 & G_{13}=0 \text{ 或 } 1 & \cdots & G_{1d}=0 \text{ 或 } 1 \\ 第2户第1个维度 & 第2户第2个维度 & 第2户第3个维度 & \cdots & 第2户第12个维度 \\ 第3户第1个维度 & 第3户第2个维度 & 第3户第3个维度 & \cdots & 第3户第12个维度 \\ \cdots & \cdots & \cdots & \cdots & \\ G_{n1}=0 \text{ 或 } 1 & G_{n2}=0 \text{ 或 } 1 & G_{n3}=0 \text{ 或 } 1 & & G_{nd}=0 \text{ 或 } 1 \end{bmatrix}$$

$n=1,2,3,\cdots,293$(样本数)

$d=1,2,3,\cdots,12$(维度)

下面,再次进行贫困识别,即根据单维度赋值,判断第 1 个贫困家庭有多少个贫困维度,第 2 个贫困家庭有多少个贫困维度……第 293 个贫困家庭有多少个贫困维度。根据前文将维度临界值界定为 $k=5$,被剥夺维度大于 5 时则视为处于多维贫困状态。这里再用函数 G_{nd} 为考量在第 d 个维度时识别穷人,即当样本家庭 n 在被剥夺的总维度大于等于 5 个维度时,则定义样本家庭 n 为贫困,则需要对各个维度进行贫困加总。反之,当被剥夺的总维度小于 5 个维度时,则定义样本家庭 n 为非贫困,则进行归零处理,赋值为 0。

$$G_{nd} = \begin{cases} \sum_{n=1}^{12} G_{nd}, \sum_{n=1}^{12} G_{nd} \geqslant 5 \text{ 定义为贫困} \\ 0, \sum_{n=1}^{12} G_{nd} < 5 \text{ 定义为非贫困} \end{cases}$$

再次,利用公式:MPI(多维贫困指数)$=H$(多维贫困发生率)$\times A$(多维贫困强度/多维贫困平均剥夺份额)。其中:

(1) H(多维贫困发生率)的计算方法为:大于等于$C(C=1,2,3,\cdots,d)$个维度的所有贫困个体的总和÷个体总量。例如:当确定5个维度为贫困剥夺维度时,即$C=5$,则用包括单个样本所属维度之和大于等于5个维度的所有样本量(178户)÷所有样本总量(293户)等于5个维度上的贫困发生率(60.8%)。

(2) A(多维贫困强度/多维贫困平均剥夺份额)的计算方法为:大于等于$C(C=1,2,3,\cdots,d)$个维度的所有贫困个体的维度量加和÷(处于C维度上贫困个体总和×维度总数d)。例如:当确定5个维度为贫困剥夺维度时,即$C=5$,对大于等于5个维度的所有样本(178户)的单个个体维度数进行求和÷[处于5个维度及以上贫困个体数(178户)×总维度(12)]$=0.488$。

(3) MPI(多维贫困指数)$=H$(多维贫困发生率)$\times A$(多维贫困强度/多维贫困平均剥夺份额)。例如:当确定5个维度为贫困剥夺维度时,即$C=5$,MPI(多维贫困指数)$=H(0.608) \times A(0.488)=0.297$。

(二)多维贫困精准识别测算结果

课题组首先讨论在不预设维度剥夺值为5时的情况,计算永兴镇293户建档立卡贫困户在不同贫困维度上的贫困发生率和多维贫困指数。由表3-4可以看出,永兴镇293户建卡贫困户中有98.6%的家庭至少有1个维度的贫困,97.3%和92.2%的家庭处于至少有2个或3个维度上的贫困。由此可以看出,当贫困临界值设置为5时,多维贫困发生率迅速由4个维度的81.2%下降到60.8%,这说明永兴镇建档立卡贫困户的多维贫困状况主要集中在3个维度和4个维度区域。并且如表3-4所示,有14户家庭处于8个维度贫困的状态并且有3户家庭处于9个维度上都是贫困的状态,这说明永兴镇建档立卡贫困户家庭贫困深度仍十分严峻。此外,通过表3-4可以看出,课题组设计的量表能够较有效地衡量永兴镇建档立卡贫困户的多维贫困状况。

表3-4 不同维度剥夺值下的贫困发生率(H)和多维贫困指数(MPI)

维度数(C)	贫困家庭数/户	贫困发生率(H)	多维贫困强度指数(A)	多维贫困指数(MPI)
1	289	0.986	0.407	0.402
2	285	0.973	0.412	0.401
3	270	0.922	0.426	0.392
4	238	0.812	0.449	0.365
5	178	0.608	0.488	0.297
6	93	0.317	0.554	0.176
7	43	0.147	0.616	0.090
8	14	0.048	0.685	0.033
9	3	0.010	0.750	0.008

数据来源：课题组借助统计软件整理所得。

根据多维贫困指数(MPI)的计算流程，按照前文"被剥夺总维度大于等于5则视为贫困"对多维贫困的界定，通过计算得出：293个样本中，处于多维贫困状态的样本个数为178个，非贫困状态样本数为115个，所以可以判断永兴镇辖区内受访贫困户仍处于多维贫困状态中，平均有61%的贫困户处于多维贫困之中。以调研的各村为单位，各村多维贫困发生率H、多维贫困强度指数以及多维贫困指数MPI的计算结果如表3-5所示。经计算，所有受访贫困家庭平均剥夺份额/多维贫困强度指数A等于$1\,043\div(178\times12)=0.488$。

表3-5 农户多维贫困测量结果(按村划分)

调查村	样本量/户	多维贫困家庭数/户	多维贫困发生率(H)	多维贫困强度指数(A)	多维贫困指数(MPI)
狮子村	110	71	0.645	0.494	0.319
菱角村	80	49	0.613	0.481	0.295
竹山村	16	13	0.813	0.468	0.380
永胜村	20	14	0.700	0.518	0.363
文昌村	17	15	0.882	0.478	0.422
华清村	25	6	0.240	0.500	0.120
永兴村	25	10	0.400	0.475	0.190
合计	293	178	0.608	0.488	0.297

数据来源：课题组借助统计软件整理所得。

计算结果显示：受访贫困户中多维贫困发生率(H)由高到低分别是文昌村(0.882)、竹山村(0.813)、永胜村(0.700)、狮子村(0.645)、菱角村(0.613)、永兴村(0.400)、华清村(0.240)；多维贫困指数(MPI)由高到低分别是文昌村(0.422)、竹山村(0.380)、永胜村(0.363)、狮子村(0.319)、菱角村(0.295)、永兴村(0.190)、华清村(0.120)(见图3-8)。竹山村、文昌村、永胜村3村的多维贫困发生率要远高于其他4个村，这说明这3个行政村中识别出的建档立卡贫困户尽管年人均纯收入达到国家脱贫的标准线(2 300元人民币)，但它们的多维贫困状况仍十分显著，也从侧面说明村"两委"将其确定为建档立卡贫困户具有典型的代表性，是"真贫困"。狮子村、菱角村多维贫困发生率和多维贫困指数仍较高，这与两村为省级贫困村并且尚未摘帽的现状相一致。相比之下，华清村、永兴村受调查建档立卡贫困户多维贫困状况较轻。

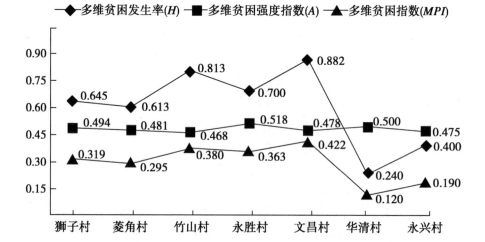

图3-8　多维贫困测量结果曲线图(按村划分)

（三）精准识别多维贫困指标分解

首先，我们需要分解多维贫困的指标，按照前文中对指标权重W的设定，其中，人均纯收入为0.25，人均耕地为0.25，耐用消费品为0.25，房屋结构为0.25，生活饮用水为0.33，生活燃料为0.33，卫生设施为0.33，健康状况为1.00，受教育程度为1.00，信息获取为1.00，社会保障为0.50，社会支持为0.50。值得注意的是，对永兴镇扶贫工作干部的访谈证实了贫困户均被纳入了农村合作医疗保障内。同时，乡镇地方政府为保障贫困户的权益统一购买意外险（即商业保险的一种）并覆盖全部建档立卡贫困户，其费用由财政承担70%左右，贫困户帮扶对象承担部分费用，贫困户自身承担15%左右。并且在前文中单维贫困测算中发现社会保障维度的单维贫困发生率为0%，因此，课题组剔除社会保障指标，对6个方面（相等权重，$W=1$）共11个指标进行讨论，讨论在不同的贫困剥夺维度上，11个指标对于多维贫困指数（MPI）的贡献率（见表3-6）。

按照Alkire-Foster多维贫困测度方法，这里的多维贫困贡献率I_j的算法是$I_j=(W_j/d)\times(H_j/M)$，这里W_j表示在j维度的权重，d表示多维贫困维度数量（$d=12$），H_j表示在j维度上的贫困发生率，M表示不同的贫困剥夺维度下不同的贫困发生率。表3-6即体现了在不同贫困剥夺维度C下的11项指标各自的MPI贡献率。同时，确定当维度剥夺值为5时（$C=5$）11个具体指标对多维贫困指数M的贡献程度，这有利于找到贫困根源，给予针对性扶贫措施建议（见表3-6）。

如表3-6所示，受访的293个贫困家庭在各个贫困维度均有贫困情况的发生。当$C=5$时，即同时存在5个维度贫困的状态下其贫困指数（M）为0.297。如表3-7所示，受访的293户贫困家庭中受教育程度较低、身体健康状况不佳对贫困剥夺的贡献度分别为最高（0.223）和次高（0.218），这深刻地说明受教育程度较低致使掌握的劳动技能有限，患有各类疾病导致遭受贫困仍是永兴镇建卡贫困户多维度贫困状况的一个主要体现。其次，信息获取困难致贫贡献率较高，为0.125，这主要体现在贫困农户对现代互联网接触有限、有效信息获取途径较为单一。再次为生活燃料（0.094）、卫生设施（0.075）、生活饮用水（0.064），这说明贫困户的生活居住环境条件仍然是构成多维贫困的维度之一，基本生活条件仍然需要持续改善。同时，人均耕地对多维贫困的贡献率为0.023。人均纯收入、耐用消费品、房屋结构3个维度对多维贫困贡献度均较低，分别为0.009、0.008、0.008，这说明受访建档立卡贫困户以家庭收入为主的资产状况对多维贫困贡献度低，从侧面印证了随着近年来脱贫攻坚工作的推进，贫困家庭的人均纯收入、耐用消费品、住房条件都得到很大的改善。

表 3-6 不同 C 值下各指标贡献率

C 值	人均纯收入	人均耕地	耐用消费品	房屋结构	生活饮用水	生活燃料	卫生设施	健康状况	受教育程度	信息获取	社会支持
	0.25	0.25	0.25	0.25	0.33	0.33	0.33	1	1	1	0.5
1	0.402	0.007	0.018	0.006	0.006	0.047	0.069	0.056	0.161	0.165	0.093	0.005
2	0.401	0.007	0.018	0.006	0.006	0.047	0.070	0.056	0.162	0.165	0.093	0.005
3	0.392	0.007	0.018	0.006	0.006	0.048	0.071	0.057	0.165	0.169	0.095	0.006
4	0.365	0.007	0.019	0.007	0.006	0.052	0.076	0.061	0.177	0.180	0.102	0.005
5	0.297	0.009	0.023	0.008	0.008	0.064	0.094	0.075	0.218	0.223	0.125	0.007
6	0.176	0.015	0.040	0.014	0.013	0.108	0.159	0.127	0.368	0.377	0.212	0.124
7	0.090	0.029	0.078	0.027	0.026	0.208	0.306	0.245	0.717	0.734	0.412	0.024
8	0.033	0.081	0.216	0.074	0.071	0.576	0.845	0.676	1.983	2.030	1.138	0.066
9	0.008	0.343	0.919	0.313	0.303	2.453	3.600	2.880	8.444	8.646	4.848	0.283

数据来源：课题组借助统计软件整理所得。

表 3-7 各维度单维贫困发生率及多维贫困剥夺值 $C=5$ 时各指标贡献程度

维度	人均纯收入	人均耕地	耐用消费品	房屋结构	饮用水	生活燃料	卫生设施	健康状况	受教育程度	信息获取	社会支持
单维贫困发生率 H/%	11.6	31	10.6	10.2	62.8	92.2	73.7	71.3	73	41	4.8
维度贡献度 I	0.009	0.023	0.008	0.008	0.064	0.094	0.075	0.218	0.223	0.125	0.007

注：$C=5$，$MPI=0.297$。数据来源：课题组借助统计软件整理所得。

五、小结

课题组以四川省宜宾县为典型样本，结合实地实验数据和实证结果，验证共享发展理念下以精准识别创新精准扶贫机制基础的运行效果，尤其是采用 Alkire-Foster 多维贫困识别方法，对测度结果诸如多维贫困贡献率、单维贫困发生率等关键数据和个案访谈进行记录，对致贫的主要维度进行质性结果分析，再次验证了其有效性和科学性。总体而言，通过宜宾县永兴镇狮子村等七村的建档立卡贫困家庭进行实证分析，对贫困地区和贫困人口进行多维贫困精准识别：健康状况、受教育程度、信息获取几个方面贫困发生率较高，同时对多维贫困指数 MPI 的贡献率较高。相比之下，饮用水、生活燃料、卫生设施等人居环境等方面，以及人均纯收入、人均耕地、耐用消费品、房屋结构等资产状况方面，社会支持等风险抵御方面对多维贫困指数 MPI 的贡献率较低。

从精准识别标准来看，按照国家 2011 年设定的人均年纯收入 2 300 元的标准来看，调研期间受访的 293 户建档立卡贫困家庭中有 34 户处在贫困线以下，维度贫困发生率只有 11.6%。但若以宜宾县确定的 3 500 元为贫困线标准，据问卷反馈，则还有 87 户处于贫困线以下，贫困发生率为 29.7%。调研中发现这可能与贫困户家庭生命周期有关，受访贫困户户主年龄大于等于 50 岁的为 213 户，占总样本的 72.7%，大于 50 岁年龄段的贫困农民大都劳动能力处于下降状态，就业能力减弱，是直接致使收入水平降低的主要原因。

我嘛，病倒是没得什么病，就是年龄大了干不动了。家里有几亩田，但不咋个种庄稼了，种的是油樟，这个玩意可是能赚钱，所以生活上是过得去的，我觉得我的水平也就是中等吧。（男，61 岁，永兴村村民）

屋头的地都荒了，送给别人人家也不要，年龄大了自己种不起来了，就平

时种点菜养点鸡,过年娃儿打工回来给点烟酒钱,平时也没有啥子收入。(男,61岁,永兴村村民)

同时,依据健康维度的统计,该年龄段的贫困农民大都患有疾病,71.3%的贫困家庭体弱多病、患有慢性病或大病,这很大程度上限制了他们凭借劳动增加收入的能力,并且加重了其医疗支出比重,易陷入"因病致贫"或"因病返贫"的怪圈。近年来,宜宾县相关扶贫政策给予建档立卡贫困户极大的医疗卫生保障支持,贫困户自付比例较低[1],很大程度上增加了贫困家庭抵御"因病致贫、返贫"风险的能力。

存钱?哪里还能存得住钱嗦,家里只有一个能干活的,我还有慢性病,要天天吃药,都是钱啊。娃儿还要上学,挣的够吃就不错了,哪还指望存得上钱哟,入不敷出啊,入不敷出。(女,42岁,竹山村村民)

今年刚做了心脏手术。你看,我花了15万元,却没有得到任何收入。我做手术,男人去医院照顾我,是木工,没有收入。支出方面,我今年在这个手术上花了15万元,孩子上学都没钱了。家里穷啊,主要是今年手术费花了15万元。(女,38岁,菱角村村民)

从教育维度上看,贫困家庭最高受教育水平在初中及以下水平的有214户,占受访293户建档立卡贫困户的73%。教育维度对多维贫困的贡献程度最高,维度贡献指数为0.223。结合前文受访贫困家庭的家庭生命周期进行分析,这些贫困家庭主要劳动力大都受历史条件所限,受教育水平总体较低,人力资源禀赋较差,极易导致"能力贫困",间接影响其脱贫致富。

我们年轻时候都是工农兵扛大旗的,当时哪个想起读书哦,都是听毛主席的,学历嘛,你就帮我填个小学。(男,55岁,竹山村村民)

菱角村受教育水平都差不多是初中小学,你看他们年龄也都这么大了,当时历史条件就是那样,没有几个人受过多高教育水平,这个呢,你们要具体问题具体分析,那我就帮你们勾了。(女,56岁,菱角村村民)

我没受过多少教育,微信这些东西我们这些人哪儿用得来哦,用不来也用不起呀,现在都是你们这些年轻娃儿才用得来,我们就看一下电视就好了。再说我这个棒棒机(只具有纯接打电话功能)也用不了微信,就算用得上话费也花不起。(女,53岁,永胜村村民)

---

[1] 按照《四川省卫生和计划生育委员会关于印发〈四川省"十三五"健康扶贫规划〉的通知》(川卫发[2017]37号)文件规定,建档立卡贫困户患者县域内住院和慢性病门诊维持治疗医疗费用个人支付占比均控制在10%以内。

在社会支持方面,通过对亲密亲戚和邻居朋友分析可知,贫困户拥有较为广泛的亲朋网络,结社生活和村级沟通比较丰富(单维贫困发生率仅为4.8%,多维贫困贡献指数为0.007),总体而言拥有较强的抵御社会风险的能力。但田野调查中也发现极个别贫困户(通常是老年人)因缺乏维系日常人际走动联系的经济基础,过着脱离社会网络、离群索居的生活,这部分贫困人口如果生活出现重大创伤和危机,社会关系的脆弱极容易让自身生活陷入困窘,从而导致"返贫",这需要地方政府给予及时关注。

你问过年时候走动的亲戚有多少人,那还是比较多,差不多二三十户哦。你想除了几个兄弟姐妹外,还有娘屋里后家的几大家,队里有个什么红白喜事,大家肯定都相互帮忙噻,也有个二三十家的样子。(女,45岁,狮子村村民)

现在年龄大了,走不起了,你想现在你红白喜事走一家没得个两三百你拿得出手嘛,照这么算的话,二三十家下来就是五六千,你一年哪儿有这么多钱来走哦!现在就几个姊妹走着在(相互有联系),队里红白喜事走着在,你哪儿有那么多资本去走!(女,50岁,文昌村村民)

在信息获取维度上,其多维贫困贡献指数较高,为0.125,共计120户贫困家庭不能连接互联网(如使用微信、微博等即时通信软件),这很大程度上局限了贫困户借助现代工具手段获得有效信息的能力,这一维度贫困的重要因素与贫困户受教育水平、年龄等因素密切相关。

在人居环境维度上,饮用水、房屋质量、卫生和能源设施的维度对贫困指数具有低且稳定的贡献率。其中,卫生设施方面的多维贫困贡献指数为0.075,占三分之二的贫困户(216户)是旱厕甚至是无厕,卫生状况亟待改善。住房房屋结构方面,贫困户多享受瞄准建档立卡贫困户、五保户、低保户、贫困残疾人家庭的易地搬迁和C/D级危房改造,住房状况得到极大改善。此外,在生活用水方面,由于川南地区降水充沛以及长期的生活习惯,本地区生产生活用水通常以收集浅表水的"水井"和深钻取地下水的"机井"为主,并且据访谈当地居民已经普及使用净水器,日常饮用水通常"烧开"。因此课题组将问卷设计中采用的国际通用安全饮用水标准与本地区实际情况[1]相结合,判断该地区饮用水无污染。同时,在生活燃料使用方面,永兴

---

[1] 《宜宾县脱贫攻坚政策指南》(2017)手册规定:"按照四川省的饮用水标准规定,饮用水的色度不应超过15度。安全饮用水无颜色,而且也应无异常的气味和味道,水呈透明状,不浑浊,也无用肉眼可以看到的异物。"

镇地处川南丘陵地区,限于地形对天然气管线铺设的限制,除临近场镇的村庄外,天然气普及率较低。狮子村等山区村山多林密,柴草使用成本极低,长期形成了用"柴灶"的生活习惯——让柴草作为主要的日常生活燃料并辅之以电力成为村民的理性选择。因此,在这里需要说明不对这两者导致的多维贫困进行讨论。

第四章

靶向治贫：共享发展理念下精准扶贫机制的实施创新

党在十八届五中全会时提出了五大新发展理念——创新、协调、绿色、开放、共享。其中共享既是手段也是目标，为进一步深化改革指明前进方向。共享发展理念意蕴深广且应用范围广泛，其在反贫困领域的运用实质上是帮助贫穷困难的弱势群体摆脱贫困，让改革开放以来的发展成果更多地惠及民生。贫困问题既有普遍性，又有特殊性，特别是致贫原因复杂多元，这就决定了对贫困的靶向治理是践行共享发展理念的关键落脚点和生动实践。靶向治贫是精准扶贫机制实施的决定性环节，其强调在对贫困进行精准识别的基础上，凭借形成贫困的根由，因地、因户以及因人有针对性地采取脱贫措施。针对多样化的致贫原因，精准扶贫机制的实施应该做到"靶向定位""精准施策"，但在脱贫攻坚阶段的实践中，帮扶措施错位、缺位等"非精准"问题并不鲜见。在2020年脱贫攻坚战取得全面胜利后解决相对贫困的新发展阶段，迫切需要以共享发展理念为引领，通过靶向治贫对精准扶贫机制实施层面的有效创新，提升相对贫困帮扶的精准度，切实解决好"怎么扶"这个根本性问题。面对新发展阶段相对贫困问题的复杂性、动态性以及隐匿性等新特征，亟须在深刻把握我国反贫困新要求的基础上，以靶向治贫创新精准扶贫机制实施的基本路径，努力探索其在共享发展新理念下的理论支撑。

第一节　一般理论分析

在共享发展理念下推进精准扶贫机制实施创新,关键在于对靶向治贫有一个全面深入的基础理论认知。基于对靶向治贫深刻内涵和基本要求的深入剖析,充分辨析靶向治贫与贫困对象脱贫之间的辩证统一关系,明确靶向治贫对共享发展的现实意义,以便深入研究并为以靶向治贫创新精准扶贫机制实施路径奠定坚实的理论基础。

一、靶向治贫及其基本要求

靶向治贫是保障贫困对象有效脱贫、构建共享发展理念下精准扶贫机制的核心问题,只有充分理解靶向治贫的内涵所在,并针对贫困对象致贫原因提出有效战略措施,精准扶贫战略才能取得方法论成效。因此,理解靶向治贫的基本内涵是实施靶向治贫的逻辑起点。靶向治贫强调在充分利用大数据技术的基础上,全面识别贫困人口并分析其致贫原因,针对不同贫困区域环境、不同贫困农户状况,开展相应的帮扶项目,扫除脱贫过程中的障碍,从而使贫困对象提升生产生活水平、过上有尊严的生活。靶向治贫重点聚焦扶贫过程三要素:治贫目标可实现性、治贫项目有效性和治贫效果可持续性,这三个方面是对精准扶贫战略的具体引导和方法升华,同时也是对精准扶贫成效的重要衡量标准。

(一)治贫目标可实现性

治贫目标是指一个国家或地区在特定发展阶段计划达成的减贫具体任务,既是扶贫工作的总指挥,又是指引扶贫开发的起点和冲锋号[1]。治贫目标的制定既要结合贫困地区人民群众的实际意愿、符合贫困地区的现实情况,又要凸显全面建成小康社会的具体要求,彰显社会主义的优越性,治贫目标的制定是连续性与阶段性、现实性与可操作性的统一。我国扶贫开发工作是以政府为主导,政府在促进贫困群体有效脱贫的过程中发挥积极作用。政府凭借其权威性与强制力实现社会资源的合理调配,均衡协调社会各方利益,保证社会公共产品与社会公共服务的有效供给,从而维系贫困群体基本

---

[1] 郑宝华,陈晓未,崔江红,等.中国农村扶贫开发的实践与理论思考:基于云南农村扶贫开发的长期研究[M].北京:中国书籍出版社,2013:123.

生活条件,增强贫困人民群众自我生存与自我发展的能力与机会。在脱贫攻坚阶段,我国奉行的以政府为主导的精准扶贫模式在实际运作中曾经出现过一些问题,其中较为突出的问题是治贫目标的执行偏离,即治贫目标的设定在实际运作中发生扭转,从而不能达到治贫的预期效果。靶向治贫注重治贫目标的可实现性,有利于解决这些问题,助力贫困人口与贫困地区的精准脱贫。扶贫目标可实现性,不仅是指政府在充分了解贫困地区实际情况的基础上,因地制宜地制定切实可行的扶贫目标,并确保扶贫目标与当地社会发展保持高度一致。同时,中央政府与地方政府设定目标相统一,治贫总目标与贫困地区实际目标相互协调,符合实际且可有效实现,意味着治贫目标的制定符合当地人民群众的基本意愿,充分体现贫困群体的权利诉求,使扶贫项目与扶贫资源能够真正帮扶困难群众,从而充分调动贫困群体的积极性,增强贫困群体的自我发展能力。靶向治贫使贫困人口的内发动力变为脱贫可行性,以此确保贫困地区脱贫与贫困人口脱贫相协调,有效保障消除贫困的目标得以实现。

(二)扶贫项目有效性

扶贫项目的有效安排通常是政府主导的、工作对象是贫困人口、以摆脱贫困为目标,按照一定的程序和制度集中使用社会各项资源,致力于帮助贫困地区及贫困人口获得自我发展的能力,从而有效保障贫困地区及人口脱贫的社会活动。当前我国已处于全面建成小康社会后的脱贫成果巩固时期,面临2020年后要解决相对贫困的新型压力,各类扶持项目在政府资金与相关政策的协调助力之下逐渐展开,并取得一定成效,但也暴露出一些问题,诸如扶持项目设计采取的是"自上而下"政策导向模式,在项目的设定、执行与反馈等运行过程中存在明显的不足,在项目执行主体、资源获取主体、项目受益群体之间存在利益分配不协调的现象,造成项目安排与项目成效之间出现目标与导向偏离,阻碍了项目效用的发挥。靶向治贫之所以能够有效地助力贫困对象摆脱贫困,是因为其所强调的扶持项目的针对性,就是能够根据不同地区的实际情况、不同的致贫原因适量投入多种项目,实现扶持项目效用的最大化。如上所述扶持对象在获取一定扶贫项目资金与实物帮助的基础上,在基层政府相关部门等项目运作执行者的帮助下,积极主动地参与项目,不断提升自我生存与发展的能力,从而改善其自身及其所在区域的生产与生活条件,增强项目效果的辐射性与连续性,进而指向贫困人口全面脱贫的目标,从而提升扶贫项目的有效性。

(三)脱贫效果可持续性

脱贫效果是一个综合性概念,是指各项扶贫政策与措施相互作用产生的扶贫效益。如果对脱贫效果的评价主要依据贫困人口的减少这一单一指标来评价,那么还缺乏全面性与科学性。靶向治贫为精准扶贫增添助力,其所强调的贫困对象脱贫具有一定的长效性,是一个可持续性的发展过程。脱贫效果的可持续性是通过扶贫政策与项目的实施能够使贫困地区及贫困人口在生产与生活等各方面长久维持与其他地区水平相对持平的状态。在经济发展领域,脱贫效果可持续性要求贫困地区经济发展保持良好势头,呈现稳步增长的态势,贫困人口人均纯收入高于国家贫困线并保持持续稳定增长;在社会发展方面,脱贫效果可持续性强调社会各方主体在基础设施、社会公共服务以及社会保障等方面的投入持续提高,持续增强贫困对象的幸福感;在生态环境方面,脱贫效果可持续性强调扶贫策略与贫困地区环境相适应,不以牺牲地方环境为代价谋求经济发展,逐渐形成生态资源合理开发利用、生态环境可持续发展、脱贫效果可持续性强的良性循环。

总之,靶向治贫的核心要义就是保障贫困地区及贫困人口获取充足的生存资料和发展空间,在赋予他们拥有较强的自我发展能力的基础之上,促使其能够有尊严、体面地生活,并不断增强贫困群体的获得感,进而指向共享发展和共同富裕的目标。这要求必须在脱贫的靶向性上做文章,在制约贫困对象脱贫的关键点下功夫。靶向治贫是共享发展理念下精准扶贫机制实施创新中具有标志意义的概念,不仅意味着我国反贫困事业已经进入一个全新的发展阶段,也为解决更为繁杂多变的相对贫困提供了新发展思路。

二、靶向治贫与贫困对象脱贫的辩证统一性

我国幅员辽阔,贫困群体的致贫原因千差万别,对不同贫困地区采取因地制宜、因时制宜、因人制宜的扶贫措施是对贫困对象精准帮扶的应有之义。靶向治贫强调在精准识别贫困群体的基础上,有指向性地向贫困村、贫困户展开救助,扫除引发地区贫困及群体贫困的诸多障碍,从而实现贫困对象有效脱贫的目标。[1] 靶向治贫必须坚持以"实事求是,因地制宜,分类指导,精准扶贫"的工作方针为指引,必须实现扶贫措施到村、因户施策,扶贫干部进村驻村为贫困对象精准脱贫提供有效支撑。靶向治贫措施的合理实施直接

---

[1] 汪三贵,郭子豪.论中国的精准扶贫[J].贵州社会科学,2015(5):147-150.

关系到贫困对象脱贫,是贫困对象有效脱贫的关键,靶向治贫又是贫困对象脱贫措施的直接显现,二者蕴含着丰富的辩证统一关系,是目的与手段、结果与过程、质变与量变的辩证统一的有机结合。

(一)目的与手段的辩证统一

在靶向治贫与贫困对象脱贫的关系中,贫困对象脱贫是目的,处于支配地位,靶向治贫是手段,服务于贫困对象脱贫的目标,脱离了贫困对象脱贫的目标,靶向治贫就成了抽象的想象,同时贫困对象脱贫以靶向治贫措施为支撑,没有靶向治贫的各项措施的实施,就无法实现贫困人口脱贫的目标。只有落实靶向治贫的方法、政策和路径措施,才能不断解决脱贫过程中偏离精准脱贫政策理念和脱贫目标的困境,使脱贫攻坚目标落到实处,从而使贫困对象脱贫的目标由空洞的想象转化为现实。

(二)结果与过程的辩证统一

在贫困对象脱贫与靶向治贫的关系中,贫困对象脱贫是结果,靶向治贫是过程。贫困对象脱贫以前一阶段的靶向治贫为基础,贫困对象脱贫的成效又为下一阶段的靶向治贫措施提供指导。靶向治贫措施能否正确实施直接关系到贫困对象脱贫这一目标能否实现,也是影响全面建成小康社会,实现共同富裕,最终实现中华民族伟大复兴这一终极目标能否达成的关键因素。因此,确保靶向治贫过程的有效监测与管理、施治措施的精准合理、施治过程的运行良好,才能为实现贫困对象脱贫增添助力。

(三)质变与量变的辩证统一

在贫困对象脱贫与靶向治贫的关系中,后者是量的积累,前者是质的突破。靶向治贫措施的实施是贫困对象脱贫的量变积累,贫困对象脱贫效果又使新的靶向治贫措施质变升华。自1978年以来,我国积极开展扶贫开发工作,通过救济式扶贫、开发式扶贫、综合性扶贫等措施取得了一定成效,为我国实现脱贫攻坚奠定了量变积累。随着扶贫开发的不断深入,我国扶贫形势发生一定转变,为此我国提出精准扶贫战略,推进贫困对象精准靶向治贫,为实现贫困人口全部脱贫、贫困县全部摘帽,促进全面建成小康社会目标实现的质变提供必要前提。同时,在贫困对象脱贫的过程中,如果靶向措施在实施过程中出现偏离及执行不当的现象,就会导致在贫困对象脱贫的过程中存在倒退性质的质变,从而引起脱贫目标质变的偏差。为此,在靶向治贫措施的执行过程中,要确保施治措施的针对性与长远性,既为贫困对象脱贫向前进的质变提供有效支撑,又为预防贫困对象返贫、增强贫困对象脱贫的可持续性提供保障。

三、共享发展理念下精准扶贫机制实施创新重在靶向治贫

在新发展理念中,共享发展的理念是党的十八届五中全会提出的重要内容之一,其不仅是发展的目的和归宿,还是新发展理念成果核心精髓的集中体现。共享发展理念强调以全民全面共享为内容,以全民共参共建为动力,以保障社会主义公平正义为核心,以实现共同富裕为目标,创造性地勾画了新形势下我国民生发展的战略性布局。精准扶贫战略的价值要义之一是补上共享发展的紧缺短板,其中靶向治贫是共享发展理念下精准扶贫机制实施创新的重要动作。靶向治贫将更为精准地助力相对贫困人口彻底摆脱贫困,突出地彰显出共享发展理念的价值诉求,其重要性体现在内在要求、根本途径和评价标准等层面。

(一)靶向治贫是实现共享发展理念下精准扶贫机制实施创新的内在要求

共享发展就是要兜住民生底线,而兜住民生底线最重要的就是要守住非贫底线。只有贫困对象全面脱贫,兜住民生底线、守住非贫底线才算得以实现,共享发展理念才能得到真正意义上的践行。共享发展强调全体人民共同享有,这不是指少数人的共享,而是着眼于所有人的共享,蕴含着包括贫困群体在内的全体人民幸福感与获得感得以提升的重要价值导向。因此,只有实现贫困人口脱贫,缩小居民收入差距,均衡不同群体之间、城乡之间、区域之间的利益分配,才能有效推进共享发展。可以说,贫困人口得以靶向救助并全面脱贫是实现共享发展的首要指标,也是推进共享发展的应有之义。同时,共享发展理念是实现靶向治贫的价值导向,为精准脱贫、精准扶贫指明前进方向。只有将共享发展理念的思路、精神和方法融入靶向治贫的全过程,深入分析精准脱贫实践中的突出矛盾,将共享发展理念作为解决扶贫难题的理论指引,才能有效推进脱贫目标的实现[1]。可见,共享发展与靶向治贫之间相互促进、相互依存,突出地彰显出靶向治贫是实现共享发展理念下精准扶贫机制实施创新的内在要求。没有共享发展理念的价值引领,就无法实现贫困人口全面摆脱绝对贫困,推进第一个百年奋斗目标的实现;同样,没有靶向治贫来实现贫困人口如期脱贫,共享发展就是空洞的、表面的、不切实际的共享。只有二者相互融合、相互依托,共同作用于中国特色社会主义反贫困

---

[1] 张琦,等.中国共享发展研究报告(2016)[M].北京:经济科学出版社,2017:20.

事业的具体进程中,才能为最终实现共同富裕、全面建设社会主义现代化国家提供强有力的理念支撑和方法保障。

(二)靶向治贫是落实共享发展理念下精准扶贫机制实施创新的根本途径

消除贫困,改善民生,实现共同富裕,一直以来都是世界各族人民共同的诉求与愿望,也是我国社会发展面临的首要困境。实现贫困人口脱贫直接关系我国社会发展的长治久安,关系中国共产党的执政基础,关系我国社会主义现代化的发展大局。共享发展强调的不仅仅是物质领域的共享,还是经济、政治、文化、社会、生态领域的全面共享。历史唯物主义认为,人民群众不仅创造着物质财富、精神财富,还在社会变革中有着决定性的力量。要实现经济、政治、文化、社会及生态五位一体的全面共享,必须凝聚社会全体成员的共同力量,共同参与、共同建设。只有充分动员广大人民群众投入社会主义现代化建设的事业中,才能切实为共享发展提供源源不断的内生动力,实现物质层面及精神层面的全方位共享。贫困群体同样是推动社会发展的重要力量之一,也是实现共享发展的重要突破口。实现贫困群体全面脱贫是实现共享发展最有力的保障,其中对贫困的靶向治理尤为重要,被视为落实共享发展理念下精准扶贫机制实施创新的根本途径。一方面,通过积极靶向引导、宣传教育,坚定贫困群体自我扶贫、自我脱贫的信念;另一方面,通过产业发展、移民搬迁、生态补偿、完善基础设施、发展教育等靶向治贫措施来激发贫困对象的动力与活力,提升贫困人民群众的收入水平,保障贫困人民群众维持生存的基本生活条件,增强贫困对象的基本政治素养,改善贫困地区可持续发展能力,优化社会公共服务环境,形成以贫困对象脱贫推进共享发展实现的良好局面,从而为共享发展理念的实现开设光明大道。

(三)靶向治贫是衡量共享发展理念下精准扶贫机制实施创新的评价标准

共享发展是促进国家兴旺发达、民族团结的重要价值引领,能否落实好共享发展理念,直接关系到中国特色社会主义的发展进程。要将共享发展理念贯彻落实到精准扶贫机制实施创新之中,必须建立以靶向治贫为衡量准则的科学评价标准,否则就会出现精准扶贫机制创新执行与初衷相背离的现象,影响共享发展效用的发挥。一方面,收入水平和消费水平是判断是否贫困的公认维度,靶向治贫则是衡量精准扶贫机制实施创新的评价标准。检验共享发展成效就是要看共享发展理念能否促进贫困对象的收入水平和消费水平得到提升,贫困群体的基本生活的物质条件是否得到保障,居民收入水平是否得以稳定协调增长,城乡之间、区域之间以及不同群体之间的收入差距是否逐渐缩小。另一方面,贫困群体脱贫不仅仅是指在经济方面的单一领域的脱贫,还表现在政治、文化、社会以及生态等多方面的脱贫。评价共享发展成效就是要看中国特色社会主义民主政治能否得以共享式发展,贫困群体能否行使基本政治权利,社会主义公平公正能否得以真正有效践行,权利贫困是否得到有效的靶向治理;就是要看贫困群体对社会主义文化的认同程度,对自身文化价值的肯定程度,对丰富发展精神文明领域文化产业、文化事业、精神生活的自觉性与能动性,精神贫困是否得到有效的靶向治理;就是要看贫困地区的社会基本公共服务能否得到更高水平的发展,贫困人口的基本社会保障能否逐渐完善,保障贫困是否得到有效的靶向治理;就是要看贫困地区社会生态环境是否与经济协调发展,社会生活环境是否更加舒适,生态贫困是否得到有效的靶向治理。如果涉及贫困群体的基本生活、基本权益等标准得不到有效保障,无法得到有效的靶向治理,就不能说共享发展的真正实现。

第二节　治贫粗放脱靶给精准扶贫促进共享带来的困境

共享发展与精准扶贫是我国社会发展进程中的重要理论,已上升为国家发展的重要战略决策,充分彰显了党和国家对扶贫开发的关注。在精准扶贫战略的推动下,反贫困资源下沉基层,形成了以项目制为主体的扶贫开发新格局,从而取得了脱贫攻坚的全面胜利。在看到如此宏大的减贫成就的同时,也应该认真审视贫困治理实践中曾经出现的偏差问题,总结经验教训,这是持续巩固脱贫攻坚成果,实现全面脱贫与乡村振兴有效衔接,从而推进共享发展的前提和基础。虽然精准扶贫实践制定了明确的扶贫目标、严密的扶贫计划以及缜密的扶贫策略,但是自上而下地贯彻扶贫目标、计划和策略,在执行的过程中也曾经出现一些问题,诸如扶贫项目分配偏离引起的共享亲贫性下降、扶贫项目规划设计错位导致共享益贫性下降以及扶贫项目利益分配的政策缺位产生的共享减贫性下降等问题,削弱了贫困治理应有的共享性。能否正确解决上述三个基本问题,直接关系我国当前及未来一段时间内精准解决相对贫困的实践效果,关系到共享发展最后一公里能否实现历史性跨越。

一、项目分配的偏离：精准扶贫的共享亲贫性下降

以政府为主导的扶贫开发是我国扶贫工作的主要模式。这一模式一方面充分反映出我国政府在扶贫开发过程中所承担的时代责任与历史使命，展现出中国特色社会主义的独特制度优势；另一方面，这种自上而下传递资源的扶贫模式也容易因不能充分掌握贫困地区实际情况，导致扶贫政策在执行过程中出现偏差、扶贫效果偏离扶贫的具体目标，带来精准扶贫的政策执行效果尚不清晰的状况。[1] 我国政府施行精准扶贫策略的首要模式是项目制，项目制分配是扶贫项目有效执行的前提，项目制分配的合理性直接关涉扶贫项目效果。但政府"金字塔式"的组织架构以及地方部门诸多考量因素，使得扶贫资源在项目分配过程中容易出现项目分配行政化、平均化以及指标化等形式主义现象，导致扶贫项目分配过于追求平均化，扶贫资源使用不到位、不精准，影响扶贫资源效用的切实发挥。

（一）项目分配行政化

项目制是我国治国理政的主要方式，也是我国实施精准帮扶、实现精准脱贫的具体方法，其为我国精准扶贫提供有效财力支撑，也为公共服务的有效供给提供重要保障。我国的扶贫项目重点涉及非竞争性的扶贫项目与竞争性的扶贫项目。而非竞争性的扶贫项目以普惠性和基础性为主要特征，是上级政府根据不同地区的贫困基础与贫困发生率所制定的扶贫项目。竞争性扶贫项目是下级政府向上级政府提出申请之后，以较为优异的成绩通过上级政府答辩考核所获得的有限的扶贫项目。竞争性扶贫项目的分配以政府等行政单位为主导，具有明显的行政性。在竞争性扶贫项目分配的过程中，中央政府首先根据国家发展理念与国家贫困的宏观状况进行项目设计，并将国家政策导向与政治诉求以项目的形式向地方政府传递。[2] 地方政府为了推进地方的发展，将国家发展意愿与地方政府利益相结合，赋予扶贫项目以地方利益诉求。之后地方政府通过权衡县级基层政府完成项目的能力及其答辩考核情况等来综合评价其是否可以参与扶贫项目的竞争。获得竞争性项目的县级政府又根据自下而上的方式由行政村以竞争性申请的方式来获

---

[1] 张建明.中国人民大学中国社会发展研究报告2016：精准扶贫的战略任务与治理实践[M].北京：中国人民大学出版社，2017：158.

[2] 李博.精准扶贫视角下项目制扶贫的运作逻辑与地方性实践：以A县竞争性扶贫项目为例[J].北京社会科学，2016(3)：105-111.

得项目,扶贫项目能否申请成功的核心要素在于行政村完成项目的可能性以及该村的资金配套能力。同时,上级政府在项目分配过程中,往往会带有一定的情感因素。如果一个地区受到上级政府的高度重视,或者上级政府的领导由该地区升迁,则该地区更有可能获得该项目甚至更好的项目。此外,项目分配也会受到某些客观因素的影响,这与贫困地区完成项目的能力以及之前获得的项目情况也密切相关。倘若一个地区完成项目的能力较强,且之前未获得相关项目,则其获得项目的可能性较大;反之,若一个地区之前获得过项目,就会考虑其他地区,其获得项目的可能性会降低。由此可见,在竞争性扶贫项目运作及下放的过程中,扶贫项目以行政化分配为主导,容易忽视贫困地区及贫困人口的实际情况而未能将扶贫项目分配给最需要帮扶的贫困较为严重的地区及人口,引起扶贫项目偏离其目标,从而导致扶贫项目效果不明显、共享亲贫性不突出的现象。

(二)项目分配平均化

扶贫项目的精准分配是项目落实的前提和基础,直接关系到扶贫项目效果的发挥,在扶贫项目运作的过程中承担着尤为重要的作用。在脱贫攻坚阶段,有些扶贫项目在分配的过程中受非正式制度的影响较大,没有严格按照公平公正的原则进行分配,出现平均化分配现象。在扶贫项目进行申请之前,每个地区获取扶贫项目的数量在有些情况下已被上级政府确定。省级政府部门为避免一个地区获取过多的扶贫项目或某一地区出现零项目的情况,会在项目分配的过程中进行协调,保证每个地区都获取一定数量的扶贫项目。在这种选择性平均分配的过程中"一刀切",没有充分考虑和尊重贫困地区的差异,导致扶贫项目在一定程度上偏离目标阶段,偏离了精准扶贫理念的初衷,从而降低了精准扶贫措施的共享亲贫性。

(三)项目分配指标化

2020年底,我国已全面消除现行贫困标准下的绝对贫困,迈入解决相对贫困的新征程。在以往消除绝对贫困和未来解决相对贫困的任务重压之下,为了完成上级政府所制定的扶贫指标,基层政府往往将扶贫项目资源进行打包,集中投入重点扶植的村镇,积极打造政绩工程、亮点工程、面子工程,从而为显现扶贫政绩奠定基础。但基层政府所重点扶持的村镇往往并不是最需要帮扶的地区,这就导致扶贫项目没有落到实处,造成扶贫资源的浪费。同时,为应付上级政府对扶贫成效的考核与检查,基层政府在落实扶贫项目时,关注的是政府官员自身的政绩而忽略贫困群众的实际需求,注重项目的表层效益而忽略长远效益,使扶贫项目未能给贫困群体带来实质性效益,益民性项目变为扰民性项目,从而造成基层政府与贫困群众之间的突出矛盾。[1]因此,可以说,扶贫效果的考核指标在一定程度上造成了扶贫项目分配的偏离,影响扶贫效用的发挥,导致共享发展的亲民效果不明显。

二、项目规划设计的错位:精准扶贫共享益贫性下降

扶贫项目的规划设计与扶贫项目目标的完成息息相关,因地制宜的项目设计是提升项目扶贫效果的重要支撑,也是实现精准扶贫政策益民惠民的重要保障。项目规划设计的错位是项目制扶贫经常遇到的问题。在项目规划设计的过程中,对扶贫项目设计目标认知失误、扶贫项目前瞻性规划不足以及扶贫项目的科学性欠缺等问题,导致扶贫项目对贫困群体的帮扶效用降低、精准扶贫利民程度下降等共享困境。这一困境直接关系我国扶贫项目的落实成效,也关系我国贫困群体的基本权益的实现与保护。因此,突破精准扶贫项目设计的障碍既是我国脱贫攻坚历程中必须克服的重要难题,也是实现我国扶贫项目益民惠民的迫切要求。

(一)项目规划设计目标偏颇

项目规划设计的目标是项目执行的向导,对扶贫项目目标的正确认知是发挥项目效用最大化的前提,也是促进精准扶贫项目共享性提升的基础。只有对扶贫项目的规划设计目标形成正确认识,才能在实施过程中保证扶贫项目的性质和方向的正确性,不断创新扶贫项目的实施路径。扶贫项目设计的目标主要是以贫困地区及贫困人口为中心,在明晰贫困地区及贫困群体面临的现实困境及主体性需求的基础上,通过因地制宜、因时制宜、因人制宜的扶贫项目带动贫困地区及人口在经济上的发展,协同推进其经济收入与生活质量的提升,维护其基本政治权益,并营造良好、舒适、安全的生活环境,促使贫困群体过上有尊严、体面的生活。但在扶贫项目规划设计实际操作的过程中,由于受"以政绩为中心""以权力为中心"等落后陈旧思想的误导,扶贫工程的设计以打造亮点工程、表演工程、景观工程或示范工程为目标,成为基层干部完成考核指标、追求权力寻租利益的工具和手段。扶贫项目目标设计的错位使扶贫项目在源头上就背离了精准扶贫政策的发展方向,这不仅是对国

---

[1] 张建明.中国人民大学中国社会发展研究报告2016:精准扶贫的战略任务与治理实践[M].北京:中国人民大学出版社,2017:161.

家意志的绑架,也是削弱扶贫成效的重要原因。因此,打破传统扶贫项目设计旧观念的桎梏,使目标群体成为反贫困政策的真正受益者,增强扶贫开发利民惠民共享成效,是我国在今后治理相对贫困实践中所应该重视的问题。

(二)项目规划设计前瞻性不足

扶贫项目规划设计的前瞻性蕴含着对项目实施过程及实施之后可能出现的成效与问题的科学预见,对扶贫项目效用的发挥具有举足轻重的作用。如果忽视扶贫项目设计的前瞻性,就会造成扶贫资源浪费、扶贫项目成果甚微的后果,从某种意义上说,扶贫项目设计的前瞻性对扶贫项目取得成效具有决定性作用。但在既往的扶贫实践中,扶贫项目设计的前瞻性是一个比较容易被忽略的问题。首先,基层政府为完成上级指标和显现工作政绩,在扶贫项目设计或执行时常常"头疼医头""脚疼治脚",没有深入了解贫困群体的致贫原因,设计出系统化、体系化、能根治贫困的扶贫项目,使扶贫效果仅显现于表层。其次,由于缺乏对扶贫项目实施后期的有效管理和监测,在扶贫项目实施后放置不管、听之任之,扶贫项目只发挥短期效益,贫困群体在短期受益后迅速返贫。这种追求短、平、快效果的项目规划设计导向,使扶贫项目不但没有改善贫困群体的生活质量,还有可能加深贫困群体的生存危机。这不仅是对珍贵扶贫资源的一种浪费,也是对扶贫项目效果的削减。最后,扶贫项目的实施往往是以贫困地区为对象,追求的是贫困地区区域的全局发展,虽带来一个地区经济效益稳步增长,但没有将贫困人口作为项目受益的直接对象,贫困人口的生活质量未能因地方财政的增加以及地区产业发展而得到迅速提升,正是扶贫项目设计的前瞻性的缺失,造成扶贫项目的效益缺陷。为此,增强扶贫项目规划设计的前瞻性,提升其抗风险能力及可持续能力是今后我国治理相对贫困实践中必须解决的现实问题。

(三)项目规划设计科学性缺乏

扶贫项目规划设计的科学性是增强扶贫开发项目执行效用的内在要求,也是实现精准扶贫共享性的基本策略。一个扶贫项目能否发挥其绩效的最大化很大程度上依赖其是否具有科学性,扶贫项目规划设计的科学性强调以正确合理的发展理念为指导,以贫困地区及贫困群体脱贫的内在发展规律为基础,以贫困地区独特的文化特色为载体,开展为贫困地区人民群众所欢迎的扶贫项目。项目设计缺乏一定的科学性也曾是脱贫攻坚阶段出现过的一个重要问题。首先,在扶贫项目设计的准备阶段,主管行政部门对贫困地区实际情况的科学评估与考察不足,对贫困地区的贫困状况缺乏全面深入的了解,对扶贫项目的实施风险及其后果缺乏准确的预估,不能及时针对其可能存在的风险提出应对措施,由此便造成扶贫项目效果的偏离。其次,实施贫困群体喜爱的扶贫项目是增强扶贫项目内生动力的重要手段,只有发展适合贫困群体、为贫困群众所思所想的扶贫项目,才能充分调动贫困群体的积极性、主动性与创造性,从而增强扶贫项目的有效性与持续性。但在扶贫项目规划设计的过程中,由于缺乏与贫困群体的深入交流,对贫困群体的实际需求没有准确的认识,项目规划千篇一律,没有准确性与专门性,因此扶贫项目益贫效果不明显,脱贫成效不突出。最后,扶贫项目规划设计与贫困地区文化特色结合的不足也会影响扶贫项目成效,只有充分利用贫困地区的文化特色,使贫困地区独特的文化优势成为实现贫困人口脱贫的有效动力,才能增强扶贫项目的可持续性,发挥扶贫项目帮民利民惠民的作用。由此可见,充分考虑不同地区、不同群体的特殊性与复杂性,以科学的方式、科学的理念充实项目设计的全过程是今后我国相对贫困扶持项目设计开发的正确导向。

三、项目利益分配的政策缺位:精准扶贫共享减贫性下降

项目执行后的利益分配是保障贫困群体实实在在受益的基础,是凸显我国减贫成效的关键,也是推进我国扶贫项目继续前进的重要动力。但在脱贫攻坚阶段项目利益分配的实际操作中,扶贫项目资源投放安全保障机制的不健全、扶贫项目收益分成机制建构的不足以及扶贫项目效果共享机制的不完善,造成扶贫项目的实施既没有使贫困群体的生活质量、生活水平得到全面改善与提高,也没有使政府、社会组织、企业等扶贫项目参与主体合理分取项目发展的收益。因此,如何保障扶贫资源的安全投放及合理利用,划分扶贫项目参与主体之间的责任界限,协调各扶贫项目参与主体之间的利益分配,增强扶贫项目参与主体投身扶贫项目的积极性与主动性,最大限度地实现扶贫项目成果共享与责任共担是今后相对贫困治理中必须加以解决的问题。

(一)扶贫项目资源投放安全保障机制不健全

充足的资源决定扶贫项目开展的深度与广度,是推进扶贫项目有效运转的命脉,也是影响扶贫项目显现成效的关键要素。而扶贫项目资源投放保障机制则是激励更多社会主体主动参与扶贫项目、吸纳社会各界扶贫资源最有效的保证,但在脱贫攻坚阶段,扶贫项目资源投放存在一些不足,在如何增强社会各界资源投放主体对扶贫项目的支持意愿、增强其投放资源的力度与强度、增强其对资源投放安全性的信服力度等方面存在疏漏。在资源投放的风

险预估与应对策略方面,扶贫资源投放缺乏信息共享体系,使资源投放主体在投资前难以对资源投放的安全性进行评估,也难以在投资中对资源的使用状况进行全面的了解,更难以就资源投放可能出现的问题建立体系化、系统化的抗风险保障体系,这大大降低了扶贫资源投资主体的投资意愿,也影响其资源投入的积极性。在资源利用方面,扶贫资源能否真正传递到贫困地区及贫困群体手中是投资主体所关心的重要问题,直接影响扶贫主体的投资力度。但由于缺乏有效的扶贫资源传递渠道,不能将公平、公正、公开的原则贯穿扶贫资源使用的全过程,扶贫主体对扶贫资源的安全保障信任不足问题也屡见不鲜。同时,一些项目资源投放主体的投资热情也因资源利用效率不高被挫伤。所以,促进扶贫资源投放信息的最大程度共享,规范扶贫资源作用路径,增强扶贫资源投入的号召力,完善扶贫项目资源投放安全保障机制,提升投资主体对项目投入的信心,从而推动扶贫项目的减贫共享成效也是今后相对贫困治理中亟待解决的问题。[1]

(二)扶贫项目收益分成机制建构不足

扶贫项目收益分配是对利益相关方在扶贫项目实施后获得的收入进行的合理分配,也是协调扶贫项目参与主体之间的利益关系、推动扶贫项目发挥扶贫作用的重要举措。在扶贫项目中,利益相关者包括能够影响扶贫项目目标实现的所有主体和客体,譬如政府、社会组织、企业和贫困群体本身。[2]扶贫项目发展成效的取得离不开任何一个扶贫项目参与主体的投入与付出,协调各主体之间的利益分配关系是实现扶贫项目发展的应有之义。在脱贫攻坚阶段的实际操作过程中,一方面,政府作为扶贫项目的牵头人,颁布一系列利民惠民政策,通过财政力量进行项目立项、项目实施与项目维护,实现对贫困地区与贫困人口的帮扶;另一方面,政府通过完善贫困地区的基础设施建设、对贫困地区项目可行性进行调研并为项目有效开展做好前期准备,吸引企业等社会主体进行投资,从而带动贫困地区的发展,实现贫困人口的有效脱贫。在这一过程中,政府花费大量资金,投入大量的人力资本及时间资本,希望通过扶贫项目的运作实现公共利益的增长。社会组织是社会发展的重要推动力量,在推动扶贫项目发展中发挥着积极作用,但社会组织维系自身的发展需要一定的经济资源的支持。企业是社会发展的细胞,一般以盈利

---

〔1〕 向德平,黄承伟.中国反贫困发展报告(2016):社会组织参与扶贫专题[M].武汉:华中科技大学出版社,2016:82.

〔2〕 杨德进.旅游扶贫:国际经验与中国实践[M].北京:中国旅游出版社,2015:204.

为目的,在政府的招商引资下,通过对扶贫项目的投资及管理运营,在帮助贫困群体脱贫的过程中期盼获取一定的收益以维持企业的发展。而贫困群体是扶贫项目开展的主要受益主体,也是扶贫项目持续推进的内源动力,期盼通过扶贫项目的开展,增强自我发展能力,实现真正意义上的脱贫。由此,可以看出各扶贫项目参与主体都希望通过扶贫项目获取一定的经济效益或公共责任,以实现自我良性发展。但各利益相关者之间的利益诉求在某些时候难以达成一致,由此产生利益冲突。所以建立政府、社会组织及贫困群体与企业之间在扶贫项目发展上取得成效的分享机制,探讨扶贫项目分成的模式和操作细节,保障政府投资的安全性和贫困群体的收益,发挥扶贫项目对贫困人口收益增加的共享作用,以及凸显扶贫项目的减贫效益是未来一段时间相对贫困治理实践所面临的一个考验。

(三)扶贫项目效果的责任共担机制有待完善

效果是各种力量、行为、因素等相互作用产生的结果。扶贫项目效果是扶贫项目开展随机形成的结果,其是检验与衡量每项扶贫项目开展成效的关键指标。[1] 当扶贫项目的效果与扶贫项目的目标相比时,前者可能超出扶贫目标,也可能低于扶贫目标,也就是说,扶贫项目的效果不仅包含积极方面可喜的成效,也有可能产生消极的后果,这需要扶贫项目的所有参加者共同应对消极后果,承担社会责任。一方面,政府、社会组织、企业等扶贫项目参与主体在项目运营时投入大量的资源以推进项目的开展实施,但项目的实施与运营不是一本万利,其存在一定的风险,很多的项目在实施过程中很难继续推进,往往以失败告终,而由此产生的亏损及成本的流失尚未形成责任共担体系,对贫困人口数量的减少及生活状况的改善产生不良影响。另一方面,扶贫项目效果的责任共担不仅仅关涉经济领域,还涉及政治、文化、社会及生态等各个领域。在扶贫项目开展的过程中会通过对文化资源及生态资源的利用促进经济的发展,实现贫困地区文化优势和生态优势的经济转换,这不可避免地会对贫困地区的文化和生态产生威胁,甚至造成不可恢复的后果,从而对贫困人口的后续发展、实现有效脱贫造成困扰。因此,如何完善扶贫项目不良后果的责任共担机制,增强扶贫效果的可持续性,实现精准扶贫的共享减贫效益依然是未来相对贫困治理实践中一个迫切需要解决的难题。

---

[1] 邓小海.旅游精准扶贫理论与实践[M].北京:知识产权出版社,2016:132.

第三节　共享发展理念下以靶向治贫创新精准扶贫机制实施的路径选择

考虑到上文精准扶贫实践中呈现的共享性缺失的问题，靶向治贫应该成为共享发展理念下创新精准扶贫机制实施的重要内容，是推进精准扶贫战略措施显现成效的关键所在，进一步反过来成为在反贫困领域落实共享发展理念的助推器。[1] 靶向治贫不仅关涉扶贫资源的精准投放、精准扶贫政策的有效执行等，而且还关系到共享发展理念能否全面贯彻，有助于全面建成小康社会和相对贫困得到全面解决的目标达成。共享发展理念下以靶向治贫创新精准扶贫机制实施是指以政府、社会组织、企业、公民个人为主体，以产业帮扶、就业帮扶、教育帮扶、医疗帮扶、居住条件帮扶等扶贫项目为载体，以贫困地区和贫困人口为对象，以精准识别为基础，针对不同贫困区域环境、不同贫困农户状况，通过科学有效的程序以及制度化或非制度化的路径对扶贫项目、资源进行分配、组合、优化，从而做到低成本、高效率地解决贫困问题的实践活动。在共享发展理念下建立以靶向治贫创新精准扶贫机制实施的路径，需要借鉴关于靶向治贫的先进理论与实践经验，从而推动高水平的贫困治理实践。

一、以靶向治贫创新精准扶贫机制实施的理论依据

为了科学正确地建立靶向治贫机制，需要以符合我国反贫困事业实际需要的科学理论为指导。这要求必须厘清靶向治贫的理论基础，探寻其中的深刻内涵，从而为创新精准扶贫机制实施提供有益的理论借鉴。反贫困作为发展经济学中的重要议题，在中外经济学理论中形成多途径的理论分支，与靶向治贫相关联的理论包括参与式发展、委托代理、公共治理、精英俘获等。

（一）参与式发展理论

二十世纪五六十年代，以经济增长为中心的传统发展理论在实践过程中没有取得人们所期盼的成果，人们开始对传统发展理论进行反思，指出其失败的原因在于对人和社区的忽视，特别是对穷人、边缘群体、弱势群体意愿的忽视，由此以"人"为中心的参与式发展开始萌芽。参与式发展是对传统惯用

---

[1] 张琦,黄承伟.完善扶贫脱贫机制研究[M].北京:经济科学出版社,2015:116.

的自上而下发展理论进行突破与变革,其以"赋权"为核心对项目实施和决策过程中的权力进行重新分配,即充分尊重贫困人口、妇女及边缘群体的意愿,保障其在项目发展过程中发言决策与表达意愿的权利,使其全程参与援助项目的始终。在我国精准扶贫的视野下,参与式发展是在政府、社会组织及企业等外来者的帮助下,充分尊重贫困群体的意愿,发挥其在扶贫项目设计、项目立项、项目决策、项目监管以及项目利益分配中的作用。参与式发展理论在精准扶贫机制实施创新中的应用,一方面为充分了解贫困群体的意愿、靶向性地开展贫困群体所急需的扶贫项目、增加贫困人口参与项目的积极性与主动性、实现扶贫项目的持续性发展奠定了基础;另一方面增强了贫困群体对自我知识和能力的认知,靶向性地促进贫困群体综合素质的提升,实现外源性扶贫向内源式扶贫的转变,从而推动贫困人口彻底摆脱贫困。

(二)委托代理理论

委托代理理论兴起于二十世纪六七十年代,其以非对称信息博弈论为基础,实质上是一种契约关系模型。在这种关系模型中,授权者是委托人,被授权者是代理人,代理人可以根据一定显性的或隐性的契约完成委托人指派的工作,并按照完成工作的质量和数量获取一定的报酬。但委托人和代理人在契约关系中存在非对称性的信息博弈,代理人一再追求自身利润增长,大有可能作出事前"逆向选择"并呈现事后"道德风险"。这就决定了委托代理理论的核心环节是委托人如何在利益相冲突和信息不对称环境下设计出最优契约以激励代理人最终完成任务[1]。在以靶向治贫创新精准扶贫机制实施的过程中,中央政府和贫困群体是委托人,地方政府和基层政府是代理人。中央政府和贫困群体的利益诉求是通过扶贫项目的精准有效实施从而带动贫困人口实质性脱贫,但作为代理人的地方政府及基层政府,其追求的效用函数是实现自身效益的最大化,由此二者产生利益冲突。在以靶向治贫创新精准扶贫机制实施中,同样存在"逆向选择"和"道德风险"。一方面,由于我国扶贫体系的特殊环境中,基层政府一般由上级政府指派,缺乏代理人有效竞争机制,代理人缺乏责任意识、风险意识,产生逆向选择。另一方面,委托人和代理人之间信息不对称,激励和监督机制不完善,地方政府和基层政府为获取自身利益运用扶贫资源打造政绩工程、亮点工程,彰显地方的扶贫政绩,产生道德风险,导致扶贫资源浪费,扶贫成效不明显的后果。因此,应重

---

[1] 王迅.经营者人力资本价值计量研究[M].北京:国家行政学院出版社,2016:34.

视以靶向治贫创新精准扶贫机制实施中的委托代理困境,在建立代理人竞争机制、选择合适代理人的基础上,制定有效的监督机制和激励机制,克服信息不对称的困境,实现扶贫项目效用的充分发挥。

(三) 公共治理理论

公共治理理论形成于 20 世纪 70 年代,是改变政府主导的传统治理模式的新途径。在这种模式下,政府并非单独的政治治理主体,更非唯一的权力集约中心,而是将权力分配给社会组织、私营部门、个人等多元主体,形成多中心治理体系。这一方面可以避免政府滥用职权,提高行政管理效率;另一方面可以充分调动多元主体参与公共事务治理的积极性与创造性,发挥各主体在各自领域的专业性,实现治理资源的高效利用,使公共利益最大化的治理效果全面显现。公共治理理论在以靶向治贫创新精准扶贫机制实施中的运用,不是简单的拿来主义,而是充分结合我国贫困地区的实际情况,因地制宜的合理借鉴。在靶向治贫领域的公共治理就是要打破当前强政府、弱社会的扶贫局面,实现以政府为主导,社会组织、企业及个人积极参与扶贫项目的设计开发、实施监管的全过程,社会各主体在扶贫领域的独特优势得以充分发挥的扶贫模式,由此提升扶贫资源利用效率,实现贫困人口有效脱贫。公共治理理论的运用不仅能预防政府扶贫失灵,而且还能促使政府承担起公共治理失灵时的责任,从而形成各扶贫主体相互合作、相互监督、互利共赢的良好局面。

(四) 精英俘获理论

精英俘获最早是一个经济学概念,而后向政治学、社会学、发展学等领域延伸。精英俘获是地方精英掠夺扶贫资源的一种俘获方式,意指地方精英在扶贫开发项目申请与实施的过程中,凭借其自身衔接项目的独特优势以及对扶贫项目信息掌握的优先性、项目分配的发言权、项目实施的处决权,支配或破坏扶贫项目实施计划,导致扶贫项目目标偏离,从而影响扶贫项目实施效果。[1] 精英俘获现象在我国扶贫开发过程中曾经时有出现,究其原因,一方面在我国压力型扶贫体制下,量化考核是扶贫成效的主要衡量标准,基层政府为完成上级政府的指标和任务,不得不将扶贫资源分配给具有一定完成能力且经济基础较好的村庄,进而打造亮点工程和政绩工程,由此就造成扶贫

---

[1] 邢成举,李小云. 精英俘获与财政扶贫项目目标偏离的研究[J]. 中国行政管理,2013(9):109-113.

资源被精英村庄俘获,使真正贫困的村庄未能从扶贫资源中获得收益。[1]另一方面,在我国扶贫项目资源的分配中,除了自上而下的分配,自下而上的申请也是扶贫项目申请的主要形式。在自下而上的项目申请中,谁优先获得扶贫项目的信息资源谁就更易获得扶贫项目。由于历史遗留下的社会结构,在具备差序格局的熟人社会中,村庄中的精英除具备一定的经济基础和政治地位,也更易获得扶贫项目的相关信息,由此增强了精英获得扶贫项目的可能性,造成扶贫项目被村庄精英俘获,使真正需要帮助的贫困人口难以从扶贫项目中受益。为此,在以靶向治贫创新精准扶贫机制实施的过程中,必须建立合理的扶贫项目分配制度,克服精英俘获的困境,发挥地方精英的带动作用,从而使扶贫项目靶向性落到实处,实现贫困人口从扶贫项目的实施中真正受益,促进扶贫项目发展的共享性提升。

二、国内外靶向治贫的典型案例及经验启示

贫困问题是当今世界面临的最严峻问题之一,反贫困不仅是发展中国家面临的重要任务,也是发达国家所必须担负的责任。国际反贫困的历程由来已久,在提升扶贫项目安排靶向性、提升扶贫项目实施精准性以及增强扶贫项目发挥效用等方面已经积累了较多成熟的经验做法。为了更加科学有效地建立以靶向治贫创新精准扶贫实施机制,需要对世界上其他国家扶贫项目的运作主体、设计方法、瞄准程度、实施过程及监管举措进行深入研究,从而为推进靶向治贫提供有益借鉴。

(一)印度尼西亚"社会安全网"(SSN)项目

印度尼西亚(简称印尼)"社会安全网"(SSN)项目主要包括现金转移计划、定额定向福利补贴计划以及为非熟练工人创造就业计划。其一,现金转移计划。2000年10月至12月是印度尼西亚唯一一次使用现金转移计划,在此次现金转移中,政府减少了燃料价格补贴,从预算中拨出8 000亿卢比来资助三项反贫困项目,其中一项是向由国家计划生育局(BKKBN)收集数据确定和确认的670万户最贫困家庭每月提供3万卢比,但由于此项计划难以管理,故在三个月后被终止。其二,定额定向福利补贴计划。定额定向福利补贴计划主要包括大米补贴、奖学金和助学金补助以及医疗保健补助。大米补

---

[1] 邢成举. 乡村扶贫资源分配中的精英俘获:制度、权力与社会结构的视角[D]. 北京:中国农业大学,2014.

贴是印度尼西亚定额定向福利补贴支出中最重要的部分，其对象主要是受经济危机和干旱影响的贫困地区。大米由国家物流局集中收购，并运往全国各贫困地区。最初政府打算以 1 000 卢比/千克(市场价 2 500～3 000 卢比/千克)的价格向 800 万贫困家庭每月提供 10 千克中等质量大米，即每月每户的补助额度为 25 000—30 000 卢比，这是四口贫困家庭总支出的 5%。后期每月补助的大米数量增加到 20 千克，补助范围也从 800 万户增加到 940 万户。20 世纪 80 年代末的经济衰退与入学率下降有关，为避免此类问题再次出现，1998 年印度尼西亚政府在外部捐助者的协助下建立了奖学金和助学金计划，外部捐助者的捐助前提是政府不减少其在教育方面的实际支出。这个计划旨在每月向 6% 的小学生提供 1 万卢比，向 17% 的初中生提供 2 万卢比，向 10% 的高中生提供 2.5 万卢比的奖学金资助。同时，印尼中央政府根据中央统计局(BPS)的贫困数据来确定每个地区获得的助学金金额，并根据当地学校校长、家长、社区和学生代表组成的地方委员会拟定的贫困等级和指标来选择资助贫困学生。这个计划旨在向 60% 的学校提供资助，在小学、初中和高中阶段分别向每所学校每年拨付 200 万卢比、400 万卢比和 1 000 万卢比。医疗保健项目与教育项目一样，1998 年作为"社会安全网"项目的一部分引入保健方案，主要是对个别住户的直接资助和对服务提供者的补助。该项目根据国家计划生育局的贫困数据，将保健卡分配给各地区，由地方政府分配给地方家庭。同时，还在 1998 年至 2000 年建立了面向孕妇和婴儿提供维生素和食物的营养计划。其三，为非熟练工人创造就业计划。创造就业计划(IDT)一直以来是印度尼西亚扶贫开发的工作重点。IDT 计划是印度尼西亚的第一个扶贫项目，该计划每年为选定的村庄提供 2 000 万卢比的资助，由选定的村庄发放给穷人，并请他们提出使用这些资金的建议。IDT 计划被归类为创造就业计划，因为它通过发展各种活动来帮助穷人增加就业机会。区域发展项目(KDP)是 1998—1999 年由世界银行贷款资助的计划，一方面为基础设施的发展提供赠款，一方面为商业活动提供贷款。在这个计划中，每个村庄可以提出两个提议，其中一项必须由当地妇女提出，并通过街道委员会选择合适的提议与更倾向的商业活动或基础设施相结合。村庄所实施的基础设施项目由街道一级政府提供技术援助，并明确规定援助的持续性。商业活动的贷款以市场利率向各集团发放，并规定在 18 个月内偿还。同时，印度尼西亚还制定创业就业和基础设施发展的相关计划，包括雇佣非熟练工人来修建基础设施、资助中小企业贷款、资助劳动密集型企业。

实践经验表明,在印度尼西亚"社会安全网"项目中,对教育的资助以及各种创业就业计划是大幅度降低印尼贫困的有效途径。从印尼"社会安全网"项目中不难得出启示:在我国扶贫项目开发与设计的过程中,可以将教育和创新创业资助作为靶向目标,考虑构建以增强贫困人口内生动力开发的反贫困线索,通过不断增强贫困人口及贫困地区的内生动力与发育水平,实现由外在辅助式脱贫向内源式自我脱贫的转变。

(二)巴西"最低收入保障计划"(Renda Mínima)

巴西"最低收入保障计划"(Renda Mínima)创建于2001年,是圣保罗市首个针对正规劳动力市场以外人口的大规模反贫困计划。该项目指出拥有16岁以下子女的家庭和人均月收入低于175雷亚尔的家庭,有资格获得该方案每月下发的补助金,前提是这个家庭必须在圣保罗生活过两年,且能够证明对孩子的合法监护权。获得补助金的数量取决于家庭中所抚养孩子的数量,任何其他收入的转移,都将从补助金中扣除。该计划在2006年平均下发的补助金为每月117雷亚尔。同时,该计划也要求获得补助金的家庭履行相应的义务,必须保证所有的学龄儿童至少完成85%的课程,同时6岁以下的儿童必须完成政府制订的接种计划。该计划补助金的发放形式是以贫困家庭向政府登记为基础,政府直接向以贫困家庭名义开立的账户发放补助金。该计划被其拥护者和市政管理者认为是一种权利和权利增强的表现,因为它致力于为贫困家庭提供收入支持,并使贫困家庭的孩子能够在学校里接受教育,同时该计划为贫困家庭提供能够实现其他权利的公共服务。

从巴西的"最低收入保障计划"中不难得出如下结论:减贫应以满足穷人的需要、提升扶贫项目的精准度为基础,通过发展儿童教育来开发人力资本,改善了贫困群体的收入状况,减轻了整个社会的贫困程度,这一点在巴西实践中已经取得较为显著的成效。为此,在反贫困实践过程中,也应当注重扶贫项目施治的精准性和匹配性,针对不同贫困群体、不同致贫原因、不同地域状况、不同文化环境,因地制宜、因时制宜、因人制宜开展不同的扶贫项目,提升扶贫项目的针对性,从而充分发挥扶贫项目的现实作用,彰显精准扶贫战略的方法论价值。

(三)孟加拉国的反贫计划

自独立以来,孟加拉国的贫困一直居高不下。孟加拉国政府扶贫的三个突出特点是缺乏对所设定目标的承诺、对穷人的不友善以及与非政府组织的不协调。20世纪90年代,世界双边和多边贷款机构一直追寻鲁宾逊

(Robinson)所称的新政策议程,这对非政府组织发挥经济政治方面的作用、降低政府的重要性具有举足轻重的作用。非政府组织被视为对穷人而言更有效率的措施,因此孟加拉国的扶贫重点向非政府组织转移。孟加拉国的非政府组织成功地与农村贫困人口进行合作,并绕过国家为贫困人口提供投入与支持。他们强调土地对于贫困人口的重要性,并日益突出无地妇女的需求。如孟加拉国农村发展委员会(BRAC)和普罗希卡(Proshika)等较大的非政府组织的活动主要包含创收和通过教育、组织动员开发穷人潜力挑战现有的不平衡的双重战略。但后来在国家的压力下,非政府组织开始转向创收和小额信贷。孟加拉国非政府组织的第二项创新是强调被国家所忽视的贫困人口的非土地收入,而这种收入对贫困家庭的妇女的生存战略具有至关重要的作用。这一革新为除了向高利贷贷款无法从其他渠道贷款的失地者提供信贷,使人们集中精力于小规模的、以家庭为基础的项目,如牛和家禽的养殖、食品加工、社会林业以及农村手工业等。但即使是最大的非政府组织,其所惠及的无地人口只占无地家庭的10%～20%,同时非政府组织更喜欢中等程度贫困的借款人,因为他们更可能按时偿还。

从短期反贫困效果来看,孟加拉国非政府组织似乎比国家机构更有能力减少临时性贫困。但从长远减贫成效来看,孟加拉国的贫困状况并没有得到实质性改变,非政府组织在减贫方面并没能使贫困问题得到实质性改善。鉴于上述经验启示,在扶贫开发过程中,我们也应该注重对靶向治贫主体的选择和界定。诸如全方位树立起政府组织的主导地位,运用国家强制力、执行力来领导贫困地区和贫困人口摆脱贫困。但同时也不要全面否定非政府组织的积极作用,而是应该用其所长,发挥非政府组织敢创新、够灵活、覆盖广等特性,实现"政府组织+非政府组织"的多主体、多渠道全方位减贫。

(四)中国的金融精准扶贫

党的十八大以来,人民银行、银保监会、证监会、国务院扶贫办等金融管理单位持续改善金融精准扶贫的政策体系。为了全面打赢脱贫攻坚战,各部门强化宏观指导、广泛应用政策工具、积极调度金融力量,率领金融机构增强对贫困地域的资源输入。

截至2019年底,我国的贫困人口总贷款额大于0.7万亿元,产业精准扶贫贷款总额已经高达1.41万亿元,合计拉动730万人次的贫困人口增收(如图4-1所示)。同时,金融部门还不断创设完善扶贫再贷款,实行比支农再贷款更优惠的利率,优先支持带动贫困户就业的企业和建档立卡贫困户[1]。截至 2019 年末,全国扶贫再贷款累计发放额已达 5 867 亿元(如图 4-2 所示)。

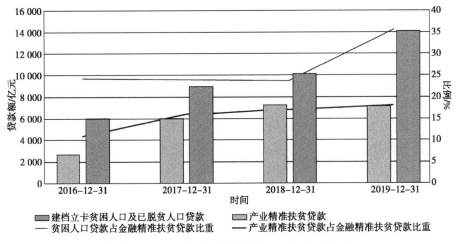

图 4-1 2016—2019 年金融精准扶贫贷款情况

数据来源:国家乡村振兴局——脱贫攻坚网络展,http://fpzg.cpad.gov.cn/429463/430986/431004/index.html

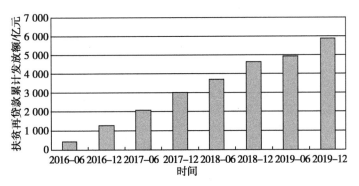

图 4-2 2016—2019 年扶贫再贷款发放额度

数据来源:国家乡村振兴局——脱贫攻坚网络展,http://fpzg.cpad.gov.cn/429463/430986/431004/index.html

总体来看,人民银行、银保监会、证监会、国务院扶贫办等金融管理部门根据扶贫的靶向性要求,不断完善金融精准扶贫。一是创新扶贫小额信贷策略,以扫清贫困户脱贫资金不足的障碍,促使贫困人口发展的内生动力稳步

---

[1] 李均锋.监管引领银行业保险业精准扶贫的生动实践[J].中国银行业,2020(10):20-22.

增长,使得贫困户增盈与产业增盈互惠。二是创新实施产业扶贫贷款,支援贫困地区的特色产业生长以及贫困人口就业与创业工作,增进金融扶贫和产业扶贫协同进步。三是创新推出易地搬迁扶贫专项金融债券,引导国家开发银行、农业发展银行满足项目和资金需求,支持搬迁群众脱贫致富。直到2019年末,国家开发银行与农业发展银行总计发行约为1 939亿元的金融债券用于易地扶贫搬迁服务(如图4-3所示)。

四是创新形成银行业金融机构扶贫,形成多层次的金融扶贫服务体系。开发性、政策性银行充分发挥其政策性优势,支持贫困地区交通、水利、易地扶贫搬迁等基础设施建设项目,极大改善了贫困地区的生产生活条件;农信社、农商行、村镇银行着力打通金融服务"最后一公里";商业银行充分发挥其对接市场、信息灵活的优势,支持贫困地区发展特色优势产业,带动贫困人口脱贫致富。五是创新推出保险扶贫服务,鼓励推进农业保险,促进健康扶贫的稳步发展,不断增加风险保障效用,避免贫困人口在意外情况下因灾、因病再次返贫。目前,我国的农业保险服务已包含95%及以上的乡镇。六是创新资本市场致力于精准扶贫,不断促进资本市场服务于国家的脱贫攻坚战略,通过优先安排贫困地区的企业入市、发行支持扶贫公司的债券与资产证券、新三板市场挂牌融资、开展"保险+期货"试点,为促进贫困地区农业发展、农民增收和防灾减损等提供重要的资本保障。

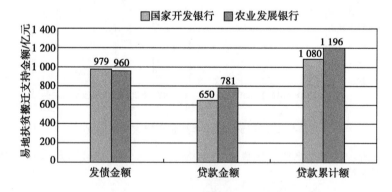

图4-3　2019年底易地扶贫搬迁金融服务情况

数据来源:国家乡村振兴局——脱贫攻坚网络展,http://fpzg.cpad.gov.cn/429463/430986/431004/index.html

(五)经验启示

通过上述国内外靶向治贫的典型案例分析,可以得出如下几个方面经验借鉴与启示：第一，治贫的政策应精细化设计。诸如巴西的"最低收入保障计划"明确减贫应以满足穷人的需要、提升扶贫项目的精准度为基础，有针对性地通过发展儿童教育来精细化开发人力资本。第二，治贫的措施应精准化安排。诸如印度尼西亚"社会安全网"项目设置有现金转移、定额定向福利补贴以及为非熟练工人创造就业等计划，又如中国的金融精准扶贫设置有扶贫小额信贷、产业扶贫贷款、易地扶贫搬迁专项金融债以及扶贫保险等新业务，这些均彰显出治贫的靶向性。第三，治贫的项目应靶心化实施。如孟加拉国的反贫计划中强调了非政府组织扶贫活动，主要包括创收项目以及通过教育组织动员开发穷人潜力项目等，特别有靶向的安排有解决妇女、儿童贫困的特殊项目。中国金融扶贫也有靶向地针对贫困地区开始基础设施修建贷款或产业帮扶贷款，并通过资本市场帮助贫困地区企业获得融资并购，以此促进贫困地区农业发展、农民增收和防灾减损。不难看出，国内外扶贫在项目审批、设计、配置、实施以及调整上均具有了靶向性，为科学有效地建立以靶向治贫创新精准扶贫机制实施路径提供有益借鉴。

三、共享发展理念下以靶向治贫创新精准扶贫机制实施的基本路径

靶向治贫是精准扶贫机制实施的重要组成部分，也是实现精准脱贫的核心环节与关键步骤。因此，明确共享发展理念下以靶向治贫创新精准扶贫机制实施的基本路径，发挥靶向治贫机制对脱贫目标实现的助推作用显得至关重要。在明确靶向治贫短板和共享困境的基础上，深入分析以靶向治贫创新精准扶贫机制实施的基础理论以及国内外靶向治贫经验启示，可以发现靶向治贫是提升扶贫精准性、针对性、准确性的关键动作。基于此，根据贫困地区的特定条件和贫困人口的实际情况，开拓构建以靶向治贫创新精准扶贫机制实施的新视角、新视野、新思路，在扶贫项目审批、设计、配置、实施以及调整等方面创新精准扶贫机制实施路径。

（一）监督审查：扶贫项目审批放权有靶向

通过扶贫项目增加贫困人口的收入、带动贫困区域发展是凸显精准扶贫战略成效的重要手段。扶贫项目审批通过意味着扶贫项目的立项，也是扶贫项目开始实施的重要标志。为避免出现扶贫项目在实际运作过程中背离项目设计初衷的状况，同时防止扶贫项目配置不合理、资源利用效率低下造成资源浪费频发的现象，"中央改革了扶贫部门项目制运作方式，并出台相关文

件要求除中央有明确规定需要省级组织实施的竞争性项目外,所有项目审批权限一律下放到县"[1]。一方面,扶贫项目审批模式的变革对我国扶贫项目的运作、扶贫资源使用效率的提升具有一定的助推作用,但也容易导致扶贫项目运作的异化,出现扶贫项目被精英俘获等现象,使真正需要帮助的贫困群体没有得到实质性帮扶。另一方面,我国竞争性扶贫项目的运作上,仍然需要由省级政府组织实施,但在压力型扶贫体制下,基层政府为保全自身利益,容易通过扶贫项目建设亮点工程、政绩工程,导致扶贫项目目标偏离,降低扶贫项目的精准性。同时,由于政府各单位各部门所获得的扶贫项目的审批权具有一定的重叠性、反复性,也容易造成各部门对扶贫项目的管理存在责任不明、相互推诿不作为等现象,影响扶贫项目效益的真正发挥。为此,必须规范扶贫项目的审批程序,建立健全完善的扶贫项目审批行政人员的监督机制,实现扶贫项目审批的公开化、透明化。同时,要在实现扶贫项目严格监督审查的基础上,逐步实现扶贫项目审批权下放到项目实施的同级政府,增强扶贫项目实施的针对性与有效性,从而最大化发挥扶贫项目的效用。

(二)因地制宜:扶贫项目精准设计有靶向

精准扶贫项目设计是项目实施的重要保障,也是扶贫项目取得经济社会成效的重要前提。科学的扶贫项目设计必须结合贫困地区的实际情况,符合贫困人口的实际意愿,否则容易造成扶贫项目设计的主观性和盲目性,影响扶贫工作的实施效果,又造成扶贫项目建设过程中大量资源的浪费。因此,在扶贫项目设计的过程中,首先,必须对贫困地区的实际情况进行全面的考察,针对不同贫困地区的地区特色、资源优势设计不同的扶贫项目,避免出现一刀切、盲目发展一类项目的状况。其次,根据贫困户不同的贫困因素和不同贫困户的差异,设置多种扶贫项目,既要开展促进产业发展、增加贫困群体收入的营商项目,也要开展加强基础设施建设、保护生态环境的非营商项目;既开展经济增收见效快的短期性项目,也开展见效慢但影响深远的长期性项目;既开展以农业为主体的扶贫项目,也要开展同农业发展相互促进、相互影响的非农业扶贫项目;既要开展以外部扶贫主体为主的扶贫项目,又要开展以激发扶贫对象内生力为落脚点的扶贫项目,提升贫困群体的自我脱贫能力。最后,扶贫项目设计完成后,要运用科学手段对每个扶贫项目进行综合

---

[1] 殷浩栋,汪三贵,郭子豪. 精准扶贫与基层治理理性:对于A省D县扶贫项目库建设的解构[J]. 社会学研究,2017,32(6):70-93.

论证和调研,结合项目可能产生的经济、社会和生态效益,评估其运行的可行性。同时,预测项目实际运行过程中可能遇到的问题和困难,提前制定防御措施和应急预案。

(三)公平竞争:扶贫资源合理配置有靶向

自古以来,公平都是人们孜孜以求的价值理念,也是影响国家长治久安的重要因素,强调扶贫资源配置的公平竞争是提升反贫困精准性的重要保障,也是实现靶向治贫的有效手段。保证扶贫资源配置的公平性,在扶贫资源的具体配置过程中,不仅要靠思想教育和理论宣传,更要靠规则来实现合理配置。为此,必须建立公平、公正的资源分配的规则与程序,确保扶贫资源分配过程的公开透明,避免出现基层扶贫单位在分配扶贫资源的过程中被自己的主观意识所左右,诸如扶贫资源的分配深受分配主体的个人喜好影响,抑或存在凭借关系远近进行分配的权力寻租问题,从而降低扶贫资源分配的精准性,影响扶贫资源效力的发挥。加强扶贫资源的监管是实现公平合理配置的重要途径。在扶贫资源分配的过程中要防止政府内部的选择性平衡,减少扶贫资源申请过程中的烦琐框架,通过合理有效的竞争机制和防御流程,找出最需要的领域;引入政府以外的第三方进行有效监管,打破扶贫部门依靠权力寻租的行为,确保扶贫资源精准投放;激励机制也是实现扶贫资源合理配置的关键。在扶贫资源配置过程中,通过各种财政补贴和激励机制,减少各级扶贫部门的权力寻租,切实解决"委托-代理"关系中的权利流失困境,提升政府主管部门和扶贫干部在合理配置资源上的积极性,从而实现扶贫资源的精准化、靶向性配置。

(四)精准对接:扶贫产业有效实施有靶向

扶贫产业的有效实施是一个长期动态的过程,其对于发挥扶贫项目成效、实现贫困人口全部脱贫的宏伟目标具有举足轻重的作用。扶贫产业的精准实施不仅强调传递与接收过程的精准,而且强调对实施全过程进行有效监测与管理。扶贫产业的精准传递与精准接收是扶贫项目有效实施的前提与基础。其一,扶贫产业传递精准要求建立完善通畅的传递系统,避免出现扶贫项目、资源、信息等在传递的过程被减少、歪曲甚至被截流的现象,从而为实现扶贫项目资源保质保量地传递到贫困群体手中提供保障。其二,扶贫产业的精准接收需要增强贫困群体自身的能力与素养,在全面接收中央及各级政府传递的各种扶贫项目资源与信息的基础上,充分调动主观能动性予以运用,并及时将扶贫项目接收状况、使用情况进行反馈,从而为实现扶贫项目资源的全面接收与高效利用提供保障。同时,扶贫产业实施过程的监督检查与项目实施的后续管理是保证扶贫达到预期效果的关键。为此,一方面必须要在扶贫产业实施的过程中及时了解项目进度及项目既得效益,并根据项目在运行过程中所处的不同阶段所产生的不同问题有针对性地进行解决;另一方面,在保证扶贫项目后期管理人才队伍充分性与稳定性,保障扶贫项目持续运行所需要的资金的基础上,确保扶贫项目后续管理程序的制度化与规范化,并不断提高贫困人口自我发展的能力,强化贫困人口对扶贫项目后续管理的能力,遏制脱贫效果暂时性、返贫惯常性的现象,从而实现反贫困的可持续运行与精准管理,靶向带动贫困人口脱贫致富。

(五)动态调整:扶贫项目科学变更有靶向

扶贫项目的动态调整需要很强的技术性与科学性。随着扶贫项目的实施,贫困地区经济、政治、文化、生态等各方面因素发生了较为明显的变化,既往的扶贫项目渐渐会不能完全满足贫困地区的发展需要,所以有必要对扶贫项目进行动态调整。如何根据贫困地区与贫困人口的实际情况,改革扶贫项目的动态调整机制,实现扶贫项目的科学变更,促进有限的扶贫资源的合理利用,发挥扶贫项目作用最大化是亟待解决的问题。首先,完善扶贫项目的设置,改良扶贫项目运作方式,细化扶贫项目配套设施的细节,使之能够与贫困地区多样化的致贫原因与贫困对象复杂性的需求相适应。其次,健全扶贫项目动态监测机制。通过建立健全扶贫项目的动态管理制度,实现对扶贫项目运作情况的跟踪了解,获取扶贫项目运作状况与绩效的相关信息,为扶贫项目的科学变更提供前提与依据,并在此基础上根据贫困地区项目运作的不同特点,及时调整扶贫项目的设置。最后,充分发挥贫困地区驻村干部的作用。驻村干部对贫困地区扶贫项目的实际情况与运行状态十分了解。一方面可以通过驻村干部充分了解扶贫项目运作的详细信息,为及时调整扶贫项目奠定基础。另一方面,可以赋予驻村干部一定的权力,使其能够适时对扶贫项目进行调整以适应贫困地区的发展。

第四节 以靶向治贫创新精准扶贫机制实施的实证分析

在项目制反贫困背景下,政府靶向治贫的扶贫项目五花八门、种类繁多,且运行过程复杂多变。从某种程度来讲,实证研究不可能把扶贫项目运行过程中所涉及的所有细节均囊括在内,最佳选择是将靶向治贫中的主要措施纳入向量自回归模型(VAR)并进行实证分析。本节主要选取产业选择、基础设施及移民搬迁这三大举措进行实证分析,以明晰以靶向治贫创新精准扶贫机制实施中主要措施的扶贫效果。

一、模型选择

为了考察主要靶向扶贫措施与减贫施治效果的动态关系,本节设立向量自回归模型,并且展开格兰杰因果分析以及脉冲分析。本节所指的向量自回归模型(VAR)旨在对数据进行分析统计,系统内部的每样内生变量都可以作为系统中全部的内生变量的滞后值的函数以构筑模型。该模型同单纯的单变量为主的自回归模型相比较,可以扩展为由多个时间序列变量组成的向量自回归模型。它可以在经济理论的基础上更严密地说明变量间的动态联系。格兰杰因果分析和脉冲函数分析需要在VAR模型的基础上进行,能够进一步反映变量之间的关系。

二、指标界定和数据收集

本节分析以靶向治贫创新精准扶贫机制实施中的主要措施所产生的扶贫效果。政府通常所采取的扶贫举措主要包括产业发展、基础设施、移民搬迁。产业发展中包括对种植业、养殖业、林业、农产品加工业的资金扶持,基础建设涉及基本农田建设投资、农畜饮水工程投资、道路修建及改扩建投资、电力设施投资、学校建设投资、卫生室及设备投资等,移民搬迁主要考虑政府的易地扶贫搬迁专项补助资金投入,最后减贫效应使用贫困发生率来衡量。

根据《中国农村贫困检测报告 2017》和《中国农村贫困检测报告 2007》,在往年的全国扶贫资金的投入分配中,选择 2012 到 2016 年的数据和 2002 到 2006 年的数据进行分析。表 4-1 为选取数据。值得注意的是,本研究对贫困发生率一列的数值进行修正,原因是贫困标准的不一致。根据《中国农村贫困监测报告 2017》发现我国共有 1978 年标准、2008 年标准和 2010 年标准,不同标准的数据不能直接进行比较分析,否则会出现错误。因此本节依据最新的 2010 标准,通过计算贫困人口规模的变化率、贫困人口规模和贫困发生率的关系倒推 2002—2006 年的贫困发生率。

表4-1 2002—2006年、2012—2016年全国扶贫资金投向

单位：%

年份	种植业	林业	养殖业	农产品加工业	基本农田建设	农畜饮水工程	道路修建及改扩建	电力设施	学校建设投资	卫生室及设备	易地扶贫搬迁专项补助资金投入	贫困发生率
2002	10.1	10.8	9.2	6.2	6.1	4.9	19.8	5.8	2.5	1.4		45.2
2003	8	13.5	8.9	6.2	6.1	4.4	13.1	13.4	2	1.3		44.5
2004	9	15.8	8.8	5.3	5.8	3.8	11.9	9.3	1.9	1.4		40.2
2005	9	17.5	8.8	3.9	5.9	3.9	13.1	6.3	2.4	1.1		30.2
2006	11.2	17.1	9.7	4.6	5.2	4	19.8	4.3	1.4	1.1		29.8
2012	8.9	6.4	5.5	2.5	3.3	2.7	9.4	3.6	10.6	1.3	4.6	10.2
2013	10	5.7	6.4	2.6	4	2.7	11	2.5	11.6	1.4	4.8	8.5
2014	9.2	4.9	5.3	1.6	4.1	2.7	12.8	3	11.3	1.2	5.5	7.2
2015	9.1	5.4	5.4	1.4	2.6	2.7	14.6	3.4	10	1.1	4.6	5.7
2016	8.9	3.8	6	0.8	2.2	2	10.3	2.8	7.3	0.8	17.1	4.5

注：所有投资为该项投资占当年总扶贫资金的百分比。

三、单位根检验(ADF)

某一序列的均值、方差与协方差的稳定性可被统称为序列的平稳性。倘若某一时间序列具备稳定的均值、方差与协方差,那么该时间序列具有稳定性;反之不具稳定性。假使时间序列处于不稳定状态,便会出现"伪回归"的现象及无意义的统计检验。大多数宏观经济时间序列是不稳定的。在实践中,大部分数据是非平稳时间序列,会随着时间发生变化。但是,测量方法中使用的数据大多要求是平稳序列,所以本节首先使用 ADF 检验来检验平稳性,这是进行 VAR 模型分析的前提(表 4-2、表 4-3)。

表 4-2 单位根检验结果

变量	ADF 值	5%显著水平（临界值）	稳定性	变量	ADF 值	5%显著水平（临界值）	稳定性
PLA	0.019 6	−1.995 9	0	RC	−3.413 4	−4.246 5	0
D(PLA)	−6.082 3	−4.246 5	1	D(RC)	−3.853 8	−3.320 9	1
FOR	−0.843 8	−1.988 2	0	PF	−3.301 8	−4.107 8	0
D(FOR)	−2.302 6	−1.995 9	1	D(PF)	−6.739 0	−3.321 0	1
BRE	−2.764 2	−4.107 8	0	SC	−1.471 4	−4.107 8	0
D(BRE)	−4.089 6	−1.995 9	1	D(SC)	−2.159 5	−1.995 8	1
APPI	−0.811 6	−3.321 0	0	HRC	−1.364 8	−4.107 8	0
D(APPI)	−5.332 8	−4.450 4	1	D(HRC)	−2.146 0	−1.599 1	1
FC	−0.325 8	−3.259 8	0	REL	−0.838 2	−3.985 0	0
D(FC)	−2.862 9	−3.403 3	1	D(REL)	−5.472 2	−4.541 2	1
DWP	−0.995 3	−3.359 8	0	IOP	−1.631 8	−3.259 8	0
D(DWP)	−3.561 8	−3.403 3	1	D(IOP)	−2.975 9	−1.995 9	1

表 4-3 符号及其含义

符号	含义	符号	含义
PLA	种植业投资	RC	道路建设投资
FOR	林业投资	PF	电力设施投资
BRE	养殖业投资	SC	学校建设投资
APPI	农产品加工业投资	HRC	卫生室建设投资
FC	基本农田建设投资	REL	易地扶贫搬迁专项资金
DWP	农畜饮水工程投资	IOP	贫困发生率

经由上述 ADF 检验,在零阶变量阶段各变量均未能达到平稳,在一阶差分变量阶段均可实现平稳,即 I(1)。根据文中数据的整理及模型的建立状况,分析扶贫政策对减贫效果的影响关系可通过结构化的 VAR 模型开展实证分析。

四、构建 VAR 模型

在本节中,根据数据的统计性建模的 VAR 模型是行之有效的,主要将一个外生变量当作全部内生变量滞后值的函数,以此塑造模型。本研究选取的数据为 2002—2006 年和 2012—2016 年的政府扶贫资金,在较短期的时间跨度、较少的样本容量、较多的变量状况下易引致奇异矩阵的产生,于是本研究采用 VAR 模型来多次分析各个措施指标与减贫效应之间的关系。根据前期单位根检验获得的各变量的滞后期和赤池(Akaike)信息准则和施瓦茨(Schwartz)准则最小原则选取合适的滞后阶数,随之建立 VAR 模型。鉴于建立 VAR 模型是为了后续的格兰杰因果检验和脉冲响应函数分析,模型本身的系数众多且没有太多意义,故在此不必列出 VAR 模型结果表达式。

五、AR 根检验和格兰杰因果检验

本节对各个 VAR 模型都进行这两种检验[1]。举例来说,对种植业资金与减贫效应的 VAR 模型进行 AR 根检验,发现 2 阶和 1 阶模型的单位根都在半径为 1 的圆内(图 4-4、图 4-5)。继续使用滞后长度标准(Lag Length Criteria)方法,根据 AIC 和 SC 最小原则,发现 2 阶 VAR 模型是最优的(表 4-4)。故后续的格兰杰因果分析和脉冲响应函数分析应使用 2 阶 VAR 模型。

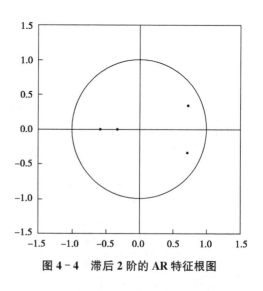

图 4-4 滞后 2 阶的 AR 特征根图

---

[1] 在 VAR 模型分析中,一个关键因素就是滞后阶数的选取,在这里滞后阶数的选择本研究采用两种检验方式:一种是 Lag Length Criteria,另一种是 AR 根检验。

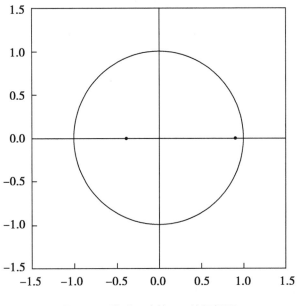

图 4-5 滞后 1 阶的 AR 特征根图

表 4-4 Lag Length Criteria 分析结果

Lag	LagL	LR	FPE	AIC	SC	HQ
0	-40.809 04	NA	152.800 7	10.702 26	10.722 12	10.568 31
1	-26.003 98	18.506 33*	11.046 95	8.000 994	8.060 575	7.599 143
2	-20.116 86	4.415 339	9.836 841*	7.529 215*	7.628 517*	6.859 463*

* Indicates lag order selected by the criterion(指示根据标准选择的滞后顺序)
LR：sequential modified LR test statistic(each test at 5% level)[顺序修正 LR 检验统计量(每个检验在 5%水平)]
FPE：Final prediction error(最终预测误差)
AIC：Akaike information criterion(赤池信息准则)
SC：Schwartz information criterion(施瓦茨信息准则)
HQ：Hannan-Quinn information criterion(汉南-奎因信息准则)
注：* 表示 0.1 水平下显著。

同理，对林业资金等 9 个变量与贫困发生率构建的 VAR 模型进行检验以确定最佳阶数，具体情况见表 4-5。

表4-5 各模型最优阶数表

模型	AR根		AIC		SC		最优阶数
	1阶	2阶	1阶	2阶	1阶	2阶	
FOR-IOP	全落入	全落入	10.9562	9.0337	11.0157	8.1330	2
BRE-IOP	全落入	全落入	9.0154	8.5211	9.0750	8.6204	2
APPI-IOP	全落入	全落入	8.6738	8.2408	8.7334	8.3401	2
FC-IOP	全落入	2个未落入	9.4110	6.2995	9.4705	6.3989	2
DWP-IOP	全落入	全落入	7.7740	7.5695	7.8336	7.6688	2
RC-IOP	全落入	全落入	11.4878	10.7013	11.5474	10.8006	2
SC-IOP	全落入	全落入	10.7863	8.7750	10.8459	8.8743	2
HRC-IOP	全落入	全落入	6.8326	6.1564	6.8922	6.2557	2

表4-5的结果表明,各项扶贫资金投入和贫困发生率的2阶VAR模式是最优的,故在后续的分析中都使用2阶VAR模型。

六、格兰杰因果分析

本节通过格兰杰因果检验各变量之间的因果关系进行分析(表4-6)。同样以种植业资金投入和贫困发生率为例,检验结果表明,种植业投入资金能够显著地引起变量贫困发生率变化。拒绝原假设,认为政府对种植业的投入资金与贫困发生率间具备格兰杰因果相关关系。

表4-6 格兰杰因果检验

Excluded	Chi-sq	df	Prob.
PLA	10.35876	2	0.0056
All	10.35876	2	0.0056

依此类推,对林业资金等9个变量与贫困发生率构建的VAR模型进行格兰杰因果检验,判断各项资金投入是不是贫困发生率的格兰杰原因。

表4-7的格兰杰因果分析结果表明,在各项措施中,林业资金投入、养殖业资金投入、学校建设投资和卫生室建设投资是贫困发生率的格兰杰原因,说明这些资金的投入会影响贫困发生率。

表 4-7　各扶贫措施与贫困发生率的格兰杰因果分析结果

模型	F 统计量	概率	结论
FOR-IOP	20.069 0	0.000	拒绝
BRE-IOP	6.480 5	0.039	拒绝
APPI-IOP	1.428 0	0.489 7	接受
FC-IOP	1.987 8	0.370 1	接受
DWP-IOP	0.312 4	0.855 4	接受
RC-IOP	3.364 5	0.186 0	接受
SC-IOP	15.057 6	0.000 5	拒绝
HRC-IOP	8.883 8	0.012 0	拒绝

七、脉冲响应函数

鉴于 VAR 模型的系数通常反馈局部的动态关系，尚未能涵盖纷乱的通盘的动态关系。倘若试图通晓某一变量的细微变化致使其他变量的变化，那便可经过脉冲响应函数展开解析。脉冲响应函数可以揭示某一变量的扰动项上加一个标准差大小的冲击时对其他变量的当期值和未来值的结果。图 4-6 中，横轴指示以年为单位的冲击作用的期间数，而纵轴指示贫困发生率的变换状况，曲线指示脉冲响应函数，展现种植业资金投入对减贫效果的影响程度；两侧虚线显示了脉冲响应函数在加减两倍标准差时的数值，意指冲击响应的可能范围。图 4-6 为种植业资金投入冲击对贫困发生率的影响。

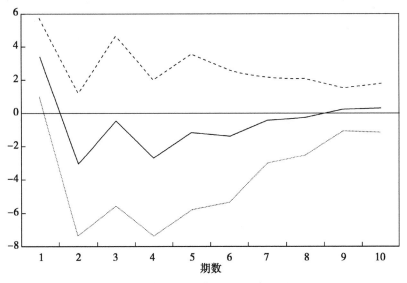

图 4-6　种植业资金投入的冲击对减贫效果的影响程度

当种植业资金投入变化一个标准差的时候,从第 1 期开始,贫困发生率便受影响,初期表现为正向影响,第 2 期则呈负向影响。该影响在第 2 期达峰值,在第 3~5 期呈波动状,随后慢慢减少,在第 9 期时趋向于 0,说明种植业资金投入对减贫有明显的效果。

同理,对林业资金等 9 个变量与贫困发生率构建的 VAR 模型进行脉冲函数分析,判断各项资金投入的变化的减贫效果(表 4-8)。

表 4-8　各变量的脉冲分析结果

模型	脉冲响应路径	分析
FOR-IOP	林业投资对减贫效果的影响程度	第 1、2 期为正向影响,往后为负向影响,在第 3 期达到最高,第 9 期趋向于 0。说明林业资金投入的减贫效果没有立即显现,但后期减贫作用明显,这与林业发展的规律有关
BRE-IOP	养殖业投资对减贫效果的影响程度	第 1 期为正向影响,而后产生一系列波动,在第 2 期影响达到最大,在第 7 期趋向于 0,说明养殖业投入具有一定的减贫作用,但效果存在波动
APPI-IOP	农产品加工业投资对减贫效果的影响程度	农产品加工投资对贫困发生率存在正向影响,随后在第 3 期时升至峰值,之后便逐渐回落

续表

模型	脉冲响应路径	分析
FC-IOP	基本农田建设投资对减贫效果的影响程度	第1、第2期没有出现响应,说明基本农田建设投资的变量在一开始不会影响贫困发生率,随后出现负向影响,在第3期达到最大,在第4期趋向于0。说明基本农田建设投资具有一定的减贫作用,持续时间在4年左右
DWP-IOP	农畜饮水工程投资对减贫效果的影响程度	农畜饮水工程资金投入变化对贫困发生率有正向影响,这种影响一开始较强,后逐渐减弱
RC-IOP	道路建设投资对减贫效果的影响程度	道路建设投资的冲击对贫困发生率有正向的影响,在第2期趋向于0
SC-IOP	学校建设投资对减贫效果的影响程度	学校建设投资的变化一开始给贫困发生率一个较强的负向影响,但这种影响持续时间较短,在第2期便趋向于0

模型	脉冲响应路径	分析
HRC-IOP	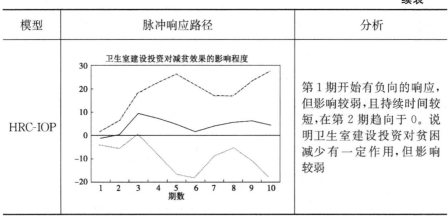	第 1 期开始有负向的响应，但影响较弱，且持续时间较短，在第 2 期趋向于 0。说明卫生室建设投资对贫困减少有一定作用，但影响较弱

从表 4-8 的分析来看，在各种扶贫投资中，种植业资金投入的减贫效果最好，且持续较长的时间；养殖业资金投入、基本农田建设投资的减贫效果次于种植业资金投入，且影响时间短；学校建设投资和卫生室建设投资在一开始都具有较明显的减贫效果，但极其短暂；农产品加工业投资、农畜饮水工程投资、道路建设投资的减贫效果较差，甚至对减贫具有反向影响。

八、易地搬迁专项资金投入和贫困发生率的回归分析

由于易地搬迁专项资金在 2006 年前未做统计，故找不到相应数据。数据较少的序列在进行脉冲分析时会产生奇异矩阵，故本节对这二者进行回归分析，判断二者之间的关系。在回归分析前先进行相关性分析，结果如表 4-9 所示。相关系数为 0.685，大于 0.6，说明相关性显著，且为负相关。

表 4-9 易地搬迁专项资金投入和贫困发生率相关性结果表

相关性		易地搬迁专项	贫困发生率
易地搬迁专项	积差相关性	1	−0.685
	显著性（双尾）		0.202
	N	5	5
贫困发生率	积差相关性	−0.685	1
	显著性（双尾）	0.202	
	N	5	5

对两者进行回归分析,贫困发生率作为因变量,专项投入资金作为自变量,回归结果如表4-10所示。

表4-10 易地搬迁专项资金投入和贫困发生率回归分析结果表

系数[a]

模型	非标准化系数		标准系数	t	显著性
	B	标准错误	贝塔		
(常量)	9.278	1.521		6.101	0.009
易地搬迁专项	−0.281	0.173	−0.685	−1.628	0.202

a. 因变量:贫困发生率

与相关分析结果相似,贫困发生率随易地搬迁专项资金投入的增加而减少,但这种影响不是十分显著。

第五章

严管资金：共享发展理念下精准扶贫机制的管理创新

扶贫资金作为精准扶贫的源头活水，对于实现精准脱贫目标起决定性的作用。为确保如期打赢脱贫攻坚战，各级政府和组织投入了大量的资金。由于扶贫资金规模数量庞大、覆盖范围广、投放耗时长，需要通过精细化管理，使资金的运用与贫困对象相对接，与脱贫实效相挂钩。管好用实扶贫资金，保障其投入使用精准、监管评估有力、效益凸显是精准扶贫机制管理创新的重要着力点。精准扶贫机制实施以来，在共享发展理念的指导下，对创新扶贫资金管理进行了许多探索，为决胜脱贫攻坚做出了突出的贡献。但是扶贫资金运行过程中仍然存在着不少问题和薄弱环节，影响扶贫资金发挥最大效益。虽然我国已经实现了现行标准下绝对贫困的彻底消除，但已脱贫的地区和人口自我发展能力还不够强，稳定帮扶政策和帮扶机制将是巩固拓展脱贫攻坚成果的关键之举，扶贫资金的投入并不会随着脱贫攻坚目标的实现而停止。因此，总结分析精准扶贫机制中资金管理所存在的问题，严格扶贫资金管理，有利于持续加强农村低收入人口的常态化帮扶，并进一步推进精准扶贫工作机制与乡村振兴有效衔接。

第一节 一般理论分析

扶贫资金是精准扶贫机制实施的重要资源要素，根据扶贫资金的来源与类型,突出强调扶贫资金在管理上要做到精准使用、突出重点、公平公正等原则,并将这些原则融入扶贫资金管理的预算、分配、使用、监管、评估等各个环节。总的来说,扶贫资金管理对实现共享发展具有重要的现实意义,将有助于推动扶贫资金落到实处,公平且高效地进行分配使用,提高落后地区的发展效率与发展质量,避免返贫现象的再次发生,助力中华民族在全面建成小康社会后实现共同富裕。

一、扶贫资金的概念界定

对于扶贫资金的概念界定,目前学界主要从以下几个方面展开:一是从扶贫资金的目的进行界定。潘铎印认为扶贫资金是国家财政根据中央扶贫政策,专门用于贫困地区及贫困人口脱贫,实现经济发展和社会发展的专项资金。[1] 二是从扶贫资金的构成进行界定。从广义上讲,扶贫资金指的是中央政府与地方政府在财政方面所支出的专项扶贫资金,如"'三西'农业建设专项补助资金、扶贫专项贷款贴息资金";从狭义上讲,扶贫资金指的是各级政府所落实到扶贫事务的资金,如"以工代赈资金、财政发展资金以及新增财政扶贫资金"。[2] 其中,以工代赈资金常常被用于贫困地区的道路、农田和水利等基础设施建设所需的设备费、材料费以及雇工工资补贴等,财政扶贫发展资金用于投资扶贫项目或者用于贫困地区公共基础设施建设。三是从扶贫资金的来源进行界定。《人口管理实用辞典》认为"扶贫资金是通过各种筹集方式,集中起来统一用于扶贫开发的资金"[3]。这种筹集方式包括政府财政拨款与银行贷款的形式,其中银行以低息或者贴息等方式发放贷款是扶贫资金的主要来源。从我国扶贫实践中总结,扶贫资金按来源可以归纳为三类:一是中央政府财政专项资金和地方政府财政拨款,主要包括老少边穷建设资金、少数民族发展资金、"三西"农业建设专项补助资金、国有贫困农林场扶贫资金以及扶贫贷款贴息等。[4] 二是政策性银行贷款,主要用于支援贫困地区或贫困户的项目发展资金。三是社会资本,主要是企业、社会组织以及个人的对口援助或帮扶资金。在上述三者中,政府财政扶贫资金始终占

---

[1] 潘铎印. 莫把扶贫资金当成"唐僧肉"[N]. 光明日报,2016-07-11(11).

[2] 国务院办公厅关于印发《国家扶贫资金管理办法》的通知[J]. 中华人民共和国国务院公报,1997,4(26):1186-1189.

[3] 向洪,邓明. 人口管理实用辞典[M]. 成都:成都科技大学出版社,1990:531-532.

[4] 关于印发《中央财政专项扶贫资金管理办法》的通知[J]. 当代农村财经,2017(5):38.

主导地位,具有实践主导性。

  根据上述扶贫资金论述,本书认为扶贫资金是由财政拨款、银行发放贷款、社会援助等渠道筹集的专项资金,主要用于贫困地区基础设施建设、贫困人口对口扶持项目发展等,旨在促进贫困人口、贫困地区摆脱贫困束缚,以实现共同富裕为最终目标。扶贫资金具有如下基本特征:其一,扶贫资金筹集渠道具有多样性。根据《中国农村贫困监测报告2016》显示,贫困地区扶贫资金的筹集渠道可细分为中央财政拨款(包括贴息贷款、专项扶贫资金、低保资金等)、省级财政扶贫资金、国际扶贫基金和其他社会援助资金。其二,扶贫资金使用过程具有差异性。扶贫资金在分配的过程中依据贫困人口和贫困程度进行差异化分配,在充分考虑贫困地区的人口规模、人均纯收入、人均财力水平等情况下合理分配,使得贫困人口能够在最大程度上获取资金支持。基于扶贫项目、扶贫对象的差异性,扶贫资金的分配与使用也存在着差异性。其三,扶贫资金涵盖范围具有全面性。扶贫资金的支出范围涵盖教育、医疗、社会保障、基础设施建设等方面,涉及贫困对象生活的各个方面。

  我国扶贫资金的设立与发展经过了一个漫长的过程。1980年开始设立财政扶贫专项资金。1997年,国务院办公厅刊发了《国家扶贫资金管理办法》,对扶贫资金的内容指向和检查监督等管理办法进行了政策界定。2000年,财政部、国务院扶贫开发领导小组以及国家发展计划委员会联合印发了《财政扶贫资金管理办法(试行)》以及《财政扶贫项目管理费管理办法(试行)》。2001年,财政部下发了《财政扶贫资金报账制管理办法(试行)》。2005年,财政部与国务院扶贫办联合下发《少数民族发展资金管理办法》。2007年,财政部会同有关部门制定下发了《财政扶贫资金管理监测信息系统管理暂行办法》。2017年,财政部等部委印发了《中央财政专项扶贫资金管理办法》以及《财政专项扶贫资金绩效评价办法》等文件。至此,我国已建立起财政扶贫资金的管理、监督、绩效考核等各方面制度管理体系的基本框架。扶贫资金作为精准扶贫实践的重要资源要素之一,是贯彻落实精准扶贫战略中各项政策设计、项目安排的经济基础。无论是产业扶贫还是金融扶贫均需要资金作为要素支撑,否则各项工作便无法有效开展。扶贫资金是贫困人口、贫困地区摆脱贫困的重要推动力,亟须与其他扶贫资源统筹协调,形成合力,巩固脱贫攻坚已取得的成果,并推进精准扶贫在解决相对贫困问题中发挥出方法论效力。

二、严管扶贫资金的原则

鉴于扶贫资金在精准扶贫工作中的重要性,在管理过程要强调使用原则和要求:一是投入要突出重点,二是分配要公平公正,三是使用要精确瞄准。

(一)扶贫资金投入要突出重点

扶贫资金在实际投入过程中要突出重点。一是向特殊区域倾斜。2017年印发的《中央财政专项扶贫资金管理办法》中第二章第六条规定:"中央财政专项扶贫资金分配向西部地区(包括比照适用西部大开发政策的贫困地区)、贫困革命老区、贫困民族地区、贫困边疆地区和连片特困地区倾斜,使资金向脱贫攻坚主战场聚焦。"[1]学界普遍认可该规定,认为中央财政专项资金向老、少、边、西以及连片特困地区倾斜,能够促进我国精准扶贫政策的推进。二是向弱势行业倾斜。据统计,1998—2001年,扶贫资金在行业上偏向于农业,占比为46.27%,其次是基础设施建设,占比为19.81%,再次是工业,占比为13.53%,之后是交通运输业等。在农业中,投向比例由大到小依次是种植业(46.23%)、畜牧业(34.20%)、林业(10.35%)等。[2]近些年,基层政府在扶贫资金投向上发生变化,逐渐倾向于基础设施建设等,比如2015年起,贫困地区县级扶贫资金主要投向乡村道路、乡村学校以及农业生产基础设施等;2016年后,扶贫资金向教育扶贫、健康扶贫、产业扶贫等领域快速倾斜;2020年后,为了解决相对贫困,扶贫资金在持续投向具体产业以外,更加注重提升产业竞争力的交易平台建设,同时扶贫资金更加倾斜于基础设施维护[3]。三是向深度贫困人口倾斜,重点是贫困户能力建设。扶贫资金的使用不是救济金,要求产生可持续效应,"授人以鱼"不如"授人以渔",因此扶贫资金在使用中应更加注重造血功能,使贫困人口在这一过程中拥有一定的生存技能,以阻止贫困的代际传递。

(二)扶贫资金分配要公正公平

扶贫资金在实际分配过程中,应注重公平公正以促进共享发展。其一,

---

[1] 财政部 扶贫办 发展改革委 国家民委 农业部 林业局关于印发《中央财政专项扶贫资金管理办法》的通知[J].中华人民共和国国务院公报,2017(25):74-77.

[2] 财政部农业司扶贫处课题组.我国扶贫资金投向现状及建议[J].经济研究参考,2004(69):2-5.

[3] 陈祖海,柳长毅.扶贫资金投向比较及2020年后政策选择:来自7县的调查分析[J].中南民族大学学报(人文社会科学版),2020,40(4):149-155.

在扶贫资金分配的过程中应考虑贫困的程度与深度、贫困人口的范围、致贫原因、自然环境等因素,合理分配资金,促进经济效益与社会效益的最大化,就是公平。其二,公正则是在公平合理分配扶贫资金资源的基础上,使贫困对象得其应得。尤其政府县级以下干部在扶贫资金分配的过程中,承担"中间人"和"裁判者"的角色,有着上传下达的作用,这就要求他们在扶贫资金分配过程中能够做到不徇私、不贪污等,依据贫困对象的客观情况,依法合理地分配扶贫资金,最大程度上做到公正。

(三)扶贫资金使用要精确瞄准

扶贫资金在实际运行过程中要坚持精准使用的要求,"精准"是关键,瞄准是方向。首先,项目使用上的精准即用途瞄准。扶贫项目是贫困地区、贫困人口实现脱贫、提高生活水平的重要途径之一。扶贫项目要有可实施性,避免为了争夺扶贫资金而拼凑项目或者项目不符合本地区的实际情况,这就要求扶贫项目申报中辨别精准。一是建立扶贫项目库,实现各部门之间信息共享,切实把好扶贫项目资金的使用关。二是监测扶贫项目的实施情况,做好项目管理,落实资金使用成效。其次,投放空间上的精准即区域瞄准。一是扶贫资金向连片特困地区,老、少、边、穷和西部地区靠拢。二是资金投放时间存在地区季节性。在某些地方、某些领域存在投放时间不精准问题,尤其是农业。比如新疆维吾尔自治区位于我国的西北方,由于自然环境的影响,冬季进入生产的"休眠"期。这就要求扶贫资金在发放的过程中依据地区的季节性因素注意投放时间,尽量避开"生产休眠期"。最后,适用对象上的精准即对象瞄准。扶贫资金是用来提高贫困地区、贫困人口的发展水平的资金,而资金在贫困地区的使用最终也要落实到户、到人,因此在扶贫资金使用的过程中要避免普惠性的政策。一是扶贫资金要与贫困户的建档立卡相结合,精确到户。二是根据贫困户的具体需求,统筹安排,促进扶贫资金的有效使用。总之,扶贫资金的精准使用要考虑贫困地区的自然环境与社会环境、贫困户的实际需求等,综合施策,形成合力,精准使用。

三、共享发展理念下精准扶贫机制管理创新贵在严管资金

扶贫资金既是精准扶贫机制运行的核心资源,也是促进贫困地区、贫困人口共享发展的主要抓手。扶贫资金流向哪里、怎样落地直接决定着精准扶贫的成效,进而影响着共享发展的实现进展。因此,扶贫资金的管理一直都是精准扶贫机制管理的中心工作。近年来,在共享发展理念下,以精准扶贫

机制为载体,扶贫资金的投放呈现了许多积极的变化,"输血"和"造血"双重功能都得到了强化。各级政府和组织从实现贫困地区的长久发展,满足贫困群众最直接、最现实的利益出发,不断加大扶贫资金的投放力度,大量的扶贫资金主要用于贫困地区优势特色产业的培育、贫困对象基本生产生活条件的改善和生计能力培训等方面,切实增强了贫困地区和贫困人口的获得感,有效地推进了精准扶贫目标的实现。当前,我国脱贫攻坚已取得全面胜利,扶贫资金的高效运作功不可没。但是通过一些省份的审计数据发现,扶贫资金运行中曾经发生过"跑、冒、滴、漏"现象,被截留、分割、挤占挪用、损失浪费情况时有发生,导致这些问题的原因归根结底是扶贫资金管理缺乏有效性和科学性。同时,扶贫资金具有规模大、来源面广、运行路径长的特点,致使其管理难度大,严管扶贫资金就成为保证脱贫成效和提升脱贫质量的必然要求。在脱贫攻坚已取得全面胜利的新历史阶段,巩固拓展脱贫攻坚成果和解决相对贫困问题仍然需要大量的扶贫资金保障。但是由于扶贫资金总量是有限的,不合理使用甚至因权力寻租、贪腐等原因导致资金流失漏出,极易使巩固拓展脱贫攻坚成果工作无法有序开展。因此,只有严格扶贫资金管理,才能使扶贫资金的流动规范化、合理化,以消除滥用、漏出等现象。从精准扶贫机制运行实践来看,现行扶贫资金管理仍有进一步严格规范、创新使用的提升空间。基于此,为了能够较好地解决上述问题,亟须从严格管理扶贫资金入手创新精准扶贫机制的管理。

(一)严管扶贫资金投入:筑牢资金共享的"蓄水池"

扶贫资金投入是扶贫资金实际运行的起点,也是扶贫资金后续使用的"蓄水池"。目前我国扶贫资金投入来源中,占据主导地位的是中央财政扶贫资金。中央财政扶贫资金在《中国农村扶贫开发纲要(2001—2010年)》实施的过程中投入规模达到了1 440.34亿元,年均增长9.3%;从2011年到2015年,中央财政扶贫资金累计投入约为1 898.4亿元,年平均增长14.5%;从2015年到2020年,中央财政扶贫专项资金连续5年实现年均新增200亿元,到2020年投入已达到1 461亿元。[1] 中央财政扶贫资金投入的不断增长,促进了精准扶贫工作的实施,为解决贫困地区、贫困人口的需求提供了一定的物质支持。但同时,仅靠中央财政扶贫专项资金是远远不够的,还需要更

---

[1] 胡静林.加大财政扶贫投入力度 支持打赢脱贫攻坚战[J].行政管理改革,2016(8):12-15.

多渠道、更多形式的扶贫资金来源,诸如政策性银行贷款、地方政府配套以及社会资本投入等。

我国扶贫资金投入的方式依据不同的因素可以分为不同的类型。其一,根据投入的主体可以划分为分散性投入和集中性投入。分散性投入指扶贫资金对于贫困户的投入;集中性投入则是扶贫资金对于贫困村整体或者合作社的投入。其二,依据扶贫资金投入的受益对象范畴可以分为共享性投入和独享性投入;共享性投入主要用于公共利益的基础设施建设、教育设施的建设等;独享性投入主要用于个体生存发展的危房改造、社会保障等,属于满足个体占有和使用的范围。其三,依据投入是否借助第三方力量,扶贫资金投入分为直接投入和间接投入。直接投入即政府自身直接将扶贫资金投入贫困地区、贫困户;而间接投入则是政府借助于第三方对贫困地区、贫困户进行资金投入,比如政府的银行贴息贷款,以银行为中介。简而言之,无论是分散性投入和集中性投入,还是共享性投入和独享性投入,抑或直接投入和间接投入,均对扶贫资金的严管使用提出要求,即彰显出扶贫资金的反贫困特征,其实质上是把牢资金的共享性。

(二)严管扶贫资金分配:把好资金共享的"方向盘"

面对大量的扶贫资金,必须把好扶贫资金分配的方向,这决定了分配是扶贫资金运行过程中的重要一环。把好扶贫资金分配的"方向盘",关系着共享性公共资源是否得以公平公正精准使用的核心问题,关系着扶贫资金的使用效率及其在贫困户、贫困地区之间的分配利益是否平衡共享。

其一,从我国扶贫资金的具体分配方式来看,重点涵盖如下三种分配方式:一是依据扶贫项目的需求为导向进行扶贫资金分配的方式。项目是一个地区实现扶贫脱贫的重要依托。项目导向的管理方式,能够让扶贫资金有的放矢,同时,能够在最大程度上纳入贫困户、贫困地区,创造大量的就业岗位,实现开发式扶贫亦即"造血式扶贫"。项目也可以使有能力的贫困户与市场相衔接。二是依据贫困因素进行扶贫资金分配的方式。譬如中央财政专项资金根据贫困地区分布、贫困人口状况、精准扶贫政策、脱贫预期成效等诸多因素展开扶贫资金的分配;地方财政则从本地区财政状况和实际脱贫需求出发进行财政预算,合理安排、精准使用扶贫资金。三是"基数+增量"的分配方式。以上一年度的扶贫资金数为参考,对本年度的增量部分进行分配,也就是各个贫困地区上一年度的扶贫资金数为基数,新增加部分为最终分配数额。

其二，从我国扶贫资金的投向领域来看，主要侧重于如下五个领域：一是农业发展（包括农村种植业、农户养殖业以及林业发展等）；二是涉农工业的诸多产业建设（包括农产品的深加工、农村信息化建设以及其他产业的建设等）；三是基础设施建设方面（包括道路修建、危房改造、农田水利设施建设以及电力设施建设等）；四是教育以及培训领域（包括农村文化扫盲工作、农村小学的建设工作、儿童入学的贫困资助工作、行业的技术培训与推广工作等）；五是其他方面的投入（包括易地搬迁、生态建设等）[1]。

其三，从我国扶贫资金的分配区域来看，重点向三个区域倾斜：一是连片贫困地区；二是贫困革命老区、少数民族聚居区、边境等重点贫困地区；三是年度扶贫开发重点县。在这个行政区域逐级分配过程中，扶贫资金先按照中东西部由中央分配到各省；由省进行市分配或直达区县一级，而省一般采取项目审批的方式进行分配，并且倾向于产业扶贫和信贷扶贫项目，以增强贫困地区资金的可持续与再生能力；市级政府指导县级政府扶贫项目的申报工作；县级政府则依据村级扶贫项目的申报以及区域内实际情况进行扶贫资金的分配。

（三）严管扶贫资金使用：划清资金共享的"滴灌带"

扶贫资金的使用则是对分配之后的资金进行具体的操作，不同类型的扶贫资金有各自不同的用途。譬如，以工代赈资金通常用于建设贫困地区的基础设施（包括县乡村道路、小微型的农田水利设施等），致力于改善贫困地区人口的生产条件、生活状况以及环境；新增财政扶贫资金与财政发展资金用于贫困地区农业发展（包括种植业与养殖业等），并通过以工代赈方式修建道路、建设农村的基础设施。

扶贫资金在使用上要将有限资源精准滴灌到扶贫"带"上，必须用于以下几个方向：一是发展贫困地区的农业与涉农产业。主要有发展种植业、养殖业，发展农产品加工与特色农村旅游业，促进农业科技的现代化，培育优良品种。二是加强农村的基础设施建设，主要包括道路修建、危房改造、医疗、教育等的建设，修建小微型公益性饮用水设施等。三是提高劳动力的素质，加强就业指导，包括劳动力行业技术培训、农村的扫盲工作、引进现代化信息技术（典型代表是农村电子商务）。四是解决资金短缺问题，比如支持发展的互

---

[1] 财政部 扶贫办 发展改革委 国家民委 农业部 林业局关于印发《中央财政专项扶贫资金管理办法》的通知[J].中华人民共和国国务院公报，2017(25)：74-77.

助资金、政策性贴息贷款等。五是对扶贫项目进行管理,比如相关部门收取的管理费和实施费。六是扶贫资金不能用于"(一)行政事业单位基本支出;(二)交通工具及通讯设备;(三)各种奖金、津贴和福利补助……"[1]此类与扶贫资金使用范围不符合的事务。

(四)严管扶贫资金监督:强化资金共享的"审计关"

严管扶贫资金是强化资金共享的"审计关",监督能确保扶贫资金发挥反贫困的真正实效。2017年3月,财政部、扶贫办、国家发展改革委等六个部门联合印发了《中央财政专项扶贫资金管理办法》,对中央财政专项扶贫资金监督的内容范畴作出明确规定。其一,监督扶贫资金的使用范围。该办法对中央财政专项扶贫资金使用范围作出明确规定:用于提高贫困地区、贫困人口的发展水平,改善其生活、生产状况和生态环境,主要支出部分包含"扶贫发展、以工代赈、少数民族发展、'三西'农业建设、国有贫困农场扶贫、国有贫困林场扶贫"[2],主要是看资金用途是否符合该规定。其二,监督扶贫资金的分配标准。总体而言,扶贫资金分配标准依据各省贫困人口规模及比例、贫困深度、自然环境、基础设施、贫困农民的年人均纯收入、贫困地方的人均财力、扶贫资金的使用效益等能够反映贫困及扶贫状况的诸多客观指标。其三,管理与监督扶贫资金的分配流程。我国扶贫办和财政部等部门协商制定统一的分配方案,经隶属国务院的扶贫开发领导小组严格审批通过后,再通报各省的人民政府。同时,财政部将会按照已被批准的分配方案严格发放资金,"各级扶贫、发展改革、民族、农业(农垦管理)、林业等部门负责资金和项目具体使用管理、绩效评价、监督检查等工作,按照权责对等原则落实监管责任"[3]。

从上述监督的内容范畴来看,扶贫资金监督的主要方式包括:一方面,资金报账监督。资金报账包括项目实施审批、启动、项目建设期报账、项目验收报账以及质量保证金,分别由相关部门按规定进行资金报账。另一方面,

---

[1] 财政部 扶贫办 发展改革委 国家民委 农业部 林业局关于印发《中央财政专项扶贫资金管理办法》的通知[J].中华人民共和国国务院公报,2017(25):74-77.
[2] 财政部 扶贫办 发展改革委 国家民委 农业部 林业局关于印发《中央财政专项扶贫资金管理办法》的通知[J].中华人民共和国国务院公报,2017(25):74-77.
[3] 财政部 扶贫办 发展改革委 国家民委 农业部 林业局关于印发《中央财政专项扶贫资金管理办法》的通知[J].中华人民共和国国务院公报,2017(25):74-77.

项目管理监督。项目的管理监督要求"资金到项目、管理到项目、核算到项目"[1],并且对资金使用进度进行公示,接受社会监督。与此同时,扶贫资金监督还要充分发挥出各级政府财政监管部门的监督作用,做好不同区域内扶贫开发项目的资金管理与监督,从而不断强化扶贫资金的反贫困共享性特征。

(五)严管扶贫资金评估:确保资金共享"效益关"

2017年9月8日,财政部和扶贫办联合印发了《财政专项扶贫资金绩效评价办法》,强调"财政专项扶贫资金绩效评价的目标是突出脱贫成效,强化监督管理,保证财政专项扶贫资金管理使用的安全性、规范性和有效性"[2]。财政扶贫资金的绩效评价方式采用了分级实施的办法,财政部与扶贫办主要对省级扶贫资金的管理及使用情况展开评价,省级财政、扶贫部门则对省级以下的财政扶贫资金绩效进行评价。评价应遵循科学性、规范性、精准性、结果的公平与公正。财政扶贫资金评价的内容包括资金管理、扶贫效果、工作评价三个方面。具体内容如表5-1所示。

表5-1 财政扶贫资金绩效评价内容与指标

评价内容	评价指标
资金管理	省级财政专项扶贫资金预算与分配的合理性
	扶贫资金拨付的时间效率
	扶贫资金及项目公示制度的建设与执行
	监督检查制度的建设和执行
扶贫效果	贫困人口减少的情况
	贫困人口收入水平提高的情况
	扶贫资金的使用效益与项目的收益
工作评价	扶贫资金分配、使用等方面的创新
	支持深度贫困地区发展的办法与机制
	财政专项扶贫资金运行过程中的违规违纪

---

[1] 财政部 扶贫办 发展改革委 国家民委 农业部 林业局关于印发《中央财政专项扶贫资金管理办法》的通知[J].中华人民共和国国务院公报,2017(25):74-77.

[2] 财政部 国务院扶贫办印发《财政专项扶贫资金绩效评价办法》[J].预算管理与会计,2017(11):6-9.

总而言之,严管扶贫资金是精准扶贫机制中的一个系统性、关联性的过程。从扶贫资金的投入、分配、使用、监管到评价,是扶贫资金实际运行的开始到结束的过程,在这个过程中,每个环节都影响着下一环节的实施。每一环节做出具体实施办法之后,相关部门会传递至下一环节,从而保证扶贫资金的有效运转,并且保证资金在实际运作过程中发挥其作用,完成精准扶贫的预期目标,促进贫困地区与贫困人口的共同发展。同时,严格管理扶贫资金有利于实现精准扶贫的帮扶效力。诸如可以实现资金来源可持续、资金分配可通达、运行过程可透明、遭遇风险可预警、违规责任可追溯、帮扶绩效可衡量,这就要求严管扶贫资金要严格按照上级相关要求,及时将各级各类扶贫资金录入动态监控系统,确保扶贫资金安全运行、发挥应有效益。同时,扶贫资金全程严管并监控到项目,可以有效加强扶贫资金阳光使用,促进廉洁扶贫,尽可能减少扶贫干部的腐败风险。

第二节 扶贫资金管理偏误给精准扶贫促进共享带来的负效应

扶贫资金在精准扶贫机制运行中起着"助推器"和"润滑油"的重要作用,中央各部委和各级政府历来重视扶贫资金管理,对财政专项扶贫资金预算安排、支出范围、下达程序、管理监督等作出详尽安排。但是,回顾总结我国以往精准扶贫中的资金管理实践,在整个运行过程中极易出现扶贫资金预算与分配不合理、支出与下达出现偏差以及管理与监督失灵等问题,使扶贫资金力难汇聚、效难发挥,进一步给精准扶贫促进共享带来"门槛效应""瓶颈效应""公地效应"等负面影响。在当前及未来一段时间的巩固拓展脱贫攻坚成果阶段,上述问题在精准扶持接续推进中应加以克服、注意避免。

一、扶贫资金预算与分配不合理造成共享发展的"门槛效应"

在精准扶贫实践阶段,我国扶贫资金预算安排逐年增加,年均增加约200亿元。虽然中央财政专项扶贫资金每年都在大比例增加,但是资金总量依然难以覆盖人数众多的贫困人口。以2015年为例,我国当时保有农村贫困人口约5 575万,按照现行贫困标准2 300元/(人·年)(沿用2011年贫困线标准)折算,仍需扶贫资金约1 282亿元,而当年财政预算扶贫资金仅为467.45亿元,预算安排远远无法满足实际需求。当资金预算安排远不能满足扶贫实际需求时,扶贫资金分配也就不得不设置各种入门条件,比如要求地方政府配套建设资金和后续管理资金等,这无形中给扶贫资金分配设置了一道道"门槛",形成了区域门槛、领域门槛和对象门槛,究其根源在于制度门槛。近年来,随着贫困人口规模的急剧下降和扶贫预算安排逐步增加,扶贫资金预算日渐充盈,"门槛效应"虽然逐渐消散,但在一定程度上仍然存在。

第一,扶贫资金分配的区域门槛。在不同区域之间,扶贫资金存在着分配门槛,因素法是我国扶贫资金在不同区域之间的主要分配方法,主要考量贫困状况、政策任务和脱贫成效等方面[1]。因素法从理论上尽可能地确保扶贫资金分配的公平公正,但是在实践中却难免出现偏颇,比如项目制安排下生成的区域"门槛"。目前我国扶贫资金以项目开发为导向进行分配,扶贫项目配套建设和后续维护的资金缺口往往需要项目落地区域的地方政府补足。但是深度贫困地区的政府财政支出本身就捉襟见肘,仅能维持本地区的基本发展需求,拿出扶贫资金配套比较吃力,因此对项目的配套建设和后续支持也无法进行,这样就导致了扶贫资金随项目分配到了经济条件相对较好的贫困地区,而不能流向亟须资金支持的深度贫困地区。除配套资金以外,影响扶贫资金区域分配差异的因素还包括扶贫项目实施能力、自然资源供给(诸如山、水、林、土地等储备)以及扶贫规划等,类似上述因素带来的资金分配区域门槛,也最终导致精准扶贫的共享性产生"门槛效应"。扶贫资金的受益面不能很好地覆盖到一些亟须资金支持的深度贫困地区,使这些地区难以通过精准扶贫很好地享受共享发展的政策红利。

第二,扶贫资金分配的领域门槛。扶贫资金在不同领域之间也存在着分配门槛,诸如重基础设施建设而轻产业发展。扶贫资金在项目投向上范围较广,包括农业、养殖业、基础设施、教育、文化、医疗、社会保障等各个领域,但从总体来看均倾向于基础设施建设。如表5-2所示,我国扶贫重点县2002年扶贫资金在基础设施项目中的比例为45.1%,几乎是当年扶贫资金投入的一半。经过8年时间的调整,2010年扶贫资金在基础设施项目中的比例下降至25.6%,但显然基础设施建设占扶贫资金的比重依然较大。扶贫资金分配中"重基础设施、轻产业发展"的情况,形成了扶贫资金分配的领域门槛。基础设施建设虽然为提升贫困地区的发展水平提供了良好的物质基础,但是基

---

[1] 因素法中的考量因素包括贫困人口规模及比例、贫困深度、农民人均纯收入、地方人均财力、扶贫开发政策、年度脱贫攻坚任务、贫困少数民族发展、工作成效考核结果、财政专项扶贫资金绩效评价结果、贫困县开展统筹整合使用财政涉农资金试点工作成效等。

础设施建设投入资金量大且资金循环周期长,资金的投入回报率也不高,在一定程度上制约了贫困地区的发展。此外,部分重点贫困县在扶贫资金使用过程中,往往将普惠性扶贫政策与特惠性扶贫政策相结合,且尽可能偏向于执行普惠性扶贫政策,而忽视了针对贫困人口的特惠性扶贫政策。普惠性扶贫政策一般倾向用于本地区基础设施建设,比如交通、教育、房屋改造工程等,使得本地区贫困人口与非贫人口均可受益。而特惠性扶贫政策主要针对贫困人口进行产业扶持,受益群体主要是贫困人口。上述这样的资金分配极易形成领域"门槛"。因此,扶贫资金在分配过程中,对扶贫项目安排要合理,对基础设施建设和产业扶持要平衡,重视利用当地特色资源帮助真正贫困人口发展特色扶贫产业。

表5-2 2002年和2010年扶贫重点县资金投向及比例[1]

指标	投入金额/亿元	百分比/%
2002年		
农业生产项目	92.7	46.9
基础设施建设	89.1	45.1
生活条件项目	13.8	7.0
培训及教育项目	1.9	1.0
2010年		
农业生产项目	228.1	51.2
基础设施建设	114.1	25.6
生活条件项目	87.6	19.7
培训及教育项目	15.6	3.5

第三,扶贫资金分配的对象门槛。扶贫资金分配除了在区域和领域两大范畴存在门槛以外,在分配对象上也存在相应门槛,如扶贫资金被乡村精英所俘获。所谓精英俘获是指随着人民公社制度的解体和改革开放的逐步深入,出现控制资金和项目发言权的精英群体,在公共资源输入量比较大的农村脱贫攻坚战中表现得更为具体。汪三贵等对2011年和2013年全国5个省30个贫困村互助资金调查研究后发现,扶贫互助资金约30%被经营阶层

---

[1] 罗庆.我国财政专项扶贫资金的分配、使用和效果研究[D].成都:西南财经大学,2014.

占有,且在村民文化程度越低、距离乡镇政府越远的贫困村中,"精英俘获"现象就越严重[1]。精英俘获现象频繁出现在农村反贫困实践中,相应地给贫困户获取扶贫资金设置了一道"门槛"。究其原因在于:一方面是精英阶层对资金与项目信息的实际控制,使其获得资金分配的信息优势;另一方面是深度贫困户资金匮乏、人力成本较低,无法提供扶贫项目配套资金,以致始终处于扶贫资金分配的从属地位。这些原因均导致贫困人口在扶贫资金分配过程中失去话语权,进而产生瞄准偏离。扶贫资金被"精英俘获"在贫困村中往往表现为"垒大户"现象,扶贫资金在基层分配的过程中考虑到资金的可持续以及扶贫开发的"造血式",往往会向村里的养殖大户或者有资本经营能力的村民倾斜,同时贫困人口外出打工也导致村庄"空心化",使得该地区的扶贫资金只能向村中的养殖大户或者种植大户倾斜。扶贫资金分配出现对象门槛,会产生双重影响。积极的一面表现为可以提高扶贫资金的效率与可持续性。消极的一面表现为造成扶贫资金在分配过程中的瞄准偏离,使其不能真正用到贫困人口身上,给精准扶贫的共享性带来一定"门槛"障碍。

第四,扶贫资金分配的制度门槛。扶贫资金分配过程中在区域、领域以及对象上的瞄准偏差,可追溯至扶贫资金分配的制度"门槛",主要由扶贫资金"双轨制"管理形成。扶贫资金的"双轨制"管理是双渠道的管理制度,指扶贫资金在扶贫开发办系统和中国农业银行这两个渠道的按期分配与及时传递。如扶贫办等扶贫开发职能部门一般负责扶贫项目的立项、规划及资金指标的下达,中国农业银行严格管理扶贫资金的按期发放及到期回收。在"双轨制"资金分配的管理体制之下,形成项目管理和资金管理的交互障碍。项目管理侧重于资金的开发与利用,而资金管理则侧重于效益和资金安全,二者关注点、侧重点各不相同,导致立项与资金的投放无法达成共识,影响贷款投放进度,进一步影响项目管理。如江苏省泗洪县建设扶贫车间,当地人投资之后,根据合同,镇政府按 100 元/平方米的标准予以补助,且以分期付款的方式进行支付,付款标准为一层完工时付补助总额的 40%,项目竣工时付补助总额的 30%,投产达标时给予余下的 30%。但是,在厂房建设的过程中,政府和银行无法达成资金投放共识导致没有履行合同,最终该项目因资金问题无法维持而倒闭。从上述案例中可以看出,在"双轨制"管理中,项目

---

[1] 胡联,汪三贵,王娜.贫困村互助资金存在精英俘获吗:基于5省30个贫困村互助资金试点村的经验证据[J].经济学家,2015(9):78-85.

与资金分轨负责的弊端是承担项目责任与义务的一方没有管理资金的权利，而有管理资金权利的一方则没有承担起项目责任与义务，对于扶贫资金能否及时投放等问题权责不明，俨然在扶贫资金分配与使用中形成一道制度障碍"门槛"，变相使得精准扶贫的共享性缺失。

二、扶贫资金支出与下达的偏差造成共享发展的"瓶颈效应"

"瓶颈效应"（即 TOT 效应）是西方交通经济学中的一个概念，假如人群有次序地通过一个入口或者出口时，顺利通行，且行进速度越快，人流量就越大；反之，人群无序且拥挤时，则遭遇堵塞，人流量减小。"瓶颈效应"实际反映的是一定社会心理过程中各个因素、环节之间的相互关系，表示社会角色在某项创造活动中，要求与相关的各方面因素、环节的配合以及协调，若其中某一因素或者环节失调则造成"思维"的拥堵，成为"瓶颈"卡住，导致整个活动或者行为无法正常进行。将这一概念运用到财政扶贫资金中，则主要反映了资金的供给与需求间的矛盾，具体是指扶贫资金的需求量超出供给量，而"资金跟着项目走"更是导致资金在支出与下达过程中出现拥堵，进而给精准扶贫的共享性带来"瓶颈效应"。

从以往的扶贫经验总结来看，财政专项扶贫资金在促进贫困人口脱贫、巩固脱贫攻坚成果、促进共享发展等方面发挥积极作用。但在实际支出与下达过程中，扶贫资金的使用仍然容易产生一些偏差，诸如扶贫资金支出分散化使得资金运行效率不高、扶贫资金下达平均化使得资金运行瞄准失真、扶贫资金使用福利化使得资金运行质量不佳等。这些问题使扶贫资金在使用过程中产生了"撒玛利亚人的困境"，即扶贫资金投入过度依赖政府，同时引起贫困地区和贫困人口对扶贫资金过度依赖，最终使得精准扶贫的共享性遭遇"瓶颈效应"。

首先，扶贫资金支出分散化使得资金运行效率不高。由于我国扶贫资金的整合度不够高，加之需要帮扶的贫困对象所处位置相对分散，由此导致的财政扶贫资金的有限性与项目安排多重性之间的矛盾较为突出，致使扶贫资金在支出过程中分散化。扶贫资金支出分散化，一方面是由于我国贫困人口的分布比较分散，诸如地形崎岖、交通不便、气候干旱、土壤贫瘠，地理位置不临海、深居内陆等。这也决定了扶贫资金在支出过程中，除了维持该地区的扶贫项目开发之外，还需要大量资金投入交通、通信等基础设施建设之中，类似上述的分散化投向与多项目支出容易形成资金分散化的格局。另一方面，地方政府在扶贫资金支出中,不同部门因利益诉求不同而容易产生冲突,为了达到均衡或体现"公平",往往采取扶贫资金分批拨付的形式。这样虽然平衡了地方部门之间的利益纷争,但是却加剧了财政扶贫专项资金支出的分散化,从而使财政扶贫资金的运作效率大大降低。为了克服上述扶贫资金支出分散化的难题,我国在长期的扶贫实践中形成了"扶贫专业部门主导、多部门帮扶、全社会参与、精准对口支援"的大扶贫格局。在这一格局中,县级扶贫主管部门既掌握了扶贫资金支出的主动权,又拥有了人力资源调配、资本使用的统筹能力,从而弥补了缺乏主动性、被动接受上级指令而导致扶贫项目"实施进度慢、完工验收慢、资金拨付慢"的缺陷,进一步克服了政府部门内部扶贫资金支出分散化等难题,进而尝试突破由扶贫资金支出分散带来的共享发展"瓶颈效应"。但是,超越政府专项扶贫之外的行业扶贫、金融扶贫、社会扶贫等形式仍未摆脱扶贫资金支出分散化的困境,扶贫资金在精准扶贫实践中形成深度贫困地区集中需求与多渠道分散供给之间的矛盾,在共享发展中形成供给无法满足需求的"瓶颈效应"。基于此,由扶贫资金支出分散化带来的资金配置重叠低效的"瓶颈效应"仍需在巩固拓展脱贫攻坚成果阶段进一步全面予以克服。

其次,扶贫资金下达平均化使得资金运行瞄准失真。我国扶贫实践中,以往常出现"平均分配"扶贫资金给贫困户或者贫困户之间"轮流坐庄"等不良现象。"平均分配""轮流坐庄"等现象致使分摊到特困户的资金数额偏少,很难形成反贫的规模效益。例如,宁夏回族自治区纪委曾严厉通报过多起违规使用涉农扶贫资金的事例,主要是将扶贫资金违规"平均分配"。2014年A村村干部将279.8万元的扶贫专项资金以每户2 064元的标准平均发放给该村村民。[1] 无独有偶,2016年B村党支部书记将43.2万元"双到"[2]扶贫专项资金以户均500元的标准违规平均发放给B村。另外,部分地区除了特别贫困的人口之外,还存在着徘徊于贫困线附近的人口,这类人口通常难以确认且人口较多。在这些地方的扶贫资金下达过程中,还存在着"抓阄"等现象。上述直接平均化或间接平均化下达扶贫资金的做法,不但使得资金运行

---

[1] 张亮.宁夏多名基层干部因"平均分配"扶贫资金等被问责[EB/OL]. http://www.xinhuanet.com/local/2017-09/11/c_1121644101.htm.

[2] "双到"是指规划到户、责任到人,强调在扶贫工作中要做到"应该到的和不应该到的区分"。"双到"扶贫工作和以往最大的不同,一是没有具体扶贫项目的不给资金,二是帮扶的对象要"到户、到人"。

瞄准失真，而且还进一步阻碍了扶贫资金作用的有效发挥，一方面助长了"等、靠、要"等道德风险的滋生，另一方面也挫伤了贫困户脱贫的积极性，进而使得真正需要帮扶的贫困对象没有得到资金，而不是那么紧迫需要帮扶的对象却在平均化中受益。显然，扶贫资金下达平均化的现象甚至形成扶贫资金供给与真实需求之间的矛盾，使得对扶贫资金的特殊性需求量远超平均化供给量，在供需瞄准失衡的堵塞中形成共享发展的"瓶颈效应"。

最后，扶贫资金使用福利化使得资金运行质量不佳。我国扶贫政策倾向于开发式扶贫，旨在使贫困地区、贫困户在脱贫的过程中拥有自我发展的能力，通过安排扶贫项目使得扶贫资金在使用过程中具有可持续性。但是，在扶贫资金实际使用的过程中，扶贫干部为了减少群众矛盾，提升工作满意度，极易将扶贫资金作为一种福利金予以发放，逐渐演变成为一种救济式扶贫方式，比如上文中提到的将扶贫资金以户为单位平均发放。同时，财政扶贫资金在拨付的过程中，极易受到层层截留，有些地方政府部门甚至将扶贫资金截留挪作他用，比如作为单位福利金发放，用于消费享乐，既偏离了扶贫资金下达使用的真正目的，更破坏了扶贫开发的可持续性。类似上述社会福利化的扶贫资金使用方式严重制约着精准扶贫机制的脱贫成效，使得扶贫项目及扶贫产业资金缺口加大，真正有资金需求的贫困对象无法获得或者无法充足获得资金帮扶，呈现出扶贫资金供给与需求之间的匹配错位或量级错配，在扶贫资金使用的供需关系上极易形成新的梗塞，即扶贫资金供给端输出阻滞或需求端欲求不满。基于此，扶贫资金使用福利化使得资金支出与下达的效用产生偏差，进而形成共享发展的"瓶颈效应"，这也是在巩固拓展脱贫攻坚成果阶段亟须克服的难题。

三、扶贫资金管理与监督失灵造成共享发展的"公地悲剧"

扶贫资金在实际运行的过程中，极易因为监管失灵导致"公地悲剧"，监管失灵的致因在于：一是政府主导性与资金竞争性之间的双重矛盾，二是扶贫资金评估与监管的力度不足，三是扶贫资金公共性与个体利益最大化之争。"公地效应"是1968年英国学者哈丁在《公地的悲剧》一文中所提出，指社会成员在公共资源使用过程中追求自身利益最大化，导致资源枯竭的现象。"公地效应"在扶贫资金运行方面表现为扶贫资金极易因缺乏监管而造成漏出，其影响因素主要有三个：（1）扶贫资金的公共性。公共性不具有排他性，是市场失灵的部分。扶贫资金的对象是贫困地区及贫困人口，因此只要满足条件即可使用。但是,在部分社会成员看来,这是国家的民生项目、福利政策,应该具有普惠性。(2) 扶贫资金的有限性。面对贫困程度深、涉及范围广以及个体生存遭遇威胁时,社会成员往往会采取不合规手段或方法俘获扶贫资金。在此过程中,由于贫困对象识别困难、扶贫资金外部监督与内部监管缺位等,扶贫资金漏出、闲置甚至流失。(3) 扶贫资金的可控性。在扶贫资金运行过程中,由于政府在反贫困实践中的主导性,政府兼具了政策制定者、过程实施者、效果评估者等多重身份,既做运动员又做裁判员的地位极易产生代理人心态和内部人控制现象。从上述扶贫资金监管失灵的致因和扶贫资金因缺乏监管而导致资金漏出的影响因素,可以推演出扶贫资金监管失灵所导致的共享"公地效应",诸如浪费、截留、争用、挪用等现象。

一是扶贫资金缺少规范化、制度化、科学化的监督机制,对违规违纪行为查处不力、惩罚不严,致使扶贫资金被浪费。扶贫资金投入是上级政府对贫困地区的一种转移支付形式,在层级分割的行政部门不断传递,逐层都有漏出风险,链条越长越容易培养起腐败和不公平分配的土壤。同时,扶贫资金的来源范围广、分配渠道分散和管理部门多,也是造成扶贫资金监管缺失的原因。据不完全统计,中央财政资金共有 10 种类型、7 个主管部门,而扶贫资金与这些专项资金之间存在交叉与重叠,彼此之间缺乏沟通,权责不明,导致同一项目多头申请、资金多头使用。根据 2017 年底审计署审计 40 个县财政扶贫资金的公告显示,"17 个县的 13 个基础设施建设类扶贫工程和 16 个种养殖类产业扶贫项目"[1]存在建成后质量不达标、闲置废弃或养殖成活率低等现象,无法达到扶贫项目的预期效果。在扶贫实践中,我国扶贫项目实际运行过程是由项目负责人或者实施单位进行项目的申报,县级相关部门对项目进行审批,审批通过则移交市级,不通过则终止项目或者给出整改意见,待实施单位整改之后再次审批。以此类推,最终省级单位给出项目实施、终止项目或者整改意见。从上述过程不难看出,扶贫项目在审批、开发建设以及评估的过程中缺乏专业人员的参与,且政府人员在整个过程中始终缺少参与,极易导致扶贫项目可操作性低、监督机制缺位的困境。项目完成后的资金报账制度则过于注重报账格式与报账规范,而忽视资金支出票据内容的真实性,这给项目实施单位套取资金抑或腐败行为提供了可乘之机,"公地效

---

[1] 中华人民共和国审计署办公厅.2016 年第 7 号公告:审计署关于 40 个县财政扶贫资金的审计结果[EB/OL]. http://www.audit.gov.cn/n4/n19/c84959/content.html.

应"的出现也就不可避免。

二是扶贫资金管理的透明度较低,群众的自愿参与度不高,未使社会监督和内部监管积极发挥作用。精准扶贫政策非常强调"参与式扶贫",但具体实践过程往往跟参与式扶贫还有很大距离。所谓参与式扶贫是指在扶贫项目的选择、申报、实施、评估以及管理过程中群众参与的一种扶贫方式,参与反映的是赋权于群众的过程。在扶贫项目的实际运行中,群众参与度普遍较低,且社会监督与内部监管缺乏积极发挥作用的空间。由于采取的是"资金跟着项目走"的扶贫政策,对扶贫项目的监管不力也就意味着对扶贫资金监管不力。具体体现在:其一,扶贫项目的资金使用情况未规范公开。根据审计署2017年第6号公告,审计抽查发现,41个县的568个扶贫项目资金使用情况均未及时公开或者公开搞形式主义。[1]其二,扶贫项目在申报、实施、评估等过程中缺乏贫困户参与。以云南省扶贫过程中的参与情况为例,往往出现政府单方面的"一事一议、财政奖补",最多也就是一般性扶贫项目中的被动参与,如象征性的列席,原因在于现有扶贫项目立项和资金使用机制对于贫困户主体的参与路径未明确规范,政府在此过程也就占据了主导地位而出现越俎代庖的"越位"情况,抑或出于行事效率方面的考虑对群众监督与社会监督存在一定的排斥心态。其三,扶贫项目在引进过程中可能带来利益冲突,如企业以营利为目的而过分追求经济效益,忽视贫困户摆脱贫困的紧迫诉求,这些因素均会削弱群众参与的积极性。其四,贫困户参与度低与自身意识相关。贫困户对于扶贫项目的选择缺乏相关背景知识,受自身需求影响以及对未来风险的判断,导致其参与度低。同时,贫困户由于自身思想意识束缚,在对扶贫资金的使用与项目立项过程中也容易产生平均主义倾向,当扶贫项目不能满足这一要求时,也会造成群众参与度低。如此这般,正是扶贫资金在监管过程中资金使用情况未公开、企业过于追求经济效益、群众参与度不够等原因,致使扶贫资金被公地化支配,极易毫无规制地被截留。

三是扶贫资金监管呈现机构代理人心态或内部人控制,致使被争用。在扶贫开发过程中,县级基层政府与中央政府之间的关系实际上是一种委托代理关系。对于县级政府而言,中央政府与省、市级政府是委托人,县级政府是代理人。委托人的目标是通过扶贫项目的实施,减缓贫困,促进共同富裕。

---

[1] 中华人民共和国审计署办公厅. 2017年第6号公告:158个贫困县扶贫审计结果[EB/OL]. http://www.audit.gov.cn/n4/n19/c97001/content.html.

但是由于二者之间信息的不对称以及监管的缺位,代理人在实际执行过程中,往往选择对自己最有利的行为,比如一方面塑造所谓的"项目典型""先进"等旅游路线,以获得上级视察后的信任;另一方面,受机会主义的影响,挤占挪用扶贫资金填补财政困难或者偿还债务等,导致扶贫项目效果大打折扣。诸如频频爆出的"争当贫困县""贫困县不愿脱帽"等现象,看起来讽刺,实际上则折射了代理人心态,实质上是权力可支配资源的扩大与财政扶贫资金在层层传递中的漏出。在对扶贫项目的监管中,部分县级扶贫机构既是项目实施单位又是项目管理验收单位,既当"运动员",又当"裁判员",导致扶贫项目与资金监管中的内部人控制。从原初意义上讲,内部人控制(Insider Control)意指一个企业所有权和经营权二分时,利益不同致使经营者管控公司的一种怪象。在这里,内部人控制是指县级政府在扶贫项目与资金监管的过程中,既是实际执行者,也是监督者,这一双重身份使得基层政府在决策、使用等过程中,谋取自身利益最大化,导致监督的无效或者削弱监督的作用。如河北省某县发布的《关于扶贫项目立项审批及扶贫资金使用的管理办法》中,扶贫项目的实施与监督过程中,县级扶贫办承担了大部分的责任与职能。这也导致扶贫项目与资金监管中呈现内部人控制现象,使得资金分配中产生"会哭的孩子有奶吃"、优亲厚友、寻租腐败等现象,这些问题更进一步加剧资金漏出和不公平性分配,造成扶贫资金被争用的"公地效应"。

四是扶贫资金审计监督机制的不健全,致使资金被挪用。以事后监督为主的审计监督通常时间间隔较长,项目执行过程的有效性与真实性也较难确认。以重庆市为例,扶贫资金的审计监督一般是在项目与资金实际使用一个阶段之后,这样的方式能够揭露问题、查错纠弊,但是对扶贫项目的前期规划、论证、立项以及资金实际使用等情况缺乏全面监督。审计监督的事后监督要求被监督者提供全过程的原始材料、数据等,且要保证资料的真实性、准确性,否则,就会削弱审计监督的作用。同时,扶贫审计监督的内容相对单一,重点侧重于扶贫资金审计,在一定程度上能够减少扶贫资金的流失与漏出,但这种单一的资金审计方式难以发现扶贫政策中的失误,无法及时调整资金走向,对扶贫资源造成一定程度的浪费。目前,审计监督的趋势是扶贫资金的绩效监督,但是报账制管理方式无法满足这一要求,并且在一定程度上使得扶贫资金审计监督生硬化,放大其表面的符号意义,忽视深层次的背景与内在经济问题。同时,对扶贫资金的重视也造成对扶贫项目监督的轻视,由于资金随项目走,扶贫项目最终执行质量是否能够达到审计监督所要求的经济性、效率性与效果性,则将是可以打个大问号的疑难问题。扶贫项目的数量多且涉及面广,同样对审计监督工作造成一定的困扰,使得审计监督的力量不足且任务繁重。扶贫资金审计的同级审计各自为政,相互之间缺乏协调与统筹安排等,均对审计监督的有效性发挥产生一定的阻碍,比如农业、工业、国资等科室的审计类型各自为政,农业科室负责的扶贫审计较多,但与其他部门缺乏协调统筹,以致各个部门之间虽有交叉融合但又无法统筹,比如财政涉农资金的审计、贫困人口的社保兜底保障等等。类似这样的分工审计模式显然无法客观全面地揭示县区扶贫整体效果,以及揭示扶贫资金中已存在问题之间的内在联系,审计监督的缺失最终致使扶贫资金极易产生"公地效应"。

第三节 共享发展理念下以严管资金创新精准扶贫机制管理的路径选择

从博弈论视角出发,精准扶贫工作中的扶贫资金在使用过程中存在着博弈关系,诸如中央政府与地方政府的博弈、地方政府和贫困户的博弈等。基于国内外扶贫资金管理的经验与启示,共享发展理念下以严管资金创新精准扶贫机制管理的基本路径包括:建立健全共享发展理念下的扶贫资金筹措投入机制、安全运行机制、制度保障机制和行政管理机制,解决相对贫困治理时期扶贫资金管理方面的难题。

一、严管扶贫资金的博弈关系分析

多方博弈是扶贫资金管理过程中的焦点话题,中央政府与地方政府的博弈、地方政府和贫困户的博弈等,均需要回归博弈论理论,重新认识博弈关系。

(一)博弈论理论

著名的数学家冯·诺依曼(Von Neumann)和经济学家奥斯卡·摩根斯特恩(Oskar Morgenstern)合作撰写的《博弈论与经济行为》于1944年出版,标志着博弈分析作为应用工具来研究经济行为日趋成熟。冯·诺依曼构建了博弈论的基本模型,按照决策主体的人数分为单人博弈、双人博弈以及多人博弈。博弈论最初源于趣味游戏,所以也称为游戏论,是游戏中的玩家为了取得胜利而制定的策略,如今博弈泛指需要策略的互动行为。由于是互动行为,在博弈情况下,决策主体的效用(满意程度)不仅仅取决于自身的行为,还要取决于他人的行为。在决策主体互动的情况下,博弈论研究经济行为侧重于决策主体如何做出行为决策、如何达到决策均衡等方面的问题。博弈分析最基本的三要素即博弈方、效用、博弈策略,其中博弈方是指进行博弈的具有利益冲突的主体,博弈要达到的目的就是博弈方依据自身策略获得最佳效用。

将博弈论用于研究扶贫资金在精准扶贫实践中的分配与使用,博弈方主要包括中央政府、地方政府和贫困户,从而构成三组博弈关系:其一,中央政府与地方政府之间的上下级博弈。中央政府所发放的扶贫资金在整个扶贫过程中处于主导地位,其既要保证效率又要保证公平;地方政府所支配的扶贫资金丰富扶贫空间,一部分来自中央政府,一部分来自本级自筹。中央政府要保证扶贫资金分配公平,尽可能覆盖所有贫困地区和人口,而地方政府则尽可能地争取更多的中央扶贫资金,提高本级扶贫效率。其二,地方政府和贫困户之间的博弈。地方政府既要集中扶贫资金追求本地扶贫效益最大化,又要分割扶贫资金确保扶贫覆盖最大化,效益与覆盖面之间存在着显著的博弈关系;而贫困户则希望能够直接获得尽可能多的帮扶资金以脱离贫困状态,与地方政府期望的尽可能大的覆盖面之间产生博弈。其三,贫困户与贫困户之间的博弈。贫困户之间的博弈更多是想获得尽可能多的政府帮扶资金,但同时贫困户一旦获得扶贫资金达到脱贫标准,则无法继续享受扶贫政策与资源。出于理性工具人思考,贫困人口很有可能采取不作为方式,以便继续获取扶贫资金支持。下面就前两组博弈分别讨论扶贫资金使用中的具体表现。

(二)扶贫资金使用过程中的中央政府与地方政府的博弈关系

扶贫资金一般由地方政府进行统一支配,用于投资以发展当地经济、作为社会保障支出和建立完善的保障机制等。然而,地方政府在获得中央政府提供的扶贫资金后,往往会想尽办法将扶贫资金直接或者间接使用在本地区重点产业项目之上,而减弱了该部分资金的扶贫效用。对于这种挪用行为,中央政府需要采取抑制或监督的方式来消除地方政府的不合规行为。此时,地方政府和中央政府便成为相互博弈的对立方,必须考虑清楚博弈双方的利益诉求。

一方面,中央政府下达扶贫资金的目的是使贫困地区快速摆脱贫困,从而实现整个社会的公平和稳定,维护其统治。倘若某地方经济发展速度相比其他地方过慢,中央政府便会对该地方政府提供特定扶贫资金的援助。倘若地方政府将所获得的扶贫资金用来发展当地经济的短板部分,中央政府的扶贫资金便会得到最大的发展效用;倘若地方政府滥用扶贫的专项资金,而致力于"面子工程",那中央政府扶贫资金将无法达到最大效用。

另一方面,地方政府使用扶贫资金的目的是带动当地经济发展,带来更多的财政收入,收入越多表示地方政府可获得的效用越大。地方政府往往从自身利益出发,对下发的一部分或者全部扶贫资金进行不合规挪用。假设地方政府初始的经济发展水平为 H_0,在 H_0 的经济发展水平下,地方政府每年可获得 K_0 的财政收入,且 $K=\alpha H$,此外假设中央政府每年对贫困地区的扶贫资金为 Q,其中$(1-M):M$ 的资金比例是地方政府挪用于当地经济发展的部分。

博弈前假设以下几点[1]:

(1)中央政府最终扶贫的成效与地方政府对当地经济发展的资金投入成正相关关系,也就是当地方政府挪用越多的扶贫资金,中央政府的扶贫效果就越差;

(2)当地经济发展到一定水平,实现脱贫之后,中央政府的扶贫资金便不会对其展开支援;

(3)当地政府主要的财政收入源于该地的经济发展状况,且与该地的经济水平呈正相关关系。

以下是博弈的具体情况:

地方经济发展的财政收入和中央政府提供的扶贫资金越多,地方可获得的效用越大,即 $K+Q$。在中央政府和地方政府之间,博弈的具体过程如下:

(1)地方政府从中央政府那里获得资金援助 Q;

(2)地方政府按$(1-M):M$ 的比例挪用资金和用于当地经济发展;

(3)次年,若当地的经济发展在贫困标准以上,中央政府停止援助,否则继续援助;

(4)重复步骤(2);

(5)重复步骤(3)。

也就是说,当贫困地区的经济发展达到扶贫标准以上,则博弈停止。在

---

[1] 莫碧娟.基于博弈论视角的贫困县脱贫研究:以江西赣州市为例[D].南昌:南昌大学,2015.

整个博弈过程中,中央政府和地方政府之间始终处于动态博弈状态。从中央政府通过地方经济发展水平决定是否援助以及援助规模,地方政府获得扶贫资金后如何使用决定博弈周期长短,因此地方政府对扶贫资金使用的比例十分重要。

$$\alpha(H_0 + QM)\delta \leqslant Y \tag{5-1}$$

其中:α 为资金回报率;

H_0 为初始经济发展水平;

Q 为中央政府发放的扶贫资金;

M 为当地政府用于扶贫的资金比例;

δ 为贴现系数;

Y 为贫困标准。

式(5-1)表明地方政府希望当地的经济发展水平处于国家的扶贫标准之下,以得到中央政府不断的扶贫资金的援助。

$$M \leqslant \left(\frac{Y}{\alpha\delta} - H_0\right)/Q = \frac{Y - H_0\alpha\delta}{\alpha\delta Q} \tag{5-2}$$

由式(5-2)可得中央政府发放的扶贫资金在地方政府那里被使用的比例。当式(5-2)成立时,也就是地方政府只将 M 比例的资金用于扶贫,($1-M$)比例的资金被非法挪用,这时地方政府能够继续得到中央政府的援助,否则就失去了援助。这样一来,地方政府往往出于自身的利益考虑,会挪用扶贫资金、采取手段控制地方的经济发展水平或者伪造经济发展数据等。

对于地方政府可能出现的违法行为,中央政府会采取手段严格监督地方政府在博弈过程第二阶段的资金使用情况,即严格控制 M。监督其将 M 用于该地经济发展,促进贫困地区自身经济增长,改善贫困户实际生活状况,实现脱贫。同时,中央政府会考虑扶贫资金的投入规模,当地方政府违法行为出现时,中央政府会控制扶贫资金从而抑制地方政府的行为。在扶贫过程中,地方政府投入的扶贫资金比例为 M,中央政府希望这个 M 能达到1,也就是全部扶贫资金用于地方的经济发展。这时地方政府的式(5-2)不能实现,就会采取积极的措施来促进经济发展。

$$\frac{Y - H_0\alpha\delta}{\alpha\delta Q} \geqslant 1 \tag{5-3}$$

转换可得:

$$Q \leqslant \frac{Y - H_0 \alpha \delta}{\alpha \delta} \qquad (5-4)$$

式(5-4)为中央政府对地方的最优扶贫资金,表示地方目前的经济水平和扶贫标准之间的差距,就是地方实际需要的援助。当式(5-4)成立时,地方政府会采取积极的措施促进经济发展。中央政府不断完善扶贫政策,地方政府则"上有政策,下有对策",致力于谋求自己利益的最大化。可见,中央政府和地方政府双方处于持续的动态博弈过程中。

(三)扶贫资金使用过程中地方政府与贫困户之间的博弈关系

扶贫资金使用博弈的第二阶段是地方政府及贫困户之间的博弈。前面已经分析过地方政府所希望获得的利益。对于贫困户而言,他们希望在政府的援助下经济得到发展,生活、医疗、教育等水平提高,早日脱离贫困。

地方政府和贫困户的博弈过程可陈述为[1]:

(1)地方政府自选采用扶贫资金的方式——是否使用促进经济发展策略;

(2)倘若地方政府以促进经济发展为策略,则博弈结束;

(3)倘若地方政府不以促进经济发展为策略,此时若贫困户不起诉,博弈结束;

(4)倘若地方政府不以促进经济发展为策略,此时若贫困户起诉,胜诉或败诉,博弈结束。

假设一开始,当地政府采取经济发展策略,这时贫困户和当地政府的效用为(A,B)。若当地政府未采取经济发展策略,而贫困户也选择不投诉,此时两者的效用为$(A-C,B+C)$,也就是贫困户的一部分利益转移给了当地政府。若贫困户采取投诉,就出现两种情况:(1)贫困户胜诉,此时的效用为$(A-D,B)$,表示贫困户产生一定的投诉费用,而当地政府被要求采取经济发展策略;(2)贫困户败诉,此时两者的效用为$(A-C-D,B+C)$,表明贫困户不但要承受投诉费用,还要承受当地政府不采取经济发展策略的损失,而政府则取得收益$(C>D)$。

假设贫困户有P的概率投诉成功,则有$1-P$的概率投诉失败,那么贫困户的效用为:

---

[1] 莫碧娟. 基于博弈论视角的贫困县脱贫研究:以江西赣州市为例[D]. 南昌:南昌大学,2015.

$$P(A-D)+(1-P)(A-C-D) = A+PC-D-C \quad (5-5)$$

那么贫困户选择投诉的条件就是投诉的效用要大于不投诉的效用，即：

$$A+PC-D-C > A-C \quad (5-6)$$

得：

$$P > D/C \quad (5-7)$$

也就是当存在式(5-7)的概率时，贫困户对当地政府的不作为进行投诉是有效的，否则最佳策略应为不投诉。对于政府来说，无论贫困户是否对其进行投诉，其所获得的收益都要大于采取发展经济策略，因此当地政府会分割中央政府的扶贫资金，这也是我国许多贫困地区难以脱贫的原因。因此，贫困户在与当地政府的博弈中处于劣势，最终还是需要依靠中央政府对当地政府进行约束。

(四) 使用扶贫资金过程中的博弈关系小结

在扶贫资金的使用过程中，其博弈关系包括以下三种：一是中央政府与地方政府之间的博弈，二是地方政府与贫困户之间的博弈，三是贫困户与贫困户的博弈。在第一种博弈中，地方政府追求自身效用的最大化，从而造成扶贫资金的分割使用，不能达到最佳的扶贫效果，中央政府对此采取监督和抑制的手段来消除地方的不法行为。在地方政府和贫困户的博弈中，当地政府的最佳策略是不发展当地经济，而贫困户对当地政府的不作为是否进行投诉取决于投诉获胜的概率。博弈的最终决定权在于中央政府，因此要求中央政府必须严格监督地方政府扶贫资金的使用情况，不断推进贫困地区的经济发展。上述两种博弈背后的实质是贫困户与贫困户之间的隐藏博弈，如果第三种博弈消失，即代表着贫困已被消除，前两种博弈也就不复存在。

二、中外扶贫资金管理的经验启示

反贫困是国际问题，各个国家在反贫困实践中围绕如何管理扶贫资金积累了丰富的经验，尤其是联合国在全球消除极端贫穷和饥饿的部分先进做法，为我国共享发展理念下以严管资金创新精准扶贫机制管理带来了启发和借鉴。

（一）国外扶贫资金管理

1. 印度尼西亚国家减贫纲要（SNPK）

印度尼西亚是世界第四人口大国，在 1971—1991 年这五分之一个世纪中，印度尼西亚年均 GDP 增长了 4.8%，贫困人口由占原来的 60% 下降到不足 20%，贫困发生率不断下降。印度尼西亚的人民银行农村银行部乡村小额信贷系统在其中起了重要的作用。2001 年，印度尼西亚中央政府成立跨部门减贫委员会，从国家战略层面确立国家减贫纲要（SNPK），并通过国家预算改革为有成效的减贫计划提供财力保障。印度尼西亚地方自治的启动赋予了地方政府更大的自主权，但当前地方政府尚未建立完全成熟的计划和预算体系。

2. 巴西"家庭奖励金计划"（Bolsa Familia）

巴西作为"金砖国家"之一，GDP 总量长期居拉丁美洲首位，但贫困问题依旧严峻，存在贫富差距大、地区发展不平衡等问题。巴西在支持脱贫的过程中，主要是通过财政的直接收入支持以及帮助贫困人口提升谋生手段的方式。2003 年，卢拉政府在巴西实践以"全民扶贫、反饥饿"为主题的"零饥饿运动"，主要包括：最低工资标准（salario minimo）的提高，基层民众实际购买力的增加；巴西"家庭奖励金计划"的实施，扩大高效的、有条件的现金转移支付方案的规模和领域。"家庭奖励金计划"截止到 2010 年直接惠及 1 270 万户巴西家庭，而成本仅占巴西国内生产总值（GDP）的 0.4%[1]。"家庭奖励金计划"的实施对象是贫困家庭中人均月收入不足 140 雷亚尔的部分，并以保障最基本的生活水平为预期效果，可获得的补助金额会随着物价持续调整，且补助金一般分为三类："基本救助金、儿童可变救助金和青年可变救助金"[2]。例如，2009 年度的基本救助金拨付给人均月收入少于 70 雷亚尔的极度贫困家庭，规定每户每月拨付 68 雷亚尔；而拨付儿童可变救助金的对象是有 15 岁以下儿童的贫困家庭，规定每月拨付 22 雷亚尔给该家庭的儿童，且每户受助儿童不超过 3 人；青年可变救助金拨付给有 16～17 岁青年的贫困家庭并且每户受助青年不超过 2 人，但受助家庭需满足政府收入条件限制。此外，还实施了"支持全国青年包容计划——教育、培训和社区行动"，截

---

〔1〕 Castro J A O, Modesto L O. Bolsa Família 2003—2010: avanços e desafios[M]. Brasilia: Ipea, 2010: 46.

〔2〕 聂泉.卢拉政府时期(2003—2010)的巴西经济和社会政策初析[J].拉丁美洲研究，2013,35(2):24-30.

止到2010年资助金额已经达到了52亿雷亚尔[1]。同时,每年将拨出200亿雷亚尔的预算专款(约合800亿元人民币)实施"巴西无贫困"计划,该计划致力于三大扶贫核心内容:收入再分配、完善基础公共服务以及培训生产技能[2-3]。

3. 孟加拉国乡村银行(Grameen Bank)模式

孟加拉国是世界第八大人口大国,拥有约1.7亿人口。它是一个低中等收入国家,识字率低,超过30%的人口生活在1.25美元/天的贫困线以下。在孟加拉国的减贫策略及发展历程中,以孟加拉国乡村银行为代表的小额贷款模式是孟加拉国减贫过程中探索出的一个成熟发展模式,其中的主要参与者是民间发展组织,包括了孟加拉国农村发展委员会(BRAC)、社会进步协会(ASA)和格拉米银行(GB),这些主要的民间发展组织配合政府服务着孟加拉国高达千万的贫困人口。[4]孟加拉国乡村银行主要任务是:贷款目标对象仅指真正的穷人;贷款不需要实物抵押和担保,但要求组成联保小组;主要提供小额、短期的流动资金贷款;实行商业贷款利率政策;实行每周召开中心会议的制度。[5]

4. 印度"反贫困计划"(APPs)模式

20世纪90年代以来,随着印度经济的公开化改革,印度政府也制订了反贫困计划(APPs)项目的制度设计,这些改革主要采取更大的行政权力下放的形式,地方政府对福利计划实行了大量的管理控制,印度的反贫困计划主要内容包括有偿就业、自营就业和营养支持计划。[6]APPs的项目主要由印度中央政府提供配套资金,比较著名的是:

1) 农村综合发展计划(IRDP)。农村综合发展计划最初是印度在20世纪70年代选定的区块发起的,很快成为一个主要的反贫困方案。这是一个

---

[1] 聂泉.卢拉政府时期(2003—2010)的巴西经济和社会政策初析[J].拉丁美洲研究,2013,35(2):24-30.

[2] 巴西宣布新的消除贫困计划 欲走科学"脱贫"之路[EB/OL]. http://gb.cri.cn/27824/2011/06/04/2625s3268499.htm.

[3] 张明德.拉美新兴大国的崛起及面临的挑战[J].国际问题研究,2012(5):115-123.

[4] Sachs J. The end of poverty: economic possibilities for our time[J]. European Journal of Dental Education, 2008,12(s1):17-21.

[5] 张季.中外扶贫资金管理研究(二)[J].重庆大学学报(社会科学版),2001(2):25-32.

[6] Kochar A. The effectiveness of India's anti-poverty programmes[J]. The Journal of Development Studies, 2008,44(9):1289-1308.

中央赞助的计划,中央和州政府之间的总支出相等。它向穷人提供低利率的资本补贴和补充信贷,为贫穷者进行生产性投资提供资金。各种弱势群体都有配额:至少有50%的受益者应该是种姓/固定部落家庭,40%是女性,3%是身体残疾者。预计这些投资将产生增量收入,足以偿还信贷,并使受助家庭持续摆脱贫困。符合IRDP要求的融资活动范围从传统的土地为基础的企业到非传统的项目,如养鱼业、养蚕业、花卉业等。该方案的全面责任归属于地区一级的地区农村发展机构(DRDA)。贫困户通过申请,并接受发展机构的家庭条件调查,将符合条件的受益人名单提交给村民大会。对应的官员将协助选择可行的投资,完成贷款申请,并提交给银行贷款。在贷款批准的情况下,根据补贴的上限,银行信贷与政府资本补贴相匹配,从25%到50%不等,这取决于家庭的社会经济特征,如土地占有(小农获得最少补贴)和部族地位。

2) 农村就业与失业保障计划(GRY)。GRY是如下两个计划合并的:一是全国农村就业计划(NREP),二是农村失地人口就业保障计划(RLEGP)。该计划旨在通过在农业贫困时期为农村穷人创造补充就业机会来减轻贫困。其他目标是创造社会资产,并对工资率产生积极的影响。在招募参与者时,优先考虑的是种姓/固定部落(SCs/STs)和解放的债役工,而30%的就业机会是留给妇女的。中央政府向各州/联邦领土提供的援助是根据国家/工会领土上的农村贫困人口比例分配给该国农村贫困人口的。区域分配(国家内)是基于落后的指标,这个指标考虑到农村社区/农村人口比例、每个农业工人和农村取向指数的权重相等。GRY是一个由印度中央政府赞助的计划,该中心占总支出的80%。落实的责任归属于地区一级的地区农村发展机构(DRDA),以及村一级的Gram Panchayat。该中心每年制订一个行动计划,经过必要的批准后,下达执行。但是,Panchayat村的项目选择是有限的。总的来说,75%的资金用于各种农村基础设施计划(例如百万井计划和住房建设,这两个计划都针对计划的种姓/固定部落家庭)。其余的被分配到社会林业项目。更为严重的是,正如后面将要讨论的那样,GRY的分散实施对于农村穷人来说远非透明或有帮助。[1]

5. 加纳减少贫困战略(GPRS)

加纳遭受着相当程度的极端贫困。像其他非洲国家一样,加纳只能出口

---

[1] Gaiha R, Imai K, Kaushik P D. On the targeting and cost-effectiveness of anti-poverty programmes in rural India[J]. Development and Change, 2001, 32(2): 309-342.

几种初级产品(主要是可可豆),经济结构单一。其国内财政资金匮乏,不能对健康、教育、道路、电力以及其他基础设施进行投资。加纳减少贫困战略(Ghana Poverty Reduction Strategy,GPRS)于2003—2005年由加纳政府颁布,旨在通过减少贫困来促进经济增长。该计划要求大规模提高对社会部门和基础设施的公共投资水平,包括教育、医疗、交通等,计划五年内接受80亿美元的国际援助,或者说在这五年中每个加纳人每年需要75美元,同时也通过审查GPRS减贫雇佣框架来专门处理GPRS的就业组成。[1] 继2003—2005年加纳减贫战略(GPRS)之后,政府发布了2006—2009年增长与减贫战略(GPRS Ⅱ)。这个经济政策规划的战略核心是"刺激增长以创造财富,减少贫困和促进社会公平发展"。[2]

6. 联合国的主要做法

自1990年以来,在以杰弗里·萨克斯(美)为代表的全球问题发展专家和联合国前秘书长科菲·安南的建议和推动下,联合国于2001年倡导建立了一项抗击艾滋病、肺结核以及疟疾的全球基金,旨在为非洲国家数亿贫困人口控制疟疾、艾滋病、肺结核、腹泻病、急性呼吸道感染等疾病,为推动非洲极端贫困地区的经济发展提供长期可靠的资金来源,并帮助低收入国家应对相应的挑战和实施各种计划。2000年9月,联合国千年首脑会议上,联合国前秘书长科菲·安南在"'We the Peoples': the Role of the United Nations in the 21st Century"一文中明确将"消除极端贫穷和饥饿"作为联合国千年发展目标(MDGs)的首要目标。其具体实现目标如下:① 从1990到2015年,把依赖1美元以下生存的人数比例缩半;② 把挨饿人数缩半;③ 确保环境可持续能力,到2020年使至少1亿贫民窟居民的生活有明显改善。[3] 此外,联合国下属组织——联合国开发计划署(UNDP)通常以"联合国千年发展目标"(MGDs)和"联合国可持续发展目标"(SGDs)为指导,每年通过国际项目的方式将约10亿美元投资于发展中国家,帮助消除极端贫困、促进可持续发

---

[1] Sachs J. The end of poverty: economic possibilities for our time[J]. European Journal of Dental Education, 2008, 12(s1): 17-21.

[2] 中华人民共和国商务部. 2005年加纳经济评述(第三部分 工业)[EB/OL]. http://gh.mofcom.gov.cn/article/ztdy/200702/20070204410774.shtml.

[3] Michael Levine-Clark. 'We the peoples': The role of the United Nations in the 21st century[J]. Journal of Government Information, 2001, 28(5): 571-574.

展,特别强调每年度减贫援助资金的绩效管理。[1] 比如"Africa 2000"计划,是联合国开发计划署在非洲积极开展的消除扶贫项目,由 UNDP 提供赠款,以社区为基础的项目,保护环境,促进可持续发展。目前在 12 个非洲国家推进,包括了布基纳法索、布隆迪、喀麦隆、加纳、肯尼亚、莱索托、毛里塔尼亚、卢旺达、塞内加尔、坦桑尼亚、乌干达和津巴布韦。该方案提供了补助金,最高可达 50 000 美元,通过大约 530 个基层项目的设计、执行和绩效检测给予贫困人口帮扶,具体的资金支援项目包括了自然森林的管理、控制侵蚀范围和分水岭管理、食品保鲜和存储、鱼类养殖、家畜饲养、牛奶业、养蜂等多方面。

(二)国内扶贫资金管理

在扶贫资金管理制度建设上,我国经过了一个漫长的逐渐完善的过程。我国最早于 1980 年设立财政扶贫专项资金,经过近 20 年的粗放管理使用,于 2000 年前后才出台了扶贫资金的管理办法及制度,如《国家扶贫资金管理办法》《财政扶贫资金管理办法》《财政扶贫项目管理费管理办法》《财政扶贫资金报账制管理办法》《少数民族发展资金管理办法》等,从而界定了扶贫资金管理的内容范畴和监督责任。随后,管理制度不断完善,颁布了《财政扶贫资金管理监测信息系统管理暂行办法》《财政专项扶贫资金绩效评价办法》《中央财政专项扶贫资金管理办法》《中央财政衔接推进乡村振兴补助资金管理办法》等。时至今日,我国已建立起扶贫资金管理、监督、绩效考核等方面的制度管理体系。

在扶贫资金管理实践中,我国在全面消除绝对贫困的过程中积累了大量成功经验。如广西充分发挥金融在扶贫中的关键作用,构建起严密的农户信用等级评价机制,通过小额信贷、组织担保以及扶贫保险等形式,解决了贫困农户缺少产业发展急需的启动资金难题。"金融+扶贫"构建起的农户信用评级体系,破解了贫困农户贷款难的"卡脖子"问题。贫困人口本身没有贷款所需的可抵押物,就容易陷入"贫困之所以贫困是由于贫困"的陷阱。而广西的扶贫资金管理方法赋予农户较高信用值,并使之成为可利用的无形资源,既解决农户贷款难、银行管理难的问题,又拓展扶贫资金来源,通过管理创新发挥了金融系统在扶贫领域的关键作用。又如湖北省创新"互联网+扶贫",

---

[1] 联合国开发计划署:减少贫穷[EB/OL]. https://www.un.org/zh/aboutun/structure/undp/poverty.shtml,2010.

构建"互联网＋龙头企业""互联网＋专业合作社＋农户"等多种模式,由政府牵头提供技术培训,由政企联动形成农产品产销链条,由农户参与发展特色农业,使得扶贫资金得到高效利用和管理,在扶贫项目实施中激发贫困户内生动力。"互联网＋扶贫"创新发展了产业扶贫新路径,不仅拓宽了农产品产供销售渠道,而且还将农村孕育的独特乡村资源充分展示出来。湖北省鼓励政府搭台子、企业唱主调、农户共参与,发挥出各主体的自身优势,以"内引外宣"的方式发挥出乡村资源独特的产供销链条,扶贫资金在其中至关重要。一方面,赋予农户一定的资金使用决策权,以"屋场会"形成产业扶贫决策,鼓励农户积极主动参与扶贫实践。另一方面,利用互联网技术发展现代农业文明,将农产品、农文化等充分与市场结合,用独特的乡村资源吸引社会资本介入,形成"互联网＋农产品""互联网＋乡村旅游"等新业态。再如福建省充分发挥"互联网＋金融"的扶贫效力,利用现代信息技术构建起扶贫资金管理系统,通过事前、事中和事后三级全程监督,严格规范扶贫资金的管理与使用。在这一过程中,扶贫资金管理得到公开化,最大化降低信息不对称导致的扶贫贪腐、公众不信任等问题,在制度制定之外用新技术融入的方式完善了扶贫资金管理,促进社会监督、媒体监督和公众监督的有效参与。总结而言,国内不断健全的扶贫资金管理,有效探索并解决了精准扶贫机制管理创新的"最后一公里"问题。

（三）经验启示

通过上述国内外诸多扶贫资金管理模式的论述,可以得出如下几个方面的经验借鉴与启示:第一,构建健全的扶贫资金管理制度是强力保障。诸如我国制定的多达二十多项的扶贫资金监管制度和文件;美国以法定化和项目化等形式,制定了将妇女贫困、儿童贫困均纳入其中的1939年的《社会保障法修正案》、以食物发放为主的1964年的《食物券法案》以及1946年的《全国学校午餐法案》等,进一步明确帮扶对象、内容和方式。第二,精准识别并用扶贫资金瞄准贫困对象是关键环节。诸如美国根据年龄差异从收入、健康、资产等维度,制定合理制度和程序精准识别贫困人口;印度则采用入户调查、核查复查等形式,通过农村综合发展项目精准识别和动态管理贫困人口;巴西则通过家庭救助金计划等渠道识别贫困人口,直接将救助金发放到贫困家庭,减少传递环节以有效缓解资金漏出问题。第三,扶贫资金重点使用在教育与就业上,能够形成稳定的脱贫能力。诸如美国实施一定期限有偿救助,激活了有健康劳动力的贫困家庭的脱贫能力;巴西则将教育与减贫联结起来，通过计算出贫困儿童入学率与出勤率来确定贫困家庭是否能够享受国家福利等。第四，扶贫资金助力权利赋权，可以增强贫困人口减贫能力。诸如我国通过政府赋信的方式，给予无资产抵押的贫困人口小额贷款的机会；印度通过资助村民大会等形式鼓励公众参与贫困识别、项目实施以及监督管理等，提高公众参与减贫的意识。第五，利用扶贫资金组织群众主动脱贫。如鼓励贫困人口成立扶贫项目小组，自主形成脱贫约束机制，形成自我监督、自我控制、自我约束的项目运行机制，形成脱贫的内生动力。第六，利用信息技术拓宽扶贫资金使用范畴。如我国部分地区创新形成的"互联网＋扶贫"，充分利用农产品、农文化等独特乡村资源，将其转化为扶贫有效力量。另外，部分国家和地区还特别针对妇女贫困、儿童贫困等特殊贫困领域，有针对性地合理分配扶贫资金。总而言之，国内外扶贫资金管理的经验告诉我们，严管扶贫资金是推动精准扶贫机制管理创新的核心环节，成功做法聚焦在扶贫资金投入、运行、保障等场景之中。

三、共享发展理念下以严管资金创新精准扶贫机制管理的基本路径

贯彻共享等新发展理念是2020年实现消除现行标准下绝对贫困目标的理念支撑，其中严管扶贫资金是关键环节。尤其是在全面建成小康社会后解决相对贫困，持续需要精准扶贫方法论的演化，更需要不断提高扶贫资金的利用效率。在脱贫攻坚阶段，扶贫资金管理曾经出现过投入能力不足、运行机制不畅、保障措施失位等问题，不利于共享发展理念内蕴的全民性、全面性、共建性和渐进性等优势特性的发挥。结合上述中外扶贫资金管理的实战经验和成功做法，在共享发展理念的指导下，可以从扶贫资金的筹措投入、安全运行、制度保障、行政管理等方面入手，解决相对贫困治理时期扶贫资金管理方面的难题，从而促进脱贫成果巩固阶段精准扶持工作继续保持高效运行以及实现经济社会共享发展。在此基础上，充分发挥政府、市场、社会组织的扶持优势，激发脱贫人口积极致富的主动性，形成全社会协同推进的格局，有利于全体人民共建共享、促进共同富裕目标的实现。

（一）建立健全共享发展理念下的扶持资金筹措投入机制

我国的脱贫攻坚之所以会取得全面胜利，其中一个重要的原因是大规模对贫困地区投入扶贫资金，解决了贫困地区长期以来的民生难题。在脱贫攻坚收官后，扶持资金仍然是解决经济落后地区发展滞后顽疾的"催化剂"，亦

是推动落后地区走向振兴的"启动器",还是有效地激发脱贫地区人口勤劳致富的内在动力。为保证精准扶贫的质量和成色,不仅要保持扶持资金投入的总体稳定,而且还要对精准扶贫攻坚期内的扶贫资金投入机制进行优化调整,不断提升其供给能力和瞄准能力,以避免资金投入"落空"或"漏出"而失去共享意蕴。

1. 提升扶持资金投入的供给能力

构建多元化的扶持资金来源,坚持以政府财政扶持专项资金为主体,通过优惠政策引进其他社会资金,实行政府和社会资本的合作模式,实现扶持资金的多渠道供给,统筹整合财政专项扶持资金与其他涉农资金,避免资金的重复使用与浪费等问题,使其形成合力共同促进脱贫地区的发展。首先,广开扶持资金筹措渠道。在脱贫攻坚阶段,我国扶贫资金主要依靠政府财政投入,其中中央政府扶贫专项资金起引领作用,往往以项目制形式下达,地方政府扶贫配套资金占据主体地位,以特定比例配合中央扶贫资金使用,还有相关扶贫企业的援助资金起到辅助作用。诚然,以各级政府财政投入为主的扶贫资金筹措方式,在一定程度上体现了对社会公平正义的坚守,这就要求扶贫资金在使用上要兼顾共享发展新理念。但是,各级政府所投入的扶贫资金面对庞大且复杂的扶贫大工程,显然是杯水车薪,亟须在政府扶贫资金投入的引领下,发动全社会力量共同筹措扶贫资金。对此,在脱贫成果巩固拓展阶段扶持资金的供给应遵循如下原则:一是继续加大中央政府财政扶持专项资金投入,起好引领作用。中央政府每年仍旧需要制订专项扶持资金支出计划,并提前下达年度预算,用顶层设计推动地方政府扶持资金投入,尤其是要重点向经济社会发展相对落后地区倾斜。二是进一步完善地方政府扶持专项资金配套制度,优化资金投入结构。如在加大中央、省、市等各级财政扶持专项资金投入的基础上,建立地方政府扶持资金投入增长机制,逐步提高基层政府扶持配套资金投入的力度,确保地方政府扶持资金的投入总量。三是逐步建立社会多元主体的扶持资金筹措机制,辅助扶贫资金多渠道投入。扶持资金投入并不是政府一家投入就好,毕竟政府所持资金具有公共性与有限性,而不能一味地向相对贫困群体倾斜,所以需要全社会共同参与。这就要求政府调整在扶持资金投入中的角色定位,即不能只做主体,而是要做主导者,引导更多主体筹措扶持资金,诸如公益性组织、企业、国际扶贫组织等,甚至包括贫困群体也可以借力银行等金融机构丰富扶贫资金来源。另外,扶持资金投入还可以借鉴政府部门在基础设施建设过程中形成的成熟共建共享模式,诸如 PPP(Public-Private Partnership)模式,即政府通过与社会资本合作,双方签订助贫合同鼓励企业积极参与扶贫事业。这样既能彰显社会资本在扶贫中的社会责任,又能够减少政府资金投入成本。四是支持发展金融扶持,创新信贷扶贫资金管理机制,保障相对贫困对象的资金申请率,确保资金到人、到户。比如在脱贫攻坚阶段,广西田东的农户信息采集与评级系统、河北巨鹿的"两组织"诚信自律联谊会[1]、四川省旺苍县的"三惠一体"[2]等,这些尝试均有效解决了贫困户因贫困而缺乏的金融资本担保问题,在脱贫成果巩固拓展过渡期可以继续沿用这样的做法。其次,提高扶持资金整合能力。在以往的扶贫实践中,扶贫专项资金与涉农资金是多头管理、多头使用的,形似"打酱油的钱不能打醋",最终导致扶贫资金投入分散化,无法形成反贫困合力。党的十八大以来,在以精准扶贫为核心方法论的反贫思想引领下,各级政府针对上述扶贫资金分散化困境,大力推行扶贫资金整合能力,形成"拧成一股绳,发力一股劲"的反贫合力。如湖北省保康县于 2016 年 3 月被纳入扶贫资金整合试点县,经过多年探索制定了符合本地实际的资金统筹整合实施意见、操作规范等文件,明确扶贫资金整合的范围、操作流程、监督考核、负面清单等,设立实绩考核、定期督办、跟踪审计、责任追究的"四大机制",以专人负责、多头统筹等方式促进扶贫资金整合。据不完全统计,仅 2016 年一年,保康县便整合了产业扶贫、易地搬迁扶贫、教育扶贫等 85 个项目的 15.7 亿元资金,集中精力攻克了一批重点贫困项目。由此可见,扶贫资金整合是实现资金效力最大化的关键一招。保康县的扶贫资金整合实践为巩固脱贫成果专项扶持资金的整合积累了经验:第一,扶持资金整合需要完善顶层设计。地方政府结合相关扶持政策与本地区情况,制定可操作性的扶持资金整合管理办法,细化扶持资金整合后可使用的范围、流程和考核规范,做到因地制宜、突出重

---

[1] "两组织"诚信自律联谊会:由公职人员和退休人员组成的县扶贫信贷担保志愿者,组织以贫困户为主的贫困村诚信自律者联谊会,以获取金融机构扶贫小额贷款。

[2] 四川省旺苍县的"三惠一体"模式,即农行四川分行支持的"惠农卡""惠农通""惠农贷"业务和"5221"贫困户信用评级体系。由农行网点服务办理惠农卡,以"惠农通"为纽带,以"惠农贷"为抓手,对符合条件的农户实施"两免三优惠"政策。"5221"贫困农户信用评级体系是以贫困家庭诚信度、劳动力、劳动技能和人均纯收入为指标,根据 50%、20%、20%、10%的分值比重测算农户信用分值,给予 5 星至 2 星的信用等级,并针对此等级设置 5 万至 2 万元不等的信用贷款额度。其中"两免三优惠"政策是指对贫困户 3 年以内 5 万元以下贷款免抵押、免担保,政府在基准贷款利率的基础上按 5%贴息贷款、构建风险补偿金。

点、内容明确、程序标准。第二,扶持资金整合需要以巩固脱贫成果规划为引领,诸如采取负面清单制度,厘清交叉重叠部分,并进行分类整理归并、集中使用。第三,扶持资金整合需要明确部门权责,设立专人专户专账,构建考核、督办、审计、追责的工作机制,激励并督促开展扶持资金整合工作。总结而言,扶持资金的整合使用,在实行政府财政扶持资金专户管理的基础上,省级及以下相关部门设立扶持资金专户,实现扶持资金的集中使用,专款专用直达到户,既减少了扶持资金运行的中间环节,又确保扶持资金使用过程中瞄准对象的精确性。

2. 提高扶持资金投入的瞄准精度

扶持资金投入的前置基础是有较强的资金供给能力,但同时扶持资金投入的瞄准精度更为关键,离开前者则可能使扶持资金投入成为无源之水,而离开后者则可能使扶持资金投入成为大水漫灌。因此,建立健全扶持资金投入机制亟须提高扶持资金投入的瞄准精度,以此来彰显共享发展新理念。

首先,构建多维识别指标体系,提高扶持资金投入的对象瞄准精度。对帮扶对象的精准识别是扶持资金投入并瞄准的前提基础,而前者则需要科学识别指标体系来甄别相对贫困人口。以往的扶贫实践证明,单一的收入经济指标难以精准识别贫困人口,漏识、错识时有发生,并不利于充分发挥扶贫资金的最大效力。多维贫困识别体系被适时提出,囊括贫困人口生存权、发展权、健康权等在内的指标体系,对贫困人口的识别更为全面且完备,这种贫困识别方法已经得到学界认可,并在扶贫实践中得以验证。可以选取自然环境、生存权利、发展权利三个范畴构建相对贫困人口的多维贫困指标体系,共计7个维度23个指标,以此来提高扶持资金投入的对象瞄准精度。如表5-3所示。

表5-3 贫困人口多维识别指标体系表

层面	维度	指标序号	指标
自然环境层面	地理维度	1	地形条件
		2	自然灾害情况
		3	与市中心距离

续表

层面	维度	指标序号	指标
生存权利层面	生活维度	1	通电率
		2	卫生设施
		3	日常燃料
		4	生活用水
		5	通路率
	资产维度	1	家庭人均年收入
		2	家庭人均年支出
		3	耕地面积及土壤肥沃程度
		4	住房情况
发展权利层面	社会保障维度	1	医疗保险
		2	养老保险
	教育维度	1	儿童入学年龄
		2	儿童入学率
		3	受教育程度
	健康维度	1	年龄
		2	疾病情况
	就业维度	1	就业/失业
		2	收入
		3	非正式就业/正式就业
		4	劳动时间

其次,优化农村相对贫困治理体系,提高扶持资金投入的领域瞄准精度。瞄准投入领域是扶持资金效能真正发挥出来的关键步骤,也只有资金瞄准到该用的领域才能体现扶持资金作为公共资源的有限性和共享性。一是瞄准多元化贫困"洼地"。2020年后,我国相对贫困将长期存在,相对贫困的产生是有多种致因的,差异性的资源禀赋、多层次的认知结构以及多样性的利益需求等均是相对贫困产生的主客观原因。因此,扶持资金的投入瞄准多元化的贫困"洼地",构建多元化扶持策略,可以有效增强扶持策略的益贫性、亲贫性,使之与相对贫困人口差异化的利益需求相衔接。如通过扶持资金投入,

从教育、医疗、养老、住房等领域对相对贫困人口进行赋权和补贴,可以大大缓解由社会分化带来的社会排斥,从而转化为一种物质财富积累能力和精神财富增长能力。二是瞄准顽固性贫困环境。自然资源匮乏、基础设施落后以及信息不对称也是导致相对贫困产生的顽固性因素,要破解上述难题离不开参与式发展理论的支撑。政府在其中提供信息、财政补贴,开展基础设施建设等公共服务,专家学者提供产业发展建议和技术支持,相对贫困人口则需要积极参与其中,而上述三者能够有效参与的前提是获得定向瞄准的资金支持。如在脱贫攻坚阶段,贵州台江县总结的"十户一体"模式[1],则将分散的贫困户形成新的利益共同体,提升贫困户组织化程度,在扶贫资金瞄准输血下促进贫困户摆脱贫困。同时,还可以探索乡村精英和贫困人口之间的利益耦合关系,乡村精英既具有超出贫困人口的经济见识,又能够带来贫困人口所急需的产业资本,以乡村精英的优势资源带动贫困人口一起发展,则可实现双方共建、共享、共赢。

(二)积极探索共享发展理念下的扶持资金安全运行机制

扶贫资金安全运行机制是推进落实精准扶贫机制管理创新的重要环节,既解决扶贫领域贪腐、权力寻租等问题,又彰显出公平正义、共同富裕等共享发展理念。从实践经验得知,我国以往扶贫过程中曾经出现过扶贫资金名目繁多、利益博弈、瞄准偏差、资金漏出和监管不到位等现象,在一定程度上影响了精准扶贫工作的顺利开展。在巩固脱贫成果过渡期要避免出现上述消极现象,则应该在共享发展理念之下,从激励约束、精准传递和多维监督三个环节积极探索扶持资金安全运行机制。

1. 建立扶持资金激励约束机制

建立扶持资金激励约束机制,需联结各个主体的利益目标,保障各方共同的利益诉求得到满足。首先,构建扶持资金运行过程中的利益相容机制。扶持资金在巩固脱贫成果的实践中是深受多方利益主体共同关注的聚焦点,相对贫困户与非相对贫困户、上级政府与下级政府、扶持企业与社会组织,甚至中产阶层、富裕阶层都在关注利益分配结果。继续扶持的过程也是扶持资金及其衍生利益在不同主体之间不断进行博弈的过程,利益相容成为各个利

---

[1] "十户一体":把全村农户划分成多个责任主体,每个责任主体十多户,并分别推选出一名有威信、有能力的人当"户长"。在户长带动下,各责任主体分别承担自家房前屋后和村里划定公共区域的卫生保洁任务,而村"两委"以责任主体为单元,对环境卫生进行整治。后来,"十户一体"延伸到公共事务的各个领域。

益主体亟须达成的共同目标。譬如陕西省供销集团在脱贫攻坚阶段对扶贫资金激励约束进行了有效探索,形成了"政府＋供销集团＋龙头企业＋贫困户"的新模式。在该模式中,政府、供销集团、龙头企业和贫困户四个主体以共同利益为纽带、以合同方式固化权、责、利,推进扶贫资金资本化运作、产业化发展、企业化投资以及精准化共享,从而实现各个主体各得其所、各取所需[1](如图5-1所示)。还如贵州册亨县在脱贫攻坚阶段建立"合作社＋公司＋绣娘"的"锦绣计划"、大方县搭建的"龙头公司＋村社一体＋群众＋贫困户"模式等,均充分发挥扶贫资金投入效力,取得良好的扶贫效果。总结而言,上述模式均体现出扶贫资金激励约束机制带来的益处,促进扶贫过程中各方主体各取所需、各得其所。现阶段建立巩固脱贫成果专项扶持资金的激励约束机制可以借鉴这些有益的做法。

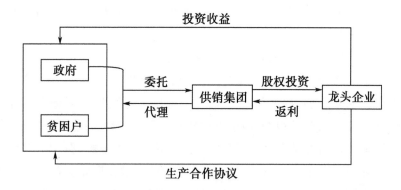

图5-1　陕西供销集团构建的扶贫资金激励约束机制运行示意图

其次,完善扶持资金分配格局。完善扶持资金的分配方式,除了项目的因素之外,考虑脱贫摘帽地区的人口、自然条件、基础设施、资金使用效益、人均纯收入等多方面的问题,既要关注这些地区的经济因素,也要考虑社会因素、文化因素等,合理分配使用扶持资金。完善扶持资金分配格局则亟须确立扶持资金公平公正的分配原则、完善扶持资金信息管理平台、强化结果导向型的分配机制等,建立起包含扶持效益指标、资金管理指标等在内的资金分配与动态调整指标体系,最大化提升扶持资金激励约束效益。

2. 健全扶持资金精准传递机制

扶持资金精准传递给相对贫困对象是落实资金效益最大化的关键环节,

---

[1] 李霞."龙头企业带动"产业精准扶贫模式研究:以"陕西模式"为例[D].西安:西北大学,2017.

在以往扶贫实践中也是最容易引起质疑或出现故障的环节,亟须健全扶持资金精准传递机制。健全的扶持资金精准传递机制将明确各级资金管理主体的权与责,减少资金在传递过程中的漏出,提升资金传递效率。

首先,健全扶持资金传递机制。扶持资金传递是指将扶持资金准确、有效传递至需要帮扶的人口手中,其传递效率和质量直接关系到资金使用效益。在以往扶贫实践中,扶贫资金传递往往出现漏出、截留、寻租等现象。对此,在脱贫成果巩固阶段,应该从效率和质量两个方面健全扶持资金传递机制。一是统一传递主体,提升扶持资金传递质量。我国扶持资金主要由政府部门进行传递,且主要涉及财政、农业以及发改委等部门,相对来说还是有些凌乱,建议扶持资金统一由财政部门负责资金传递。统一的财政部门传递既可以实现资金的统筹安排,也可以直接监督资金的传递质量。二是探索层级传递扁平化,提升扶持资金传递效率。随着互联网等新技术的不断革新,垂直传达扶持资金成为可能,如像农业补贴一样由财政直接打卡,扶持资金传递同样可以由国库直接传递给贫困户或基层政府用于项目开发,从而实现扶持资金传递扁平化。

其次,完善扶持资金补充机制,如增强小额信贷额度。扶持资金不能仅由政府单独承担,还需要有金融机构予以补充,如针对相对贫困人口的小额信贷。小额信贷具有小额、短期、分期还款的特点,是相对贫困人口进行产业生产中容易获得的一种扶贫资金补充方式,且容易激发他们的内生发展动力。如湖北省十堰市郧阳区在脱贫攻坚阶段针对"贫困户不愿贷、银行不敢贷"的困境,以政府信用为担保,完善小额贷款相关扶持政策,帮助贫困户获得贷款用于脱贫产业[1]。这种做法值得继续延续推广。

3. 构建扶持资金多维监督机制

严管扶持资金需要建立严格规范的多元化监督体系,包括设立多元化监督主体、建立动态化监管体系和健全审计监督机制,使困难群众和新闻媒体能有效地监督整个扶持过程,为扶持资金安全有效运行提供保障。

第一,设立多元化监督主体。扶持资金使用范围广、参与主体多,包括相对贫困人口、各级政府、社会组织等。其中,相对贫困人口可以通过扶贫资金公开的报表等监督资金使用情况,政府可以通过审计报告、扶贫年报等行使

---

[1] 国家统计局住户调查办公室.中国农村贫困监测报告 2018[M].北京:中国统计出版社,2018:311-314.

监督权，社会组织可以通过政府年度公开的扶贫资金使用报表监督资金流向以及使用效益。具体来说，我国扶持资金监管工作可以参考香港乐施会[1]对资金和项目的监管经验，充分构建起一种多元化监督主体的模式。诸如建立内部监管和外部监督相结合的多元化监督主体，增强资金和项目管理的透明度，搭建社会监督平台，多渠道实施监督。

第二，建立动态化监管体系。扶持资金监管可以划分为事前、事中和事后三个阶段。一是加强事前监督，包含对相对贫困人口的识别与鉴定、贫困规模的规划与确定以及扶持资金投入与分配等内容。重视扶持项目的论证考察，加入以专业人员为主的第三方论证与评估机制，将脱贫地区的自我监督和第三方监督相结合，科学合理地选择扶贫项目，注重打造适合本地区的特色产业，严格把关扶持项目的选择、立项与申请，促进扶持资金的有效利用。二是构建事中监督机制。依据"横向到边、纵向到底"的思路，构建扶持资金管控系统和信息共享平台，使扶贫资金在运行过程中时刻处于"探照灯"下，包括但不限于采用定期监督、随机抽查等方式形成日常化、全过程、全方位跟踪监督。首先，政府扶持信息动态公开共享，增强群众和社会的知情权，自觉接受外部监督。其次是严格扶持项目的建设，建立问责制并贯穿到项目建设的全过程，定期考察项目的实施情况与资金的使用情况，落实项目实施责任制、项目报账制以及项目验收制等规章制度，确保项目建设的质量。最后，构建多元化监督渠道，比如利用现代信息技术建立涵盖扶持动态信息的网络，及时传递项目与资金的建设与利用进度，提高贫困户以及其他监督主体的知情权、参与权。三是实施事后精细化监督。在开展项目评估验收工作时，一方面要关注项目的质量与资金使用情况，对资金的投入与产出结果进行评估，另一方面要关注脱贫摘帽地区、脱贫人口的满意度，借鉴第三方监督和外部监督的意见对项目进行验收。利用计算机平台除了对资金信息进行监督管理外，还可以利用其中的各项数据对扶持资金使用绩效进行整体评价，让各阶层的社会主体查询资金与项目的使用动态，使其有效行使监督权。

第三，健全审计监督机制。有效的扶持资金审计监督能够促进资金使用

---

[1] 香港乐施会是依托国际组织乐施会于1987年在香港成立的分支，致力于内地的扶贫和防灾减灾工作。在资金监管层面，除了严格的规章制度之外，还建立内外部共同监督的体系。以香港乐施会西南扶贫办为例，该组织设立2名审计员负责不定期监督扶贫项目，同时该机构自身设置审计官员以定期或不定期结合的方式进行审计监督，确保资金和项目的安全性。外部监督则有农户、出资者、国际审计机构。

过程和使用结果的公平性、合规性和效益性。其中确保审计信息和数据真实性、优化审计监督环境以及明确审计内容是健全审计监督机制的关键,同时可以利用现代信息技术创新审计监督机制。首先,审计监督要全面。扶持资金审计监督不能仅是对资金的审计,还要包括物资、劳务的综合审计监督;不能仅是对资金消耗的结果性审计,还要对扶贫资金的分配、发放、使用等方面进行过程性审计;不能仅是加强管理审计,还要加强扶贫资金使用决策审计,保证扶持资金使用的经济效益、社会效益和生态效益均能实现最大化,确保资金的合理有效使用和社会的和谐发展、生态环境的可持续发展。其次,加强审计人员专业培训,培养综合型、复合型人才。建立相对独立的内部审计机构,依据"精干高效"的原则,保证其有效行使监管职能。一是吸纳优秀审计人员,补充审计人员工作队伍,壮大审计力量;二是通过购买社会审计服务的方式解决部分审计力量不足的问题;三是结合大数据技术和信息化背景,对审计人员开展日常培训,提升利用新技术在信息采集、分析等方面的素养,形成能力复合型人才;四是审计监督要与社会监督相互配合,统筹各自责任,且落实扶持资金与项目的监管责任,坚持"谁审批,谁负责",对于贪污、挪用或者闲置、滞留扶持资金的行为严厉问责。最终将外部监督和内部监督配合渗入监管的各个过程,拓展并规范监管信息公开机制和问题投诉机制,规范审计人员,保证审计质量。最后,推动审计监督法制化建设。在明确置顶审计监督地位的前提下,依法依规开展扶贫资金审计,强化审计机关的审计检查权和调查权,从法律层面授予审计机关对财务管理的行为权力。同时,行政监督机关和检察院对扶持工作要严格依法监督,对违法犯罪及侵犯贫困人口权益的行为要严肃查处。

(三)加快完善共享发展理念下的扶持资金制度保障机制

制度保障是确保扶持资金管理效果最优化和使用效益最大化的关键。同时,行而有效的制度保障机制能够激活扶持资金管理主体的责任心和使命感,提升扶持资金的共享价值。基于此,完善扶持资金制度保障机制需从绩效评估、追责问责和法治建设等方面着手构建,既为扶持资金安全运行保驾护航,又为扶持资金共享使用提供制度保障。

1. 完善扶持资金绩效评估机制

绩效评估是对扶贫资金使用效益和质量的事后评价,起到事后监管和供后期工作借鉴的作用。然而,在我国以往的扶贫实践中,扶贫资金绩效评估制度并不完善,包括对扶贫资金使用的绩效评估意识不强、评估内容不清晰、评估结果运用不科学等,在脱贫成果巩固拓展阶段,亟须完善扶持资金绩效评估机制。第一,增强扶持资金绩效评估意识。开展扶持资金绩效评估的目的在于制约政府对扶持主导权的无序扩张与膨胀,完善绩效评估体系将有助于合理配置扶持资金,提升扶持资金利用效率。诸如提升扶持资金管理部门的绩效评价意识、提升审计人员绩效评估能力等,抑或通过购买第三方评价服务等确保绩效评估的客观性、公正性,以促进扶持资金高效合理使用。第二,丰富扶持资金绩效评估内容。扶持资金绩效评估内容既要囊括评估覆盖面,又要健全绩效评估的指标体系。扶持资金绩效评估以扶持目标是否达成为出发点,以资金拨付和使用全流程为主线,资金使用效益和相对贫困人口减少情况为重要依据,去考察扶持资金使用效果与质量,包括资金使用的公平性和公正性。同时,引入第三方绩效评估服务。鼓励第三方机构积极参与扶持资金绩效评估,建立由政府部门与社会组织共同参与的多元化绩效评估体系。第三,重视运用扶持资金绩效评估结果。资金绩效评估审计报告要准确反映资金使用效果,对于效益不佳的资金支出要深挖原因,并提出针对性的整改措施。诸如提高扶持资金绩效评估结果质量,归纳出普遍性、典型性、倾向性问题,总结规律和经验;构建扶持资金绩效评估的法规体系,走常规化、法治化和规范化的评价道路,促进资金绩效评估有法可依;强化绩效评估结果的公开化,实现社会监督、媒体监督和公众监督。

2. 规范扶持资金追责问责机制

追责问责不是规范扶持资金管理机制的目的,而是完善扶持资金制度保障的重要手段。第一,健全扶持资金管理的权责清单制度。依据有限政府、权责统一、运转高效、公开透明等原则,厘清扶持资金管理中各主体的职能定位,明确界定政府部门行政权力边界,推出各个主体的责任清单。如安徽省在脱贫攻坚时期推出的扶贫资金管理权责清单一体化模式,将权利与责任相结合形成权责清单,构建行政权力、责任事项、追责情形"三位一体"的权责关系,并细化责任事项到款[1]。在脱贫成果巩固期可以采用这样的做法。显然,科学合理的权责清单制度能够推进扶贫资金管理信息公开化,保障公众知情权,促进公众有效监督,确保扶持资金高效使用。第二,完善扶持资金管理的追责问责程序。如纪检部门依据权责清单制度和精准扶贫任务分解及

---

[1] 唐亚林,刘伟.权责清单制度:建构现代政府的中国方案[J].学术界,2016(12):32-44.

细化实施办法等材料,明确追责问责对象,针对监督、审计和绩效评估中所反映的资金漏出、腐败等问题,通过走访、约谈等方式收集违规证据,追究相应责任,给予相应行政处分或纪律处分,涉嫌犯罪的移交司法机关处理。第三,严肃扶持资金管理的追责问责结果。尤其是要掌握追责问责尺度,既要严肃结果,也要识别过程。如规范追责问责行为,增强追责问责机制严肃性。但是,过于严苛地执行追责问责制度容易导致形成不求有功、但求无过的行政不作为心态。同时,过于频繁地实施追责问责行为降低追责问责严肃性,达不到震慑相关工作人员、约束权力实施的效果。因此,必须针对违规原因合理执行追责问责机制,细化追责问责使用情形,建立纠错容错机制及容错免责干部澄清制度,增强追责问责结果透明度,提升追责问责结果的影响力和震慑力。

3. 加强扶持资金法治建设机制

法制是保障扶持资金管理的最后一环,也是强制性保障底线。鉴于以往扶持资金保障制度的匮乏,亟须加强扶持资金法治建设机制建设。首先,增补扶持资金管理立法,必要时可构建扶持资金领域的专门性法律文书,且能够与其他行政法规、部门法律、地方法律等构成完整的法律体系,以法律来保障扶持资金管理,做到有法可依、严格执法。其次,确保扶持资金法律文书的可行性。法律文书可行性是落实扶持资金立法、政策的强有力工具,包括明确扶持资金适用对象、外出务工的相对贫困人口的归属、扶持资金适用范围、扶持资金监管评估等。最后,增强扶持资金法律文书的约束力。有力的法律保障力和约束力,能够促进扶持资金效用最大化,高质量地治理相对贫困。如2018年《国家监察法》出台以后,扶贫资金贪腐问题得到了法律文书的支撑,扶贫领域内的职务犯罪查处速度和惩治力度均有所上升。这些均体现出扶持资金管理对法律保障的迫切需要。

(四)建立健全共享发展理念下的扶持资金行政管理机制

扶持资金严格管理最终要落实到人来执行的层面。巩固脱贫成果工作具有公共属性,政府在其中起到主导作用,所以扶持资金管理落实到人实际上就是要落实到政府行政行为之上。共享发展理念之下的扶持资金严管工作也要依赖于相应的行政管理机制的创新。

1. 重组行政机构,集中统筹扶持资金管理

在国家层面,可把关涉巩固脱贫成果的国家发改委、财政部和中国农业银行等多个部门的扶贫职能和专项扶持资金从属于国家乡村振兴局,并赋予

扶贫资金分配政策与资金合理配置的双重职权。同时扶持资金在相对贫困面大的地方政府通过横向或纵向的机构调整成立相应部门的职权，统一分配、拨付、管理、评估财政专项扶持资金。相对贫困面较大的地区在对来自中央和相应部门的扶持资金、信贷资金等统一调剂、分配的同时，根据不同地区的情况，将责任下放落实到县、乡镇等。除重大项目由省管理之外，基层政府对于拨付的扶持资金拥有相应的统筹使用权限，并简化扶持资金拨付和项目立项手续，注意扶持资金拨付时间与当地自然条件、项目实际需求相吻合，通过扶持资金的统一管理，可以减少各个部门资金使用的矛盾，充分发挥扶持资金的规模效益。

2. 建立包含扶贫绩效的扶贫干部管理机制和升迁机制

相对贫困问题较为突出的省、区、市严格扶贫干部管理，建立扶贫干部评价和升迁机制，要把扶贫干部创造的经济绩效、社会绩效和环境绩效作为综合绩效评价标准。经济绩效强调扶贫区域经济发展状况，主要表现在经济总量的增速、可持续性以及发展质量，做到质和量的统一。既要关注扶持资金的投入产出率，也要关注经济的增长动力；既要关注扶持资金的利用效率，也要关注资源的可持续性和生态环境的问题。社会绩效强调人与社会的和谐，表现在经济发展基础上社会的全面进步、公民素质的提高、地区的生活水平和生活质量的提高等各个方面，体现了包容性增长的发展理念，要求继续关注脱贫地区的开发性扶持、居民的基本养老等社会基本保障，实现社会成员的共享发展。环境绩效强调人与生态环境的和谐以及资源消耗的代际平衡，是对欠发展的落后地区的环境保护、生态经济发展等内容的体现。在扶持的过程中，必须坚持可持续的发展原则，与资源保护和生态建设相结合，实现资源、人口的良性循环。不仅应关涉贫困群体经济的增长，还应注重其生活与生产环境的改善；不仅要合理开发与扶持资源，还应注重防治环境污染。除此之外，还可以建立一些其他相应指标进行综合绩效评价和考核，比如资金的到位率和违规使用情况等。综合绩效评价机制不仅能为脱贫摘帽地区构建自我发展的能力，也能反映在保护环境的前提下实现发展的要求，对于扶持干部而言既是展现自己能力的机会和挑战，也是一种抑制单纯追求经济效益的手段。

第六章

返贫防控：共享发展理念下精准扶贫机制的效能创新

通过精准扶贫确保贫困地区和贫困人口共享经济社会发展成果并走向共同富裕，是中国特色社会主义制度优越性的重要体现。我国脱贫攻坚战取得全面胜利这一举世瞩目的反贫困成就是在共享发展理念下积极落实精准扶贫而取得的。然而，精准扶贫机制实施所发挥的效能并不应局限于使贫困对象脱贫摘帽，更应该表现在巩固脱贫成果上。囿于发展基础薄弱、自然条件恶劣、生计脆弱性强、政策补贴性收益占比较高、意外因素等问题，部分脱贫人口和处于扶贫标准边缘的人口还存在着返贫和致贫风险。如果不及时防范和化解再返贫和新致贫的风险，势必会对脱贫成效造成实质性影响，阻碍共享发展理念的实现。基于此种现实背景，在我国脱贫攻坚完成以后，不仅要继续保持现行精准扶贫政策的稳定性和连续性，而且要认真总结精准扶贫实践中的返贫防控经验，及时跟进和调整精准扶贫实践过程中的突出问题和薄弱环节，持续推进以返贫防控创新精准扶贫机制效能的新路径，为实现脱贫攻坚向乡村振兴平稳过渡提供有力保障。

第一节 一般理论分析

返贫防控是脱贫攻坚成果巩固拓展阶段的重点工作，清楚界定返贫概念,厘清返贫特征与类型,将有助于预防和控制脱贫人口返贫基本态势。精准扶贫与共享发展二者是一种耦合联动关系,返贫对实现共享发展产生制约性影响,诸如主体共享性不彻底或不全面,同时返贫对实现公平正义和可持续性发展产生消极作用等。在全面脱贫后,共享发展的使命并未完成,精准扶贫政策还将延续,并与乡村振兴有机衔接,适应这一重大的战略转变,迫切需要在返贫防控上对精准扶贫机制的效能进行优化创新。

一、返贫的概念、特征和类型

返贫问题是扶贫实践过程中经常出现的倒流现象,具体而言是指已脱贫人口因某种原因再次回归贫困群体。国务院扶贫办的数据显示,2016年初,全国7 000多万返贫人口中,因病致贫返贫高达42%,并且集中分布在"三区三州"地带,例如贫困分布较广的西南地区返贫率曾高达20%,西北某省份曾出现返贫超过脱贫人口的现象。基于过往的经验看,脱贫人口生计的不稳定是返贫现象高发的致因。返贫较之脱贫往往更加迅速,一旦外界出现不利因素,脱贫人口很容易再次转入贫困。防止返贫无论是对巩固拓展脱贫攻坚已取得的成果,还是对解决相对贫困问题,尤其是对实现共同富裕、建设社会主义现代化国家都具有十分重要的意义。

(一)返贫的概念

返贫是长期扶贫过程中的一种社会经济现象。从狭义上看,它是指在反贫困进程中已经脱贫的人口重新进入贫困的状况,实质是一种存在状态;从广义上讲,返贫还包括造成这种状态的影响和制约因素,即疾病、教育、住房等外部因素导致家庭经济条件恶化,进而出现再次贫困的现象。总而言之,返贫就是多种内外部因素导致贫困问题的再现或加深,这仍然是脱贫问题的深层次根源。随着我国各项事业的稳步推进,贫困概念已逐渐由绝对贫困转向相对贫困状态。贫困和返贫是两个密切相连的概念,当脱贫人口的经济收入再次下降到贫困标准线之下,基本生活水平又回到脱贫之前或变得更糟时,返贫现象就会出现。

返贫现象是贫困人口在脱贫过程中的反复行为,他们中的大多数人因为天灾人祸、被动失业或其他经济变化的影响,以及抵御不利因素影响的能力有限,不得不重新回归贫困行列。从表面上看,返贫人口的出现是外部因素对脱贫人口影响的结果,是外界诸多因素的消极影响以及贫困人口自身发展能力弱的直接反映,但实质上是对贫困人口改造自然和抵御外界不利因素能力的一种检验,同时也是对扶贫工作成效的最终检验。

返贫率是考察返贫问题的重要概念。所谓返贫率,指的是从已经脱贫人口中再次陷入贫困者的数量所占的比重,是在一定时期内某个国家或地区脱贫后又返贫人口所占脱贫人口或户数的比重[1]。返贫率是扶贫管理过程中涉及的一个重要指标,并逐渐成为衡量扶贫工作实施程度和脱贫质量提升程度的一个重要测算标准,其既可以反映贫困人口脱贫后的发展变化情况,同时又表明了扶贫工作的长期性和艰巨性。返贫率的计算公式如下:

$$返贫率(\%) = \frac{某一国(或地区)返贫人口数(或户数)}{相应国家(或地区)全部脱贫人口数(或户数)} \times 100\%$$

返贫率高低反映出扶贫工作成效的差异:返贫率高,说明扶贫工作更加艰巨,必须果断采取相应措施使扶贫工作更加深入而扎实;返贫率低,说明扶贫工作做得较为扎实,取得切实成效。返贫率的高低受诸多因素影响,其中自然环境的恶劣、天灾人祸的突发、教育费用的高涨、大病急病的出现等都会导致刚脱贫的脆弱家庭重新陷入贫困。

(二)返贫的特征

在改革开放以来的扶贫实践过程中,我国平均每年要解决600多万贫困人口的温饱问题,农村的贫困发生率从30.7%下降到0%。但是,返贫一直是一个不容忽视的问题,比如2003年全国贫困人口非但没有减少,反而增加了80万。相关统计数据表明,部分农村返贫率曾经维持在20%以上,例如因汶川大地震影响而产生的新增贫困人口中62%是返贫人口[2]。从地域分布上考察,西北、西南地区是高发性的返贫区域,重大灾害年份的返贫率会更高。但从总体来说,我国的反贫困事业取得了很大的胜利,全面解决了8亿多贫困人口的温饱问题。但是,时代在发展,扶贫问题也在不断突变,由于扶贫制度建设不及时、扶贫观念更新迟缓、扶贫资源不可持续等一系列问题的存在,在脱贫的同时也会涌出一些返贫人口,脱贫和返贫共存已经成为我国扶贫实践中不可小觑的问题。就我国扶贫开发工作的实际情况来看,返贫主要呈现以下五个特征:

第一,返贫的地域性。在我国,返贫最为严重的地区往往与贫困集中的

---

[1] 向洪,邓明.人口管理实用辞典[M].成都:成都科学大学出版社,1990:275-277
[2] 田惠敏,张一浩.乡村振兴背景下的返贫防范机制研究[J].农村金融研究,2020(2):11-17.

地域具有叠加性。尽管东部地区也曾发生过返贫现象，但自然环境恶劣、经济发展落后的中西部地区才是我国返贫比较容易发生的地方，特别是那些原本集中连片的深度贫困地区。比如"三区三州"作为我国反贫困的主要战场，是我国贫困发生率高、贫困面大、贫困程度最深的地区。尽管我国为深度贫困地区的扶贫事业开展了一系列行之有效的计划和措施，但由于其地理位置的不利因素，西部地区平均返贫率常年活跃在15%左右，个别地区高达30%。

第二，返贫的高发性。刚脱贫又陷入贫困的现象在我国扶贫实践中屡见不鲜，如2003年全国返贫人口甚至超过了脱贫人口规模。此后，返贫现象始终伴随我国反贫困实践的全过程，以致反贫困态势异常严峻。据有关数据显示，我国脱贫人口中平均返贫率曾经一度达到15%，还有学者统计得出平均返贫率达到过20%，个别地理环境较恶劣的地区如甘肃临夏回族自治州等地的返贫率在灾年达到了40%以上，在某些年份甚至出现返贫规模远高于脱贫规模的现象，脆弱性脱贫人口返贫现象高发。

第三，返贫的易发性。当外界因素发生突变或者家庭内部出现变故时，返贫就会极易发生，这不仅反映出我国脱贫人口抗贫能力差，而且也反映出扶贫成效的不可持续性，增加了返贫现象出现的概率与频次。从既往的扶贫实践看，在我国的部分地区，几乎每年都会发生一至两次规模较大的返贫，特别是生态环境恶劣、农业生产技术落后、农业基础极其薄弱的地区，由于这些贫困地区农业生产主要依赖于自然馈赠，农户一旦缺失抵抗自然灾害的能力，加之防范措施不健全，就会在自然灾害频发时期陷入束手无策的境地，返贫也就由偶发事件变为必然事件。尤其是自然环境恶劣地区的经济薄弱脱贫户，一些突发自然灾害、家庭成员生病等偶然事件都会使他们再度回归贫困，易发性逐渐演变为高发性和普遍性。

第四，返贫的个体性。通过对返贫户的实地走访调查，不难发现无论是返贫率高还是返贫率低的地区，返贫现象多是由主体原因造成的，返贫人口或多或少存在着健康状况较差、文化素养低下、思想观念陈旧、收入来源单一等问题，这些因素制约其自身的发展，成为摆脱贫困的桎梏，这也反映出返贫人口的一般特征，从而使返贫现象呈现出一定的个体性。除此之外，部分脱贫人口"等、靠、要"思想根深蒂固，自我发展积极性不高，摆脱贫困的意识不强，仅仅试图通过国家救济以维持基本生计，这也成为返贫现象个体性的一般体现。

第五,返贫原因的多样性。造成返贫的原因是多样的:有的是因病返贫,一场大病会使一般脱贫家庭不堪重负而再度陷入贫困;有的是因灾返贫,对自然环境依赖性强的农户而言,灾害就意味着破产;有的是因子女教育费用迅猛上升返贫,教育经费持续上涨,对以传统农业为生的家庭来说是一笔巨大的负担;有的是因结婚大操大办返贫,愚昧思想和"面子"影响的观念束缚,使部分脱贫户不顾及自身刚有好转的经济状况而在结婚上花费良多;有的是因生态恶化返贫,只重经济而罔顾生态环境承载力的发展,必将遭受自然的惩罚;有的是因扶贫项目效益短期化返贫,扶贫进程中部分项目缺乏长远规划,半途而废且缺少持续性的项目比比皆是,受此影响陷入返贫境地的脱贫户数量较多;有的因违背市场经济规律而返贫;有的因误信投资、乱投资被欺骗而返贫;有的因缺乏自控能力吃喝嫖赌抽而返贫;等等。返贫原因的多样性使各个地区之间的返贫发生率呈现不均衡的态势,反映在各个年份上也不尽相同。尽管返贫的致因多种多样,但对不同地区、不同农户的作用也是各有针对,最终的结果都是脱贫户重新回到贫困中去。

(三)返贫的类型

在推进农村反贫困的进程中,返贫现象曾经是一种不可小觑的现象。返贫原因的多重性直接影响着返贫类型的多样化,其中病灾、素质能力匮乏和发展动能不足、政策变化和项目失序等原因是造成脱贫人口返贫最为突出的原因。一般来看,返贫的诱因可以大致分为政策型返贫、资源型返贫、风险型返贫和能力型返贫等四种类型。

一是政策型返贫。扶贫具有阶段性特征,决定了扶贫性质的阶段性。当帮扶面对的贫困人口属性和类型不同时,就需要政府转变扶贫理念,一旦政策不及时递进与更新,就会造成原有政策手段与现存贫困问题之间的治理失调,大大削减政策适用性,从而影响扶贫效能,造成已脱贫人口陷入返贫的境地。此外,扶贫政策制定、出台、执行与落实是一个连续性过程,一旦中间某个环节出现问题,就会直接影响整体扶贫效果。如扶贫政策执行与落实偏轨,扶贫政策落地过程中,一些基层部门为了追求政绩,背离可持续发展理念,把有限的扶贫资源用在了短平快的项目上;"形式主义""官僚作风""数字扶贫""表格扶贫"现象频出。此外,乡土熟人社会中的"面子"与"人情"影响乡村治理格局,"经验主义""利己主义"影响着扶贫项目的选择与推进。因"关系户"而选定扶贫对象的现象时有发生,甚至出现个人为获得利益、基层为追求政绩不惜弄虚作假的现象。这些问题的存在为良性扶贫格局的形成带来冲击与挑战,大大降低扶贫效能,为脱贫后出现返贫现象埋下严重隐患。

二是资源型返贫。资源型返贫主要包括自然资源和社会资源。从自然资源层面来看,老少边穷地区自然条件恶劣、发展水平低下、生态环境脆弱、极端天气频发,导致农业生产效率不高,减产停产贯穿其中,从而引发农户收入的极不稳定。在国家政策与资金的大力倾斜和扶持下,虽然短期内会达到特定的脱贫目标,但却不具备可持续性。一旦进入灾年,或受恶劣自然环境的影响较大,就会使已脱贫人口再度陷入贫困。同时,老少边穷地区的贫困人口为满足基本生存需要,不得不过度地开采和利用有限的自然资源,造成资源贫瘠、生态恶化,一定程度上虽然能够获得短期的经济效益,提升当地经济发展水平,但以牺牲生态环境为代价的经济发展注定不能长久,容易遭到自然的反噬,造成大面积返贫。从社会资源层面来看,供给问题一直影响着扶贫效果。贫困地区尤其是老少边穷地区一直是扶贫资源的大量注入地,但由于贫困地区较为分散、人口贫困程度不一,无法集中投放扶贫资源,资源分散性与使用的不规范性造成农村基本公共服务与基础设施建设滞后。外部扶持性资源投入有限,但贫困地区的教育、医疗、养老等社会保障缺口较大,直接导致贫困人口人均资源占有量低下,基本生活保障无法惠及全部人口,不能彻底改变贫困地区落后面貌、改善贫困人口生活,脱贫后陷入返贫的状况时有发生。

三是风险型返贫。风险型返贫主要指灾害性的自然风险、疾病性的社会风险、自发性的市场风险等对物质基础不牢固、收入不稳定的个人或家庭带来沉重性打击,使其脱贫后再度返贫。首先,以涝旱、地震、台风为主的自然风险破坏力重、灾害性强,一旦出现在贫困地区,就会对其造成严重性的打击,且灾害发生时间不定、范围广泛,对刚刚有少量物质积累并初步摆脱贫困的人口来说,灾害的发生不只简单影响其生产生活,还会使其陷入返贫的境地。其次,围绕重大疾病产生的一系列社会风险会对部分刚刚脱贫的家庭造成毁灭性打击,普通家庭尚不能承受突发大病的沉痛打击,在贫困标准线徘徊的人口更无力支付巨额医药费,加之"看病难,看病贵"的问题尚未得到有效解决,医疗保障体系的完善与健全还有很长的路要走,种种原因促使脱贫人口中因病返贫人口数量常年较高。最后,市场经济逐渐打破乡村原有的发展格局,越来越多的小农户开始对接大市场。但由于市场存在巨大的自发性与波动性,在多变的环境中给农户增加了诸多风险,因市场不确定性而增加返贫风险的脱贫人口开始大量出现,其中农户追随市场大潮最常见的形式就是投资,投资本身具有非常大的偶然性,它主要依托于市场规律变化和个人天赋才能,农户既不能准确把握市场变化规律,也没有过人的投资天赋与才能,很容易被市场所吞噬。一旦投资失败,不仅会影响已经渐趋变好的生活,还有可能会再度贫困境地,成为返贫人口。

四是能力型返贫。能力是检验发展水平的重要基石,丧失发展能力的已脱贫人口大概率会陷入返贫境地。首先,部分已脱贫人口因教育缺失、技能丧失而再度陷入贫困。农民的素质能力与发展水平无法胜任时代所需的高质量、技术型工作,只能依靠体力劳动从事密集型、粗放型产业,工资收入与劳动报酬自然也会很低。还有一部分人会因自身素质能力低下和性格障碍而选择逃避工作和压力,加大家庭返贫的风险。其次,老人和弱残人口数量的增加也极易促使已脱贫人口和家庭返贫。当前,我国由于青壮年劳动力大量流出而引起的乡村空心化、老龄化问题尤为突出,留守的老妇幼群体不具备极高的生产能力和水平,继而导致生活水平低和收入不稳定,这部分贫困人口依赖政府救济以维持基本生活,常年在贫困线边缘浮动,并有极易陷入返贫的风险。最后,部分思想贫困者对自身发展能力进行自我否定和封闭,甚至直接放弃努力,不思进取,成为常驻贫困线左右的"钉子户","懒""惰""散""穷"等特点在其身上体现得淋漓尽致,这类人口即便脱贫也不彻底,且其脱贫后返贫的风险极大。

二、返贫防控及其对共享发展的积极影响

如上所述,返贫是贫困治理后期才出现的词汇,它是基于脱贫概念而生成的次生概念。既然是次生概念,那么必然有次生的条件:一是有不稳定的脱贫人口,二是有导致脱贫人口再度陷入贫困的外在条件。基于此,对防控返贫风险势必要抓住这两个基本条件,重点放在导致脱贫人口再度陷入贫困的外在条件上,防控这一词汇应运而生。防控由"防"和"控"二字组成,兼具预防和控制双重含义。返贫防控这一组合词由"返贫"和"防控"两个词组合而成,从社会意义上成为反贫困领域的重要环节,即如何预防和控制脱贫人口再次返回贫困人口行列,这是巩固和稳定脱贫攻坚成果的托底之作。返贫防控是一个执行力强、覆盖面广的系统性工程,是包括监测警示机制、赋能机制、帮扶机制在内的综合性机制。不同机制间既保持独立运转又相互联结,共同作用于返贫防控机制之中。其中,监测警示机制是返贫防控机制实施的重要依托,在贫困人口脱贫以后绝不能对其放任不管、置之不理,而是要在动

态变化过程中进行准确的监测、评估与管理,力图精准及时地掌握贫困人口脱贫后的实际生活情况,以便达到预警效用。一旦发现脱贫人口处于返贫边缘,就能及时快速地处理和解决,同时形成返贫风险干预体系,对在贫困标准线徘徊的人口进行适当的风险干预,及时阻断可能陷入返贫风险的运行路径,在降低返贫治理成本的同时增强返贫治理效能。赋能机制是返贫防控机制实施的核心要义,人的突出表征在于其具备极强的主观能动性,尤其是已经脱贫却再度深陷贫困囹圄中的人,促使这部分人口进行思想观念的转变以期从根源上激发其再度脱贫的积极性和发展的能动性,并对个体的人力资本积累进行国家层面的投资与扶持,提升返贫人口的整体素质,培养其超越以往的生产技能、生活本领和生存能力,从内生性根源上唤起返贫人口的信心、决心与恒心,在返贫防控机制实施的过程中显得尤为重要。帮扶机制是返贫防控机制实施的坚强后盾,在精准扶贫过程中,返贫的出现是必发性因素和偶发性因素综合作用的结果,为遏制大量返贫的发生,健全返贫防控的落实完善机制显得尤为重要。基于此,政府应针对返贫可能出现的各类情况采取相应的配套措施,以制度机制的良性运转保障扶贫脱贫效能,延续扶贫过程中的兜底保障机制并促使其继续发挥效用,力图使每一个贫困人口都能摆脱贫困,实现对美好生活的向往。返贫防控的三大机制不是彼此孤立的,而是处于上下联动、前后联结的状态,也正因如此,整合不同机制的具体功能,发挥联动效应才能确保返贫防控机制有效实施,并最终实现返贫防控的目标。总而言之,返贫防控既有对过往贫困的考察追溯,也有对脱贫之后事宜的推进,最终目的是实现全体人民共享改革开放的发展成果,即对共享发展产生积极效应。

  当前,在党和政府、社会各组织以及贫困对象自身等多维度扶贫主体的共同努力下,我国精准扶贫工作已取得全面胜利。但是,在扶贫脱贫目标达成之后,脱贫地区和人口仍然有返贫的风险,返贫仍然是横亘在实现共同富裕、建设社会主义现代化国家道路上的绊脚石,对共享发展的落实也会产生一系列的消极影响。共享发展与精准扶贫是一个耦合共进的过程,实施精准扶贫并顺利实现脱贫能够有效促进共享发展目标早日实现。反之,在发展的共建共享过程中也能促进精准扶贫任务早日完成。因此,脱贫人口返贫一方面增加了扶贫的难度,另一方面影响了共享发展这一目标的实现预期。依据共享发展与精准扶贫耦合共进的原理,预防脱贫人口返贫的防控机制建设将会对共享发展的主体覆盖、核心要义和未来走向等产生差异化影响。

第一,返贫防控对共享的主体覆盖产生积极影响。共享发展特别强调每一个人都是社会发展成果的享有者,使每一个人都能实现对美好生活的向往。如果有任何一个贫困人口没有真正实现脱贫,那么都不能准确地说完成了共享发展。也就是说,共享发展坚决不让任何一个人掉队。首先,返贫人口的出现说明了脱贫的不彻底性,也就是共享的不彻底性。在精准扶贫过程中,不仅要精准识别扶贫对象,还要用行之有效的方法进行治贫。各个区域与不同群体有着不同的返贫原因,在对其进行帮扶的过程中,要从贫困根源处着手,找到贫困的真正原因,而不是表面性地解决暂时性贫困。只有确保贫困人口彻底脱贫,才能让人民大众真正实现共享,这是主体能否实现彻底共享的关键。其次,脱贫人口返贫影响共享主体覆盖的全面性。全面建成小康社会的一个重要方面就是覆盖的人口要全面。换言之,共享发展是全面建成小康社会的基石,共享发展的主体必须全面。无论是贫困的主要地区如偏远农村还是大城市中的贫困人口,都是精准扶贫必须识别并且帮助脱贫的对象,也是共享发展的主体。脱贫人口中的返贫人口作为共享发展的一部分、一分子,必须全部实现脱贫才能实现全民共享。除此之外,脱贫人口的返贫影响了共享主体的信心。返贫问题的出现在某种程度上让这部分贫困人口和正处在脱贫过程中的贫困人口真正脱贫的信心产生动摇。社会各界会因返贫问题而质疑扶贫的真实效果和意义。然而,个别地区返贫问题的出现不能完全否认扶贫的成果和意义,相反,应该从中总结问题、反思不足,为接下来的稳定脱贫提供参考和借鉴。扶贫不仅需要重塑扶贫对象的信心和力量,也需要激起帮扶组织的信心,信心是实现脱贫的动力之源,共享发展的实现是脱贫的旨归。总之,无论是从共享主体的彻底性、共享主体的全面性还是共享主体的自信方面来说,脱贫人口的返贫都是阻碍共享主体真正实现共享的大问题。

第二,返贫防控对共享发展的价值要义产生积极影响。共享不是理论性的空想,而是实实在在的实践内容,其核心价值要义是公平正义。共享发展要实现的是全体人民共同的小康,并且以推进公平正义为前提。脱贫人口返贫实则削弱了共享发展的公平正义性,因而返贫防控必须践行公平正义的价值理念。一方面,返贫防控的目的就是维护社会的公平正义。在社会发展过程中,影响社会稳定的一大因素就是公平和效率的矛盾问题。改革开放以来,虽然我国减贫速度快、效率高,但对返贫问题重视程度还有待加强。实现贫困人口彻底摆脱贫困正是解决社会不公的重要举措。另一方面,公平正义是返贫防控的重要价值追求。共享发展的公平正义性既反映在贫困人口的物质满足上,即经济收入能够达到一定标准,基本生存需要得到满足,贫困人口能实现对小康社会的向往,也体现在贫困人口的精神满足上,即向往精神丰盈,不再局限于衣食住行的简单满足。返贫意味着贫困人口在精神和物质上均没有得到充分保障,说明共享发展的公平正义性还没有落实到位,因此在返贫防控过程中,要同时兼顾物质与精神两个层面,找准这部分人口返贫的实质性、深层次原因,进而及时摆脱返贫的风险。从这个意义上来讲,返贫防控对实现共享发展的价值要义产生积极影响。

第三,返贫防控对共享发展的可持续性产生积极影响。贫困人口摆脱贫困是共享发展的前提和基础,而脱贫人口的返贫直接影响着共享发展的可持续性。所谓共享发展的可持续性,是指共享发展的系统性、长期性、共同性等方面。共享发展是一个系统性工程,由就业服务、基本医疗、社会保障等部分组成,而扶贫攻坚是其中的一个重要环节,返贫的出现增加了这一系统工程完成的难度系数。由于返贫并不在共享发展的预期中,以至于脱贫人口再次返贫的情况会成为这一工程难以预期的部分。如何对返贫情况作出反应,以及如何应对各种不同情况的返贫都是这一系统工程要着重考虑的问题。共享发展是一个长期性过程、长远性目标,组成共享目标的每一子目标也是稳定性、长期性的,一旦脱贫作为其中的一个子目标出现变动,共享这一长远目标的长期性、稳定性就无法保持,直至脱贫人口的返贫状况不再出现,贫困人口真正脱贫,共享发展的长期性目标才能完全实现。共享发展也是一个共同性的过程,它包括政治、经济、文化、生态各方面的共享,贫困人口真正脱贫是实现各方面共享的必然前提,一旦在脱贫过程中出现返贫问题,那么全面共享必然成为一句空话。因此,遏制出现返贫现象就必须采取多样化的返贫防控措施,实现共享发展的可持续性。

总而言之,防控脱贫人口再次返贫,并不断巩固脱贫攻坚成果,是早日实现全民共享发展的前提,也是我国实现全面建成小康社会目标后进一步向社会主义现代化国家迈进的重要环节。因此,共享发展理念下精准扶贫机制效能创新胜在返贫防控,以确保贫困人口真脱贫、脱真贫。

三、共享发展理念下精准扶贫机制效能创新胜在返贫防控

当前阶段,我国脱贫攻坚已取得历史性成就,标志性成果是现行标准下

绝对贫困人口已彻底消除。但绝对贫困的消除并不意味着精准扶贫工作的终结。随着绝对贫困人口的全部脱贫，一些超常规的扶持举措减弱甚至退出，部分已脱贫人口和在动态调整中徘徊于相对贫困线边缘的人口面临着返贫致贫风险。在脱贫攻坚阶段，精准扶贫机制运行注重通过精准布局、精准施策做到"有贫治贫"，但是精准扶贫机制效能不仅体现"有贫治贫"，更要体现"未贫防贫"，即不让任何一个人因返贫被排除在共享发展之外，评价精准扶贫机制效能关键要看能否防控返贫风险。在"有贫治贫"阶段，精准扶贫机制主要依托政策的推动力，并做到精细化、精准化、高效化地配置扶贫资源，在全国范围实现"两不愁三保障"的底线目标。而在当前巩固和拓展脱贫攻坚成果的新阶段，以扶贫瞄准为导向的精准扶贫机制的边际溢出效应将开始递减，扶贫治理的效能目标将发生异质性变化，即由之前脱贫效果的"规模性"指标转变为脱贫效果的"可持续性"指标，这就要求从治理效能上对现有的精准扶贫机制进行调试，在原有精准扶贫机制"有贫治贫"的效能基础上，增加"未贫防贫"的治理效能。基于脱贫攻坚成果巩固并向乡村振兴过渡的缓冲期内精准扶贫工作的新变化、新形势，聚焦返贫发生机理，建立返贫防控机制是共享发展理念下精准扶贫机制效能创新的最终落脚点。如果说精准脱贫是前期精准扶贫机制运行取得的重大成效的根本方法，那么下一步进行返贫防控并巩固脱贫攻坚成果将成为共享发展理念下精准扶贫机制效能创新的制胜法宝。

（一）返贫防控以延续性政策奠定了共享发展理念下精准扶贫机制效能创新的制胜基础

共享发展理念旨在明确发展成果的普惠性，惠及社会所有成员，特别是惠及贫困地区和贫困群众。这一理念从贫困地区和贫困群众的发展获得感出发，以脱贫为基本实现条件，以脱贫可持续性为实现的终极评判标准，不仅要求精准扶贫实现脱贫，更需要实现脱贫的可持续性。按照共享发展的要求，精准扶贫机制在精准识别每一个贫困人口并致力于解决"两不愁三保障"问题的基础上，促进其高质量脱贫，促进贫困人口充分、全面发展从而保障其基本生活水平。但不可否认的是，已经脱贫地区和人口的生存发展方式还没有得到根本性改变。有些已经出列的贫困地区，发展基础还比较薄弱，产业同质化严重；有些已经退出的贫困人口就业稳定性差，并存在依靠政策性收入脱贫的情况。帮扶政策的稳定延续是巩固脱贫攻坚成果、以返贫防控创新精准扶贫机制效能的重要基础。鉴于此，返贫防控应该从三个方面入手：一是要对脱贫地区和脱贫人口"扶上马、送一程",确保对脱贫地区和人口保持现有帮扶政策总体稳定。对于确实需要退出的政策和制度,适当延长施行时间,以保证合理和科学的过渡,避免政策急刹车式的中断。二是要保持扶贫队伍的相对稳定。要向重点乡村持续选派扶贫工作队和驻村第一书记,强化帮扶干部队伍的建设,推进驻村帮扶工作更加扎实有效,同时保持脱贫地区党政干部正职的基本稳定。三是要有效衔接精准扶贫政策与低保政策,把脱贫不稳定人群、边缘易致贫人群纳入低保,待其稳定脱贫后再有序退出。

(二)返贫防控以前置性管理创造了共享发展理念下精准扶贫机制效能创新的制胜条件

为了落实共享发展的理念,在有计划、有组织的大规模扶贫开发的基础上,我国又实行力度更强的精准扶贫战略。从中央到地方、从政府到社会,采取了多种干预措施,补短板兜底线,帮助贫困地区和贫困人口摆脱绝对贫困。精准扶贫机制的实施对我国消除绝对贫困起到了至关重要的作用,但值得注意的是,虽然针对贫困地区和贫困群体的不同情况,精准扶贫机制在精准分析致贫原因的基础上采取了差别化的帮扶措施,但不同的帮扶措施都存在着一定的返贫风险源,影响着脱贫效果的稳定性、可持续性。例如,对于救济型或保障型扶贫措施来说,脱贫后的措施退出是返贫的直接风险源,而且这种措施可能对贫困群体的返贫致因有一定的遮蔽,造成扶贫对象对帮扶资源的依赖,一旦措施减弱或退出很容易重新陷入贫困状态。对于产业扶贫措施来说,经济波动、市场竞争、成本上涨、行业调整、巨头垄断等因素都可能对产业扶贫项目造成打击,使扶贫对象的收入来源中断,导致返贫发生。对于易地搬迁扶贫措施来说,在贫困人员难以融入迁入地的情况下,则不能从根本上解决他们的贫困问题。对于参与型扶贫措施来说,需要的是扶贫参与者之间达到权力平衡,才能实现合作共赢。如果扶贫主体权力脱缰,则可能导致扶贫走向形式主义或滋生腐败,导致贫困人口不能实现真正脱贫,"返贫"也就不足为奇。如果扶贫行为被扶贫客体主导,则可能因扶贫客体的认知和能力局限而影响效力的发挥。此外,自然灾害和重大公共卫生事件的突发对所有扶贫措施的实施进程和效果都会有不同程度的影响,而意外伤病、婚丧嫁娶、生育等家庭额外支出所产生的高额经济负担也可能使刚刚脱贫的人口再次返贫。

基于上述返贫风险因素的分析,在脱贫攻坚成果巩固期,创新精准扶贫机制效能的目的就是控制返贫风险因素,化解返贫风险。返贫防控就是要对前期精准扶贫各类帮扶措施进行"回头看",并对脱贫人口的生产生活情况进行跟踪,清查可能导致返贫的风险因素,有针对性地制定返贫预警方案,将阻断风险的对策前置到返贫发生之前。因此,把返贫防控纳入精准扶贫机制中,就是要有目的地对返贫因素进行甄别、评判、监测、干预等前置性管理,把精准扶贫机制的效能从"有贫治贫"扩大到"未贫防贫""近贫预警"。

(三)返贫防控以常态化治理提供了共享发展理念下精准扶贫机制效能创新的制胜保证

在绝对贫困尚未完全消除时,精准扶贫机制更多的是从政治责任和道义担当的角度确立扶持关系,从而构筑起全社会协同推进的"大扶贫"格局。在脱贫攻坚取得全面胜利、绝对贫困完全消除后,在共享发展理念的引领下,精准扶贫机制则由政治和伦理情怀转化到日常公共治理框架中,将返贫防控的常态化治理作为创新精准扶贫机制效能的保障。一方面,要改变"目标责任制"式的强动员模式,通过法治化、制度化来保证扶贫机制的高效运转。在中央层面应该尽快出台《扶贫法》,在省市层面也要加快出台相应的法律法规,以保证扶贫治理的可持续性,巩固已取得的脱贫成果。另一方面,依托共建共享的社会治理契机,在保证扶贫治理大局整体稳定的同时,也要依据社会发展的要求而进行弹性转化。在全面消除绝对贫困的背景下,精准扶贫机制所产生的效能不应该再局限于"两不愁三保障"的底线尺度,而是应该上升到享受发展成果和机会的权利和能力的多维水准。常态化的返贫防控就是要从人的全面发展的角度,细化、丰富民生保障内容,构建贫困治理的标准化多维体系,并以此作为治贫防贫的依据,把社会参与、健康支持、公共服务、自我发展等指标有序合理地嵌入扶贫机制整体中,使扶贫治理与创造美好生活紧密互动,从而实现巩固脱贫成果、共享社会发展成果与经济社会的高质量发展深度融合。

第二节 返贫潜在风险给精准扶贫促进共享发展带来的压力

虽然我国脱贫攻坚任务已圆满完成,但不可否认的是刚刚脱贫的人口或徘徊在贫困线边缘的潜在贫困人口仍存在着一定的返贫风险。究其原因是脱贫攻坚阶段的精准扶贫机制在脱贫主体能力提升、脱贫供体资源供给和脱贫环体支撑等方面还存在着薄弱环节,脱贫人口还存有潜在返贫复贫的可能,进而影响到共享发展理念引领下精准扶贫共享效果、共享措施和共享基础等效能的发挥。在全面脱贫后的新历史时期,应尽快查找精准扶贫机制运行中的弱项短板,确保降低潜在的返贫风险,确保精准扶贫机制转接的平稳过渡。

一、脱贫主体能力弱质性影响精准扶贫共享效果的可持续性

脱贫主体能力是指由贫困人口依靠自身能力摆脱贫困的一种表现形式。返贫现象正是脱贫人口主体能力的弱质性而导致的社会现象,主要包括脱贫人口身体健康、科学文化素养、能力、心理的局限性和低层次性。脱贫主体能力弱质性是指脱贫人口受自身局限或外部因素影响,其综合素质得不到持续性提高而表现出来的某种不足与劣势。第一,身体健康水平薄弱致使精准扶贫共享效果缺乏可持续性。据有关数据显示,过往贫困人口中因病致贫的比重最大、数量最多,约占贫困总人口的一半。有调查结果显示,贫困或返贫人口相较非贫困人口而言,长期患病的概率高,到医院就诊的频率高,残疾劳动力的比重高。由此可以看出,越是贫穷的家庭,其成员患病的可能性就越大,特别是家庭中的非劳动群体如老人、儿童长期患病概率较高。另外,就当下而言,已脱贫人口医疗救助机制尚不完善,对大病疾病的预防和救济工作还处于起步阶段,面临突如其来的疾病和伤痛,部分已脱贫人口得不到及时有效的帮助,他们仍然会受到疾病问题困扰。身体素质水平下降而导致劳动能力丧失,继而重返贫困的现象仍十分常见。脱贫主体能力的积累和提高是避免其再次陷入贫困的主观条件,确保脱贫主体的身体健康是防止再次返贫的有效途径,在反贫困进程中发挥着不可或缺的作用。但是脱贫人口身体健康以及衍生能力在面对外部环境的冲击上呈现出弱质性,进一步影响到精准扶贫共享效果的可持续性。第二,科学文化素养和心理素质水平薄弱致使精准扶贫共享效果缺乏可持续性。一方面,科学文化素养水平薄弱致使精准扶贫共享效果可持续性不足。在先天性发育不足、后天教育匮乏的双重影响下,已脱贫地区人口的文化素质仍旧较为欠缺。当前我国已在逐年增加教育投入,但教育资源、水平与质量在地区分布和区域分配上仍有很大差距,加之农村人口数量庞大,教育资源尚未惠及每一年龄层次,致使已脱贫地区人口的综合素质仍然较差。再者,高校的急剧扩张导致多数人就业陷入瓶颈期,因教返贫成为不容忽视的问题。此外,现代农业主要依靠科学技术,农民学习和掌握丰富的科学文化知识已经成为时代发展之必然,但偏远农村人口的收

入水平与其科技文化素质明显失衡,在实际的农业生产中,传统农业人口主要依靠辈际口耳相传的经验来获得生产技术,而缺乏系统整体的专门技能培训和现代科学技术指导,故而使现代农业生产的实际效能大打折扣。另一方面,心理素质水平不高致使精准扶贫共享效果可持续性不足。据不完全统计,绝大多数返贫人口在心理上体现出自卑胆怯、落后保守的倾向,返贫人口长期生活在自给自足的自然经济环境中,日复一日固守着传统的生产经营方式,忽视现代科技文化的进步带给农业发展的契机。面对新生的机遇和挑战,胆怯自卑心理使他们害怕承担投资风险,无视社会变革带来的新发展空间,害怕卷入市场竞争并从内心深处排斥竞争,不能以积极的状态投入以自我发展为主的扶贫建设之中,缺乏对自身价值的肯定,志气低落。尤其是在遇到困难与风险的过程中缺乏适应环境的能力与抵抗风险的能力,对于新技术的推广和应用表现出不解、排斥,因循守旧,不做改变,缺乏创新观念,使因志返贫现象屡见不鲜。"宁愿一起穷,不愿个人富"等胆怯愚昧心理的存在,都严重束缚着脱贫再返贫人口自我创造发展机遇的信心和勇气。此外,反贫困初期实施的救济式扶贫政策,造成部分贫困人口在心理上安于现状、不思进取,完全依赖于国家扶贫政策而维持基本生活,久而久之养成"等、靠、要"的思想状态和生活方式,不仅不利于自身素质的提高,还极易造成返贫现象的出现。脱贫人口科学文化素养和心理素质水平薄弱使得贫困地区的人力资源优势逐步下降,不仅不能为社会创造丰富的物质财富,还会给整个社会带来巨大压力。而在脱贫攻坚阶段,精准扶贫力求通过一系列对口措施来帮助贫困人口彻底摆脱文化和心理层面的贫困,以此来消除贫困生成的深层次致因。但由于脱贫主体能力弱质性所带来的返贫问题还不时发生,且其无疑成为扶贫实践中不容小觑的"拦路虎",故而后扶贫时代解决相对贫困问题还需依靠脱贫主体文化和心理的提升,以此来提高脱贫后的生存和发展能力,否则精准扶贫所要达到的共享效果就不具有可持续性。第三,生计能力弱质性致使精准扶贫共享效果缺乏可持续性。由于刚刚脱贫的人口仍然存在生计能力不足的现象,因而相应会出现生产能力不足、致富能力不强和应对风险能力偏弱等问题。一旦刚脱贫人口与竞争市场相接触,经受不住考验的脱贫人口重返贫困的概率增大。基于有限的知识背景和技能涵养,已脱贫地区的农业生产主要还是延续着传统模式,仅维持自给自足的耕作模式会导致农业发展水平滞后,农产品缺乏竞争力,科技含量低。在风云变幻的市场竞争中,脱贫人口尚无法有谋划地把握机遇、求得创新,从而表现出应对外部环境变化能力的弱质性,进而导致精准扶贫共享效果不可持续。与此同时,恶劣的自然地理环境导致交通不便、信息闭塞等,亦使得刚脱贫人口的生存与发展能力弱化,生存能力弱化则势必会造成脱贫人口一味地为了维持眼前利益而进行短期开发,发展能力弱化则忽视长远规划与保护,从而造成生态环境破坏,已遭到毁坏的环境进一步加剧了脱贫人口返贫概率。又因脱贫人口自身生计能力不足,其在面对自然和生态环境时呈现出无能为力的态势,由此导致精准扶贫的共享效果不可持续。

二、脱贫供体帮扶的低水平影响精准扶贫共享措施的延续性

供体本是一个医学概念,主要是指器官移植中的器官提供者及其提供的各类器官。脱贫供体则是这个医学概念在反贫困领域的衍生,其主要是指扶贫实践中有助于脱贫的各类社会资源或条件,包括产业发展、基础设施和公共服务等。脱贫供体帮扶的低水平是指虽然脱贫攻坚的目标任务已经完成,但对脱贫地区和脱贫人口所提供的扶持还处于初级水平,还不足以化解返贫的风险。脱贫供体扶持的低水平主要表现为脱贫地区特别是原深度贫困地区,自然环境引起的灾害高发频发或自然资源利用方式欠足,产业帮扶不精准导致的脱贫基础薄弱或产业后续发展没有步入良性轨道,交通等基础设施和社保等公共服务存在短板,诸如这些问题的存在直接导致脱贫攻坚阶段中的一些精准扶贫共享措施难以延续。

首先,部分脱贫地区产业发展尚处于起步阶段,作为精准扶贫阶段实现共享治本之策的产业扶持今后要延续下去还面临着诸多的挑战。我国之所以能够取得贫困人口全部脱贫、消除区域性整体贫困这一重大的共享发展成果,是因为产业扶持起到了决定性的作用。在精准扶贫阶段,产业扶持政策覆盖了98%的贫困户,832个贫困县全部制订了产业扶持计划,比如建立种植、养殖、加工等各类产业基地超过30万个,旅游扶贫、电商扶贫等新业态迅速推进。但是也应看到,刚脱贫的地区产业总体起步较晚,成熟的扶贫产业体系尚未形成,扶贫产业实现良性发展还有很长的一段路要走。诸如,有的脱贫地区的扶贫产业因受到资金来源少、技术支持差、抗风险能力弱等因素的制约,缺乏长期生存发展的能力;有的脱贫地区扶贫产业集中在生产周期相对较长的种养环节且品牌培育滞后、链条延伸不够,加工、冷藏保鲜、物流配送配套设施还跟不上,可持续发展比较困难;还有一些脱贫地区扶贫产业没有因地制宜,为了完成脱贫任务而盲目跟风,存在一定的市场风险。上述

这些问题如果不能及时解决,今后就难以继续通过产业扶持措施持续性增加脱贫人口的收入并形成脱贫地区持续竞争力,精准扶贫所取得的共享成就也就难以得到巩固。

其次,部分脱贫地区基础设施还存在短板,在一定程度上制约了精准扶贫措施持续发挥巩固共享发展成果的作用。基础设施是服务于生产和生活的物质装备,是保障一个国家或地区经济社会活动得以正常开展的物质条件,主要包括交通、水电、网络、文教、卫生等与日常生产和生活密切相关的物质设施。基础设施既是基本的生产和生活保障,也是摆脱贫困的重要基础。因此,在精准扶贫阶段,我国聚焦解决脱贫攻坚的关键问题,除了在精准识别个体需求基础上因村因户因人制定措施实施帮扶外,还把推进贫困地区基础设施建设作为主要抓手,使贫困地区基础设施建设实现了历史性飞跃,为持续促进贫困地区经济社会发展和提高贫困人口生产生活质量扫除了障碍。但当前脱贫地区基础设施发展与巩固拓展脱贫攻坚成果的要求相比,与广大群众的期盼相比还有不小的差距。主要表现在:一些高寒地区和缺水严重的地区农村厕所改造还不成熟,一些地区农村生活污水还没有实现集中处理,有些村庄前期建设的以"通"为主的道路,建设标准低且通达深度不够,有些村庄还没有通动力电,有些村庄农产品加工处理的基础设施薄弱,还有些村还没有电子商务配送站点等。脱贫地区基础设施的这些不足,不仅直接影响着脱贫地区和脱贫人口共享发展的成色,而且也不利于精准扶贫措施在脱贫成果巩固拓展时期继续发挥防止返贫、促进共享的作用。如果道路的通达性不够,靠人力运输,难以获得高效率;厕所改造不成熟和饮水不卫生影响健康,是导致因病返贫的隐患;电力不稳对接受现代化信息造成影响;农产品加工处理基础设施不足、不能进行电子商务配送都可能导致增产不增收。可见,基础设施是精准扶贫个性化帮扶措施持续发挥作用、巩固脱贫地区和脱贫人口共享发展成果的前提和必要保障。如果在脱贫成果巩固拓展期不能补足基础设施的短板,精准扶贫实践中所形成的一系列共享性帮扶措施就犹如空中楼阁,缺乏延续下去的硬件基础。

最后,部分脱贫地区高质量公共服务供给不足,增加了精准扶贫共享措施持续发挥作用的难度。公共服务是指政府或社会组织提供的旨在保障全体社会成员工作、生活和发展基本需要的非排他性、非竞争性服务。精准扶贫机制运行以来,在中央与地方的"决策—落实"的相互配合中,超常规性治理给贫困地区公共服务带来了很大的跃升。当前,脱贫地区的公共服务虽然已经形成良好的基础,但一些脱贫地区公共服务还存在着高质量供给不足的问题。主要表现在三个方面：其一,供给水平不高。虽然从总体上看脱贫地区的公共服务有了很大的改善,社会保障、养老、医疗、教育服务等都有了很大发展。但是部分脱贫地区公共服务的水平还有进一步上升的空间,养老、教育、就业、医疗、科技等方面的服务的可获得性、服务水准和人力资源素质都有待提升。其二,供给结构不平衡。一方面精准扶贫所带动的公共服务供给项目有偏重,注重提供与贫困人口生活紧密关联的保障生活、改善住房条件等服务,而与生产直接相关的诸如大型水利灌溉、生产技术推广、市场信息咨询服务,各种生产机具的销售、维修和保养等服务项目相对提供不足。事实上,这些服务恰恰是脱贫成果巩固拓展阶段亟待完善和加强的内容。另一方面,精准扶贫涉及的公共服务在覆盖的对象上有所偏重,比如养老、医疗、教育等带有公共服务性质的扶贫内容一般都附带了严格的准入条件,对非认定的对象具有很强的排斥性。但从实际情况看,没有入围的人口和村庄特别是处于贫困标准线附近的人口和村庄都渴望能够享受到这些公共服务,由准入条件引发的排斥效应背离了公共服务的共享性质。其三,供给效率不高。有的公共服务供给因存在垄断性而疏于绩效评价,在一定程度上产生了"一刀切"现象;还有的公共服务供给因计划不充分、监管不到位,推高了服务风险和成本。精准扶贫共享措施主要表现为两个方面：一是发展性共享措施,即通过发展生产、易地搬迁、生态补偿等方式带动贫困人口增收脱贫;二是兜底性共享措施,即依托完善公共制度与政策体系提供救助、养老、医疗、教育等公共服务,实现"社会托底"。前者是直接针对经济问题的帮扶措施,后者是针对社会问题的兜底保障。前者涉及的各种任务和具体措施都要以完善的公共服务为前提和基础,而后者是直接围绕着公共服务展开的,在行动方针和策略上都是立足于公共服务的实践机制。可以说,公共服务是精准扶贫共享措施的助推器和支撑体,当前一些脱贫地区存在公共服务供给水平不高、供给结构失衡、供给效率偏低等现状,无疑使精准扶贫共享措施在全面脱贫后接续推进成为难题,亟待破解。

总之,部分脱贫地区产业发展不成熟、基础设施建设存在短板、高质量公共服务供给不足的状况成为当前共享发展理念深入推进、精准扶贫共享措施接续实施的掣肘。这些问题不解决,返贫风险依然会存在。基于此,在今后及未来一段时期内巩固脱贫攻坚已取得成果、解决相对贫困问题过程中,亟须提升脱贫供体帮扶水平。

三、脱贫环体支撑的脆弱性影响精准扶贫共享基础的稳固性

环体本是一个教育学概念,主要是指思想政治教育活动中影响教育主客体活动的外界因素,包括家庭、学校、社会以及国家政治形态等。将环体概念衍生至反贫困领域,则形成了脱贫环体这一概念。脱贫环体主要是指环绕在脱贫人口生产生活周边的各种自然环境、政策运行环境、区域经济环境等外界氛围,在主客体交互作用中形成了贫困地区和贫困人口摆脱贫困的支撑点。脱贫环体支撑的脆弱性主要是指贫困地区摆脱贫困所依赖的周边环境得不到行之有效的正向性治理,包括自然资源、政策环境、区域经济等脱贫支撑点存在先天性或后发性的脆弱点、缺陷与不足,直接或间接地影响精准扶贫质量及其共享发展效果。在后扶贫时代,脱贫环体支撑的脆弱性容易使得脱贫攻坚战的减贫效果趋于式微,进而导致刚刚脱贫的人口再陷返贫困境,进一步影响精准扶贫共享基础的稳固性。

首先,偏远地区脆弱的自然环境无法保障脱贫效果的高质量与可持续性,影响精准扶贫共享基础的稳固性。先天恶劣的自然环境已经成为制约落后地区快速发展的一大障碍,加之该地区脱贫人口知识水平较低,在对自然规律的掌握和运用上存在着偏颇。一般来说,贫困人口所处的地域生态环境比较脆弱,但为了维持基本的生存需要,人们往往会对自然资源进行过度开发与使用,导致生态环境遭受破坏,进而引起自然灾害的发生。频繁的自然灾害又会使该地区人们的生存受到威胁和伤害,从而陷入返贫。而再度陷入贫困又会使这些人们以牺牲生态环境为代价来换取物质利益。刚刚脱贫的地区主要集中在自然生态环境比较脆弱的西南西北地区,并且大多属于革命老区、少数民族和边境地区。个别地区过去无序使用所造成的破坏至今都未完全恢复,虽然这些地区已经在保护的基础上加强生态建设,但由于缺乏对生态文明理念和自然规律的科学认识,尚不能完全杜绝过度开垦荒地、乱砍滥伐、无限度开采等问题,造成山水林木草的生态系统失衡,进一步加剧了上述地区自然环境的脆弱性。自然环境中孕育的丰富资源本身具有公共属性和不排他性等特征,又进一步决定了自然资源的共享特性,且共享自然资源是贫困地区和贫困人口整体摆脱贫困不可或缺的关键要素。从资源供给的角度来讲,丰富的自然资源及其共享性可以支撑依附在该地区的困难群众摆脱脱贫,但是由于这些地区自然环境的脆弱性及其蕴藏的自然资源匮乏性,原生自然资源不仅无法满足该地区人口生产生活需要,还可能因过度生产对

脆弱性自然环境带来次生灾害，引起更深度的贫困或引发返贫现象，进而直接或间接地影响到精准扶贫共享基础的稳固性，使该地区人口无法全面共享社会发展成果。

其次，不适时宜的扶贫政策无法满足巩固拓展脱贫成效的阶段性需求，影响精准扶贫共享基础的稳固性。精准扶贫在攻坚压力的背景下，致力于从全局出发以实现全国一盘棋整体脱贫。在这一过程中重点聚焦在基础设施等硬件建设之上，而弱化了对贫困地区产业帮扶的精准对接。通过考察部分脱贫案例可以发现，已脱贫人口的收入差距呈现不断扩大趋势，部分刚刚脱贫的人口游离在贫困边缘，并未达到整体共同富裕的效果，进而影响到精准扶贫共享基础的稳固性。以往的扶贫实践经验告诉我们，在不同阶段的反贫困实践中，扶贫政策应根据贫困对象的实际需求作出相应调整。在脱贫攻坚阶段，我国扶贫政策以满足绝大多数人的实际需求为导向，主要通过修路修桥、打井装灯等基础设施筹建来克服贫困地区整体发展的制约瓶颈。类似这样的硬件设施打造也最能体现反贫困政绩，但这也往往将有限的扶贫资源聚焦在外围环境打造上，而忽视了贫困人口的精神文化、生产生活等主体能力建设，以及因主体生计能力缺失而带来的产业发展制约。严格来讲，基础设施的完善并不意味着脱贫人口的生活水平得到持续性改善，仍有部分脱贫人口处于返贫边缘。毫无疑问，这与精准扶贫的预期效果相悖。相应地，只有脱贫人口具备可持续性的自我发展能力时，才可能彻底摆脱贫困，才能够利用不断完善的基础设施创造出高质量和可持续性的富裕生活。否则，精准扶贫所期望达到的共享效果不但不能持续，反而还会引起新的贫困涌现。尤其是在当前巩固拓展脱贫成果的新阶段，以往的精准扶贫政策设计或多或少存在不适时宜的制度缺陷，如扶贫项目安排和扶贫资源分配上存在偏差或错配，既有可能使少数地区获得超载的帮扶资源，也有可能使得部分地区缺少帮扶资源，最终皆影响到精准扶贫共享基础的稳固性。

最后，不平衡的区域经济环境使得脱贫地区缺乏可持续性发展动力，影响精准扶贫共享基础的稳固性。发展不平衡不充分是新时代社会的主要矛盾，在精准扶贫领域也不例外地存在类似矛盾。在脱贫攻坚过程中，部分贫困地区忽视其区域经济环境的改善，包括但不限于产业结构的调整、支柱产业的培育、产业链条延伸等，使得高质量脱贫缺乏可持续性发展动力。一方面，剧烈的市场变动带动区域经济环境的改变，但部分贫困地区选择无视大环境的变化，只顾埋头打理自己门前的"责任田"，与外界大环境缺乏有效对接，严重阻滞了贫困地区参与市场均衡化发展的机会，进而使得该地区脱贫成效不具有稳固性。另一方面，贫困地区对于扶贫项目的选择没有充分谋划构建可持续性产业链条的可行性，致使贫困地区在产业结构、产业布局、产业链条等方面呈现不均衡特点，使得本具有人力、原料等资源优势的产业开发因缺乏长远规划而失去巩固脱贫成效、拓展可持续性发展能力的基本动力，进一步影响到可持续性脱贫的稳固性。另外，脱贫地区在摆脱贫困的过程中往往过于将精力、资源集中在基础设施建设之上，而缺少统筹全局的区域经济环境整体规划，尚无法做到根据区域经济发展的大背景来制定地区发展目标和方向，由此带来的不平衡的区域经济环境极大影响了精准扶贫共享基础的稳固性。诸如，部分脱贫但不稳定地区过于注重发展经济作物，而忽视了保持农业生态的稳固；过于注重将有效资金用于农田水电等农业基础设施建设上，而忽视了保证基本农田粮产效能的稳固；过于注重非农产业规划和开发，而忽视了对涉农产业支持力度的稳固；等等。

第三节　共享发展理念下以返贫防控创新精准扶贫机制效能的路径选择

巩固脱贫攻坚成果亟须以返贫防控创新精准扶贫机制的效能，其理论基础包括动态贫困理论、空间贫困理论、可持续生计理论等。鉴于国内外返贫防控的经验及启示，探索以返贫防控创新精准扶贫机制效能的基本路径，可以从建立共享发展理念下返贫防控的预警监测机制、赋能机制和稳定帮扶机制等方面着手。

一、以返贫防控创新精准扶贫机制效能的理论基础

贫困并不是一个绝对静止和凝固的概念范畴，在不同时期、不同地域均会呈现出不同的表现形式，由此形成不同的理论阐述点。因此，以返贫防控创新精准扶贫机制效能，必然要充分借鉴已有的理论基础，诸如空间贫困理论、可持续生计理论和动态贫困理论等。

（一）空间贫困理论

空间贫困是复合型组合概念，内蕴着地理空间与贫困两个概念，该理论主要是研究贫困现象在地理空间上的分布状况。这一理论最早由地理经济学者提出，用于解释发展经济学与地理学之间的紧密联系，后来被人文社科

学者用来描绘贫困地图以解释贫困的地理空间分布特征,为政府认知贫困并解决贫困提供政策参考。发展经济学者认为从贫困的多角度衡量主要包括经济、社会、能力环境与空间特征在内的基本要素,论证了贫困的发生及衡量与自然地理要素紧密相关。他们将所处地理空间比较偏僻的贫困地区之所以贫困的原因归结为:距城市较远、生态气候脆弱、基础设施薄弱以及公共服务不到位等多种原因导致生产活动不活跃、生活节奏缓慢、发展权利保障不足等,加之教育、卫生、就业等因素也被纳入空间地理范畴,贫困问题在这里恶性循环、迭代升级。部分贫困问题研究者诸如 Burke 和 Jayne、Bird 以及 CPRC(长期贫困研究中心)等开始将地理空间因素纳入贫困研究体系,形成较为典型的空间贫困基本特征[1-3](如表 6-1 所示)。

表 6-1 空间贫困的基本特征与主要衡量指标

基本特征	主要衡量指标
偏远与隔离	与公共基础设施(如学校、道路、医院、党群服务中心等)的距离,以及使用成本
贫乏的农业生态与气候条件	土地的规模化和肥沃程度,降雨量或灌溉设施
脆弱的经济整合	与农产品供销市场紧密程度,以及进入市场和获取物资的成本
缺乏政策支持	与当地经济社会发展规划的结合度,或者地方政府对该地区的功能定位

来自世界银行的研究成果表明,由距离、生态、环境、机会等主客观空间属性指标组合而成的"地理资本"因素对贫困生成有着显著的影响[4],也就意味着贫困人口居住空间与所处地理空间恶劣的贫困地区多有重叠。聚焦到我国贫困地区地理空间分布,多为自然地理环境较差的偏远山区和边疆地

---

[1] Bird K, Mckay A, Shinykwa L. Isolation and poverty: the relationship between spatially differentiated access to goods and services and poverty[C]. Paperprepared for the CPRC International Workshop Understanding and Addressing Spatial Poverty Traps, 2007.

[2] Bird K, Mckay A, Shinyekwa I. Isolation and poverty: the relationship between spatially differentiated access to goods and services and poverty[R]. Overseas Development Institute, 2010: 2.

[3] 刘小鹏,苏胜亮,王亚娟,等. 集中连片特殊困难地区村域空间贫困测度指标体系研究[J]. 地理科学, 2014, 34(4): 447-453.

[4] Jalan J, Rvallion M. Geographic poverty traps? A micro model of consumption growth in rural China [J]. Journal of Applied Econometrics, 2002, 17(4): 329-346.

区,形成了面上"大分散"和点上"小集中"的贫困人口分布空间布局,这与西部地区生态脆弱、环境恶劣以及机会缺失不谋而合,再次验证了地理空间与贫困之间存在着双向因果关系,这些地区也正是脱贫攻坚战时期我国扶贫聚焦的重点区域。即便是放眼全球,世界各国经济社会发展不平衡对自然环境恶劣地区不能摆脱贫困有着至关重要的空间制约,譬如深处撒哈拉沙漠的非洲北部和不适宜人类生存的帕米尔高原。

同时,空间贫困理论也提醒当前我国反贫困理论研究不能仅从宏观层面研究贫困发生的影响因素,还要有针对性地从微观层面研究自然地理环境等致贫因素及其特征,这对精准扶贫的瞄准识别有着非凡意义。长期以来,扶贫对象是瞄准一个地区还是一个家庭甚至是单一个体,始终是争论不休的话题。瞄准家庭或个体是出于解决生存的表象问题,瞄准地区则是出于对地理空间因素的考虑。然而,从扶贫实践经验总结中可以得知,单纯的帮助一个家庭或一个人脱离贫困并不是长久之计,他们随时可能因周边环境而再次返贫,而只有把一个地区的贫困问题彻底解决了,深藏在这个地区的贫困人口才会随之彻底摆脱贫困。事实证明,我国过去几十年不断细化的扶贫对象范畴,即由瞄准集中连片贫困地区,再深入瞄准贫困户这一递进扶贫方案是有说服力的,这是空间贫困理论的理论效力所在。在脱贫后的返贫防控中,极易返贫人口大部分是恶劣的地理自然环境而导致因资源匮乏返贫、因次生灾害返贫以及因空间偏僻返贫等。因此,重视地理空间在反贫困实施中的决定性意义,对于脱贫人口返贫防控有很大的借鉴启发。

(二)可持续生计理论

自20世纪80年代以来,可持续生计理论已成为贫困研究的主要理论工具,并被用于分析社会发展与物质环境之间的多维复杂关系,以求寻找出贫困人口生计脆弱性的复杂原因,并据此提供解决扶贫问题的集成分析框架。"可持续生计"初见于20世纪末世界环境与发展委员会(WCED)的报告《我们共同的未来》,1992年联合国将其引入反贫困行动议程,尤其指出可持续生计理论是一种建立在能力、资产和活动基础之上的谋生方式,且该谋生方式对全球减贫事业意义非凡。可持续生计理论强调以资产的可获得性为主线,综合形成了对贫困、脆弱性、风险处理、农村个体以及农户变化等贫困环境的应对能力。概而言之,可持续生计的内涵主要是指获得谋生、获得收入和获得持续性资产等的能力,这在扶贫领域具有较强的参照和指导意义。随后,部分学者提出可持续生计理论的实践运用纬度:一是由生计而兴起减贫研究,主要是指通过生计获得来消灭贫困的脆弱性,即保障个人或家庭稳定生计以增强面临风险或抵御风险的能力;二是发展人的可行能力,只有主体的抗逆性得到增强,才能使减贫效果更加明显;三是对农村生计问题及其生计策略的研究,由于各种因素的交织作用,农民面临失地困境,对农民的生计产生很大影响,失地农民可能面临失业、疾病甚至死亡等贫困风险;四是生计思路的多种情景应用,可持续生计作为一种理论思维分析方法,被各个阶层在实践层面进行了多种情况的推广应用,致力于从经济、政治、社会、生态环境等方面拓展可持续生计理论研究。

直至21世纪后,我国一些学者开始引入可持续生计理论,并将之运用于反贫困理论与实践研究。我国学者的相关研究主要表现为三种趋向:一是对减贫问题的分析,尤其是对贫困群体生计资本和增强脆弱性应对力和抗逆力等问题的研究;二是可持续生计的影响因素研究,针对不同情况,可持续生计的影响因素各异,诸如政府资金、社会保障体系、互联网等;三是可持续生计分析法的应用研究,其中分析最多的是农民失地问题和自然资本研究。总的来说,随着我国扶贫开发进程的不断推进,随之而来的是生态环境恶化、载体资源不可持续等,以生计为导向的共享发展也面临困境。从而意味着贫困问题的解决不仅仅是增加农民的收入,更要从可持续角度长远看待农民生计问题,也就是在资源利用和生计维持中达到平衡,以减少对农村的环境污染并保护农村生态环境,降低风险性来实现可持续发展。基于此,脱贫人口返贫防控机制应该借鉴可持续生计理论,使得贫困人口的生活与生存处于可持续发展的环境之下,返贫现象的解决才会变得健康可持续。

(三)动态贫困理论

贫困状态并不是一成不变的,而是会随着时间的变化而变化,返贫就是贫困发生过程中的一种存在状态。在过往的研究中,贫困问题的分析往往聚焦在已经发生的贫困事实上,而忽略了其动态性特点,这种特点要求能够动态地把握贫困群体在不同时期陷入贫困、脱离贫困、重返贫困以及持续性脱贫等状态的转换与变化。世界银行在《1990年世界发展报告》中首次将时间维度引入贫困概念阐释之中,长期性贫困的提出标志着动态贫困研究方向的诞生。贫困动态主要指向贫困状态的变化方式:陷入贫困、脱贫、持续性脱贫和彻底摆脱贫困,且上述多种状态是在不断变动之中,具有很强的惯性,而这种惯性下的贫困预防主要通过动态研究来实现。然而,动态贫困理论常常与贫困的脆弱性联系在一起,而贫困人口之所以脆弱又与其面临的风险密切相关。正是由于贫困人口的脆弱性存在，从外在表征层面就必然表现出贫困的动态特质，从动态行为来理解返贫现象也就合乎情理且不可避免。

2020年彻底消除绝对贫困之后，我国正在努力推进新一轮扶贫工作，包括通过调整并制定实施一系列新的扶贫政策来解决相对贫困问题，以达到全面建设社会主义现代化国家的第二个百年奋斗目标。但是，在对贫困指标的确定和识别上，往往会把最贫困人口纳入扶贫对象，而恰恰忽略了处于贫困边缘上下浮动的那部分人群，其中也包括大量的返贫人口，他们或是刚刚脱贫，或是因违背精准识别因遭遇突发状况重新回到贫困中去，他们属于农村人口中的脆弱人群，而针对他们的动态扶贫机制尚不完善。因此，脱贫人口返贫防控机制要高度重视贫困的动态性，准确识别处于贫困中的贫困人口的各种状态，实施各种有针对性的防控措施，增强脱贫人口抵御返贫风险的能力。

二、中外返贫防控的经验启示

人类社会发展至今，人们的生活水平已达到相当高的丰富程度，贫困问题也得到尽可能多的解决。但贫困现象或多或少、或重或轻地持续、动态存在着。伴随全球减贫事业的不断发展，无论发达国家还是发展中国家，均多多少少出现了一种新情况——返贫，这也成为扶贫过程中尤其是取得显著成效后必须予以重视的问题和亟须进一步解决的问题。诸如美国、欧洲、马来西亚、印度等均针对贫困开展了一系列返贫帮扶计划，如欧美的救济事业、印度的缓解农村贫困计划、泰国的加速农村发展计划、印度尼西亚的农业综合开发计划等，且大部分扶贫措施已取得了明显成效。综合中外防止贫困再生问题及其采取的防控措施来看，可以得出如下返贫防控经验启示：

一是坚持以发展经济为中心支柱。经济发展是社会发展的基础，必须坚持以经济建设来推进反贫困实践。虽然经济不能作为扶贫工作的唯一维度，但却是基础维度。经济提升不上去，国家无法提供充足的扶贫基金，社会组织的扶贫工作"有心无力"，当然贫困人口的物质生活条件也得不到改善。在西方学者的观点中，存在着一个值得借鉴的理论点，那就是"在增长中创造发展机会来实现缓贫的目的"。如韩国依靠经济的快速发展，贫困率也在持续下降，并且由于其经济发展水平较高，其返贫率也相对较少。相反，像撒哈拉以南的非洲，由于其发展速度缓慢，经济发展水平较低，贫困现象也就愈来愈严重，即便少数人脱离贫困也极易重新返贫。可以说，一个社会的经济发展水平是提高扶贫质量、消除贫困的关键。所以,要坚持经济建设在扶贫以及返贫防控中的基础地位。只有经济建设水平真正提升了,贫困户的经济能力、经济水平也随之提高,脱贫人口返贫情况自然也会减少。

二是坚持以产业发展为外在动力。产业扶贫本质上是一种"造血扶贫",以产业发展带动帮扶,使得贫困地区、人口自主脱贫致富。因为产业扶贫带动贫困地区的产业发展,贫困户有赖以生存的产业,从而实现真正的脱贫。相应地,通过产业扶贫帮扶的贫困人口,其脱贫的可持续性增强,返贫率也较低。但产业扶贫要因地制宜,根据不同贫困地区的具体情况发展有可行性的产业。如昆明的石林大可乡通过一村一品实施产业脱贫,坚持以发展扶持为主、资金扶持为辅帮助贫困户脱贫致富、不再返贫。又如在美国田纳西河流域通过水利资源的综合开发和利用来帮助当地居民摆脱贫困,法国通过国土整治城市发展政策和老工业区结构调整政策等使得当地居民摆脱贫困,产业扶贫成为他们消除贫困的重要方式之一。对于我国的产业扶贫发展,因地制宜是第一步,依据地方特色资源确定好可发展产业,政府要通过专业人员的技术和经验指导,把产业发展技术切实交到当地人们手里,人们有了产业、有了技术之后,改变贫困、防止返贫的信心也会增加。另一方面,要考虑市场需求来进行产业供给的规模和数量的调整,不能盲目发展同质化产业,以至于无法完全进入市场竞争,导致贫困人口不能把劳动转变为财富,也就无法脱贫,即便偶然脱贫也极易返贫。

三是坚持以提高人口综合素质为内生源。在众多的返贫原因中,有一点就是贫困户自身素质不够,导致扶贫成效无法持续。贫困户有的存在自身能力不足、懒惰、无责任心等问题,还存在不愿意摘贫困帽的道德风险,这些均是导致扶贫又返贫的主观因素。首先,贫困户必须改变原有的传统思想观念,反思自身贫困原因,认识到自身存在的问题,在政府、社会的帮扶下积极做出改变。其次,贫困户要有摆脱贫困的持续性意识和能力,这就要求政府、社会组织帮助贫困户进行教育培训,如韩国政府在乡村运动中推行的农民培训,该培训体系完整且十分值得借鉴,通过教育培训活动,贫困人口提高了劳作水平,转变了落后的劳作方式,掌握了先进的劳作技能。除此之外,贫困人口自己要有改变现状的动力和信心。贫困本身无"光荣不光荣"的性质,但是不去做出改变、不思进取则是不光荣的思想。贫困人口要认识到自身存在的致贫问题,要积极响应国家推出的精准扶贫政策,相信在政府和社会的帮扶下定会改变贫困现状,从而彻底摆脱贫困。这就需要从贫困人口主观认知出发去发现贫困致因,并积极寻求帮助做出改变,有了脱贫致富的信心与动力,再加上外界帮扶,脱贫才会有可持续性,也就不会轻易发生返贫现象。

四是坚持以健全社会保障体系为兜底措施。据不完全统计,返贫的贫困人口中有很大一部分是因病返贫、因灾返贫,刚刚脱贫的贫困户无法应对突如其来的灾害性事件,又再一次陷入更加贫困的境地。这就要求政府应该主导建立健全社会保障体系,防止因病、因灾返贫现象的发生。因此要完善社会保障制度,如教育、医疗等各类制度,使刚脱贫但不稳定的贫困户不担心教育支出、不因突如其来的自然灾害等导致"一贫如洗"。对于刚刚脱贫的贫困人口来说,他们的生计空间还是相当脆弱的,政府要给予那些家庭劳动力少、处在脱贫边缘的贫困户一定的兜底式帮扶,保证这类贫困户真正、可持续性地摆脱贫困。

五是坚持以建立小额贷款等金融机制为催化剂。以马来西亚近年来的扶贫政策为例,通过给贫困农民提供一定的无抵押小额贷款,能有效帮助贫困农民脱贫,并且返贫率低。马来西亚的"GB"模式,就是利用创立穷人的乡村银行,给贫困农户提供小额贷款。返贫问题中除了因病、因灾,还有很大一部分是由于政府直接给予扶贫基金、发放贫困金的方式,这样简单的扶贫计划无法让扶贫成果持续,并达到完全脱贫。只有农民在政府、社会机构的有效帮扶下,通过"自救"的途径达到的脱贫才有作用。建立对贫困户的小额贷款帮扶政策,也是为没有资金发展的农户提供发展机会。在实施这一政策时,要以信任为基本原则,建立有效的辅助式帮扶模式,给贫困农民自由选择和自我负责的环境,所以,无抵押的小额贷款在一定程度上是贫困人口自我实现人生价值和脱贫致富的有效途径。在贫困人口之间实行小额贷款政策,是脱贫措施中防范返贫的重要启发。

六是坚持以建立返贫防控体系为组织手段。"为之于未有,治之于未乱",返贫预防也是同样的道理,要在精准扶贫的工作中,设立好完备的返贫防控体系,从而能在扶贫工作的开始、进程以及返贫问题出现初期都有及时的治理方案和对策。为巩固脱贫成果,我国各个贫困地区都在积极创建当地的返贫防控机制。如安徽省积极重视扶贫攻坚路上出现的返贫问题,建立起3大部分11项具体措施的防止返贫致贫监测和帮扶机制,完善防范返贫政策体系,实现脱贫工作与返贫预防相结合。首先,要有扶贫动态管理制度,从扶贫情况的进程、成果及反馈来动态跟踪,确保贫困户真正脱贫。其次,要有专门的第三方机构来对扶贫情况进行评估,基于客观公正的角度对扶贫工作的实质情况进行调查、提出建议。最后,贫困人口自身必须参与到返贫防控系统中去。贫困人口是脱贫的对象和参与扶贫的重要主体之一,也是对扶贫情况和进展最有发言权的人之一。处在返贫边缘的贫困人口在反思自身问题时如若不能量力解决,可及时请求政府、扶贫机构等出面帮助。

总之,基于中外对返贫问题的防控经验,我国在取得消除绝对贫困的脱贫攻坚战胜利后,一方面要直面并重视返贫现象,决不能置之不理、听之任之,而是要坚定共同富裕的信心;另一方面,可以借鉴中外反贫困实践中各种有效减贫手段和防止返贫经验,结合当地返贫复贫具体情况实行适宜有效的返贫防控措施。

三、共享发展理念下以返贫防控创新精准扶贫机制效能的基本路径

防止脱贫人口再次陷入贫困,是反贫困实践过程中的重要一环。但是,返贫问题是与扶贫实践相生相克、紧密相连的同步动作,即扶贫面临着返贫的困扰,返贫又需要扶贫再次解决,亟须一边做好扶贫工作一边做好返贫防控工作。尤其是在彻底消除绝对贫困的脱贫攻坚成果巩固过渡期,构建起以返贫防控创新精准扶贫机制效能的基本路径至关重要,主要包括预警监测机制、赋能机制和稳定帮扶机制。

(一)建立共享发展理念下返贫防控监测警示机制

返贫是巩固脱贫攻坚已取得成果的威胁因素,对反贫困的共享价值起到延缓作用。因此,我国在取得消除绝对贫困的脱贫攻坚战胜利之后,务必要重视已脱贫人口的返贫现象,其基础性对策是建立起以共享发展理念为引导的返贫防控预警监测机制,及时监测到脱贫人口的返贫迹象并尽可能地阻断返贫风险。一方面,做好已脱贫人口的动态信息精准化管理,另一方面要科学预判返贫风险并干预阻断返贫发生条件。

1. 动态信息处理精准化

返贫预警需要大量的信息做支撑,对已脱贫人口的信息进行动态处理至关重要,且精准化处理是基础。如果脱贫人口的信息能够准确、有效地被精准化识别、管理和预测,则不仅能够有效巩固脱贫成果,而且能够准确掐灭返贫苗头,从而可持续性地保护脱贫攻坚成果。第一,动态监测信息。完整且真实的扶贫信息是贫困人口脱贫的客观依据,也将成为防止脱贫人口再次返贫的监测数据。因此,在巩固脱贫攻坚成果的过渡期内,对刚刚脱贫人口的生活状况进行动态监测,是预防返贫现象发生的关键。在这一动态监测过程

中,除了对现有数据进行对比分析外,还需要甄别更多的数据,诸如关注整个家庭状况、有无染上恶习、就业帮扶措施、劳动技能培训等,建立起完备的动态信息档案,力图全面体现目标群体的真实状况。同时,通过精准管理筛选出有价值的信息,重点关注极易导致返贫的因素,以便做出适时预警。第二,提高信息传导时效。信息预警最为核心的是高效的信息传导,这一过程如果不通畅则直接导致预警不准确或不及时,进而导致信息不对称现象的出现。那么,在防止返贫过程中则失去了预警意义。因此,在返贫防控的信息预警中,既要确保信息真实有效性,还要确保信息传导的时效性。在纵向传导上,应建立起自上而下的信息传导通道,最好是实现扁平化传递,由基层网格员直接传导至能够做出决策的信息处理中心,或者由贫困人口直接将信息传递至信息处理中心,尽可能地减少人为带来的失真。在横向传导上,建立起多部门之间的沟通协作机制,诸如包括农业、气象、医疗、教育等部门的适时联动[1],并及时发动脆弱脱贫人口做好相应防范。第三,针对性进行信息跟踪。贫困现象并非静止不变的,而是会随着内外部环境的变化而不断改变状态,因此要及时进行有针对性的信息跟踪,才能最准确地掌握贫困形态。一方面,要细分脱贫人群类别,将已脱贫人口划分为稳健型脱贫人口和脆弱型脱贫人口,重点监测后者,做到贫困人口退出、纳入均有全程监测,做到日常信息全过程、全方位监测。另一方面,针对脱贫对象进行"回头看",驻村工作队、村干部、帮扶责任人要加强跟踪走访,对易返贫致贫的人口及时发现、及时帮扶,守住防止规模性返贫的底线。返贫防控动态监测预警瞄准对象主要包括低保户、残疾人员、大病人员、老年户、无劳动力户,对"两不愁三保障"虽达标但不稳定的脱贫困和非贫困户,要及时给予预警监测管理,经济底子差、抗风险能力弱、经不起重大变故和自然灾害是上述对象共同的特点。与此同时,对返贫、致贫风险已经消除的对象,经研判可以取消监测,把时间和精力更多地用在更易返贫的潜在对象身上,对脱贫不稳定的边缘户信息及时录入,建立定期监测通报制度,对工作推进不力的地区及时督促提醒。

2. 及时干预并阻断返贫风险

干预阻断返贫风险是返贫预警的重要应对措施,只有在强有力的主体干预下,返贫风险才有可能得到及时阻断,才能有效防止返贫现象的出现。第一,增强干预主体力量。返贫风险干预和阻断不是一两个人就能解决的事

---

[1] 范和生.返贫预警机制构建探究[J].中国特色社会主义研究,2018(1):57-63.

情,需要打造一支强有力的返贫风险干预队伍,为阻断返贫风险提供扎实的组织基础。因此,一方面要建立起健全的返贫干预领导中心,作为防控的总枢纽来统一管理阻断工作,另一方面应壮大返贫风险干预阻断的必备队伍,包括扶贫干部、帮扶企业、政府部门等,既要增强他们的返贫干预意识,又要增强他们的返贫阻断能力。第二,建立返贫风险监测警示体系。返贫的动态性不仅体现在时间的连续性上,而且还表现在质变的过程之中[1]。只有建立起返贫风险警示体系,才能对监测到的返贫风险信息进行精准干预,起到事前阻断的作用。如包国宪、杨瑚将警示标准测度值以公式的形式呈现为:

$$W = \frac{I_y}{2\,300} - 1$$

其中,W代表警示级别测度值;I_y代表每年农村居民家庭人均纯收入,2 300是国家现行贫困标准(以2010年不变价2 300元为基准)[2]。利用这一模型动态对比适时测度值和风险预警值,当适时测度值超出事先预设好的风险警示线时,及时发出预警并马上介入干预阻断。第三,做好返贫风险应对。返贫预警机制中的风险干预就是将损失降到最小,为此一定要做好返贫风险的紧急应对管理。一方面,返贫风险应对管理的准备工作要有针对性,针对常见的几类返贫类型,按照返贫易发等级预留出人、财、物作为保障资源,按照不同的风险等级制定不同优先级的应急方案。另一方面,返贫风险应对措施要有针对性,不同的返贫风险要采取行之有效的对应干预措施,对于因病返贫、因灾返贫、因个人能力返贫等类型,制定出相对应的风险防控措施,及时介入、及时阻断。

(二) 健全共享发展理念下返贫防控的赋能机制

扶贫先扶志,扶贫必扶智。健全共享发展理念下返贫防控的赋能机制是增强脱贫人口共享主动性的关键环节。因此,在共享发展理念下以返贫防控创新精准扶贫机制效能,关键在于构建起返贫防控的赋能机制,诸如提升脱贫人口的自我发展实力、培育可持续性的脱贫观念等。

1. 提升脱贫人口发展实力

脱贫人口的主体素质提升是其彻底摆脱贫困的根本保证,也是脱贫人口

---

〔1〕卜海.我国脱贫再返贫防范机制的建立和运行问题研究[J].江苏师范大学学报(哲学社会科学版),2018,44(6):1-9.

〔2〕包国宪,杨瑚.我国返贫问题及其预警机制研究[J].兰州大学学报(社会科学版),2018,46(6):123-130.

返贫防控的根本驱动力,它与温饱、就业、教育、环境等问题息息相关。因此,要切实提高脱贫人口的综合素质,包括身体生理素质、心理文化素质等,具体是要注重从教育上不断提高文化水平、从卫生上健全医疗服务体系、从生活上满足精神需求,从而帮助农村脱贫人口逐渐走出低劳动力水平陷阱。要实现脱贫主体素质的可持续发展,必须加大人力资本投入,提升脱贫人口的自我发展能力,使其在心理状态、生理情况、思想素质、社会承受力等方面得到加强。第一,坚持"扶贫先扶智,治贫先治愚"的基本思想,大力开展教育扶贫,致力于提高脱贫人口的科学文化素质。教育是提升个人能力和增强贫困人口内生动力最直接的途径。一方面,加大对脱贫地区的普通教育资金投入,提供优良的教学设施与设备,改善落后的办学条件,投入高素质的教学队伍,保证脱贫地区的每一个孩子都拥有受教育的权利和自由。另一方面,加强对职业教育的投入力度,定期对适龄劳动力进行科技与知识培训,建立健全脱贫地区科技培训网络,派专门人员对农户的生产实践进行实地指导,普及科技文化知识,提高脱贫人口的技能与素质。诸如给予脱贫家庭适龄子女接受职业教育的机会,使其拥有一技之长;重视脱贫人口中青壮年劳动力的技能培训,包括美发、烹饪、烘焙等专门性的技能学习;对年龄偏大且愿意从事农业生产的农民定期开展关于农业生产知识的普及教育,提高农业生产质量。第二,注重健全医疗保障体系,改善脱贫人口的身体素质。一是逐步提高农村地区的医疗卫生条件,加大对脱贫地区医疗资金的投入,引进高水平的医疗队伍和医资设备,探索农村合作医疗的新路,并在政策、资源分配、机构设置等方面向脱贫地区倾斜,为脱贫农村地区提供强有力的医药卫生支持。二是重点关注贫困家庭的健康问题,对在治病上困难的农户给予资金和政策上的支持,此外还要注重疾病的预防控制工作,特别是对脱贫地区脱贫人口的疾病预防,建立健全慢性病防控网络与工作机制,并重视对低收入群体的健康管理,定期对其进行身体检查,加强对高血压、糖尿病等主要慢性病的规范管理。三是加强对儿童的营养改善,从小孩子抓起,切实提高身体素质。在脱贫地区的脱贫家庭实行免费奶粉制度,保证新生儿充足的营养摄入,并进一步落实免费午餐政策,提升免费午餐的水平。第三,引导农户重视自身保健,提倡科学的生活方式。健康的生活方式是确保从事各项工作具有充足精力的基础,以便有更多的时间和精力投入生产中去,脱贫人口就可以依靠自身能力保持可持续性的稳定生活并逐步走向富裕,而这就需要依赖于拥有良好的心理状态、可满足的精神需求等。

2. 培育可持续性的脱贫观念

帮助脱贫人口彻底摆脱贫困的关键一招，在于培养他们拥有面对贫困的信心与勇气。故而，要积极培育良好的新时代社会风气，引导脱贫人口树立可持续性的脱贫观念，为巩固脱贫成果、防控返贫赋能。第一，打破贫困文化束缚，培育新时代反贫困社会风气。接受贫困现状一旦聚集成为一种社会风气，就会产生各种各样的"贫困魔咒"，唯有打破"争戴贫困帽"等崇尚贫困的社会风气束缚，才能帮助人们以积极心态走出贫困，并树立致富的信心。一方面，要加强心理暗示和疏导，纠正某些脱贫人口的错误观念，尤其是要消除贫困道德风险，增强脱贫人口摆脱贫困的信心。另一方面，善于利于大众传媒宣传新时代社会风尚，诸如通过宣传正能量脱贫故事、组织脱贫人口集体观看致富先进事迹等，敲开他们封闭的内心世界，赋予他们勤劳致富的内生力量。第二，积极宣传进取精神，增强脱贫人口造血动力。返贫防控不是单向输入式活动，而是双向互动的创造性活动，主要还是要依靠脱贫人口的自身造血能力。尤其是在脱贫成果巩固拓展阶段，各级扶贫工作重点更应该向精神扶贫倾斜。一方面，帮助脱贫户树立自立自强的观念，从解放他们的思想入手，改变他们头脑中"等、靠、要"的传统观念，帮助树立竞争意识，积极开展针对脱贫地区的宣传教育工作。尤其是要引导脱贫人口发挥自身潜力，充分调动其致富的主动性和积极性。另一方面，激励和惩罚机制并行，对依靠自身能力积极脱贫的农户采取奖励政策，帮助农户树立致富信心，鼓励他们勇于寻找新颖可行的项目，并给予强有力的物质和信息支持，引导脱贫人口自强不息，不断向前。而对于怀揣"等靠要"心理的人进行适当惩戒，通过惩罚与激励并重的方式使其自立自强。同时，还要兼顾脱贫人口脱贫的心理变化，诸如建立"心理咨询"室对脱贫人口进行心理上的疏导，以了解他们的所思所想，并据此采取相应的措施激发他们生活和干事的热情，在奉献中实现他们的价值。

（三）完善共享发展理念下稳定脱贫的帮扶机制

建立有效的稳定脱贫的帮扶机制，归根结底就是要依托返贫防控的理论基础，坚持"以人为本"的根本思想，将持续提高脱贫主体素质作为根本驱动力，将确保供体资源持续供给作为外部推动力，将协调推进经济-生态协调发展作为基本标准，从而从整体上实现三者的良性互动、协调发展，建立可持续发展的脱贫人口返贫防控机制的基本路径。

1. 确保供体资源持续供给以遏制返贫

在巩固拓展脱贫成果时期，应该持续注重贫困地区的基础设施建设，建立健全教育、医疗、养老等保障体系，同时不断改善扶持计划和措施，拓展扶持资源的筹集渠道，使农村各项事业得到更加全面的发展。为控制和防止贫困人口返贫，保证供体资源的供给是极其重要的一环。只有实施合理有效的扶持政策和措施，不断拓宽扶持资源筹集渠道，确保供体资源得到持续有效的供给，加强教育、医疗、社会保障等公共服务建设，才能为脱贫人口返贫防控提供强有力的外部支撑，持续巩固脱贫成果。

第一，延续扶持措施，弥补制度性缺陷，积极拓展扶贫资源的筹集渠道。一是各级党组织必须重视返贫问题，并加强对返贫问题的理论研究与指导，坚持实事求是的态度，明确当前脱贫成果巩固拓展的形势和任务，在全面认识的基础上加强对返贫的研究，并及时提供相关数据，制定有效的返贫防控措施。二是多方面拓展扶持资源筹集渠道，完善扶持资源管理工作，保证各项资源充分有效地利用。改变以往财政资源过分依赖国家的做法，建立以政府主导，社会组织、个人团体多元参与的扶持资源供给体系，充分吸收国内外有效的资源，为巩固脱贫成果提供源源不断的动力。三是建立国家扶持资源管理机制，设专门部门统一对扶持资源进行管理，避免资源流通环节过多而引起的资源浪费、贪污腐败等问题，明确资源资金的具体流向，所有资源分配和使用应责任到人、责任到岗，加强日常监督与事后检查，防止扶贫资源渗漏流失、权力寻租，充分发挥扶持资源的使用效力。

第二，进一步做好基础设施建设，增强脱贫地区经济发展的推动力。一是统筹规划农业生产，对农业进行有组织的综合性与规模化的开发，通过改善生产条件对中低产农田进行有效治理，提高农产品产能，实现农业增产和农民增收。二是致力于刚脱贫地区的交通联动问题，完善脱贫乡村交通、水利、电力以及网络等基础网络建设和升级改造工作，引导重点基础设施建设向脱贫村和小型农业生产倾斜。三是国家要利用各项优惠政策，动员脱贫人口积极参与本地区的农田、水利、电力、网络、公路等基础设施的建设，变输血为造血，提高脱贫人口自我发展能力。除此之外，对于刚刚摆脱贫困的落后地区要加快推进生态建设，退耕还林还草，探索自然、经济、社会良性互动的可持续发展模式，为这些地区的全面发展提供有力的生态环境。

第三，完善脱贫地区公共事业保障体系，使农村教育、医疗、养老等得到全面发展。一是注重城乡教育资源的调度与分配，统筹城乡教育一体化，加强脱贫和偏远地区的基础教育、职业教育和技术培训，促进教育资源人人共享。丰富、繁荣脱贫地区的文化生活,加大脱贫地区文体娱乐设施的投入,发展人民喜闻乐见的大众文化。二是继续完善新型农村合作医疗制度,除逐步提高政府医疗拨款份额外,大力鼓励多方筹资,动员社会各界人士筹集善款,用于脱贫地区的医疗卫生事业,对因病致贫返贫严重的家庭实行救助。除此之外还要建立村级卫生义务医疗站,定期为脱贫农户提供基本的医疗服务,逐步建立大病统筹、兼顾小病的新型医疗卫生体系。三是全面落实社会保障制度,对五保户实行全面供养政策,完善农村最低生活保障制度,对因灾返贫致贫的农户实行应有的救济,并大力推广新型农村社会养老保险制度,使广大农民老有所依。另外,当今生态环境问题十分突出,自然灾害频繁,引发全球性的生态危机。为此应该树立防范和忧患意识,建立紧急灾害应对机制,减少和避免农村地区因灾难而引起的祸患和贫困。

2. 建立相对贫困人口动态调整措施

现行标准下的绝对贫困和区域性整体贫困消除后,相对贫困将作为贫困的主要形式而长期存在并具有更加复杂多变的特征。相对贫困人口是最容易返贫和致贫的群体。考虑到与国际接轨、便于进行国际比较并且与前期绝对贫困标准相衔接,相对贫困的衡量标准仍然要以人均可支配收入为核心,将刚脱贫人口、边缘人口、低保兜底人口直接划入相对贫困对象范围。但是基于收入隐蔽性和不稳定性,还应把劳动能力、健康状况和教育水平等纳入相对贫困人口的动态调整标准中。

一是做好相对贫困人口动态调整的科学评估,从评估主体、评估指标、评估程序入手。多元、专业的评估主体是科学评估体系实施的人才结构,具体、全面的评估指标是科学评估体系的标准导向,科学、透明的评估程序是科学评估体系实施的保障措施。

其一,建立"第三方评估团队+村'两委'+乡镇基层政府"专业的、多元的评估主体队伍结构。评估主体是评估结果公正性、科学性、准确性的重要保障,是整个评估过程的源头和推动者,因此要建立专业的、多元的、有梯度的、有层次的队伍结构。第三方评估团队要根据地方实际,在充分了解地方发展实际的基础上,设计科学的、符合地方发展环境的科学评估制度,得出科学的评估结果。在实际的评估过程中,评估团队要经过严格、系统的评估培训,确保评估数据真实可信。村"两委"与乡镇基层政府不能将自己与第三方评估团队对立,而应该是共同发现问题、解决问题的合作配合关系。其中村

"两委"是对村庄和贫困户情况最为了解的组织,一方面村"两委"要配合第三方评估团队开展评估工作,积极为第三方评估团队提供真实有效的数据信息,另一方面,村"两委"也可以根据村庄的实际情况为第三方评估团队的工作纠偏。评估结果要由第三方评估团队、地方政府、专家学者和群众代表共同组成审定团队审定,确保评估结果的公正、公开。对于评估中出现的问题,第三方评估团队和专家学者应提出相应的解决措施,帮助进行返贫防控。

其二,促进相对贫困人口动态调整、退出评估指标全面化、具体化。评估指标的全面性、具体性是评估结果具有科学性的重要依据,是衡量相对贫困人口状况的重要测量维度。各个地方要根据地方社会情况制定全面的、具体的评估指标,能够全面、准确地反映本地区真实的相对贫困状况。不同的测量维度有不同的测量指标。第一是生活领域维度,根据 HDI 人类发展指数、OECD 绿色增长测度指标、OPHI 多维贫困指数以及我国前期制定的绝对贫困标准,从饮食、穿衣、住房、教育、健康、收入、劳动力数量等方面进行相对贫困的评估和测量;第二是发展维度,主要是考察贫困家庭的可持续发展能力,包括家庭的收入结构、产业结构等;第三是相对贫困对象的主观评价,相对贫困对象的主观评价是他们对自我发展能力的自我评估,只有相对贫困对象对自身能力拥有信心并愿意积极创造幸福生活而不是依赖扶持政策时,才真正能够杜绝返贫。因此相对贫困对象的主观评价指标也是反映他们能够持续发展的重要因素。相对贫困指标要涵盖以上各个维度的不同方面,制定既全面又切实可行可观的评估指标,根据地方社会的不同情况,适时调整适合地方社会评估的标准(表6-2)。

表6-2 贫困人口退出的评估指标

指标	项目	评价值
生活领域维度	饮食	一日三餐和营养是否有保障
	穿衣	冬暖夏凉,是否有应急的衣服
	住房	住房是否安全,人均住房面积
	教育	义务教育是否有保障,有无辍学,教育支出比例
	健康	有无住院或慢性病病人,医疗报销值
	收入	家庭人均收入是否高于当地相对贫困线
	劳动力	有无充足劳动力

续表

指标	项目	评价值
发展维度	收入结构	收入来源是否多元
	产业结构	有无特色产业、个人技能
主观维度	脱贫认同情况	是否具备自我发展能力和意愿

其三，制定科学、透明的相对贫困人口退出评估程序。在相对贫困人口退出信息收集上，要通过多渠道收集相对贫困人口的信息，将问卷调查、入户访谈、座谈会、大数据分析等渠道结合起来收集相对丰富、准确、真实、能尽可能如实反映相对贫困对象真实家庭状况的信息，防止单一渠道信息的失真性、偏差性，综合多方面信息评选出可退出的对象。在民主评议上，要规范评议程序，充分听取各方面的意见与建议。召开村民代表大会，充分动员村民积极参与，听取村民意见，对于村民反映的问题高度重视、认真核查落实，及时反馈调查结果，形成达成广泛共识的评议结果，保证相对贫困人口退出程序的公开、透明、科学、公正，让人民群众信服、满意。在信息公开上，将相对贫困人口退出信息全面、充分地进行公示，在村务公示栏、村民事务平台、相关网站、新媒体信息平台等自觉接受广大人民群众的监督。对于异议，进行认真调查，再次公示，确保相对贫困人口退出程序公平公开、信息真实可靠、结果公正合理。

二是完善脱贫人口利益补偿办法，处理好"谁来补偿""补偿多少""怎么补偿"的问题，即明确利益补偿的主体、制定好利益补偿的标准、发展多样的利益补偿方式。一些脱贫人口在脱贫之初往往发展能力还不强，抗风险能力较弱，在遭遇重大风险事故和家庭变故时容易重新返贫，因此要建立健全脱贫人口退出利益补偿机制，确保脱贫人口稳定脱贫，共享社会发展成果。

其一，建立以政府为主导、多元社会力量参与的利益补偿主体。政府既是利益补偿即政策落实的主体，也是政策制定和宣传的主体。中央政府要以法律法规的形式明确各级地方政府的利益补偿主体地位，使其切实承担利益补偿的责任，使每个脱贫户脱贫后都能明确自己所能享受的优惠政策，享受利益补偿的政策。政府在利益补偿制度中除了要担任利益补偿的主导角色、依靠国家财政帮扶之外，还要积极动员社会力量参与其中，例如公益慈善组织、基金、社会组织、企业、个人等社会力量，吸纳社会闲散资金，优化利益补偿主体结构，使全社会形成持续帮扶的合力，为脱贫人口利益补偿机制提供强有力的资金支持。

其二,制定差异化的利益补偿标准。"脱贫不脱政策"是目前我国脱贫成果巩固阶段的利益补偿政策。由于资源的有限性,利益补偿标准不能完全照搬精准扶贫时期的帮扶政策来执行,而应根据脱贫人口实际的发展情况,制定与之相适应的利益补偿标准,实行"一户一策"精准补偿。在实际实施补偿的过程中,既要避免补偿过高,特别是实物补偿和货币补偿,否则容易出现"福利依赖"和"政策失敏"的现象,即常见的"等靠要"思想、养懒汉现象,以及不公平的现象,又要对发展能力弱、刚刚跨过脱贫线的人口适当提高补偿标准,巩固脱贫效果,防止返贫。

其三,发展多样化的利益补偿方式,创新补偿类别。利益补偿一般而言分为货币补偿、实物补偿、政策补偿、技术补偿。货币补偿和实物补偿在利益补偿过程中往往能够取得立竿见影的效果,直接提升脱贫人口的生活水平,但这两种补偿方式的弊端也显而易见,即滋生"等靠要"思想,不利于提升脱贫人口自身的发展能力。这两种扶持方式较为适用于遭受疾病和灾害困扰的对象。补偿要因地制宜、因时制宜、因户制宜,政策补偿具有长期性、延续性、公平性,是已脱贫人口脱贫后的兜底保障。政策补偿是指在脱贫人口脱贫后仍然享受之前评定为贫困户时期的政策,即"脱贫不脱政策"。根据不同的情况而享受不同的补偿政策并适时调整,因而具有延续性、公平性和兜底性,是今后一段时间需要长期实施的一项补偿政策。同时,也要创新补偿方式,例如技术补偿,其为脱贫人口提供技术支持、技能培训、教育培训等,提高脱贫人口技能水平、人口素质,从而具有可持续的发展能力,是返贫防控的重要措施和长久之计。

3. 保障稳定脱贫

贫困人口脱贫不是扶贫工作的结束,保障脱贫人口稳定脱贫、决不返贫是巩固脱贫成果的重要工作内容之一。因此,脱贫是一个长期的、不断发展完善的过程,需要制定、完善稳定脱贫办法,保障脱贫人口稳定脱贫,做好返贫防控工作。一方面要建立脱贫长效机制,加强责任制考核监督;另一方面要健全完善社会民生兜底保障体系,提升社会救助标准,引导社会力量参与社会保障体系建设。

一是建立稳定脱贫长效规划。首先,在宏观国家政策体系上形成长期的、战略性的返贫防控体系。一方面,要制定专门的与精准扶贫政策相衔接的返贫防控政策,解决相对贫困问题的一个重要内容就是要防止返贫,对具有返贫、致贫风险的人口加强风险评估,特别是刚刚跨越贫困线的脱贫人口,不仅脱贫不脱政策,而且应制定具有针对性的发展帮扶措施,培养其可持续的发展能力。总而言之,就是要从精准扶贫走向精准防控。另一方面,专项资金不仅是精准扶贫的重要经济基础,对于返贫防控也是必不可少的经济保障。严密的返贫防控仍然需要大量专项资金的经济支持,因此在国家政策层面应制订专门的返贫治理专项资金储备计划。例如储备因病致贫的专项帮扶资金、因灾致贫的社会救助资金等等,在各个行业、部门设置专项返贫治理资金,惠及各类可能返贫、致贫的人口,切实做到共享发展,维护社会正义。

其次,加强对帮扶干部工作成效的长期责任考核监督。为了加强精准扶贫的力量,动员全社会的力量参与精准扶贫,实现第一个百年目标,国家专门设置了扶贫干部驻村帮扶、结对帮扶,在消除绝对贫困阶段成效显著。在今后较长一段时间内,帮扶干部仍将继续存在,对于治理相对贫困、解决返贫防控问题具有积极的意义。一方面要继续加强对帮扶干部的考核,将帮扶成效,特别是返贫率作为干部考核的重要指标,并设置考核期,在考核期内,只有返贫率低于某一数值,在某种程度上彻底消除了返贫隐患,帮扶干部考核才能通过。另一方面,要加强对帮扶干部的监督,将权力关在笼子里,防止滥用职权、以权谋私的现象出现。不仅要加强科层制官僚体系内部监督,还要加强外部监督,帮扶干部要自觉接受人民群众、新闻媒体等外部力量的监督,严守党纪国法,规范工作程序,严格约束自身行为,做到权为民所用、情为民所系。

最后,加强产业扶持的力度和质量。在精准扶贫时期,产业扶贫是重要的扶贫手段之一,是帮助贫困人口提升发展技能、长效持续增收、优化家庭收入结构的重要方式。在解决相对贫困、加强返贫防控阶段,产业发展的数量和质量仍然非常值得关注和重视。一方面要提高产业发展的数量,发展规模经济,发挥产业集聚效应。在国家大力支持农业现代化转型发展的背景下,支持多种经营主体共同发展,支持龙头企业率先发展,发挥行业引领作用,带动贫困户共同发展,促进共同富裕。同时,要加强对新型农业发展主体、龙头企业的监督,监督他们承担社会责任,履行先富带后富的社会义务,确保产业脱贫的质量,防止出现新的社会分化、造成新的社会不平等。另一方面,要加强产业发展的质量,要根据地方社会的实际情况发展适合当地条件的特色产业,如特色养殖业、特色种植业等,结合时代发展的潮流,将特色产业与绿色、环保、健康、养生等理念结合起来,提升产业发展的品质。同时,政府要帮助农户特别是脱贫户打通产业发展的上下游产业链条尤其是下游的市场链条,能否顺利对接市场是产业发展、农业增收的关键环节。地方政府既要帮助产业发展链接传统市场,也要帮助脱贫户开发、探索新的市场方式,例如电商、微商、小视频平台带货等,促进产业发展做大做强。

二是健全完善社会民生兜底保障体系。社会兜底保障体系对于民生发展具有基础性、兜底性作用,是防止脱贫人口返贫的最后一道防线。因此健全完善社会民生兜底保障体系就具有重要意义。首先,提高社会救助总体水平。社会救助是保障低收入群体维持最低生活标准的制度设计,体现了全体社会成员有权享受社会改革发展的成果。为了更好地发挥兜底保障作用,防止低水平脱贫人口重新返贫,要继续完善最低生活保障制度,提高保障标准,向防止返贫、致贫靠拢。要精准识别需要最低生活保障的群体,科学评估,确保发展资金精准投放,提高使用效益。此外,要发展多种形式的社会救助,除了生活救助外,还要加强低收入群体的教育救助、医疗救助,打通条块分割的救助局面,形成信息互联互通的救助格局,全方位保障低收入群体的权益,促进共同发展。要将社会保障和扶贫开发结合起来,社会保障只能发挥兜底保障的作用,而实现真正的发展,彻底摆脱贫困的风险就需要大力生产,两者结合起来,共同助力返贫防控。其次,增强社会民生兜底保障的支撑力。要维持一定程度上较高水平的社会兜底保障,就要加大国家财政投入,特别是农村地区,我国大部分刚脱贫的人口都集中在我国农村地区,确保高风险返贫人员能应保尽保,强有力的财政支持是较高水平的社会兜底保障得以实施、运行的根本动力。也要提升基层社会保障服务的效率,促进社会保障工作专业化、规范化,提升保障效益。同时,也要保证公共权力在阳光下运行,目前,在一些地区仍然存在"关系保""人情保"的现象,要通过规范社会保障申请、评定、审核、办理的流程,使其透明化、公开化,主动自觉接受监督、审查;要通过建设公共信息服务平台,实现信息互联共享,利用大数据分析,确保不错保一人、不漏保一个;要完善相关法律法规,通过法律来规范社会保障运行公开公正公平。最后,积极支持、引导、鼓励、规范社会力量参与社会民生兜底保障体系建设。完善的社会民生兜底保障体系需要投入大量的人力、物力、财力,特别是国家财政资金的投入巨大,而我国还处于社会主义发展的初级阶段,整体发展水平还不够高,完善的社会民生兜底保障体系建设所需的财政要求对于我国国家财政来说仍然压力巨大,因此需要社会力量参与其中,社会各界力量形成合力共同致力于社会民生兜底保障体系建设,促进返贫防控取得新成效。一方面,要进一步构建社会力量参与社会民生兜底保障建设的平台与机制,引导和支持公益慈善力量、社会组织参与其中,设立与之相关的绿色通道,简化审评手续和流程,优化参与方式,提供优惠的税收政策,营造良好的参与环境;另一方面,要规范社会力量参与行为,严格审查参与者的资质和条件,参与过程、资金使用要求公开透明,及时向社会公众进行公示,接受社会公众的监督,确保每一份资源都投在了相对贫困人群身上。同时,要推动社会力量队伍的专业化和职业化,提高参与效率,提升服务技能,加强帮扶效果。总之,形成政府＋市场＋社会的"大参与"格局,政府占据主导地位,起领导、推动、协调的作用,市场和社会有益参与,弥补政府"重物质、轻服务"、专业化不足的短板。

4. 推进经济-生态协调发展

良好的生态环境是整个社会赖以发展的基础,推进经济-生态协调发展、加强生态保护、平衡好整村推进和区域发展的关系、促进载体的良性循环与可持续发展是脱贫人口返贫防控的基本路径之一。

第一,注重人与自然的和谐共生,要在保护生态环境的基础上,推动经济社会的可持续发展。一是坚持统一规划、综合治理的原则,促进经济、社会、环境的良性循环。二是坚持可持续发展观,要求人们坚决改变落后的生产方式与消费方式,树立尊重自然、顺应自然、保护自然的生态文明观念。政府要通过宣传教育提高环境意识,引导正确处理人与自然的关系。三是继续采取生态环境建设的基本措施,做好刚脱贫的原深度贫困地区的退耕还林还草工作,造育护管封并举,增加森林覆盖率,实施好天然林保护工作及其长治工程。四是处理区域发展和生态环境保护的关系,发展生态农业,把扶贫开发与环境治理、生态保护结合起来,避免生态破坏所引发的自然灾害,避开生态型"贫困陷阱"。除此之外,对居住生态环境恶劣的农户实行生态移民政策,该地区的生态环境脆弱,水土流失严重,生态基础薄弱,自我修复能力差,如不进行生态移民,扶贫效果难以巩固,反而会造成生态环境被破坏、发展环境恶化和脱贫人口返贫的负面影响。

第二,政府部门要加强对资源环境的治理,以确保自然资源的可持续利用。一方面,在对森林、水源、土地等可再生资源的开发利用中要注意不能超过该资源的再生能力,保证资源有自我恢复的时间和过程,以实现资源的可持续利用;另一方面,对矿产资源等不可再生资源的开发利用必须加以严格规划和管理,留出充足的储备供持续使用,确保这一代人的使用不影响下一代人的发展。生态系统中的各种资源并不是取之不尽、用之不竭的,因此国家要根据实际的资源环境承载力来确定各类资源使用的方向、方式、数量和质量,以使各类资源达到保值和增值。合理开发生态资源,同时不忘保护、管理。此外,也要积极发展新型产业,节约、高效使用资源,同时致力于寻找可再生绿色能源,不断创新资源能源使用方式。

第四节 以返贫防控创新精准扶贫机制效能的实证分析

本节构建了各项措施与返贫防控效果的向量自回归模型,从教育培训、医疗保障、生态保护等方面测算脱贫人口返贫防控机制中主要措施的防控效果,并运用格兰杰因果分析和脉冲分析,尤其是减贫效应脉冲响应。

一、模型选择

为了考察返贫防控机制中主要措施的防控效果,本节构建向量自回归模型(VAR),并进行格兰杰因果分析和脉冲分析。它可以在经济理论的基础上更严密地说明变量间的动态联系。格兰杰因果分析和脉冲函数分析需要在 VAR 模型的基础上进行,能够进一步反映变量之间的关系。

二、指标界定和数据收集

本节分析返贫防控机制中主要措施的防控效果。政府采取的返贫防控措施主要包括教育培训、医疗保障、生态保护。其中教育培训这一措施用政府对贫困地区的技术培训/技术推广的资金投入、贫困地区的中小学入学情况以及国家财政教育支出来衡量;医疗保障通过政府对贫困地区的卫生建设投入和政府卫生支出来衡量;生态保护这一措施通过政府环境污染治理投资总额和中央专项退耕还林还草工程补助来衡量;最后贫困防控效果通过贫困人口来衡量。

数据来源于《中国农村贫困监测报告 2017》《中国农村贫困监测报告 2007》中历年全国扶贫资金投入分配,以及国家统计局中的政府支出数据。表 6-3 为研究所选取的数据。在 2017 年的贫困监测报告中,只有 2005 年以及 2012 年至 2016 年的贫困人口数据(以 2011 年不等价为基准),本节以 2008 年贫困线标准和 1978 年贫困线标准为参考数据,根据贫困人口变化率推算在 2011 年贫困线标准下的贫困人口。

表6-3 研究数据

年份	技术培训/技术推广投入/亿元	中小学在校人数/万人	国家财政教育支出/亿元	卫生建设投资/亿元	政府卫生支出/亿元	环境污染治理投资总额/亿元	中央专项退耕还林还草工程补助/亿元	贫困人口/万人
2002	0.8	1679		1.4	908.51	1367.2	9	42412
2003	0.7	1673		1.3	1116.94	1627.7	13.5	41784
2004	0.9	1646		1.4	1293.58	1909.8	15.5	37712
2005	1.3	1621		1.1	1552.53	2388	16.7	28662
2006	1.5	1275		1.1	1778.86	2566	16.5	27954
2012	0.8	4089	21242.1	1.3	8431.98	8253.46		9899
2013	1.1	3696	22001.76	1.4	9545.81	9037.2		8249
2014	0.8	3658	26271.88	1.2	10579.23	8806.3		7017
2015	0.6	3634	23041.7	1.1	12475.28	9575.5		5575
2016	0.5			0.8				4335

三、单位根检验(ADF)

本节采用 ADF 检验对平稳性进行检验,这是进行 VAR 模型分析的前提(表 6-4、表 6-5)。

表 6-4 单位根检验结果

变量	ADF 值	5%显著水平(临界值)	稳定性	变量	ADF 值	5%显著水平(临界值)	稳定性
TRA	−0.579 8	−1.988 2	0	EPC	0.844 1	−1.995 9	0
D(TRA)	−3.341 0	−1.995 9	1	D(EPC)	−2.064 2	−2.006 3	1
STU	−1.139 1	−3.321 0	0	RFFG	1.243 8	−2.082 3	0
D(STU)	−3.164 4	−2.006 3	1	D(RFFG)	−5.099 7	−2.157 4	1
HC	−1.200 3	−1.988 2	0	PP	−1.214 0	−3.259 8	0
D(HC)	−2.146 0	−1.995 9	1	D(PP)	−3.251 2	−1.995 9	1
HE	1.285 8	−1.995 9	0				
D(HE)	−1.804 7	−2.006 3*	1				

注:稳定性为 0 表示不平稳,为 1 表示平稳;* 表示在 0.1 水平下显著。

表 6-5 符号及其含义

符号	含义	符号	含义
TRA	技术培训/技术推广投入	HE	政府卫生支出
STU	中小学在校人数	EPC	环境污染治理投资总额
EF	国家财政教育支出	RFFG	中央专项退耕还林还草工程补助
HC	卫生建设投资	PP	贫困人口

ADF 检验的结果表明,各变量在零阶变量时都不能实现平稳性,教育、卫生、生态等各个变量在一阶差分变量实现平稳,即 I(1)。结合本节整理数据和建立模型的实际情况,选择结构化 VAR 模型对扶贫政策对返贫防控效果的影响关系进行实证研究。

四、构建 VAR 模型

VAR 模型是根据数据的统计性来建模的,其主导思想是把一个外生变量作为所有内生变量滞后值的函数来构造模型。本研究选取的数据为 2002—2006 和 2012—2016 年的政府扶贫资金以及国家统计局中的政府支出数据,时间跨度较短,样本容量少而变量多的情况会导致产生奇异矩阵,因此本节通过多次使用 VAR 模型来分析各个措施指标与减贫效应之间的关系。根据前期单位根检验获得的各变量的滞后期,并通过 AIC 和 SC 最小原则选取恰当的滞后阶数,而后建立 VAR 模型。由于建立 VAR 模型是为了后续的格兰杰因果检验和脉冲响应函数分析,模型本身的系数众多且没有太多意义,故在此不必列出 VAR 模型结果表达式。

五、AR 根检验和 Lag Length Criteria 检验

本节对各个 VAR 模型都进行这两种检验[1]。举例来说,对技术培训/技术推广投入与贫困防控效果的 VAR 模型进行 AR 根检验,发现 2 阶和 1 阶模型的单位根都在半径为 1 的圆内(图 6-1、图 6-2),继续使用 Lag Length Criteria 方法,根据 AIC 和 SC 最小原则,发现 2 阶 VAR 模型是最优的(表 6-6)。故后续的格兰杰因果分析和脉冲响应函数分析应使用 2 阶 VAR 模型。

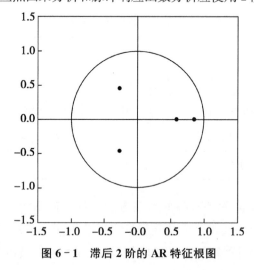

图 6-1 滞后 2 阶的 AR 特征根图

---

〔1〕在做 VAR 模型分析中,一个关键因素就是滞后阶数的选取,在这里,滞后阶数的选择采用两种检验方式:一种是 Lag Length Criteria 检验,另一种是 AR 根检验。

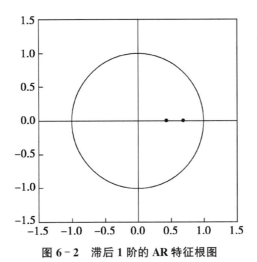

图 6-2 滞后 1 阶的 AR 特征根图

表 6-6 Lag Length Criteria 分析结果

Lag	LagL	LR	FPE	AIC	SC	HQ
0	−86.800 25	NA	15 050 735	22.200 06	22.219 92	22.066 11
1	−76.469 55	12.913 38*	3 330 217	20.617 39	2 067 697	20.215 54
2	−64.375 82	9.070 299	628 363.8*	18.593 95*	18.693 26*	17.924 20*

* Indicates lag order selected by the criterion(指示根据标准选择的滞后顺序)

LR：sequential modified LR test statistic(each test at 5% level)[顺序修正 LR 检验统计量(每个检验在 5% 水平)]

FPE：Final prediction error(最终预测误差)

AIC：Akaike information criterion(赤池信息准则)

SC：Schwarz information criterion(施瓦茨信息准则)

HQ：Hannan-Quinn information criterion(汉南-奎因信息准则)

注：* 表示通过 0.1 显著水平。

同理，对历年贫困地区中小学在校人数等变量与贫困人口规模变动构建的 VAR 模型进行检验以确定最佳阶数。具体情况见表 6-7。

表 6-7 各模型最优阶数表

模型	AR 根		AIC		SC		最优阶数
	1 阶	2 阶	1 阶	2 阶	1 阶	2 阶	
STU-PP	全落入	全落入	13.099 4	13.010 6	13.053 0	12.933 4	2
HC-PP	全落入	全落入	−3.713 5	−3.768 9	−3.653 9	−3.669 6	2
HE-PP	全落入	全落入	14.513 5	12.664 2	14.467 2	12.587 0	2
EPC-PP	全落入	全落入	7.774 0	7.569 5	7.833 6	7.668 8	2

表6-7的结果表明,各项返贫防控措施和贫困人口的2阶VAR模式是最优的,故在后续的分析中都使用2阶VAR模型。

六、格兰杰因果分析

本节通过格兰杰因果检验各变量之间的因果关系进行分析(表6-8)。同样以技术培训/技术推广投入和贫困人口为例,检验结果的显著程度小于0.1,表明技术培训/技术推广投入能够显著地引起变量贫困人口规模的变化,拒绝原假设,认为政府对技术培训/技术推广投入与贫困人口规模之间具有格兰杰因果关系。

表6-8 格兰杰因果检验

因变量:贫困人口

Variable(因变量)	Chi-sq(卡方统计量)	df(自由度)	Prob(显著度)
TRA	5.027 682	2	0.081 0
All	5.027 682	2	0.081 0

同理,对贫困地区中小学在校人数等变量与贫困人口构建的VAR模型进行格兰杰因果检验,判断各项措施是不是贫困人口规模变动的格兰杰原因。

表6-9的格兰杰因果分析结果表明,在各项贫困防控措施中,中小学在校人数、卫生建设资金投入、政府卫生支出、环境污染治理投资都是贫困人口的格兰杰原因,说明这些变量会影响贫困人口的变化。

表6-9 各扶贫措施与贫困发生率的格兰杰因果分析结果

模型	F统计量	概率	结论
STU-PP	5.308 9	0.070 3	拒绝
HC-PP	8.885 2	0.011 8	拒绝
HE-PP	5.924 0	0.051 7	拒绝
EPC-PP	5.875 7	0.053 0	拒绝

七、脉冲响应函数[1]

图 6-3 为技术培训/技术推广投入冲击对贫困人口的影响。当技术培训/技术推广投入变化一个标准差时,贫困人口从第 1 期就开始受到一个正向影响,在第 2 期趋向于零,而后变为负向的影响。也就是说政府对技术培训/技术推广的投入一开始不能达到明显的贫困防控作用。

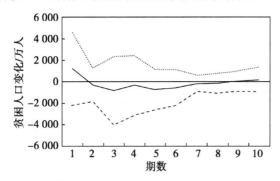

图 6-3 技术培训/技术推广投入的冲击对贫困防控的影响情况

同理,对中小学在校人数等变量与贫困人口构建的 VAR 模型进行脉冲函数分析,判断各项防控措施的贫困防控效果(表 6-10)。

表 6-10 各变量的脉冲分析结果

模型	脉冲响应路径	分析
STU-CSPP	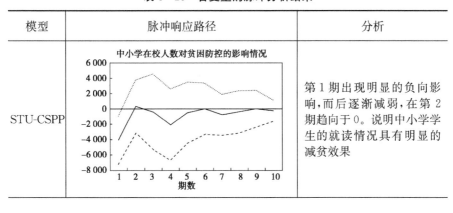	第 1 期出现明显的负向影响,而后逐渐减弱,在第 2 期趋向于 0。说明中小学学生的就读情况具有明显的减贫效果

---

[1] 由于 VAR 模型的系数反映的是局部的动态关系,不能捕捉到全面而复杂的动态关系,研究者希望了解一个变量的变化会给其他变量带来何种影响,则可通过脉冲响应函数进行分析。脉冲响应函数用来分析一个变量的扰动项上加一个标准差大小的冲击时对其他变量的当期值和未来值所带来的影响,在图 6-3 中,横轴表示冲击作用的期间数(年),纵轴表示贫困人口的变化程度,曲线表示脉冲响应函数,代表了技术培训/技术推广投入资金冲击的动态响应;两侧的虚线是脉冲响应函数加减两倍标准差的值,表明冲击响应的可能范围。

续表

模型	脉冲响应路径	分析
HC-CSPP	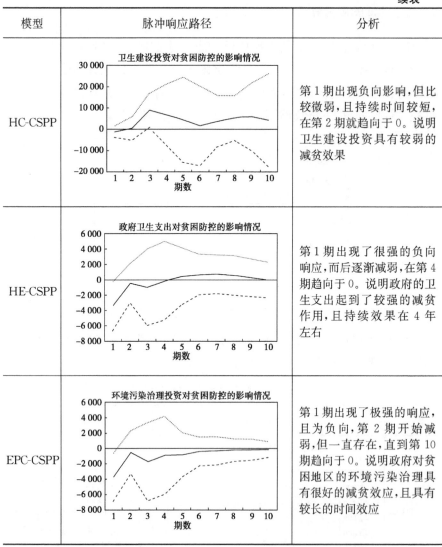	第1期出现负向影响,但比较微弱,且持续时间较短,在第2期就趋向于0。说明卫生建设投资具有较弱的减贫效果
HE-CSPP		第1期出现了很强的负向响应,而后逐渐减弱,在第4期趋向于0。说明政府的卫生支出起到了较强的减贫作用,且持续效果在4年左右
EPC-CSPP		第1期出现了极强的响应,且为负向,第2期开始减弱,但一直存在,直到第10期趋向于0。说明政府对贫困地区的环境污染治理具有很好的减贫效应,且具有较长的时间效应

从表6-10的分析来看,在各项返贫防控措施中,环境污染治理的减贫效果最好,且持续较长的时间;政府对贫困地区的卫生支出也具有良好的减贫作用,影响时间稍短于环境污染治理;促进贫困地区中小学学生入学也具有较明显的减贫作用;卫生建设的减贫作用较弱,且持续时间短;最后对技术培训/技术推广的投入在一开始未表现出减贫作用。

八、政府财政教育支出、中央专项退耕还林还草工程补助和贫困人口的回归分析

由于 2002—2006 年政府财政教育支出和 2012—2016 年中央专项退耕还林还草工程补助数据缺失,无法构建 VAR 模型,本节对这两个变量和贫困人口的关系进行相关分析和回归分析,判断这两个变量对贫困人口的影响。对政府财政教育支出和贫困人口进行相关性分析,系数为 -0.551,绝对值大于 0.5,认为相关性较大,且为负相关。对中央专项退耕还林还草工程补助和贫困人口进行相关分析,系数为 -0.806,绝对值大于 0.8,相关性显著,且为负相关。

分别对两者与贫困人口进行回归分析,贫困人口为因变量,政府财政教育支出、中央专项退耕还林还草工程补助作为自变量,回归结果分别如表 6-11、表 6-12 所示。

表 6-11 政府财政教育支出和贫困人口回归分析结果表

系数[a]

模型		非标准化系数		标准系数	t	显著性
		B	标准错误	贝塔		
1	(常量)	18 265.053	11 357.100		1.608	0.249
	VAR 00001	-0.457	0.489	-0.551	-0.935	0.449

a. 因变量:VAR 00002

与相关分析结果相似,政府财政教育支出的增加会减少贫困人口,但由于样本容量有限,使得这种关系未达到显著。

表 6-12 中央专项退耕还林还草工程补助和贫困人口回归分析结果表

系数[a]

模型		非标准化系数		标准系数	t	显著性
		B	标准错误	贝塔		
1	(常量)	60 848.944	10 878.386		5.594	0.011
	VAR 00001	-1 765.733	749.027	-0.806	-2.357	0.100

a. 因变量:VAR 00002

根据标准化后的系数可知,中央专项退耕还林还草工程补助同样能够减少贫困人口并能抑制返贫,且刚好通过 1% 的显著水平。

九、小结

政府的返贫防控扶贫措施主要有教育培训、医疗保障、生态保护。为了分析政府返贫防控措施带来的返贫防控效果，本节构建了各项措施与防控效果的向量自回归模型，并进行格兰杰因果分析和脉冲函数分析。结果表明，教育培训措施中促进贫困地区中小学学生入学以及政府的财政教育支出具有良好的减贫效应，医疗保障措施中政府卫生建设和卫生支出也具有良好的减贫效应，生态保护措施中环境污染治理的减贫效果是所有措施中最好的，而中央专项退耕还林还草工程补助也对贫困人口的减少有一定的作用。研究表明，以上三项主要减贫措施具有较佳的返贫防控效应。

后　记

本书是国家社会科学基金一般项目"共享发展理念下精准扶贫机制创新研究"(16BKS061)的最终成果，其研究目的在于以共享发展世界观为引领理念，在反贫困实践中丰富和发展精准扶贫方法论的科学内涵和内容范畴。在具体研究中，本书针对新时代我国反贫困实践中存在的薄弱环节，试图对精准扶贫方法论进行系统性动态研究，创新构建共享发展理念引领下的精准识别、靶向治贫、返贫防控、严管资金"四位一体"新机制，丰富新时代精准扶贫战略的研究内容，用定性分析和定量分析相结合的多学科融合创新性研究体系，拓展精准扶贫方法论和共享发展世界观耦合互动的研究方法，为创新我国新时代解决相对贫困的精准扶贫长效机制路径提供决策依据。

精准扶贫概念的勃兴，肇始于我国理论界在落实共享发展理念的背景下对反贫困范式的重新审视，以及由此而产生的对扶贫机制的改造、完善和重构。已有研究通过对精准扶贫的主体拓展、精准识贫的方法演进和精准治贫的路径选择等三大焦点问题的回应，初步诠释了精准扶贫机制创新的基本方略。虽然精准扶贫战略自2013年提出至今已有10年，且已取得丰硕的反贫困成就。但从总体上看，精准扶贫机制创新研究仍旧处于起步阶段，尤其是在构建解决相对贫困长效机制上，精准扶贫仍旧是重要方法论。诸如在如何实现共享发展与精准扶贫的耦合推进、如何达成多元扶贫主体的合作共治、如何合理设定多维贫困测度指标及其权重，以及如何将返贫防控机制纳入精准扶贫机制等问题上，还需要后续研究的继续跟进。在2020年后拓展巩固脱贫攻坚成果过渡时期的新发展阶段，新发展理念的生成与运用是最为重要的演进，核心在于把共享等新理念纳入"中国道路"，并将其作为经济社会发展的根本战略。共享发展作为新历史阶段的新发展理念，直面当前我国深化改革进程中各种"出场焦虑"和"在场难题"的现实担当。反贫困问题是任何一个社会发展形态均要面临和解决的有限性资源均衡化分配斗争，可以划分为消除绝对贫困和解决相对贫困两个阶段。在消除绝对贫困阶段，反贫困更多需要使用外部性工作手段，诸如扶贫方式强调物质输入与内部造血相结合的"内外双修"、扶贫类型强调粗放和精准相结合的"粗中有细"、扶贫路径需要金融、旅游、健康、教育等方面"百花齐放"；在解决相对贫困阶段，反贫困更多转向使用内生性的目标、模式、内容、路径等，尤其是在共享发展理念引领下，精准扶贫工作机制也将随之呈现新变化。从精准扶贫机制创新的角度看，共享发展理念蕴含着鲜明的问题意识，凸显了更进一步拓展精准扶贫机制创新的价值诉求，为解决相对贫困提供了更为精准化的"谁来扶、扶持谁、怎样扶"等理论支撑和现实路径。因此，理论界以共享发展为出发点和立足点，对精准扶贫机制创新问题展开研究与对话，基于共享发展理念的精准扶贫机制创新成为后扶贫时代构建解决相对贫困长效机制的重要方法论。

习近平新时代中国特色社会主义思想深度聚焦上述反贫困难题，并以理论创新引领并建构起我国贫困治理体系，逐步形成中国特色反贫困理论，并指导我国反贫困领域一系列改革实践。中国特色反贫困理论是国家治理体系和治理能力现代化建设的重要组成部分，亦是习近平新时代中国特色社会主义思想的重大理论创新，主要从目标体系、责任体系、工作体系、政策体系、投入体系、社会动员体系、动力体系、监督体系、考核评估体系等九个方面相互联系、相互作用，九大体系既是有效治理贫困的基本经验，也是全面打赢脱贫攻坚战并向乡村振兴过渡的全方位布局。中国特色反贫困理论既是对党的十八大以来以消除绝对贫困为核心的脱贫攻坚战略的经验总结，也是对当前及未来一段时间以解决相对贫困为核心的乡村振兴战略的重点明确，其核心是全面贯彻精准扶贫方法论和共享发展世界观。精准扶贫方法论不仅助力以往打赢脱贫攻坚战，更事关全面建成小康社会、全面建设社会主义现代化国家的全面达成，事关党的执政基础能否进一步巩固，事关我国能否在国际舞台中夺取更多更重话语权；共享发展世界观则是中国共产党对全国人民庄严承诺——实现共同富裕的话语表达，对中华民族乃至全人类均具有重大意义。

总的来说，本书全面系统地梳理中外反贫困领域研究成果，分析前沿观点与焦点问题,揭示理论潜能与实践愿景,为深化研究我国精准扶贫模式提供了经验借鉴;全面分析我国过往、当前及未来一段时间的反贫困形势,为推进全面建成小康社会、全面建设社会主义现代化国家的共享发展目标奠定了现实基础;全面研究精准扶贫思想的历史经验和机制创新,并从精准识别、靶向治贫、返贫防控和严管资金等维度为实现贫困有效治理提供了理论支撑;全面探讨以解决相对贫困为核心的精准扶贫长效机制创新的制度设计和技术策略,并为建构符合共享发展理念要求的精准扶贫新机制提供了可供选择的具体路径。

在研究周期内(2016年9月—2021年8月),课题组先后选派二十余人次前往全国重点贫困地区进行扶贫实地调查研究,包括河南省固始县、四川省宜宾县、安徽省灵璧县、广西壮族自治区田东县、山东省曹县、湖北省巴东县以及福建、陕西、甘肃、宁夏、云南等11省区17县区市,为课题研究和本书写作提供了扎实的一手数据资料和写作素材,展现出课题组研究人员不怕吃苦、沉心研究的奉献精神与严谨学风。

本书在研究过程中还得到全国哲学社会科学工作办公室以及责任单位东南大学教科研多部门的大力支持,在此一并感谢。

参考文献

[1] 中共中央马克思恩格斯列宁斯大林著作编译局. 马克思恩格斯文集:第1卷[M]. 北京:人民出版社,2009.

[2] 中共中央马克思恩格斯列宁斯大林著作编译局. 马克思恩格斯选集:第1卷[M]. 2版. 北京:人民出版社,1995.

[3] 中共中央马克思恩格斯列宁斯大林著作编译局. 马克思恩格斯选集:第3卷[M]. 2版. 北京:人民出版社,1995.

[4] 中共中央马克思恩格斯列宁斯大林著作编译局. 马克思恩格斯选集:第3卷[M]. 3版. 北京:人民出版社,2012.

[5] 中共中央马克思恩格斯列宁斯大林著作编译局. 马克思恩格斯全集:第23卷[M]. 北京:人民出版社,1972.

[6] 中共中央马克思恩格斯列宁斯大林著作编译局. 列宁全集:第7卷[M]. 2版. 北京:人民出版社,1986.

[7] 毛泽东选集:第5卷[M]. 北京:人民出版社,1977.

[8] 邓小平. 邓小平文选(第3卷)[M]. 北京:人民出版社,1993.

[9] 习近平. 摆脱贫困[M]. 福州:福建人民出版社,1992.

[10] 中共中央党史和文献研究院. 习近平扶贫论述摘编[M]. 北京:中央文献出版社,2018.

[11] 习近平关于"三农"工作论述摘编[M]. 北京:中央文献出版社,2019.

[12] 中共中央党史和文献研究院. 习近平关于"三农"工作论述摘编[M]. 北京:中央文献出版社,2019.

[13] 康有为. 大同书[M]. 北京:古籍出版社,1956.

[14] 张载. 张载集[M]. 章锡琛,点校. 北京:中华书局,1978.

[15] 康有为. 孟子微[M]. 楼宇烈,整理. 北京:中华书局,1987.

[16] 王先谦. 荀子集解[M]. 沈啸寰,王星贤,点校. 北京:中华书局,1988.

[17] 贾谊. 新书[M]. 王洲明,注评. 南京:凤凰出版社,2011.

[18] 方勇译注. 孟子[M]. 北京:中华书局,2017.

[19] 王夫之. 读通鉴论[M]. 2版. 北京:中华书局,2013.

[20] 张学忠. 唐宋八大家文观止[M]. 西安:陕西人民教育出版社,1998.

[21] 向洪,邓明. 人口管理实用辞典[M]. 成都:成都科技大学出版社,1990.

[22] 王卓. 中国贫困人口研究[M]. 成都:四川科学技术出版社,2004.

[23] 薛宝生. 公共管理视域中的发展与贫困免除[M]. 北京:中国经济出版社,2006.

[24] 奚洁人. 科学发展观百科辞典[M]. 上海:上海辞书出版社,2007.

[25] 郭劲光. 脆弱性贫困:问题反思、测度与拓展[M]. 北京:中国社会科学出版社,2011.

[26] 胡永和. 中国城镇新贫困问题研究[M]. 北京:中国经济出版社,2011.

[27] 黄承伟. 国际减贫理论与前沿问题2012[M]. 北京:中国农业出版社,2012.

[28] 郑宝华,陈晓未,崔江红,等. 中国农村扶贫开发的实践与理论思考:基于云南农村扶贫开发的长期研究[M]. 北京:中国书籍出版社,2013.

[29] 黄承伟. 中国扶贫行动[M]. 北京:五洲传播出版社,2014.

[30] 诸大建,陈海云,许杰. 可持续发展与治理研究:可持续性科学的理论与方法[M]. 上海:同济大学出版社,2015.

[31] 杨德进. 旅游扶贫:国际经验与中国实践[M]. 北京:中国旅游出版社,2015.

[32] 李开孟. 工程项目社会评价理论方法及应用[M]. 北京:中国电力出版社,2015.

[33] 张琦,黄承伟,等. 完善扶贫脱贫机制研究[M]. 北京:经济科学出版社,2015.

[34] 向德平,黄承伟. 中国反贫困发展报告(2016):社会组织参与扶贫专题[M]. 武汉:华中科技大学出版社,2016.

[35] 王迅. 经营者人力资本价值计量研究[M]. 北京:国家行政学院出版社,2016.

[36] 邓小海. 旅游精准扶贫理论与实践[M]. 北京:知识产权出版社,2016.

[37] 向德平,黄承伟. 减贫与发展[M]. 北京:社会科学文献出版社,2016.

[38] 王俊. 包容性发展与中国参与国际区域经济合作的战略走向[M]. 苏州:苏州大学出版社,2016.

[39] 汪三贵,张伟宾,杨浩. 城乡一体化中反贫困问题研究[M]. 北京:中国农业出版社,2016.

[40] 陆汉文. 中国精准扶贫发展报告(2016):精准扶贫战略与政策体系[M]. 北京:社会科学文献出版社,2016.

[41] 王小林. 贫困测量:理论与方法[M]. 2版. 北京:社会科学文献出版

社,2017.

[42] 张琦,等.中国共享发展研究报告(2016)[M].北京:经济科学出版社,2017.

[43] 张建明.中国人民大学中国社会发展研究报告(2016):精准扶贫的战略任务与治理实践[M].北京:中国人民大学出版社,2017.

[44] 刘学琴."互联网＋精准扶贫"模式与路径研究[M].青岛:中国海洋大学出版社,2017.

[45] 国家统计局住户调查办公室.中国农村贫困监测报告2018[M].北京:中国统计出版社,2019.

[46] 世界银行.1990年世界发展报告:贫困问题·社会发展指标[M].北京:中国财政经济出版社,1990.

[47] 世界银行.2000年世界发展报告:与贫困作斗争[M].北京:中国财政经济出版社,2001.

[48] 世界银行.2001年世界发展数据手册[M].北京:中国财政经济出版社,2001.

[49] 西奥多·舒尔茨.经济增长与农业[M].郭熙保,周开年,译.北京:北京经济学院出版社,1991.

[50] 阿马蒂亚·森.贫困与饥荒:论权利与剥夺[M].王宇,王文玉,译.北京:商务印书馆,2001.

[51] 阿马蒂亚·森.以自由看待发展[M].任赜,于真,译.北京:中国人民大学出版社,2002.

[52] 亚当·斯密.国富论[M].郭大力,王亚南,译.北京:商务印书馆,2014.

[53] 让-雅克·卢梭.论人类不平等的起源和基础[M].邓冰艳,译.杭州:浙江文艺出版社,2015.

[54] 扶贫开发与全面小康:首届10.17论坛文集[M].北京:世界知识出版社,2015.

[55] 邢成举.乡村扶贫资源分配中的精英俘获:制度、权力与社会结构的视角[D].北京:中国农业大学,2014.

[56] 罗庆.我国财政专项扶贫资金的分配、使用和效果研究[D].成都:西南财经大学,2014.

[57] 崔嬴一.精准扶贫背景下的基层政府瞄准识别机制研究[D].郑州:郑州大学,2016.

[58] 李霞."龙头企业带动"产业精准扶贫模式研究:以"陕西模式"为例[D].西安:西北大学,2017.

[59] 李文珮.共享发展视域下的精准扶贫研究[D].武汉:华中师范大学,2017.

[60] 关于印发《中央财政专项扶贫资金管理办法》的通知[J].当代农村财经,2017(5):38.

[61] 财政部 国务院扶贫办印发《财政专项扶贫资金绩效评价办法》[J].预算管理与会计,2017(11):6-9.

[62] 财政部 扶贫办 发展改革委 国家民委 农业部 林业局关于印发《中央财政专项扶贫资金管理办法》的通知[J].中华人民共和国国务院公报,2017(25):74-77.

[63] 财政部农业司扶贫处课题组.我国扶贫资金投向现状及建议[J].经济研究参考,2004(69):2-5.

[64] 财政部农业司扶贫处课题组.我国扶贫资金投向现状及建议[J].经济研究参考,2004(69):2-5.

[65] 张季.中外扶贫资金管理研究(一)[J].重庆大学学报(社会科学版),2001(2):25-32.

[66] 张季.中外扶贫资金管理研究(二)[J].重庆大学学报(社会科学版),2001,7(3):46-51.

[67] 汪三贵,王姮,王萍萍.中国农村贫困家庭的识别[J].农业技术经济,2007(1):20-31.

[68] 马新文.阿玛蒂亚·森的权利贫困理论与方法述评[J].国外社会科学,2008(2):69-74.

[69] 胡正昌.公共治理理论及其政府治理模式的转变[J].前沿,2008(5):90-93.

[70] 王小林,Sabina Alkire.中国多维贫困测量:估计和政策含义[J].中国农村经济,2009(12):4-10.

[71] 丁军,陈标平.构建可持续扶贫模式 治理农村返贫顽疾[J].社会科学,2010(1):52-57.

[72] 杨国涛,东梅,张会萍.家庭特征对农户贫困的影响:基于西海固分户调查数据的分析[J].农业技术经济,2010(4):42-48.

[73] 梁树广,黄继忠.基于贫困含义及测定的演进视角看我国的贫困[J].云南财经大学学报,2011,27(1):55-61.

[74] 孙秀玲,田国英,潘云,等.中国农村居民贫困测度研究:基于山西的调查分析[J].经济问题,2012(4):79-84.

[75] 张明德.拉美新兴大国的崛起及面临的挑战[J].国际问题研究,2012(5):115-123.

[76] 聂泉.卢拉政府时期(2003—2010)的巴西经济和社会政策初析[J].拉丁美洲研究,2013,35(2):24-30.

[77] 邢成举,李小云.精英俘获与财政扶贫项目目标偏离的研究[J].中国行政管理,2013(9):109-113.

[78] 李昊源,崔琪琪.农村居民家庭贫困的特征与原因研究:基于对甘肃省调研数据的分析[J].上海经济研究,2015(4):79-86.

[79] 汪三贵,郭子豪. 论中国的精准扶贫[J]. 贵州社会科学,2015(5):147-150.

[80] 庄天慧,陈光燕,蓝红星. 精准扶贫主体行为逻辑与作用机制研究[J]. 广西民族研究,2015(6):138-146.

[81] 胡联,汪三贵,王娜. 贫困村互助资金存在精英俘获吗:基于5省30个贫困村互助资金试点村的经验证据[J]. 经济学家,2015(9):78-85.

[82] 李博. 项目制扶贫的运作逻辑与地方性实践:以精准扶贫视角看 A 县竞争性扶贫项目[J]. 北京社会科学,2016(3):106-112.

[83] 汪磊,伍国勇. 精准扶贫视域下我国农村地区贫困人口识别机制研究[J]. 农村经济,2016(7):112-117.

[84] 胡静林. 加大财政扶贫投入力度 支持打赢脱贫攻坚战[J]. 行政管理改革,2016(8):12-15.

[85] 张丽娜,郝晓蔚,张广科,等. 国外农村扶贫模式与中国"精准扶贫"创新模式探讨[J]. 黑龙江畜牧兽医,2016(10):35-37.

[86] 唐亚林,刘伟. 权责清单制度:建构现代政府的中国方案[J]. 学术界,2016(12):32-44.

[87] 殷浩栋,汪三贵,郭子豪. 精准扶贫与基层治理理性:对于 A 省 D 县扶贫项目库建设的解构[J]. 社会学研究,2017,32(6):70-93.

[88] 范和生. 返贫预警机制构建探究[J]. 中国特色社会主义研究,2018(1):57-63.

[89] 卜海. 我国脱贫再返贫防范机制的建立和运行问题研究[J]. 江苏师范大学学报(哲学社会科学版),2018,44(6):1-9.

[90] 包国宪,杨瑚. 我国返贫问题及其预警机制研究[J]. 兰州大学学报(社会科学版),2018,46(6):123-130.

[91] 王丹. 以共享发展理念引领扶贫脱贫[J]. 南方论刊,2019(1):16-18.

[92] 田惠敏,张一浩. 乡村振兴背景下的返贫防范机制研究[J]. 农村金融研究,2020(2):11-17.

[93] 陈祖海,柳长毅. 扶贫资金投向比较及2020年后政策选择:来自7县的调查分析[J]. 中南民族大学学报(人文社会科学版),2020,40(4):149-155.

[94] 习近平. 携手消除贫困 促进共同发展:在2015减贫与发展高层论坛的主旨演讲[N]. 人民日报,2015-10-17(2).

[95] 习近平. 在庆祝中国共产党成立95周年大会上的讲话[N]. 人民日报,2016-07-02(1).

[96] 习近平. 决胜全面建成小康社会 夺取新时代中国特色社会主义伟大胜利:在中国共产党第十九次全国代表大会上的报告[N]. 人民日报,2017-10-28(1).

[97] 习近平. 在全国脱贫攻坚总结表彰大会上的讲话[N]. 人民日报,2021-02-26(2).

[98] 习近平在湖南考察时强调 深化改革开放推进创新驱动 实现全年经济社会发展目标[N]. 人民日报,2013-11-06(1).

[99] 中共中央关于制定国民经济和社会发展第十三个五年规划的建议[N]. 人民日报,2015-11-04(1).

[100] 落实创新协调绿色开放共享发展理念 确保如期实现全面建成小康社会目标[N]. 人民日报,2016-01-07(1).

[101] 齐心协力打赢脱贫攻坚战[N]. 光明日报,2016-03-11(1).

[102] 潘铎印. 莫把扶贫资金当成"唐僧肉"[N]. 光明日报,2016-07-11(11).

[103] 本报评论员. 举世瞩目的伟大成就 彪炳史册的人间奇迹:论学习贯彻习近平总书记在全国脱贫攻坚总结表彰大会上重要讲话[N]. 人民日报,2021-02-26(3).

[104] 中华人民共和国商务部. 2005 年加纳经济评述(第三部分 工业)[EB/OL]. (2007-02-28)[2021-05-12]. http://gh.mofcom.gov.cn/article/ztdy/200702/20070204410774.shtml,.

[105] 联合国开发计划署:减少贫穷[EB/OL]. https://www.un.org/zh/aboutun/structure/undp/poverty.shtml.

[106] 巴西宣布新的消除贫困计划 欲走科学"脱贫"之路[EB/OL]. (2011-06-04). http://gb.cri.cn/27824/2011/06/04/2625s3268499.htm.

[107] 中华人民共和国审计署办公厅. 2016 年第 7 号公告:审计署关于 40 个县财政扶贫资金的审计结果[EB/OL]. (2016-06-29). http://www.audit.gov.cn/n4/n19/c84959/content.html.

[108] 中华人民共和国审计署办公厅. 2017 年第 6 号公告:158 个贫困县扶贫审计结果[EB/OL]. (2017-06-23). http://www.audit.gov.cn/n4/n19/c97001/content.html.

[109] 宁夏多名基层干部因"平均分配"扶贫资金等被问责[EB/OL]. (2017-09-11). http://www.xinhuanet.com/local/2017-09/11/c_1121644101.htm.

[110] Katayama R,Wadhwa D. Half of the world's poor live in just 5 countries[EB/OL]. (2019-01-09). https://blogs.worldbank.org/opendata/half-world-s-poor-live-just-5-countries.

[111] Poverty and shared prosperity 2020:reversals of fortune [EB/OL]. (2021-05-02). https://openknowledge.worldbank.org/bitstream/handle/10986/34496/9781464816024.pdf.

[112] Rowntree B S. Poverty:a study of town life [M]. London:Macmillan,1901.

[113] Lewis W A. The state of development theory[J]. The American Economic Review,1984,74(1):1-10.

[114] Hagenaars A. A class of poverty indices[J]. International Economic Review,1987,28(3):583-607.

[115] Oppenheim C. Poverty: the facts [M]. London: Child Poverty Action Group,1990.

[116] Annan K A. We the peoples: the role of the United Nations in the 21st century [J]. 2000.

[117] Gaiha R, Imai K, Kaushik P D. On the targeting and cost-effectiveness of anti-poverty programmes in rural India [J]. Development and Change, 2001, 32(2): 309-342.

[118] Jalan J, Ravallion M. Geographic poverty traps? A micro model of consumption growth in rural China[J]. Journal of Applied Econometrics, 2002, 17(4): 329-346.

[119] Alkire S. Choosing dimensions: the capability approach and multidimensional poverty[R]. Chronic Poverty Research Centre,2007:88.

[120] Ali I, Zhuang J Z. Inclusive growth toward a prosperous Asia: policy implications[R]. ERD Working Paper No. 97, Asian Development Bank, 2007:10.

[121] Kochar A. The effectiveness of India's anti-poverty programmes[J]. The Journal of Development Studies, 2008, 44(9): 1289-1308.

[122] Castro J A O, ModestoL O. Bolsa família 2003—2010: avanços e desafios [M]. Brasilia: Ipea, 2010: 46.

[123] Sachs J. The end of poverty: economic possibilities for our time[J]. European Journal of Dental Education, 2008, 12(s1): 17-21.

[124] Malik K. Human development report 2013. The rise of the South: human progress in a diverse world[J]. Population and Development Review, 2013, 39(3):548-549.

附录1：调研问卷

精准扶贫调研问卷（扶贫干部）

尊敬的　先生/女士：

您好！

我们是精准扶贫课题组。为了促进贫困人口脱贫工作取得成效，精准扶贫开发战略有效推行，共享发展理念得以贯彻，我们开展了这次关于扶贫政策、扶贫动机、扶贫行为关系的调查。本次调查问卷不记名，对您提供的答案绝对保密。您的真实意见和建议对我们非常重要。

衷心地期待您的参与并感谢您的合作！

您的性别：

年龄：　　　岁

扶贫工作年限：　　　年

请在您认为正确的选项下打"√"

	A. 非常同意	B. 同意	C. 不确定	D. 不同意	E. 非常不同意
1. 政府十分注重落实农村低保制度，且实行效果显著					

续表

	A. 非常同意	B. 同意	C. 不确定	D. 不同意	E. 非常不同意
2. 农村大病救助政策很大程度上解决了困难群众看病难的问题,效果好					
3. "两免一补"政策有效地为困难群众减轻了子女教育压力					
4. 开展贫困地区职业教育和就业培训十分有助于帮助困难群众解决就业难的问题					
5. 实施易地搬迁能够有效地改善困难群众居住环境					
6. 强化贫困地区基础设施建设,有助于改善贫困地区生产生活条件					
7. 推进贫困地区基本公共服务有助于实现脱贫					
8. 实行产业开发有助于实现精准扶贫					
9. 开展扶贫工作十分有助于帮助困难群众脱贫					
10. 开展扶贫工作是为了增加扶贫工作经验					
11. 开展扶贫工作是为了促进经济发展					
12. 在扶贫工作中,政府不断加大对贫困地区的农林及其加工产业投资					

续表

	A. 非常同意	B. 同意	C. 不确定	D. 不同意	E. 非常不同意
13. 在扶贫工作中,政府注重贫困地区基础设施建设,加大投入力度					
14. 在扶贫工作中,政府重视贫困地区科教文卫事业,扶贫资金投入比重大					

(2018年7月16—18日于四川省宜宾县永兴镇)

多维贫困识别调研问卷(扶贫对象)

您好,我们是东南大学的研究生,我们正在进行一项关于农村贫困状况的社会调查,此次调查是为了真实了解农村地区的贫困状况以及改进扶贫政策,您的参与十分重要。此次调查仅作为学术研究参考,并不涉及您的个人隐私信息,谢谢您的配合!

1. 您目前的年龄为_____岁。
2. 您家有几口人?_____
3. 您家人目前都住在这里吗?
   ○都在　　　○分开住　　　○其他
4. 您家房子状况如何?
   ○危房、土坯房　　○自建楼房　　○小别墅　　○其他
5. 您家目前如何吃水?/水井几米深?
   ○浅表水(5米)　　○自来水
   ○深井水
   ("深井水"则回答第6题,"非深井水"跳过第6题)
6. 水质如何?/水质有受到污染吗?(受到污水污染或距离垃圾堆、厕所、牛羊猪圈等污染源小于10米)
   ○有污染　　○无污染
7. 您家的厕所是怎样的?
   ○无厕　　○旱厕　　○冲厕　　○其他

8. 您家如何做饭生火？/日常燃料用什么？
○秸秆、柴草、煤炭　　○煤气燃气　　○电力　　○太阳能

9. 您家是否通电？
○通　　○不通

10. 您家至少有1件大件电器吗？（彩电、洗衣机、冰箱、电脑等）
○有　　○无

11. 您家目前还在种地吗？
○在种　　○抛荒　　○租给别人　　○其他

12. 您家大约人均几亩地？/人均有1亩地吗？
○多于1亩　　○少于1亩

13. 您家人目前的身体状况怎么样？（多选）
○全都健康　○体弱多病　○慢性病　○大病　○残疾
（"全部健康"则跳至第16题）

14. 生病时能否及时就医？
○可以及时救治　　○无法及时救治

15. 无法及时救治的原因？（多选）
○经济困难　○医院距离远　○没有时间　○无法陪同照顾
○自身不重视　○无药可治　○其他

16. 是否参加新农合/合作医疗？
○参加　　○未参加
（"参加"则跳至第18题）

17. 未参加原因是什么？
○缴费太高　　○报销额度太低　　○报销程序麻烦
○报销必须依靠关系　　○其他

发展层面：

18. 您家成年人的最高受教育程度？
○文盲　　○小学、初中　　○高中、中专、大专　　○本科、研究生

19. 是否有15岁以下的孩子失学？
○是　　○否

20. 您家是否通上互联网？家里大人的手机是否都能连接互联网？
○是　　○否

21. 是否购买了商业保险?
○购买　　　○未买

22. 您家今年是否发生如下重大事情?
○未有大事　　　○婚丧嫁娶　　　○大学参军
○大病治疗　　　○盖房买房

23. 您家的亲密亲戚有多少?（日常走动加出事帮忙）

24. 您的亲密邻居朋友有多少?（日常走动加出事帮忙）

25. 您家每年平均收入或最近三年每年平均收入多少?

26. 您家每年平均支出或最近三年每年平均支出多少?

27. 您家去年人均年纯收入多少?（估值即可）

28. 您家是否有小轿车、拖拉机、铲车等大件?

29. 您觉得自己的家庭情况在当地如何?
○贫困　　○中等偏下　　○中等　　○中等偏上　　○上等

备注说明：

1. 收入：全年总收入，农村住户年内各种收入来源所得的实际收入。

2. 支出：农村住户用于生产、生活和再分配的全部支出。

3. 年纯收入：年总收入扣除相对应的各项费用性支出后，农民所有的纯收入。

样本户的人均纯收入低于 2 300 元，视为收入贫困，赋值为 1。

农村人均纯收入标准可依据农村居民消费价格指数调整为 2018 年可比价格。

4. 土地：人均耕地少于 1 亩，赋值为 1。

5. 住房：无住房或者草房、土坯房、危房的视为住房剥夺，赋值为 1。

6. 无大件或者最多只有一件大件电器或小轿车等大件资产视为资产贫困，赋值为 1。

7. 饮用水：浅表水（深度不到 5 米）、受污染水视为饮用水剥夺，赋值为 1。

8. 环境卫生：无厕、旱厕等非冲水厕所视为卫生条件剥夺，赋值为 1。

9. 生活燃料：日常做饭使用柴草、秸秆、煤等燃料视为卫生条件剥夺，赋值为 1。

10. 健康状况：(1) 健康。(2) 体弱多病，常年无法劳动但无大病或其他确诊的慢性病。(3)长期慢性病,如肺结核、糖尿病等需要长期吃药治疗的疾病。(4)大病,如心脏病、癌症等需要经常住院治疗的病。(5)残疾,包括身体残疾和智力残疾。非健康状况视为健康剥夺,赋值为1。

11. 教育技能:家庭成年成员最高受教育程度为初中及以下或者有15岁以下儿童辍学视为教育剥夺,赋值为1。

12. 家中无法连接互联网或者家庭成人均缺乏智能手机连接互联网视为信息剥夺,发展机遇受限,赋值为1。

13. 风险抵御:亲朋网络中亲戚网络(主要为双方兄弟姐妹及父母)加邻朋网络(朋友邻居)少于6+3=9(人)视为社会支持剥夺,赋值为1。

14. 健康保障:缺乏基本社会保障或任何商业医疗保险视为基本保障剥夺,赋值为1。

(2018年7月16—18日于四川省宜宾县永兴镇)

精准识贫实施状况调研问卷

尊敬的先生/女士:

您好!

我们是精准扶贫机制创新研究课题组。为了查找出精准识别农村贫困人口中的不足,找出导致不足的原因,然后提出改善措施,进而推进贫困人口脱贫工作,保障精准扶贫开发战略有效推行,我们开展了这次关于农户对于自身、政策、扶贫小组等认知的调查。本次调查问卷不记名,对您提供的答案绝对保密。您的真实意见和建议对我们非常重要。

衷心地期待您的参与并感谢您的合作!

一、关于自我认知

1. 您认为造成贫困的原因是什么?[多选题][必答题]
○家里缺少资金　○家里有重病人　○家里有子女上学　○家里缺少劳动力　○其他

2. 您家一年的纯收入是多少?[单选题][必答题]
○1 000元以下　○1 000~3 000元　○3 000~5 000元　○5 000元以上

3. 您和家人是否会真实地向调查人员说明收入?[单选题][必答题]

○会　　○不会　　○不确定

4. 您觉得扶贫人员对您家情况了解吗？[单选题][必答题]

○非常了解　○了解　○一般　○不了解　○非常不了解

5. 您所在地农民在申请贫困户资格时存在哪些现象？[多选题][必答题]

○依靠关系　○假装经济困难　○假装家里有病人　○公平入选　○不清楚

二、关于扶贫政策

1. 是否会有村干部或者扶贫干部进行到户宣传讲解政策？[单选题][必答题]

○有　　○没有　　○不确定

2. 您是否会主动参与识别贫困人口的投票选举？[单选题][必答题]

○会　　○不会　　○不清楚

3. 贫困人口的名单会公示吗？[单选题][必答题]

○有　　○没有　　○不确定

三、关于扶贫工作队

1. 你对扶贫人员的了解程度如何？[单选题][必答题]

○非常了解　○了解　○一般　○不了解　○非常不了解

2. 已公示的贫困人口中是否存在村干部或者扶贫干部的关系户呢？[单选题][必答题]

○有　　○没有　　○不确定

3. 对每次贫困人口的识别是否满意？[单选题][必答题]

○非常满意　○满意　○一般　○不满意　○非常不满意

4. 您对扶贫干部的信任程度如何？[单选题][必答题]

○非常信任　○信任　○一般　○不信任　○非常不信任

5. 贫困户脱了贫会不会及时向扶贫工作队报告呢？[单选题][必答题]

○会　　○不会　　○视情况而定

（2018年3月于河南省固始县）

附录 2：访谈提纲

访谈提纲（总）

永兴镇的书记、各位领导，大家早上好，我们是东南大学的研究生，研究方向为精准扶贫、乡村振兴与基层治理。众所周知，自党的十八大以来，以习近平同志为核心的党中央做出了精准扶贫与乡村振兴的伟大战略部署，习近平同志强调，消除贫困、改善民生、实现共同富裕，是社会主义的本质要求。全面建设小康社会，最艰巨最困难的任务在农村，特别是在贫困地区。农村贫困人口脱贫是最突出的短板，全面建设小康社会要着力补足农村人口脱贫这一短板。我们是应孙迎联老师国家社科基金项目"共享发展理念下的精准扶贫机制创新研究"课题需要，前往永兴镇开展精准扶贫对象识别的学术调查研究。

1. 精准扶贫，首先要精准识贫，精准识贫才能精准发力，只有找准病灶，才能有效治疗。精准识贫第一步便是掌握贫困户的整体情况，对贫困户进行建档立卡，想问下永兴镇的贫困人口的整体情况，包括数量、规模、分布等，特别是菱角村与狮子村。
2. 对症下药，药到病除。您认为永兴镇贫困的主要原因是什么？
3. 请您介绍一下永兴镇近年来精准扶贫所取得的主要成就。
4. 请您介绍一下永兴镇在精准扶贫方面的独特优势与成功经验。
5. 您认为永兴镇目前在打赢脱贫攻坚战的战斗中面临着哪些困难与阻碍？

6. 贫穷不是不可改变的宿命,人穷志不短,扶贫先扶志。如何激发贫困户的内生动力,调动贫困人口的积极性,通过自力更生、艰苦奋斗,依靠自己的双手以及辛勤劳动改变贫困落后面貌,一直是扶贫工作的难点与硬骨头。那永兴镇在调动贫困户的积极性方面有哪些实例以及值得学习的做法吗?

7. 您所理解的乡村振兴美好蓝图是什么样的?

8. 产业振兴是乡村振兴的重要基础。我们了解到永兴镇是远近闻名的西部藕海,那永兴镇领导是如何带领全镇百姓发挥这一独特的资源优势、建设特色产业的?

9. 人才是第一资源,也是促进乡村振兴的关键举措。当前农村面临着人才流失的困境,请问永兴镇是否也面临着这一困境?永兴镇又是如何应对的?

10. 习近平同志指出,既要金山银山,也要绿水青山,绿水青山就是金山银山。永兴镇地处亚热带气候,森林植被茂盛,生态环境良好。请问永兴镇如何平衡经济发展与生态环境的关系?

习近平同志再次强调:消除贫困,改善民生,逐步实现共同富裕,是社会主义的本质要求,是我们党的重要使命。全面建成小康社会,是我们对全国人民的庄严承诺。脱贫攻坚战的冲锋号已经吹响,我们要立下愚公移山的志向,咬定目标,苦干实干,坚决打赢脱贫攻坚战,确保到2020年所有贫困地区和贫困人口一道迈入全面建设小康社会阶段。乡村振兴战略提出了总体要求,就是坚持农村优先发展,按照实现产业兴旺、生态宜居、乡风文明、治理有效、生活富裕的总要求,推动城乡一体、融合发展,推进农业农村现代化,建设望得见山、看得见水、记得住乡愁、留得住人的美丽乡村、美丽中国。

(2018年7月于四川省宜宾县永兴镇)

精准识贫访谈提纲

基层扶贫干部访谈

一、关于技术

1. 你们是用什么方法去衡量农户的经济收入的?

2. 你们最常用的识别贫困人口的指标是什么？

3. 有没有存在贫困户难以界定的现象？你们是如何做出决定的？

二、关于政策

1. 你们在识别贫困人口过程中会进行公开投票吗？

2. 你们会及时公示贫困人口名单吗？

3. 如果遇到反对意见你们的处理方式是什么？

4. 你们在识别贫困人口之前会进行大量的宣传让农户自己申请吗？

5. 在识别贫困人口过程后有没有回访机制进行及时有效的跟踪呢？

三、关于扶贫机构

1. 政府扶贫小组是由一些什么背景的干部组成的呢？由多少人员组成？

2. 有没有经过专门的培训呢？

3. 扶贫的工作量大吗？会有社会组织参与识别贫困户的工作吗？

4. 如果遇到农户不配合识别贫困，你们的处理方式是什么？

专家访谈

1. 精准扶贫要求精准识别，但是贫困户分散而且数量巨大，各自情况也差别很大，您目前是怎么进行贫困识别的呢？

2. 现在倡导建立一个统一的贫困人口识别系统和瞄准机制，但是每个地区的贫困程度又不一样，这种统一的识别系统实施起来会遇到什么困难呢？

3. 减少识别层级，加强县、村两级识别主体工作中的权利，由县来主导、乡来协调、村来具体实行，这个方法是否可行？

4. 您认为怎么才能更好地提高村委会对精准识别贫困人口这项工作的积极性？

5. 如何防止精准识别中存在的平均主义现象？

（2018 年 3 月于河南省固始县）

靶向治贫访谈提纲

扶贫干部

一、关于贫困对象脱贫的瞄准机制

1. 贫困人口确立标准是什么？当前你们是如何认定贫困人口的？
2. 贫困人口识别有哪些流程？这些流程是由哪个部门制定的？你们是如何确保这些流程的公平性的？
3. 当前是否存在贫困人口难以识别的现象？你们是如何处理的？
4. 当前获取扶贫资源的渠道有哪些？是否符合需求？
5. 你们是如何配置这些资源的？配置标准是什么？
6. 当前如何能获取所需的扶贫资金？扶贫资金下拨程序是什么？
7. 当前扶贫资金是如何利用的？使用效果如何？
8. 是否有独立机构对扶贫资金进行监管？

二、关于贫困对象脱贫的实施机制

1. 当前参与扶贫的人有哪些？贫困对象会积极主动脱贫吗？
2. 当前是针对哪些方面对贫困对象进行帮助的？
3. 当前扶贫过程中的工作量如何？您认为影响脱贫的最突出原因是什么？
4. 当前农村中有哪些扶贫项目？这些项目是否符合当地发展状况？
5. 扶贫项目是如何分配给各贫困村的？
6. 扶贫项目是否取得了一定收益？对这些收益是如何进行分配的？
7. 当前对于扶贫干部的扶贫工作有哪些考核机制？
8. 对于扶贫干部而言，扶贫工作的最大压力来自哪一方面？
9. 优秀扶贫干部是否有奖励机制/晋升机制？

三、关于贫困对象脱贫的退出机制

1. 贫困对象的退出是以什么标准确立的？是否有一定的程序或方法？评估主体是谁？
2. 是否建立脱贫标准的动态调整机制？

3. 贫困人口是否愿意摘帽？原因是什么？

4. 当前是如何对待摘帽后的贫困人口的？是否有对摘帽后的贫困对象进行跟踪？

5. 有没有出现脱贫后又返贫的现象？原因是什么？是如何应对的？

贫困对象

1. 您是如何被认定为贫困对象的？是否存在申请流程与标准？

2. 您获取的脱贫资源有哪些？与您的实际需求相匹配吗？

3. 您认为农村居民与城市居民享受的利益有什么不同吗？

4. 当前您接受过哪些扶贫群体的帮助？

5. 在精准脱贫过程中，您有主动参与脱贫吗？

6. 您是否接受过脱贫项目的帮助，与您的实际需求匹配吗？

7. 您是否会主动退出贫困群体行列？原因是什么？

8. 您知道当前贫困退出的标准吗？您认为是否合理？

9. 您在退出贫困队伍行列后获取过的补偿有哪些？

10. 您再次出现贫困的原因是什么？

（2018年3月于安徽省灵璧县）

返贫防控访谈提纲

扶贫干部（主要围绕扶贫基本情况了解，相关数据支持）

1. 贫困人口退出的流程是什么样的？（是否有脱贫指标、退出标准、谁来评估、程序、如何评估是否符合退出标准）

2. 贫困人口退出之后后续帮扶和保障有什么具体的规定吗？（具体实施起来的主要方式有哪些，补偿的资金哪里来、怎么补偿，补偿的标准）

3. 该地区返贫类型介绍。

4. 除直接救济外，有没有其他特色扶持方式？（扶贫方式介绍）

5. 劳动力迁徙现象（原因、出路、后果）。

6. 有没有对脱贫人口进行定期跟踪观察生活状态？（脱贫后的后续跟进）

7. 有没有专门应对返贫的机制和队伍？（是否重视）

8. 贫困人口医疗、教育问题，产业扶持、兜底保障情况介绍。

9. 脱贫人口的心理状况、思想观念、信息接收能力、有无代际传递现象。

10. 有没有针对返贫的预防措施、应急措施、评估方案?

11. 对于贫困人口的救助主要资金来源有哪些?

12. 您认为导致返贫最大的原因有哪些? 又有什么好的措施可以缓解?

贫困户、脱贫户(主要围绕目前家庭状况,了解其自我发展能力、对于扶贫的认识)

1. 您的家庭收入主要来源是什么?(家庭基本状况)

2. 住房保障、产业扶持、医疗救助、民政兜底、培训就业,担心的返贫风险。

3. 对扶贫干部和工作的认可度。(关于脱贫的认定、公示,想不想脱贫)

4. 脱贫户有没有什么补偿和优惠政策?

5. 平时是否注重身体的保养和锻炼?

6. 您觉得上学是一条可行的出路吗?

7. 选择外出打工的原因是什么? 又因为什么回来?

8. 怎么看待重男轻女现象?

9. 想不想脱贫?

(2018年3月于山东省曹县)